Die süße
KÜCHE

Toni Mörwald
Christoph Wagner

Die süße KÜCHE

DAS ÖSTERREICHISCHE MEHLSPEISKOCHBUCH

Unter Mitwirkung von Martin Weiler
Mit Fotos von Ulrike Köb

Residenz Verlag

Hinweis

Die Mengenangaben beziehen sich – sofern nicht anders angegeben – auf 4 Dessertportionen. Torten, Kuchen, Kekse und Konfekt können nach Belieben portioniert werden.
Die Angabe von Mehl bezieht sich, so nicht ausdrücklich anders angeführt, auf glattes Weizenmehl.

Rezeptinformationen:
Toni Mörwald, Wirtshaus & Restaurant „Zur Traube"
A-3483 Feuersbrunn, Kleine Zeile 13–17
Tel.: 0043/2738/2298-0, Fax: 0043/2738/2298-60
toni@moerwald.at
www.moerwald.at

Bibliografische Information der Deutschen Nationalbibliothek
Die Deutsche Nationalbibliothek verzeichnet diese Publikation in der Deutschen Nationalbibliografie; detaillierte bibliografische Daten sind im Internet über http://dnb.dnb.de abrufbar.

www.residenzverlag.at

Umschlagfotos: Ulrike Köb (vorne), Ali Schafler
Redaktion: Renate Wagner-Wittula
Lektorat: Jürgen Ehrmann
Grafische Gestaltung: Kurt Hamtil, verlagsbüro wien

Druck: Gorenjski tisk, Slovenija

ISBN 978 3 7017 3165 7

Inhalt

Liebe Leserinnen und Leser,

Österreich war schon immer ein Land, in dem der Himmel voller süßer Versuchungen hing. Eine österreichische Küche ohne süße Küche wäre völlig undenkbar. Manchmal hat man sogar den Eindruck, die Fleischspeisen seien hierzulande nur deshalb erfunden worden, um die Vorfreude auf die Nachspeis´ zu verlängern.

Tatsächlich ist gerade die süße Küche für jede Köchin und jeden Koch, ob „Hobby" oder „Profi", die größte Herausforderung. Denn jeder, der einmal Gäste bewirtet hat, weiß: Das Dessert entscheidet, ob ein Essen gelungen ist oder nicht.

Dass dieser „süße Höhepunkt" auch verlässlich gelingt, ist das Anliegen dieses Werkes, das sich als Grundkochbuch einer zeitgemäßen Mehlspeis- und Dessertküche versteht. Zeitgemäß bedeutet dabei vor allem, dass wir versucht haben, auf moderne Ernährungsgewohnheiten einzugehen und, wo immer es möglich ist, viele Früchte, lockere Teige sowie leichte und luftige Cremen einzusetzen. In einem speziellen Kapitel bieten wir Ihnen auch einen kleinen Grundkurs für „vollwertiges Backen" nach den neuesten Erkenntnissen der Ernährungsphysiologie an.

Das alles ändert freilich nichts an der Tatsache, dass die Vokabeln „süß" und „sündig" gerade in der Mehlspeisküche immer noch in engem Zusammenhang stehen. Denn eine süße Küche ohne Zucker, Schokolade, Blätterteig, Strudel, Schmarren, Schlagobers, Krokant, Marzipan und all die anderen köstlichen Verführungen würde schlicht und einfach ihr Ziel verfehlen.

Dennoch gilt gerade für die süße Küche das alte Sprichwort, dass der wahre Genuss auch in der Beschränkung liegt. Wir haben aus diesem Grund bei den Portionsangaben auch besonderen Wert darauf gelegt, kalorienreichere Süßspeisen so zu dimensionieren, dass sie kein unnötiges Völle- und Schweregefühl hinterlassen. Nicht zuletzt dadurch unterscheidet sich „Die süße Küche" auch von älteren Mehlspeiskochbüchern, die mehr auf die Bedürfnisse einer hart arbeitenden Landbevölkerung als auf jene eines modernen urbanen Hedonismus abgestimmt waren. Und wer dennoch einmal „wirklich sündigen will“, den hindert ja keiner daran, einfach die doppelte Menge zu nehmen. Manche der folgenden rund 500 Desserts setzen sich auch aus verschiedenen Komponenten wie Kuchen, Cremen, Eis, Fruchtsaucen und Ähnlichem zusammen. Selbstverständlich kann man all diese Komponenten auch einzeln zubereiten oder anders kombinieren. Denn auch das unterscheidet die moderne von der traditionellen österreichischen Mehlspeisküche: Der Phantasie und Kreativität sind keine Grenzen gesetzt.

Wir wollen Ihnen auf den folgenden Seiten allerdings nicht nur verlässliche Rezepturen bieten, sondern auch allerlei Wissenswertes über historische und warenkundliche Hintergründe der „süßen Küche“ erzählen. Und sollten Sie gerade einmal auf Diät sein, so können Sie dieses Mehlspeiskochbuch auch – und sei es nur aus Vorfreude auf spätere süße Genüsse – ganz einfach als kulinarisches Lesebuch benützen.

„Die süße Küche“, wie wir sie verstehen, vergisst auf gute alte Traditionen nicht, soll aber auch ein Mehlspeis-Grundkochbuch sein, das auf die Bedürfnisse einer neuen Generation zugeschnitten ist, die sich nicht mehr wie viele unserer Vorfahren als „Zuckergoscherl“ und „Mehlspeistiger“ versteht, sondern sich, möglichst ohne Reue, ganz einfach „süße Träume“ verwirklichen will. Dieses Buch ist ein Leitfaden dafür, und wir widmen es Ihnen ganz persönlich!

Mit süßen Grüßen

Toni Mörwald

Christoph Wagner

Das Einmaleins der süßen Küche

GRUNDTEIGE, MASSEN UND GLASUREN

GRUNDTEIGE

Das Wort „Teig" kommt von umrühren und kneten, womit auch schon das Wichtigste über seine Herstellung gesagt wäre. Ausgangsprodukt ist immer Getreide, das vermahlen und mit Flüssigkeit, Fett, Eiern, Nüssen, Zucker und Aromaten vermischt und anschließend gebacken wird. Die meisten Teige sind auch gut zum Einfrieren geeignet.

Le Tour de Teig

Wer den Blätterteig erfunden hat, ist Gegenstand vieler Legenden. Die Wahrscheinlichkeit, dass es Wiener Bäckergesellen waren, die erstmals auf die Idee kamen, Butter auf Wasserteig auszurollen und diesen dadurch luftiger zu machen, ist allerdings sehr groß. Vermutlich wurde diese Technik auch von Wiener Handwerksburschen nach Norden gebracht, wo in Dänemark die „Danish Pastry" aus Germbutterteig entstand. Nicht zufällig bezeichnen die ansonsten durchwegs patriotischen Franzosen ihr Fein- oder Kaffeegebäck aus solchen Teigen bis heute als „Viennoiserie". Für den Butter- oder Blätterteig selbst hat sich in Frankreich allerdings mittlerweile der Ausdruck „Millefeuille" durchgesetzt, was so viel wie „1 000 Blätter" bedeutet. Das ist freilich eine jener zahlreichen kleinen Übertreibungen, die in der Geschichte der Grande Cuisine recht häufig vorkommen. In Wahrheit verfügt ein richtig hergestellter Blätterteig über 144 Schichten – immer noch genug, um den Teig durch die darin eingeschlossene Luft sowie die entstehenden Wasseranteile beim Ausbacken vielblättrig aufgehen zu lassen. Der dafür nötige Vorgang, den Blätterteig mehrmals auszurollen und wieder zusammenzulegen, wird in der Sprache der Konditoren als Tourieren bezeichnet. Und es bedarf traditionell einer vierfachen Anstrengung, damit der Blätterteig wirklich voll „auf Touren kommt".

Auslegeteig für Torten

Zutaten für 2 Torten (à Ø 26 cm)
270 g Butter, handwarm
240 g Kristallzucker
2 Eier
500 g Mehl
Zitronenschale, gerieben
Prise Salz
Mehl für die Arbeitsfläche
Butter für die Form
getrocknete Linsen oder Erbsen zum Bestreuen

Butter mit Kristallzucker schaumig rühren, Zitronenschale und Salz dazugeben und dann die Eier einrühren. Mehl einarbeiten und den Teig zugedeckt 1 Stunde in den Kühlschrank stellen. Den Teig auf einer bemehlten Arbeitsfläche auf die passende Größe ausrollen und eine runde, mit Butter eingefettete Springform damit auskleiden. Teig mit Backpapier bedecken, mit getrockneten Linsen oder Erbsen bestreuen und im vorgeheizten Backrohr bei 190 °C 12–15 Minuten „blind“ backen. Nach dem Backen Backpapier samt Linsen oder Erbsen wieder entfernen und Tortenboden beliebig weiterverarbeiten.

BACKZEIT: 12–15 Minuten
BACKTEMPERATUR: 190 °C

Blätterteig (Butterteig)

Zutaten
Für den Vorteig
500 g Mehl
50 g Butter
1 Eidotter
5 g Salz
1 EL Rum oder Essig
180 ml Wasser

Für den Butterziegel
500 g Butter
80 g Mehl
Mehl für die Arbeitsfläche

Für den Vorteig zunächst Mehl mit Butter, Salz, Rum oder Essig, Wasser und Eidotter zu einem elastischen Teig kneten. Zu einer Kugel schleifen (mit dem Handballen bearbeiten und zu einer Kugel formen), diese kreuzweise einschneiden und ca. 30 Minuten rasten lassen.
Für den Butterziegel Butter mit Mehl glatt verkneten und zu einem Ziegel formen. Vorteig auf einer bemehlten Arbeitsfläche ausrollen, Butterziegel darauf legen und den Vorteig darüber schlagen. Von der Mitte ausgehend mit dem Rollholz vorsichtig nach allen Richtungen hin zum Rand ausrollen und den Teig dabei nicht dünner als 10 mm ausrollen. Dann folgen die vier Touren.
Erste Tour: Teig dreiteilig zusammenlegen (ergibt 3 Schichten) und wieder ausrollen.
Zweite Tour: Teig vierteilig zusammenlegen (ergibt 4 Schichten), Teig bedecken und ca. 30 Minuten rasten lassen.
Dritte und vierte Tour: Teig erneut ausrollen und die erste sowie die zweite Tour wiederholen. Damit hat der Teig insgesamt 144 (3 x 4 x 3 x 4) Schichten. Teig im Kühlschrank rasten lassen und am besten erst am nächsten Tag verarbeiten.

Plunderteig

Für den Butterziegel die Butter am besten mit einem groben Hobel in Späne hobeln oder in grobe Stücke schneiden, Mehl einarbeiten und zu einem Ziegel formen. Kalt stellen (wenn möglich, einige Stunden lang).

Für den Vorteig Germ in der kalten Milch auflösen und mit den übrigen Zutaten zu einem glatten Teig verarbeiten. Zu einer Kugel schleifen (mit dem Handballen bearbeiten und zu einer Kugel formen), kreuzweise einschneiden und mit einer Plastikfolie bedeckt im Kühlschrank 10 Minuten rasten lassen. Den Butterziegel wie beim Blätterteig (s. S. 11) beschrieben mit einer einfachen, einer doppelten und wiederum einer einfachen Tour einschlagen. Je nach Verwendung weiterverarbeiten. Plundergebäck bei 220 °C anbacken und bei ca. 180 °C fertig backen.

TIPP: Achten Sie darauf, dass Plunderteig, der übrigens auch Germbutterteig genannt wird, stets sehr kühl verarbeitet werden sollte.

Zutaten

Für den Butterziegel

350 g Butter
50 g Mehl

Für den Vorteig

600 g Mehl
60 g Staubzucker
60 g Butter
60 g Germ
300 ml Milch, kalt
1 Ei
1 Eidotter
6 g Salz
Prise Vanillezucker
Zitronenschale, gerieben

Damit Ihr Germteig auch richtig aufgeht ...

... empfiehlt es sich, folgende Regeln unbedingt einzuhalten:

- *Verwenden Sie ausschließlich zimmertemperierte Zutaten.*
- *Vermeiden Sie während der Bearbeitung des Teigs jede Zugluft.*
- *Achten Sie darauf, dass es im Arbeitsraum über 20 °C hat.*
- *Verwenden Sie Butter mit möglichst niedrigem Salzgehalt.*
- *Verwenden Sie nur frische Germ und achten Sie darauf, dass sie vor der Verwendung nicht austrocknet.*
- *Verwenden Sie für die Germteigzubereitung nur reines Weizenmehl.*
- *Lassen Sie Dampfl und Germteig immer an der wärmsten Stelle des Arbeitsraums aufgehen.*

Germteig

Zutaten
375 g Mehl
375 g Mehl, griffig
3 Eier
12 cl Öl
Prise Salz
375 ml Milch, lauwarm
45 g Germ
75 g Staubzucker
150 g Butter, flüssig

Glattes und griffiges Mehl miteinander vermischen. In einer zweiten Schüssel Germ zerbröseln und mit lauwarmer Milch verrühren. Die Hälfte des Mehls einrühren, etwas Mehl darüber streuen und das Dampfl (Vorteig) mit einem Tuch bedeckt (Tuch darf den Teig nicht berühren) an einem warmen Ort etwa 30 Minuten gehen lassen. Salz, Eier, Zucker, restliches Mehl, flüssige Butter und Öl mit einem Kochlöffel so lange unter das Dampfl schlagen, bis sich der Teig vom Schüsselrand löst. Zugedeckt nochmals 20 Minuten an einem warmen Ort gehen lassen. Je nach Verwendung weiterverarbeiten, dabei aber stets im geschlossenen Backrohr backen (von 220 °C auf 180 °C fallend).

Briocheteig

Zutaten
6 EL Milch
45 g Germ
1 kg Mehl
8 EL Zucker
Prise Salz
600 g Butter, zimmertemperiert
12 Eier

Milch erwärmen, Germ darin auflösen, mit etwas Mehl zu einem Dampfl (Vorteig) verrühren und an einem warmen Ort gehen lassen, bis sich sein Volumen verdoppelt hat. Die restlichen Zutaten mit dem aufgegangenen Dampfl verrühren und den Teig so lange schlagen, bis sich Blasen bilden. Schüssel mit einem Tuch bedecken (Tuch darf den Teig nicht berrühren) neuerlich an einem warmen Ort gehen lassen. Diesen Vorgang noch zweimal wiederholen. Anschließend den Teig 1 Stunde lang kalt stellen und dann je nach Verwendung in entsprechende Formen füllen oder zu Striezeln, Knöpfen, Zöpfen etc. formen. Im vorgeheizten Backrohr bei 220 °C etwa 20 Minuten backen.

BACKZEIT: 20 Minuten
BACKTEMPERATUR: 220 °C

Was macht der Brie im Briocheteig?

Über das Wort Brioche wissen die Kulinarhistoriker einiges. Beispielsweise, dass dieser ursprünglich ohne Vorteig zubereitete Germteig bereits 1404 zum ersten Mal in einer Rezepthandschrift auftaucht. Alexandre Dumas, der Schöpfer der „3 Musketiere" und Autor eines großen Wörterbuchs der Kochkunst, glaubte sogar noch mehr darüber zu wissen. Er behauptete, dass die Brioche deshalb so heiße, weil in den klassischen Briocheteig früher ein Stück Brie-Käse eingearbeitet worden sei. Diese These gilt mittlerweile allerdings als widerlegt, da die Brioche auf die normannische Wurzel broyer, brier zurückgeführt wird, was nichts anderes als zerstampfen, zusammenschlagen bedeutet. Also nichts mit Käse im Frühstücksbrioche. Und Hand aufs Herz: Marmelade passt sowieso besser dazu. (s. Rezept S. 13)

MÜRBTEIG (LINZER TEIG)

Zutaten für 2 Torten (à Ø 26 cm) oder 1 Kuchenboden (30 x 45 cm)

450 g Mehl
300 g Butter
150 g Staubzucker
1 Eidotter
Zitronenschale
10 g Vanillezucker
Prise Salz

Butter in kleine Stücke schneiden und bei Zimmertemperatur weich werden lassen. Mehl in eine Schüssel sieben, in die Mitte Staubzucker, Salz, Vanillezucker, Zitronenschale und Eidotter geben und mit den Fingerspitzen durchkneten. Butter einarbeiten, rasch (keinesfalls zu lange!) kneten, Teig zu einer Kugel formen und 1 Stunde kühl stellen. Mürbteig dünn ausrollen und auf ein Backblech bzw. in die Tortenform legen, mit einer Gabel „stupfen" (einige Male zart anstechen) und bei 180 °C im Backrohr hellbraun backen. Abkühlen lassen und nach Belieben weiterverarbeiten.

BACKZEIT: ca. 8 Minuten
BACKTEMPERATUR: 180 °C

Eins, zwei, drei aus Linz

Lange vor der Erfindung der Linzer Torte waren die „schönen Linzerinnen" auch bereits als hervorragende Bäckerinnen bekannt. Nach ihnen ist daher auch schon in vielen alten Kochbüchern jener Linzer Teig benannt, der in Wahrheit nichts anderes ist als ein klassischer Mürbteig. Weil dabei Zucker, Butter und Mehl im Verhältnis 1:2:3 zur Verwendung gelangen, wurde der Teig im Volksmund früher auch als Eins-Zwei-Drei-Teig bezeichnet.

STRUDELTEIG

Zutaten für 10 Portionen
300 g Weizenmehl
25 ml Öl
5 g Salz
150 ml Wasser, lauwarm
Öl zum Bestreichen

Das Mehl auf eine Arbeitsplatte sieben, in die Mitte eine Vertiefung drücken und Öl sowie Salz hineingeben. Nach und nach das Wasser zufügen und alles zu einem glatten Teig verkneten, der sich gut von den Händen löst. Teig in eine Schüssel legen und die Oberfläche mit Öl bestreichen, damit sich keine Haut bilden kann. Mit einem feuchten Tuch so abdecken, dass das Tuch den Teig nicht berührt, und bei Zimmertemperatur eine halbe Stunde rasten lassen. Dann je nach Verwendung weiterverarbeiten.
VERWENDUNG: für Apfel-, Birnen- oder Marillenstrudel, aber auch als Dekor, wie beispielsweise Strudelblätter

10 goldene Regeln, wie Strudelteig gelingt

Viele Hausfrauen zögern, Strudelteig selbst zu machen, und greifen lieber zu bequemen Fertigprodukten. Umso mehr Achtung werden jene bei den Gästen ernten, die darauf hinweisen können, dass sie ihren Strudel „selbst ausgezogen" haben. Das ist längst nicht so kompliziert, wie es aussieht. Wer die folgenden „goldenen Hausfrauenregeln" beachtet, braucht sich um die Qualität des Strudels keine Sorgen zu machen:

1. *Übung macht den Meister. Schon der zweite Strudelteig gelingt besser als der erste. Ab dem zehnten verfügt man bereits über Routine. Und spätestens ab Nummer zwanzig geht das Strudelausziehen wie das sprichwörtliche Brezelbacken.*
2. *Achten Sie darauf, dass das verwendete Wasser gut temperiert ist. Zu heiß ist in jedem Fall besser als zu kalt.*
3. *Gönnen Sie dem Teig vor dem Ausziehen eine ausreichende Ruhephase. Lassen Sie ihn in einem leicht angewärmten Gefäß rasten, das die Wärme gut speichert. Strudelteig schätzt es nicht, wenn er auskühlt.*
4. *Decken Sie das Gefäß, in dem der Strudelteig rastet, immer mit einem Tuch oder einem Teller ab.*
5. *Rollen Sie den Teig mit dem Nudelwalker möglichst gleichmäßig aus und legen Sie ihn dann auf ein angewärmtes(!), mit Mehl ausreichend bestaubtes Tischtuch.*
6. *Legen Sie vor dem Weiterarbeiten unbedingt alle Ringe ab, da diese den Teig beim Ausziehen leicht zum Zerreißen bringen können.*

7. *Greifen Sie mit beiden Händen zwischen den Teig und das Tischtuch. Achten Sie dabei darauf, dass die Handrücken nach oben zeigen und gekrümmt sind und halten Sie Ihre Finger möglichst gespreizt.*
8. *Sobald der Teig direkt auf Ihren beiden Handrücken liegt, brauchen Sie dieselben nur ruhig und ohne alle Hektik in gleichmäßigem Rhythmus hin- und herzubewegen. Der Teig ist elastisch genug, dass er sich diesen Bewegungen anpasst und gleichmäßig dünner wird, ohne dabei zu zerreißen.*
9. *Sobald der Teig dünn wie Zeitungspapier (oder, wie man früher auch sagte, durchscheinend wie ein Mohnblatt) ist, müssen alle Wülste und zu dicken Ränder abgeschnitten oder zwischen Daumen und Zeigefinger entsprechend dünn gedrückt werden.*
10. *Bewegen Sie den Teig nach dem Auftragen der Fülle nur noch mit Hilfe des darunter liegenden Tuchs. Sie brauchen es nur rechts und links straff anzuziehen und dabei langsam anzuheben. Dann rollt sich der Teig fast von selbst zusammen.*

Butterstreusel

Zutaten für den Belag einer Torte
80 g Mehl
60 g Butter
60 g Staubzucker
Prise Zimt
Prise Salz
5 g Vanillezucker

Mehl mit zimmerwarmer Butter, Staubzucker, Zimt, Salz und Vanillezucker vermischen und zwischen den Händen zu Krümeln verreiben. Je nach Verwendung weiterverarbeiten oder ein Backblech mit Backpapier auslegen, Streusel darauf ausbreiten, bei 170 °C backen, bis der Streusel goldbraun ist. Auf die Fruchttorte oder -schnitte streuen.

TIPP: Wenn Sie den Streusel vor dem Backen mit etwas flüssiger Butter bestreichen, wird er noch knuspriger und bekommt eine schönere Farbe.

BACKZEIT: ca. 5 Minuten
BACKTEMPERATUR: 170 °C

Palatschinkenteig

Milch mit Eiern, Kristallzucker und Salz verrühren und zuletzt das Mehl einrühren. In einer Pfanne etwas Öl erhitzen, den Teig dünn eingießen, Pfanne schwenken, damit sich der Teig gleichmäßig verteilen kann, und Palatschinken unter einmaligem Wenden goldgelb backen.

TIPP: Auf die klassische Wiener Art werden Palatschinken mit Marillenmarmelade gefüllt. Sie schmecken aber auch mit einer Fülle aus beliebigen anderen Marmeladen, geriebenen Nüssen, Topfencreme, Eis sowie mit Schokoladesauce garniert ganz vorzüglich.

Zutaten für 8 Palatschinken
250 ml Milch
140 g Mehl
2 Eier
1 TL Kristallzucker
Prise Salz
Öl zum Backen

Auf die Fülle kommt es an

Während beim Omelett das Wichtigste die Konsistenz und Fülligkeit des Teiges ist, kommt es bei den aus Rumänien und Ungarn stammenden Palatschinken eher auf ihre Zartheit an. Palatschinken sollten so fein und dünn sein, dass die Fülle voll zur Geltung kommen kann und nicht durch einen zu opulenten oder gar pampigen Teig „erschlagen" wird.

Topfenteig für gefüllte Knödel

Butter mit Staubzucker schaumig schlagen. Den Topfen einrühren, dann die Eier unterrühren und mit Zitronenschale, Rum und Salz abschmecken. Brösel einmengen und die Masse 2 Stunden ziehen lassen. Je nach Verwendung weiterverarbeiten.

TIPP: Dieser Teig eignet sich hervorragend für Frucht-, Mohn-, Nuss- oder Schokoladeknödel.

Zutaten für 15–20 Knödel
25 g Butter
2 EL Staubzucker
2 Eier
350 g Topfen
Zitronenschale, gerieben
Spritzer Rum
Prise Salz
100 g Weißbrotbrösel (ersatzweise auch Semmelbrösel)

Käse aus dem Topf

Topfen – das österreichische Synonym für den deutschen Quark – bedeutet nichts anderes als Frischkäse, der aus demselben Topf kommt wie die saure Milch, aus der er gewonnen wird. Das Verfahren, entrahmte Milch durch Sauermilchkulturen und Lab (Gerinnstoff) dickzulegen und die Molke anschließend von der frischen Käsemasse zu trennen, war schon den mongolischen Hirtenvölkern bekannt und ist rund 9 000 Jahre alt. Der ebenso wasserreiche wie fettarme Topfen hat seither an Beliebtheit ständig zugelegt. Ist er doch gerade in der süßen Küche unentbehrlich, so manche „sündige" Creme oder Fülle, aber auch Teige und Massen leichter verdaulich und kalorienärmer zu machen. Zudem liefert der auch an Vitaminen und Spurenelementen reiche Topfen dreimal so viel Eiweiß wie Milch und besitzt dadurch einen hohen Sättigungseffekt.

Gerade wegen dieser Vorzüge ist Topfen ein sensibles Rohprodukt und will, speziell in der Dessertküche, entsprechend gepflegt sein. Dabei gilt es vor allem folgende Grundregeln zu beachten:

- *Achten Sie darauf, dass Topfen immer weiß bis rahmgelb ist, mildsäuerlich schmeckt, keine Molke absondert und keinerlei Reifungserscheinungen wie Schimmel, Verfärbungen o. Ä. aufweist. Bittertöne im Geschmack sind ein Zeichen für Überalterung.*
- *Topfen sollte stets gekühlt und lichtgeschützt aufbewahrt werden. Bei Zimmertemperatur reift er schneller, wird sauer und verändert seinen Geschmack.*
- *Vorsicht: Topfen ist extrem anfällig für fremde Gerüche. Er sollte also immer gut verschlossen und niemals in der Nähe von stark aromatischen Zutaten und Speisen gelagert werden.*
- *Je mehr Sauerrahm Topfen enthält, desto weicher, geschmeidiger und streichfähiger, allerdings auch kalorienreicher ist er. Im Handel ist Topfen als Magertopfen (mit ca. 1 % F. i. T.) sowie Speisetopfen (mit 10, 20, 30, 40, 50 % F. i. T.) erhältlich. Der Fettgehalt in der Trockenmasse (F. i. T.) ist allerdings nicht mit dem absoluten Fettgehalt identisch, sondern liegt wesentlich niedriger.*

Brandteig (Brandmasse)

In einer Kasserolle Wasser, Butter, Zucker und Salz zum Kochen bringen. Sobald die Mischung zu kochen beginnt, vom Herd nehmen und das gesiebte Mehl einrühren. Mit einem Kochlöffel glatt rühren. Den Topf wieder auf den Herd stellen und so lange rühren, bis sich der Teig vom Topf löst. Abermals vom Herd nehmen und jetzt (am besten mit einem Handmixer) langsam ein Ei nach dem anderen unterrühren. Der Teig muss die Eier schön aufnehmen und darf nicht schmierig sein. Brandteig je nach Verwendung im vorgeheizten Backrohr bei 180–220 °C 15–20 Minuten backen.

BACKZEIT: 15–20 Minuten (je nach Größe)

BACKTEMPERATUR: ca. 180–220 °C

Zutaten für ca. 30 Profiteroles

250 ml Wasser
1 EL Zucker
65 g Butter
Prise Salz
125 g Mehl
3 Eier

1
Wasser, Butter, Zucker und Salz zum Kochen bringen.

2
Vom Herd nehmen und das gesiebte Mehl einrühren. Mit einem Kochlöffel glatt rühren.

3
Den Topf wieder auf den Herd stellen und so lange rühren, „abbrennen“, bis sich der Teig vom Topf löst. Danach vom Herd nehmen und die Eier nach und nach einrühren.

4
Die Masse in einen Dressiersack mit Sterntülle füllen und aufdressieren.

5
Profiteroles ins Backrohr geben.

6
Nach dem Backen aus dem Rohr nehmen, kurz überkühlen lassen, dann vom Blech lösen.

GRUNDMASSEN

Massen sind neben den Teigen die wichtigste Grundlage jeder Mehlspeisküche und Konditorkunst. Ihr wichtigstes Kennzeichen ist – Ausnahmen wie die Krokantmasse bestätigen nur die Regel – ein hoher Anteil an Eiern, die entweder im Ganzen oder getrennt in Klar und Dotter verwendet werden. Durch bestimmte Zutaten wie Schokolade, Mandeln, Nüsse, Kakao oder Mohn können Massen geschmacklich äußerst vielfältig variiert werden.

Kalte Biskuitmasse für Rouladen

Zutaten für 1 Rouladenblatt à ca. 30 x 45 cm
10 Eidotter
200 g Kristallzucker
Prise Vanillezucker
Prise Salz
Zitronenschale, gerieben
8 Eiklar
160 g Mehl
Kristallzucker zum Bestreuen

Die Eidotter mit 40 g Kristall- und einer Prise Vanillezucker, Salz und Zitronenschale schaumig rühren. Eiklar leicht schlagen, restlichen Kristallzucker einstreuen und zu Schnee ausschlagen. Die beiden Massen nur leicht miteinander vermengen. Das Mehl dazusieben und vorsichtig unterheben. Masse auf ein mit Backpapier ausgelegtes Backblech aufstreichen und im vorgeheizten Backrohr bei 200 °C etwa 15–20 Minuten backen. Nach dem Backen auf ein mit Kristallzucker bestreutes Backpapier stürzen und das Backpapier vorsichtig abziehen.

BACKZEIT: 15–20 Minuten
BACKTEMPERATUR: 200 °C

Kalte Biskuitmasse für Schnitten

Zutaten für 1 Biskuitboden à ca. 30 x 45 cm

5 Eidotter
20 g Staubzucker
Prise Vanillezucker
Prise Salz
Zitronenschale, gerieben
5 Eiklar
100 g Kristallzucker
125 g Mehl
Kristallzucker zum Bestreuen

Die Eidotter mit Staub- und Vanillezucker, Salz und Zitronenschale schaumig rühren. Eiklar leicht schlagen, den Kristallzucker einstreuen und zu Schnee ausschlagen. Die beiden Massen nur leicht miteinander vermengen. Mehl dazusieben und vorsichtig unterheben. Auf ein mit Backpapier ausgelegtes Backblech aufstreichen und im vorgeheizten Backrohr bei 200 °C etwa 10 Minuten backen. Nach dem Backen auf ein mit Kristallzucker bestreutes Backpapier stürzen und das Backpapier vorsichtig abziehen.

BACKZEIT: 10 Minuten

BACKTEMPERATUR: 200 °C

Kalte Biskuitmasse für Torten

Zutaten für 1 Torte (Ø 26 cm)

5 Eier
1 Eidotter
150 g Kristallzucker
Prise Vanillezucker
Prise Salz
Zitronenschale, gerieben
150 g Mehl
50 g Butterschmalz, geschmolzen
Kristallzucker zum Bestreuen

Eier, Eidotter, Kristall- und Vanillezucker, Salz und Zitronenschale schaumig schlagen, bis die Masse nicht mehr an Volumen gewinnt. Das Mehl vorsichtig unterheben, danach das heiße Butterschmalz einrühren. Einen Tortenring mit Backpapier auskleiden, die Masse einfüllen und im vorgeheizten Backrohr bei 180 °C etwa 35 Minuten backen. Nach dem Backen auf ein mit Kristallzucker bestreutes Backpapier stürzen. Das Papier vorsichtig abziehen und die Torte aus dem Ring lösen.

BACKZEIT: ca. 35 Minuten

BACKTEMPERATUR: 180 °C

Warme Biskuitmasse

Zutaten für 1 Torte (Ø 26 cm)
8 Eier
250 g Kristallzucker
125 g Mehl
125 g Maisstärke (Maizena)
50 g Butter, flüssig
Kristallzucker zum Bestreuen

Eier mit Kristallzucker über Dampf dickschaumig aufschlagen, danach kalt schlagen. Mehl und Maisstärke miteinander mischen und vorsichtig unter die aufgeschlagene Masse heben. Flüssige Butter einrühren. Einen Tortenring mit Backpapier auskleiden, die Masse einfüllen und im vorgeheizten Backrohr bei 180 °C etwa 45 Minuten backen. Nach dem Backen auf ein mit Kristallzucker bestreutes Backpapier stürzen und auskühlen lassen. Das Papier vorsichtig abziehen und die Torte aus dem Ring lösen.

BACKZEIT: ca. 45 Minuten
BACKTEMPERATUR: 180 °C

Kakaobiskuitmasse

Zutaten für 1 Torte (Ø 26 cm)
7 Eier
200 g Kristallzucker
Prise Salz
Prise Vanillezucker
100 g Weizenmehl
50 g Maisstärke (Maizena)
35 g Kakaopulver
50 ml Öl

Eier mit Kristallzucker, Salz und Vanillezucker schaumig aufschlagen, bis das Volumen der Masse nicht mehr zunimmt. Mehl, Maisstärke und Kakaopulver vermischen und vorsichtig unter die Masse heben. Abschließend Öl behutsam unterziehen und die Masse im vorgeheizten Backrohr bei 180 °C 35–40 Minuten backen.

BACKZEIT: 35–40 Minuten
BACKTEMPERATUR: 180 °C

Familie Biskuit

„Biskuit gehört zu den leicht verdaulichsten und, falls es in einfacher Weise zubereitet wurde, zu den gesündesten Gebäcken, und ist deshalb für Kinder wie für Kranke und Genesende, für Letztere als Zukost zum Wein, ganz besonders empfehlenswert." So liest man es im 1893 erschienenen „Universallexikon der Kochkunst". Auch wenn mancher moderne Ernährungsmediziner diese Einschätzung vielleicht nicht mehr recht teilen mag, hat das Biskuit seither dennoch nichts an Beliebtheit verloren. Das liegt vielleicht auch daran, dass es sich beim Biskuit nicht um ein Gericht, sondern um eine ganze Familie von Backmassen handelt, aus denen sich Dutzende, ja vielleicht sogar Hunderte unterschiedlichster feiner Backwaren zaubern lassen.

Das war nicht immer so. Als die alten Römer für ihre Legionen eine zweimal gebackene (lat. bis cotus) eiserne Reserve für den Tornister erfanden, dachten sie keineswegs an Wohlgeschmack, sondern an Haltbarkeit. Die Franzosen machten aus dem „bis cotus" ein „bis cuit" – backten es dafür aber nur noch einmal, was den internationalen Erfolg von Biskuit in Kuchen- wie auch in Keksform wohl wesentlich beschleunigte.

Leichte Sandmasse

Zutaten für 1 Torte oder 1 Kranzkuchen (Ø 26 cm)

5 Eier
3 Eidotter
170 g Kristallzucker
Prise Vanillezucker
Salz
Zitroneschale, gerieben
100 g Mehl
90 g Maisstärke (Maizena)
65 g Butter, flüssig (oder Öl)

Eier mit Eidottern, Kristallzucker, Salz, Vanillezucker und Zitronenschale aufschlagen. Maisstärke mit Mehl versieben und vorsichtig unterziehen. Flüssige Butter oder Öl unterrühren und je nach weiterer Verwendung als Torte oder Kranzkuchen im vorgeheizten Backrohr bei 180 °C etwa 55 Minuten backen.

BACKZEIT: ca. 55 Minuten

BACKTEMPERATUR: 180 °C

Schwere Sandmasse

Zutaten für 1 Torte (Ø 26 cm)
300 g Butter
300 g Weizen- oder Maisstärkemehl
190 g Staubzucker
Prise Vanillezucker
Prise Salz
Zitronenschale, gerieben
6 Eidotter
6 Eiklar
125 g Kristallzucker
50 g Mehl
Butter für die Form

Butter mit Stärkemehl, Staubzucker, Vanillezucker, Salz und Zitronenschale schaumig rühren. Nach und nach Eidotter einrühren. Eiklar leicht zu schlagen beginnen, unter Zugabe des Kristallzuckers zu Schnee ausschlagen und unter die Buttermasse mengen. Mehl unterheben. Masse in eine gebutterte Tortenform füllen und im vorgeheizten Backrohr bei 210 °C anbacken. Backrohr leicht öffnen und Temperatur nach und nach auf 170 °C reduzieren. Etwa 60 Minuten backen.

BACKZEIT: ca. 60 Minuten
BACKTEMPERATUR: von 210 °C auf 170 °C fallend

Alles über Eier

EIER – VADEMECUM DER SÜSSEN KÜCHE

Daran ändern auch moderne Ernährungsgewohnheiten und Cholesterinwarnungen nichts. Man kann den Eieranteil in einer zeitgemäßen süßen Küche zwar reduzieren. Ganz ohne Eier kommt man allerdings nicht aus.

Muss man auch nicht. Denn selbst Cholesterinskeptiker geben zu, dass die „bösen Cholesterine" eher anderswo zuhause sind und Eier durchaus auch ihre ernährungsphysiologischen Vorzüge haben. Sie sind, speziell, was das Eiklar betrifft, relativ fett- und kalorienarm, dafür aber reich an Vitaminen fast aller Gruppen sowie an Mineralstoffen wie Natrium, Kalium, Calcium, Magnesium oder Phosphor.

Vor allem aber sind Eier aufgrund ihrer physiologischen Beschaffenheit ideal zum Backen und Binden geeignet. So spalten sich etwa beim Schlagen von Eiklar die Proteine und dehnen sich aus. Die Luft, die sie dabei aufnehmen, macht das Eiklar zu einem geradezu idealen Triebmittel.

Auch das Protein des Dotters hat seine Meriten. Es ist zwar etwas weniger stabil als jenes des Eiklars, eignet sich dafür aber ideal zum Binden und Eindicken. Beim Erhitzen von Dotter ist allerdings Vorsicht geboten, da es bei zu großer Wärmeeinwirkung leicht gerinnt.

EIEREINKAUF

Gute Eier erkennt man schon an der Schale, die sauber, unverletzt und eben sein muss, weil andernfalls leicht Bakterien ins Innere dringen können. Folglich verderben beschädigte Eier schneller.

Freilandeier weisen aufgrund der unterschiedlichen Futtersituation der Hühner sowohl einen kräftigeren Geschmack als auch ein intensiveres Dottergelb auf. Die geringen Mehrkosten für den Kauf von Freilandeiern machen sich also sowohl in moralischer als auch in geschmacklicher Hinsicht bezahlt.

LAGERUNG VON EIERN

- *Lagern Sie Ihre Eier kühl, dunkel und luftig bei 12 °C und etwa 80 % Luftfeuchtigkeit.*
- *Bewahren Sie Eier, die Sie länger lagern wollen, bei einer Temperatur zwischen 1 und 3 °C im Kühlschrank auf.*
- *Bringen Sie Eier aus dem Kühlschrank vor der Verwendung wieder auf Zimmertemperatur.*
- *Vermeiden Sie unnötige Temperaturschwankungen, da Eier durch „Schwitzen" zur Schimmelbildung neigen.*
- *Bewahren Sie Eier möglichst aromageschützt auf, da sie sehr leicht fremde Gerüche annehmen. Das ist gerade für die süße Küche von besonderer Bedeutung, da der Eierkuchen sonst schnell gemüsig schmeckt oder gar „fischelt".*

FRISCHEPROBEN

Die Frische eines Eis lässt sich an der so genannten Schwimmprobe erkennen. Legen Sie das Ei in ein Wasserglas und beobachten Sie, wie es sich verhält. Bleibt es am Boden liegen, ist es frisch. Hebt es sich mit dem stumpfen Ende nach oben, ist das Ei etwa eine Woche alt. Steht es indessen bereits senkrecht im Glas, wurde es schon vor zwei, drei Wochen gelegt. Auch nach dem Aufschlagen des Eis lässt sich dessen Frische noch einmal überprüfen. Das Ei sollte geruchsfrei sein, das Eiweiß das Eidotter kompakt umhüllen und das Dotter selbst sowohl erhaben als auch von leuchtender Farbe sein.

Kleine, dunkle Flecken sind ein Zeichen dafür, dass das Ei befruchtet und nur mit entsprechender Vorsicht zu verwenden ist.

Am runden Ende des Eis ist ein Luftraum, die Luftkammer. Sie wird mit zunehmendem Alter des Eis größer.

WIE TRENNT MAN EIER?

Die Eier werden in der Mitte mit einem Messerrücken leicht angeschlagen und dann über einer kleinen Auffangschale auseinandergebrochen. Das Eiklar lässt man in die Schale abfließen, das in einer Eierhälfte verbliebene Dotter in eine andere Schüssel gleiten. Besonders für das Schlagen von Eischnee ist es wichtig, dass sich keine Dotterreste unter das Eiklar mischen. Es ist daher sinnvoll, die Eier nicht über einer Schüssel aufzuschlagen, die bereits mit Eiklar gefüllt ist, das schon durch einen kleinen Dotterrest zur Gänze unbrauchbar würde.

WIE EISCHNEE SICHER GELINGT

- *Verwenden Sie Eiweiß, das schon etwas abgelagert ist. Es eignet sich zum Schneeschlagen besser.*
- *Halten Sie Kessel und Mixgeräte wie Schneebesen, Rührmaschine oder Handmixer möglichst kühl.*
- *Verwenden Sie zum Schneeschlagen besser nur Kristallzucker.*
- *Schlagen Sie das Eiklar zunächst ohne Zucker, bis es sich zu binden beginnt, und heben Sie erst danach den Kristallzucker unter.*
- *Schlagen Sie – sofern im Rezept nicht anders vorgesehen – so lange, bis die Masse so steif ist, dass sie kleine „Gletschergipfel" bildet und schnittfest ist.*

Mandelmasse

Marzipan mit Wasser gut durchwirken (kneten), mit Eidottern, Salz, Vanillezucker und Zitronenschale schaumig rühren. Eiklar mit Kristallzucker zu Schnee schlagen und unter die Marzipanmasse mischen. Mehl mit Maisstärke versieben und vorsichtig einmengen. Zuletzt das Butterschmalz einrühren. Masse im vorgeheizten Backrohr bei 170 °C ca. 50 Minuten backen.

BACKZEIT: ca. 50 Minuten

BACKTEMPERATUR: 170 °C

Zutaten für 1 Torte (Ø 26 cm)

250 g Marzipanrohmasse
35 ml Wasser
7 Eidotter
Prise Salz
Prise Vanillezucker
Zitronenschale, gerieben
6 Eiklar
140 g Kristallzucker
100 g Mehl
35 g Maisstärke (Maizena)
40 g Butterschmalz, flüssig

Nussmasse

Zutaten für 1 Torte (Ø 26 cm)
8 Eier
200 g Kristallzucker
10 g Vanillezucker
Zitronenschale, gerieben
25 g Nougat, flüssig
200 g Nüsse, gerieben
80 g Semmelbrösel
80 g Mehl
3 cl Rum

Eier mit Kristallzucker, Vanillezucker und Zitronenschale schaumig aufschlagen. Nougat vorsichtig einrühren. Nüsse, Brösel und Mehl untermengen und abschließend mit Rum aromatisieren. Masse im vorgeheizten Backrohr bei 170 °C ca. 55 Minuten backen.

BACKZEIT: ca. 55 Minuten
BACKTEMPERATUR: 170 °C

Mohnmasse

Zutaten für 1 Torte (Ø 26 cm)
220 g Butter
65 g Staubzucker
Prise Salz
Prise Vanillezucker
9 Eidotter
9 Eiklar
220 g Kristallzucker
300 g Graumohn, gemahlen
130 g Haselnüsse, gerieben

Butter mit Staubzucker, Salz und Vanillezucker schaumig rühren. Eidotter nach und nach einmengen. Eiklar leicht zu schlagen beginnen und mit Kristallzucker zu Schnee ausschlagen. Schnee, Mohn und Haselnüsse vorsichtig unter die Eiermasse ziehen. Masse im vorgeheizten Backrohr bei 170 °C ca. 50 Minuten backen.

BACKZEIT: ca. 50 Minuten
BACKTEMPERATUR: 170 °C

Panamamasse

Eidotter mit Kristallzucker, Rum, Vanillezucker, Salz und Zitronenschale schaumig rühren. Kuvertüre im Wasserbad erwärmen und in die Masse einrühren. Eiklar mit Kristallzucker zu Schnee schlagen und unter die Eidottermasse mischen. Mandeln, Haselnüsse und Mehl miteinander vermengen, dann unter die Masse heben. In eine gebutterte Form füllen und im vorgeheizten, leicht geöffneten Backrohr bei 170 °C ca. 50 Minuten backen.

BACKZEIT: ca. 50 Minuten

BACKTEMPERATUR: 170 °C bei leicht geöffnetem Backrohr

Zutaten für 1 Torte (Ø 26 cm)

7 Eidotter
30 g Kristallzucker
2 cl Rum
7 g Vanillezucker
Prise Salz
Zitronenschale, gerieben
90 g Kuvertüre, zartbitter
7 Eiklar
140 g Kristallzucker für den Schnee
60 g Mehl
90 g Mandeln, gerieben
90 g Haselnüsse, gerieben
Butter für die Form

Sachermasse (Schokolademasse)

Zutaten für 1 Torte (Ø 26 cm)
200 g Butter
170 g Staubzucker
9 Eidotter
200 g Kochschokolade
9 Eiklar
170 g Kristallzucker
200 g Mehl
Butter für die Form

Butter mit Staubzucker schaumig rühren, Eidotter unterrühren. Kochschokolade im Backrohr weich werden lassen und in die Buttermasse einmengen. Eiklar leicht schlagen und mit Kristallzucker zu Schnee ausschlagen. Schnee sowie Mehl abwechselnd vorsichtig unter die Masse rühren. In eine gebutterte Springform füllen und im vorgeheizten Backrohr bei 170 °C etwa 55 Minuten backen.

BACKZEIT: ca. 55 Minuten

BACKTEMPERATUR: 170 °C

Dobosmasse

Eidotter mit Staubzucker schaumig rühren, Eiklar zu Schnee schlagen und mit Kristallzucker ausschlagen. Schnee gemeinsam mit dem Mehl vorsichtig unter die Dottermasse mengen. Auf einem Backpapier sechs Kreise von etwa 23 cm Durchmesser aufzeichnen, die Masse darauf verteilen und glatt streichen. Nacheinander alle 6 Tortenböden bei 200 °C jeweils etwa 8 Minuten backen.

BACKZEIT: 8 Minuten
BACKTEMPERATUR: ca. 200 °C

Zutaten
7 Eidotter
80 g Staubzucker
7 Eiklar
70 g Kristallzucker
140 g Mehl

Esterházymasse

Eiklar leicht zu schlagen beginnen und mit Kristallzucker zu Schnee ausschlagen. Geriebene Haselnüsse und Vanillezucker vorsichtig unterheben. Auf ein mit Backpapier ausgelegtes Backblech (oder Tortenform) eine Schichte 5 mm hoch aufstreichen und im vorgeheizten Backrohr unter Beobachtung bei 200 °C goldbraun backen. Den Vorgang fünfmal wiederholen, bis die Masse aufgebraucht ist.

BACKZEIT: 8–10 Minuten je Schicht
BACKTEMPERATUR: 200 °C

Zutaten für Schnitten (30 x 45 cm) oder für 2 Torten (à Ø 26 cm)
660 g Eiklar (ca. 22)
660 g Kristallzucker
660 g Haselnüsse, fein gerieben
15 g Vanillezucker

Baumkuchen

Zutaten
360 g Butter
160 g Staubzucker
10 Eidotter
260 g Marzipan, passiert
10 Eiklar
130 g Kristallzucker
140 g Mehl
130 g Stärkemehl

Butter und Staubzucker schaumig schlagen, nach und nach Eidotter einrühren und passiertes Marzipan beigeben. Eiklar und Kristallzucker zu Schnee schlagen, Mehl und Stärkemehl vermischen und den Schnee abwechselnd mit der Mehlmischung in die Dottermasse einrühren. Ein Backblech mit Alufolie ordentlich auslegen (glänzende Seite nach unten), eine dünne Schicht auftragen und diese bei maximaler Oberhitze und 150 °C Unterhitze etwa 2–3 Minuten backen. Nächste Schicht auftragen, abermals kurz backen und so fortfahren, bis die Masse aufgebraucht ist. Auskühlen lassen, Folie abziehen und nach Belieben weiterverarbeiten.

BACKZEIT: ca. 2–3 Minuten je Schicht

BACKTEMPERATUR: maximale Oberhitze, 150 °C Unterhitze

VERWENDUNG: entweder als klassischer Baumkuchen oder zum Auskleiden von Terrinenformen für Parfaits oder Mousses

TIPPS: Der klassische Baumkuchen wird oben mit Marillenmarmelade bestrichen, in Würfel geschnitten und mit Schokolade glasiert. Wer über eine professionelle Backwalze verfügt, kann die Schichten auf dieser backen und somit die klassische Ringform erzielen.

Wenn der Bäcker geprügelt wird

Der Baumkuchen verdankt seinen Namen der Tatsache, dass die einzelnen biskuitartigen Backschichten tatsächlich an die Jahresringe eines Baumstammes erinnern. Die Technik seiner Herstellung geht schon auf das griechische Obeliasbrot zurück und war im Mittelalter auch als Spieß- oder Prügelkrapfen bekannt. Prügelkrapfen gelten heute in der Steiermark noch als autochthone Spezialität, die freilich längst in Spezialöfen zubereitet wird. In den Kloster- und Herrschaftsküchen von einst wurden die Prügel mit dem schichtweise aufgegossenen Teig jedoch noch über offenem Feuer gedreht. Die Herstellung dauerte mindestens zwei Tage und erforderte zwei gut ausgeschlafene Bäcker, die rund um die Uhr bei der Sache waren. War der „Krapfen" erst einmal fertig gebacken, dann musste er mit Hilfe eines Spagats vom Prügel gezogen werden. Wenn der Spagat riss, platzte der Prügelkrapfen. Dann wurde der Bäcker verprügelt. (s. Rezept S. 34)

Makronenmasse

Zutaten für ca. 60 Stück
450 g Marzipanrohmasse
400 g Staubzucker
90 g Hasel- oder Walnüsse, gerieben (ersatzweise Mandeln)
1 Msp. Zimt, gemahlen
5 Eiklar
Staubzucker zum Bestreuen

Marzipanrohmasse mit Staubzucker, Nüssen, Zimt und 1 (!) Eiklar in eine Schüssel geben und gut verkneten. Nach und nach restliches Eiklar einarbeiten, bis eine vollkommen glatte, spritzfähige Masse entstanden ist. Masse in einen Dressiersack mit glatter Tülle (rundes Aufsatzstück) füllen und Halbkugeln auf ein mit Backpapier ausgelegtes Backblech spritzen. Makronen mit etwas Staubzucker bestreuen und antrocknen lassen (am besten über Nacht). Dann im vorgeheizten Backrohr bei 160 °C etwa 12–15 Minuten backen. Währenddessen das Backrohr einen Spalt offen lassen, damit der Dampf entweichen kann. Makronen herausnehmen, abkühlen lassen und vom Backpapier lösen.

BACKZEIT: 12–15 Minuten

BACKTEMPERATUR: 160 °C bei leicht geöffnetem Backrohr

TIPP: Wenn Sie – nachdem die Makronen fertig gebacken und etwas abgekühlt sind – das Backpapier etwas anheben und die Unterseite mit einem feuchten Tuch bestreichen, lassen sich die Makronen problemlos vom Papier lösen.

Schaummasse

Zutaten für 2 Torten (à Ø 26 cm) oder 1 Kuchenboden (30 x 45 cm)

Rezept I
300 g Eiklar
500 g Kristallzucker
120 ml Wasser

Rezept II
240 g Eiklar
240 g Kristallzucker
200 g Staubzucker

REZEPT I
Eiklar leicht zu schlagen beginnen, dann mit 50 g (!) Kristallzucker zu festem Schnee ausschlagen. Wasser mit der restlichen Zuckermenge zu Sirup kochen (117 °C), etwas überkühlen lassen, langsam in den Eischnee einmengen und kalt rühren. Die Schaummasse über Fruchttorten oder -schnitten verteilen, ein dekoratives Muster hineinziehen und mit einem im Fachhandel erhältlichen „Crème-Brûlée-Brenner" flämmen oder bei starker Oberhitze kurz überbacken.

REZEPT II
Eiklar mit etwas Kristallzucker zu Schnee schlagen, mit dem restlichen Kristallzucker ausschlagen. Abschließend den gesiebten Staubzucker unterheben. Die Schaummasse über Fruchttorten oder -schnitten verteilen, ein dekoratives Muster hineinziehen und mit einem im Fachhandel erhältlichen „Crème-Brûlée-Brenner" flämmen oder bei starker Oberhitze kurz überbacken.

Grillagemasse

Zutaten für 1 Torte (Ø 26 cm)
7 Eidotter
60 g Staubzucker
60 g Walnüsse, gerieben
30 ml Wasser
10 g Vanillezucker
Prise Salz
Zitronenschale, gerieben
Prise Zimt, gemahlen
7 Eiklar
110 g Kristallzucker
110 g Mehl
30 ml Öl
Butter für die Form

Für die Krokantbrösel
55 g Haselnüsse, geschält und geröstet
55 g Kristallzucker
Spritzer Zitronensaft
Öl für die Arbeitsfläche

Zunächst die Krokantbrösel aus den angegebenen Zutaten nach dem Grundrezept (s. S. 36) zubereiten. Danach Eidotter mit Staubzucker, Walnüssen, Wasser, Vanillezucker, Salz, Zitronenschale und Zimt schaumig rühren. Eiklar leicht zu schlagen beginnen und mit Kristallzucker zu Schnee ausschlagen. Beide Massen vermengen. Mehl sowie Krokantbrösel unterheben und abschließend das Öl vorsichtig einmengen. Masse in eine gebutterte Springform füllen und im vorgeheizten Backrohr bei 170 °C etwa 1 Stunde backen.

BACKZEIT: 170 °C
BACKTEMPERATUR: ca. 1 Stunde

Krokant

Zutaten
1 kg Kristallzucker
4 EL Zitronensaft
500 g Nüsse, gehackt
Öl für Rollholz und Arbeitsfläche

Die Hälfte des Zuckers mit dem Zitronensaft erhitzen und langsam schmelzen. Sobald der Zucker fast geschmolzen ist, restlichen Zucker zugeben, damit er sich schnell auflöst, ohne dunkel zu werden.
Nüsse rasch unterrühren, bis sie vollständig von Zucker umhüllt sind. Masse mit einem geölten Rollholz auf einer geölten Arbeitsfläche (oder zwischen zwei Backpapierblättern) ausrollen. Erkalten lassen und zur weiteren Verwendung brechen oder zerstoßen.
TIPP: Bereiten Sie zur Abwechslung Krokant auch einmal aus gehackten Mandeln oder Kürbiskernen zu.

BISKOTTENMASSE

Zutaten für die Biskottenmenge einer Malakofftorte
5 Eidotter
50 g Staubzucker
1/2 TL Vanillezucker
5 Eiklar
70 g Kristallzucker
125 g Mehl
Staubzucker zum Bestreuen

Eidotter mit Staub- und Vanillezucker weiß und schaumig schlagen. Eiklar leicht zu schlagen beginnen, Kristallzucker einstreuen und zu Schnee ausschlagen. Beide Massen nur leicht miteinander vermengen, das Mehl dazusieben und vorsichtig unterheben. Biskotten mit einem Spritzsack mit glatter Tülle (rundes Aufsatzstück) auf ein mit Backpapier ausgelegtes Backblech spritzen, mit Staubzucker bestreuen und im auf 200 °C vorgeheizten Backrohr 5–8 Minuten backen. Dabei das Backrohr einen kleinen Spalt offen lassen.

BACKZEIT: je nach Größe der Biskotten 5–8 Minuten

BACKTEMPERATUR: 200 °C bei leicht geöffnetem Backrohr

BAISERMASSE (ZUR HERSTELLUNG VON BAISERPILZEN)

Zutaten
150 g Eiklar
200 g Staubzucker
Kakaopulver zum Bestreuen

Eiklar mit Staubzucker in einem heißen Wasserbad kräftig so lange aufschlagen, bis der Eischnee weniger luftig, aber dafür cremig-schaumig ist. Bei 45–50 °C hat die Masse die richtige steife Konsistenz. Dann die Masse wieder kalt schlagen. Die Festigkeit nimmt dadurch noch zu, ohne dass die Masse an Volumen verliert. Die Masse in einen Spritzbeutel mit Lochtülle (rundes Aufsatzstück) füllen, ein Backblech mit Backpapier auslegen. Für die Pilzstiele den Spritzbeutel dick auf dem Backpapier ansetzen und – ohne weiter zu drücken – nach oben dünn abziehen. Für die Pilzhüte Halbkugeln spritzen und vor dem Backen mit Kakaopulver bestreuen. Im vorgeheizten Backrohr bei 90–100 °C 30 Minuten trocknen.

BACKZEIT: 30 Minuten

BACKTEMPERATUR: 90–100 °C

TIPP: Zum Aufschlagen können Sie problemlos ein Handrührgerät verwenden, die letzte Phase gelingt jedoch am besten mit dem Schneebesen.

RECHTS: HONIGHIPPEN, SESAMHIPPEN UND HIPPENMASSE

HIPPENMASSE

Zutaten
50 g Staubzucker
50 g Mehl
50 g Butter, flüssig
1 Eiklar
Butter und Mehl für das Backblech

Staubzucker mit Mehl, flüssiger Butter und Eiklar gut verrühren. Das Backrohr auf 180 °C vorheizen. Masse auf ein gefettetes und bemehltes Backblech in beliebigen Formen (Schablonen) auftragen und etwa 5 Minuten backen.

BACKZEIT: ca. 5 Minuten

BACKTEMPERATUR: 180 °C

TIPP: Die dünnen, aus Karton geschnittenen Schablonen können in beliebiger Form, quadratisch, rechteckig, dreieckig oder rund, auf das Backblech gesetzt werden. Danach wird die Masse dünn aufgetragen, überflüssiger Teig abgestrichen und die Hippen gebacken.

HONIGHIPPEN

Zutaten
60 g Butter
30 g Honig
20 ml Wasser
75 g Staubzucker
35 g Mehl

Butter gemeinsam mit Honig schmelzen und Wasser einrühren. Mehl und Staubzucker versieben, einrühren und kurz auf den Herd stellen, vom Herd nehmen und abkühlen lassen. Aus Karton Schablonen mit beliebigen Formen schneiden, auf ein mit Backpapier ausgelegtes Backblech legen und die Hippenmasse darin aufstreichen und bei 210 °C backen. Erkalten lassen, vom Backpapier lösen und trocken bis zur Weiterverwendung aufbewahren.

BACKZEIT: ca. 5 Minuten

BACKTEMPERATUR: 210 °C

SESAMHIPPEN

Zutaten
100 ml Orangensaft
200 g Staubzucker
60 g Mehl
125 g Sesam, geschält
120 g Butter, flüssig

Für den Hippenteig alle Zutaten miteinander verrühren. Ein Backblech mit Backpapier auslegen und den Teig in beliebiger Form, etwa Streifen mit 10 x 3 cm, hauchdünn aufstreichen. Im vorgeheizten Backrohr bei 200 °C ca. 5 Minuten backen. Vom Papier lösen und noch warm in die gewünschte Form bringen, indem man die Hippen etwa in eine kleine Schüssel legt oder über eine zylinderförmige Schaumrollenform rollt. Erkalten lassen.

BACKZEIT: 5 Minuten

BACKTEMPERATUR: 200 °C

GLASUREN

Das Glasieren gilt mit Recht als die hohe Schule der Zuckerbäckerei. Auch unter Hausfrauen und Hobbyköchen kann man an der Schönheit einer Glasur erkennen, wie sorgfältig und professionell gearbeitet wurde. Hier sehen Sie, wie´s gemacht wird.

LÄUTERZUCKER

Zutaten
1 l Wasser
1 kg Kristallzucker

Wasser und Zucker langsam aufkochen lassen. Schaum abschöpfen und weiterkochen, bis die Flüssigkeit klar ist.

TIPPS:

- Wenn Sie kurz vor dem Aufkochen noch einige Esslöffel kaltes Wasser hinzufügen und dann nochmals umrühren, lässt sich der Schaum besser abschöpfen.
- Decken Sie den Topf, sobald der Zucker zu kochen beginnt, einige Sekunden lang zu. Der sich am Topfrand ansetzende Zucker wird dann durch die Dampfbildung gelöst und geht nicht verloren.
- Läuterzucker lässt sich bequem vorbereiten und gut verschlossen problemlos 2–3 Wochen an einem kühlen Ort lagern.

Wenn Konditoren spinnen oder: wie man Zucker kocht

Läuterzucker ist für die süße Küche – vom Glasieren bis zum Einsieden – so wichtig wie es Fonds für die Saucenherstellung sind. Der Läuterzucker (Rezept siehe oben) dient dabei allerdings nur als Ausgangsprodukt. Um dieses vielfältig weiterverwenden zu können, muss der Zucker anschließend meist bis zu einer bestimmten Konsistenz weitergekocht oder wie man im Fachjargon sagt „gesponnen" werden. Um dabei möglichst exakt arbeiten zu können, ist die Verwendung eines im Küchenfachhandel erhältlichen Zuckerthermometers unbedingt erforderlich. Es gibt jedoch auch einige alte Zuckerbäcker- und Hausfrauentricks, wie man die richtige Konsistenz des gekochten Zuckers auch ohne Thermometer erkennt:

LÄUTERZUCKER

Temperatur: 98–100 °C

Erkennungsprobe: Die Flüssigkeit muss klar und durchsichtig sein.

BREITLAUF

Temperatur: knapp über 100 °C

Erkennungsprobe: Der Zuckersirup läuft beim Eintauchen eines Kochlöffels von diesem in breitem Strahl ab.

Verwendung: für Dunstobst und zum Bestreichen von Backwerk

SCHWACHER FADEN (AUCH: KLEINE PERLE)

Temperatur: 104–105 °C

Erkennungsprobe: Zeigefinger und Daumen anfeuchten, etwas Zuckersirup darauf geben und beobachten, ob beim Öffnen und Schließen der Finger ein schwacher Faden entsteht.

Verwendung: für Eis, Glasuren, kandierte Früchte, Dunstobst

STARKER FADEN (AUCH: GROSSE PERLE)

Temperatur: 107–108 °C

Erkennungsprobe: Die Probe funktioniert wie beim „Schwachen Faden“, allerdings muss der Zuckerfaden deutlich länger sein.

Verwendung: für Kompotte, Konfitüren und Strichglasuren

SCHWACHER ODER KLEINER FLUG

Temperatur: 112–113 °C

Erkennungsprobe: Eine Drahtschlinge in den Sirup eintauchen, gleich wieder herausnehmen und leicht draufblasen. Der an der Schlinge haftende Zucker muss in kleinen Bläschen davonfliegen.

Verwendung: für Fondantglasur, Schmelzglasur, zum Bestreichen von Schnecken und Plundergebäck

STARKER ODER GROSSER FLUG (AUCH: KETTENFLUG)

Temperatur: 114–117 °C

Erkennungsprobe: wie beim „Kleinen Flug“, nur müssen die Blasen größer sein und in einer ganzen Kette wegfliegen

Verwendung: Marmeladen, Fondant und Meringue

BALLEN (AUCH: GROSSE BLASE)

Temperatur: 123–125 °C

Erkennungsprobe: Wenn Sie einen Silberlöffel zuerst in Eiswasser, dann in Zuckersirup und anschließend wieder in Eiswasser tauchen, so sollte sich aus dem daran haftenden Zucker ein geschmeidiger, unzerbrechlicher Ballen formen lassen.

Verwendung: Fondant für Bonbons und Zuckerschaum

SCHWACHER BRUCH

Temperatur: 135–138 °C

Erkennungsprobe: Holzstäbchen oder Kochlöffelstiel leicht befeuchten und zuerst in den Zucker, dann in kaltes Wasser tauchen. Der Zucker muss beim Ablösen vom Holz wie Glas zerbrechen und darf beim Kosten nicht an den Zähnen haften bleiben.

Verwendung: für Bonbons, zum Verzuckern von Früchten und für Zuckerfädenverzierungen

STARKER BRUCH (AUCH: KARAMELLZUCKER)

Temperatur: 146–150 °C

Erkennungsprobe: Karamell ist eine hellbraun-goldgelbe, sämighomogene Flüssigkeit.

Verwendung: Grillagen und Dobosglasur

SCHOKOLADEGLASUR (SACHERGLASUR)

Zutaten für die Glasur einer Torte
260 g Kristallzucker
170 ml Wasser
200 g Kochschokolade

Kristallzucker mit Wasser einige Minuten bei starker Hitze aufkochen, vom Herd nehmen und ein paar Minuten auskühlen lassen. Kochschokolade zerkleinern und in der noch warmen Zuckerlösung nach und nach auflösen, so dass eine dickflüssige, glatte Glasur entsteht. Die Glasurmasse sollte sämig bleiben und lauwarm sein. Wenn sie zu heiß ist, bekommt sie keinen Glanz und bleibt nach dem Trocknen stumpf. Fertige Glasur in einem Guss über die Torte geben und rasch mit zwei, drei Palettenstrichen glatt streichen.

TIPPS:

- Stellen Sie eine Sachertorte niemals in den Kühlschrank, da die Glasur sonst zu „schwitzen“ anfängt und sich dadurch Wassertropfen bilden.
- Da die Rezeptur der Original Sachertorte seit 1832 ein streng gehütetes Geheimnis ist, handelt es sich bei dieser Sacherglasur nicht um das Originalrezept.

ZITRONENGLASUR

Zutaten
Staubzucker nach Bedarf
Saft von 1 Zitrone

Gesiebten Staubzucker und Zitronensaft zu dicklicher Konsistenz rühren.

Wie man Torten richtig überzieht

Gelungene Glasuren erfreuen nicht nur das Auge, sondern auch den Gaumen. Beachten Sie dabei folgende Grundregeln:

- *Bestreichen Sie Tortenböden, bei denen das Rezept unter der Glasur Marmelade vorsieht, immer nur ganz dünn.*
- *Gießen Sie die Glasur in lauwarmem Zustand über die Torte und halten Sie in der anderen Hand ein Messer bereit, mit dem Sie die Glasur von der Mitte aus gleichmäßig bis an die Ränder verstreichen können.*
- *Drücken Sie beim Verstreichen der Glasur niemals zu stark mit dem Messer auf, sondern lassen Sie die Glasur vom schräg gehaltenen Messer langsam und gleichmäßig ablaufen.*
- *Stellen Sie die Torte vor dem Erkalten zum Abtrocknen kurz in das halb offene und noch temperierte Backrohr zurück, in dem Sie die Torte zuvor gebacken haben.*

Eiweissglasur

Zutaten
1 Eiklar
Saft von 1 Zitrone
ca. 350 g Staubzucker

Eiklar mit Zitronensaft verrühren, danach gesiebten Staubzucker nach und nach zugeben und gut einrühren.

TIPP: Die Konsistenz dieser Glasur lässt sich je nach gewünschter Dicke durch eine erhöhte bzw. verminderte Zuckerbeigabe variieren.

Ganacheglasur

Zutaten für ca. 900 g (Glasur für 6–7 Torten à Ø 26 cm)
250 ml Milch
85 ml Schlagobers
50 g Zucker
65 ml Wasser
65 ml Glucosesirup (zähflüssiger Stärkesirup, s. u. Tipp)
400 g Kuvertüre, dunkel

Alle Zutaten – ausgenommen die Kuvertüre – in einer Kasserolle aufkochen lassen. Vom Herd nehmen, die grob gehackte Kuvertüre zugeben und rühren, bis sie vollständig geschmolzen ist. Dann homogenisieren, indem man den Mixstab in die Glasur stellt, dann erst einschaltet und den Stab kreisend darin bewegt. Dabei nicht an die Oberfläche kommen, damit keine Luft eingemischt wird und die glatte, glänzende Glasur richtig emulgiert.

TIPPS: Steht Ihnen kein Glucosesirup zur Verfügung, so lässt er sich entweder durch Läuterzucker (s. S. 40) ersetzen, oder Sie erhöhen die Milch- und Schlagobersmenge um insgesamt 65 ml. Die fertige Glasur lässt sich etwa 2–3 Wochen lagern und muss bei Bedarf lediglich im Wasserbad erwärmt werden. Dabei eventuell mit etwas Wasser verdünnen oder mit etwas Kuvertüre sämiger machen.

FONDANT

Ein Rezept für Fortgeschrittene

Zutaten
1 kg Kristallzucker
100 g Glucosesirup (zähflüssiger Stärkezucker)
400 ml Wasser

Kristallzucker mit Wasser verrühren, bei starker Hitze zum Kochen bringen, abschäumen und Glucose zugeben. Mit einem nassen Pinsel immer wieder den Zucker vom Rand „abwaschen". Zuckersud auf 115 °C (Zuckerthermometer) bis zum Kettenflug (s. Läuterzucker) kochen. Anschließend auf eine leicht mit Wasser befeuchtete Marmorplatte schütten, Oberfläche zart mit Wasser besprühen und mit einer Holzspachtel von außen nach innen bearbeiten (tablieren), bis die Masse etwa Körpertemperatur hat. Die Masse wird zuerst milchig weiß, bis sie durch weiteres Bearbeiten immer undurchsichtiger wird und schließlich erstarrt. Fondant mit einem feuchten Tuch abdecken. Geschmeidig kneten und je nach Verwendung weiterverarbeiten.

VERWENDUNG: für Punschkrapfen oder Punschtorten, zum Glasieren von Plundergebäck oder Cremeschnitten

TIPPS:

- Der in diesem Rezept verwendete Glucose- oder Stärkesirup ist die gereinigte und konzentrierte wässrige Lösung von zur Ernährung geeigneten, aus Stärke gewonnenen Sacchariden. Im „normalen" Handel ist er zwar nur schwer erhältlich, erleichtert aber das Zuckerkochen gegenüber dem früher zu diesem Zweck verwendeten Erdäpfelsirup ungemein. Bitten Sie daher einen Konditor Ihres Vertrauens rechtzeitig, Ihnen etwas von diesem „Wundermittel" zu verkaufen, oder fragen Sie in Drogerien und Apotheken danach.
- Fondant lässt sich in gut verschließbaren Behältnissen, mit Folie abgedeckt, auch länger lagern.

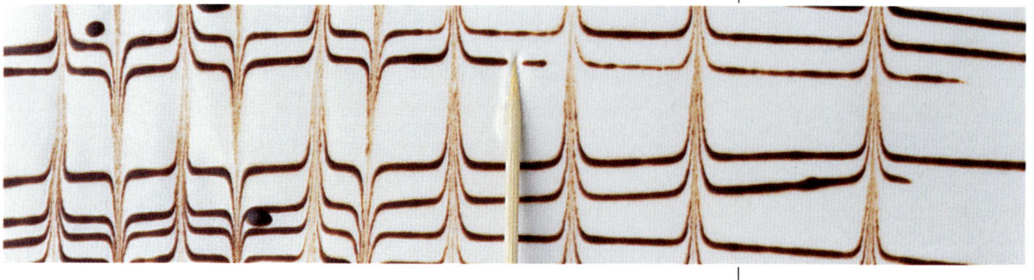

Kuvertüre – die Königin der Schokoladen

Schokolade ist gut, aber Kuvertüre ist besser. Frei nach diesem Motto sind sich Patissiers in aller Welt darüber einig, dass feinste Schokodesserts nur mit der edelsten Form der Schokolade gelingen.

Kuvertüre unterscheidet sich von handelsüblicher Schokolade durch die hohe Qualität aller Zutaten, den erhöhten Anteil an Kakaobutter sowie durch einen vergleichsweise geringen Zuckeranteil. Außerdem wird Kuvertüre „conchiert", worunter die Meister-Chocolatiers das Bewegen und Schleifen aller Zutaten verstehen, bis ein feiner, zarter Schmelz und ein unverwechselbares Aroma entstehen.

Kuvertüren sind niemals billig und sollten daher in der Küche auch mit entsprechender Liebe eingesetzt werden. Damit die Kuvertüre nicht nur in der Verpackung, sondern auch in der Glasur glänzt, muss sie unbedingt behutsam temperiert werden. Die darin enthaltene Kakaobutter hat nämlich einen Schmelzpunkt von 34 °C – was auch genau jener Temperatur entspricht, bei der man die grob gehackte Kuvertüre vor ihrer Verwendung im warmen Wasserbad auflösen sollte. Wasser darf dabei jedoch auf keinen Fall in die Kuvertüre geraten. Nach dem Temperieren kann die Kuvertüre wieder aus dem Wasserbad genommen und unter ständigem Rühren bis kurz vor dem Erstarren abgekühlt werden.

Jetzt erst kann das Arbeiten mit der Kuvertüre so richtig beginnen. Erwärmen Sie die Masse erneut auf 34 °C und verwenden Sie die Kuvertüre gemäß Rezept weiter.

Und noch etwas: Wenn Ihnen weiche Kuvertüre übrig bleiben sollte, so lassen Sie diese ruhig wieder erstarren. Nach entsprechendem Temperieren wird sie Ihnen auch später wieder gute Dienste leisten.

Einladung zur Kaffeejause

Süsse Verführungen aus Plunder-, Blätter- und Brandteig

KLASSISCHES KAFFEEGEBÄCK

Die Kaffeejause ist eine wienerische Institution. Viele meinen sogar, sie sei den meisten Wienern die liebste Mahlzeit am Tag, auch wenn sie im Arbeitsalltag heutzutage nicht immer leicht zu zelebrieren ist. Die wichtigste Rolle dabei spielt keineswegs der Kaffee selbst, sondern die Mehlspeisen, die dazu gereicht werden.

GUGELHUPF

Zutaten für 1 Form mit Ø 20 cm

250 g Butter
20 g Staubzucker
10 g Vanillezucker
Prise Salz
Schale von 1/2 Zitrone, abgerieben
5 Eidotter
5 Eiklar
150 g Kristallzucker
190 g Mehl
40 g Maisstärke (Maizena)
30 g Rosinen
Butter und Mehl für die Form
Staubzucker zum Bestreuen

Butter mit Staubzucker, Vanillezucker, Salz und Zitronenschale schaumig rühren. Eidotter nach und nach unterrühren. Eiklar aufschlagen, mit Kristallzucker zu Schnee schlagen und unterheben. Mehl und Maisstärke sieben und gemeinsam mit den Rosinen vorsichtig unter die Masse ziehen. Gugelhupfform mit Butter ausstreichen und mit Mehl ausstreuen. Masse einfüllen und im vorgeheizten Backrohr bei 180 °C ca. 1 Stunde backen. Auskühlen lassen, stürzen und mit Staubzucker bestreuen.

BACKZEIT: ca. 1 Stunde
BACKTEMPERATUR: 180 °C

MARMORGUGELHUPF

Zutaten für 1 Form mit Ø 20 cm

250 g Butter
20 g Staubzucker
10 g Vanillezucker
Prise Salz
Schale von 1/2 Zitrone, abgerieben
5 Eidotter
5 Eiklar
150 g Kristallzucker
190 g Mehl
40 g Maisstärke (Maizena)
10 g Kakao
2 cl Öl
Butter und Mehl für die Form
Staubzucker zum Bestreuen

Butter mit Staubzucker, Vanillezucker, Salz und Zitronenschale schaumig rühren. Eidotter nach und nach unterrühren. Eiklar aufschlagen, mit Kristallzucker zu Schnee schlagen und unterheben. Mehl und Maisstärke gemeinsam sieben und in die Masse vorsichtig einrühren. Die Masse halbieren und in eine Hälfte Kakaopulver und Öl einrühren. Gugelhupfform mit weicher Butter ausstreichen und mit Mehl ausstreuen. Beide Massen abwechselnd in die Form füllen, um die typische Marmorierung zu erzielen. Im vorgeheizten Backrohr bei 180 °C ca. 1 Stunde backen. Auskühlen lassen, stürzen und mit Staubzucker bestreuen.

BACKZEIT: ca. 1 Stunde
BACKTEMPERATUR: 180 °C

RECHTS: PLUNDERGUGELHUPF

KAISERGUGELHUPF

Butter mit Staubzucker schaumig rühren. Nach und nach Eier mit je einem Esslöffel Mehl zugeben. Germ in lauwarmer Milch auflösen, gemeinsam mit restlichem Mehl zugeben und alles gut durchkneten. Abschließend Rosinen, Salz und Zitronenschale einrühren. Gugelhupfform mit weicher Butter ausstreichen und mit Mehl ausstreuen. Teig einfüllen und mit einem Tuch zugedeckt an einem warmen Ort etwa 1 Stunde gehen lassen. Dann im vorgeheizten Backrohr bei 180 °C ca. 1 Stunde backen. Überkühlen lassen, stürzen und mit Staubzucker bestreuen.

BACKZEIT: ca. 1 Stunde

BACKTEMPERATUR: 180 °C

Zutaten

430 g Mehl
220 g Butter
90 g Staubzucker
6 Eier
170 ml Milch
42 g Germ (1 Pkg.)
60 g Rosinen
Salz
Schale von 1 Zitrone, gerieben
Butter und Mehl für die Form
Staubzucker zum Bestreuen

PLUNDERGUGELHUPF

Plunderteig nach Anleitung zubereiten und auf einer bemehlten Arbeitsfläche zu einem 25 x 35 cm großen Rechteck ausrollen. Butter und Staubzucker glatt rühren. Für die Nussfülle Milch mit Kristallzucker, Vanillezucker, Honig, Zimt und Zitronenschale aufkochen. Nüsse einrühren und die Masse etwas überkühlen lassen. Eiklar und Rum untermischen. Butter-Staubzucker-Gemisch auf den Plunderteig auftragen. Dann zuerst die Marillenmarmelade darauf streichen und dann die überkühlte Nussfülle auftragen. Den Plunderteig einrollen und der Länge nach halbieren. Die zwei Teile zu einem Striezel drehen und in eine befettete, bemehlte Gugelhupfform legen. Mit Butter bestreichen und etwa 20 Minuten aufgehen lassen. Im vorgeheizten Backrohr bei 180 °C ca. 70 Minuten backen. Nach dem Backen aus dem Rohr nehmen, stürzen und mit etwas Marillenmarmelade überglänzen. Mit gerösteten Mandelsplittern bestreuen.

BACKZEIT: ca. 70 Minuten

BACKTEMPERATUR: 180 °C

Zutaten

500 g Plunderteig (s. S. 12)
60 g Butter
60 g Staubzucker
100 g Marillenmarmelade zum Bestreichen
Mehl für die Arbeitsfläche
Butter und Mehl für die Form

Für die Nussfülle

100 ml Milch
100 g Kristallzucker
10 g Vanillezucker
1 KL Honig
Prise Zimt
Schale von 1 Zitrone, gerieben
250 g Walnüsse, gerieben
1 Eiklar
2 cl Rum

Zum Überglänzen

40 g Marillenmarmelade
Mandelsplitter, geröstet

Reindling

Mehl, Salz und Kristallzucker miteinander vermischen. Germ in lauwarmer Milch auflösen und mit flüssiger Butter und Dottern unter das Mehl mengen. Mit einem Kochlöffel kurz verrühren und so lange kneten, bis der Teig geschmeidig und glatt ist. Zugedeckt an einem warmen Ort 40 Minuten gehen lassen. Auf einer bemehlten Arbeitsfläche zu einem Rechteck ausrollen. Teig mit Honig bestreichen, Rosinen und Nüsse gleichmäßig darauf verteilen und dick mit Zimtzucker bestreuen. Teig wie einen Strudel zusammenrollen und in eine gefettete, bemehlte Kranzform legen. Nochmals zugedeckt 20 Minuten gehen lassen und im vorgeheizten Backrohr bei 190 °C 45 Minuten backen. Aus der Form lösen und mit Staubzucker bestreuen.

BACKZEIT: ca. 45 Minuten

BACKTEMPERATUR: 190 °C

TIPP: Der Reindling, eine auch Reinling geschriebene typische Kärntner Spezialität, wird in seinem Ursprungsland keineswegs nur als Nachspeise gegessen. Vor allem zur Osterzeit serviert man ihn, gemeinsam mit Ostereiern, Osterschinken, Eierkren und Hauswürsten gerne zum Frühstück und bei traditionellen Hochzeitsschmäusen sogar zu Fleischgerichten. In letzterem Fall wird er allerdings ohne Zucker zubereitet und statt mit Rosinen und Nüssen mit Estragonblättern gefüllt.

Zutaten

500 g Mehl
50 g Kristallzucker
42 g Germ (1 Pkg.)
250 ml Milch, lauwarm
50 g Butter, flüssig
2 Eidotter
Prise Salz
50 g Honig
150 g Rosinen
150 g Nüsse, grob gemahlen
150 g Staubzucker, mit Zimt vermischt
Mehl für die Arbeitsfläche
Butter und Mehl für die Form
Staubzucker zum Bestreuen

Der Gugelfranz mit dem Kugelhopf

Der Gugelhupf ist die Ikone der Wiener Mehlspeisküche schlechthin. Ob der Gugelhupf tatsächlich aus Wien stammt, ist dabei, wie bei den meisten süßen Wiener Legenden, keineswegs geklärt. Schließlich haben auch die Franzosen ihren Gougelhof, die Deutschen ihren Kugelhopf und die Friulaner ihren Cuguluf. Linguisten sind sich über die Wurzeln des Wortes allerdings erstaunlich einig und führen es auf die mittelhochdeutsche Wurzel „gugel", was soviel wie Kapuze (einen Franziskanermönch nannte man deshalb Gugelfranz) oder Kopftuch bedeutet, und eine Nebenform des Wortes „Hefe" zurück, was den Gugelhupf zu einer „Germkapuze" machen würde.

Bürgermeister

Zutaten
300 g Plunderteig (s. S. 12)
Marillenmarmelade zum Bestreichen
etwas Fondant (s. S. 44)
Mandelsplitter zum Bestreuen
Mehl für die Arbeitsfläche
Butter zum Bestreichen

Für die Mohnfülle
50 ml Milch
1 KL Honig
15 g Kristallzucker
50 g Mohn, gemahlen
25 g Semmelbrösel
10 g Rosinen
Schale von 1 Zitrone, gerieben
Prise Zimt

Für die Nussfülle
50 ml Milch
1 KL Butter
20 g Kristallzucker
75 g Haselnüsse, gerieben
20 g Nougat
Schale von 1 Zitrone, gerieben
Prise Zimt
2 cl Rum

Für die Topfenfülle
20 g Butter
20 g Staubzucker
10 g Vanillepuddingpulver
100 g Topfen
1 Eidotter
Schale von 1 Zitrone, gerieben
Prise Salz
10 g Rosinen

Plunderteig nach Anleitung zubereiten, auf einer bemehlten Arbeitsfläche zu einem 25 x 30 cm großen Rechteck ausrollen und daraus 3 Streifen mit je 10 cm Breite schneiden.

Für die Mohnfülle Milch mit Kristallzucker, Honig, Zimt und Zitronenschale aufkochen. Mohn und Semmelbrösel einrühren und die Masse etwas überkühlen lassen. Rosinen unterrühren. Für die Nussfülle Milch, Zucker und Butter aufkochen lassen. Haselnüsse, geschmolzenes Nougat, Zitronenschale, Zimt und Rum einrühren und etwas überkühlen lassen. Für die Topfenfülle Butter und Staubzucker schaumig rühren,

Topfen, Vanillepuddingpulver, Eidotter, Zitronenschale und Salz einrühren und abschließend Rosinen untermengen.

Nun mit dem Dressiersack auf jeden Teigstreifen jeweils eine Füllmasse auftragen und den Teig einrollen. Aus diesen drei Strängen einen Striezel flechten und in eine passende, etwa 25 x 8 cm große ausgebutterte Form legen. Mit Butter bestreichen und kurz aufgehen lassen. Dann im vorgeheizten Backrohr bei 180 °C ca. 70 Minuten backen. Nach dem Backen aus dem Rohr nehmen und mit etwas Marillenmarmelade überglänzen (bestreichen). Mit leicht erwärmtem, dünnem Fondant überziehen und mit gerösteten Mandelsplittern bestreuen.

BACKZEIT: ca. 70 Minuten

BACKTEMPERATUR: 180 °C

NUSSPOTITZE

Germ in lauwarmer Milch auflösen. Mit etwas Mehl zu einem Dampfl verrühren und mit einem Tuch bedeckt an einem warmen Ort 20 Minuten gehen lassen. Die restlichen Zutaten zugeben und so lange schlagen, bis sich der Teig vom Rand der Schüssel löst. Erneut abdecken und aufgehen lassen, bis der Teig etwa das Doppelte seines Volumens erreicht hat.
Für die Fülle Milch mit Zucker aufkochen. Honig, Nüsse sowie Nelkenpulver einrühren und nochmals aufkochen lassen. Vom Herd nehmen, Rum einrühren und mit Semmelbröseln binden.
Den Teig nochmals gut durchkneten und auf einer bemehlten Arbeitsfläche dünn ausrollen. Die ausgekühlte Füllung darauf verstreichen, wie eine Roulade fest zusammenrollen und auf ein gefettetes Backblech legen. Die Rolle mit verschlagenem Ei bestreichen und nochmals 30 Minuten aufgehen lassen. Im vorgeheizten Backrohr bei 190 °C ca. 45 Minuten backen. Auskühlen lassen und mit Vanillestaubzucker besieben.

BACKZEIT: ca. 45 Minuten
BACKTEMPERATUR: 190 °C

Zutaten
700 g Mehl
250 ml Milch, lauwarm
30 g Germ
20 g Kristallzucker
Prise Salz
2 Eidotter
100 g Butter, flüssig
1 Ei zum Bestreichen
Mehl für die Arbeitsfläche
Butter für das Backblech
Vanillestaubzucker zum Besieben

Für die Fülle
100 g Kristallzucker
40 ml Milch
400 g Honig
500 g Walnüsse, gerieben
Prise Nelkenpulver
3 cl Rum
30 g Semmelbrösel

Sprechende Mehlspeisen

Dass die österreichische Mehlspeisküche multikulturellen Ursprungs ist, weiß jeder, der jemals (böhmische) Powidltatschkerln oder (ungarische) Palatschinken gegessen hat. Die meisten Gerichte bemühen sich jedoch auch gar nicht, ihre Herkunft besonders zu verschleiern. So sind etwa die Potitzen nichts anderes als eine Eindeutschung des slowenischen Wortes potica, das soviel wie Mehlspeise oder Kuchen bedeutet. Nach Österreich kam die Potitze über die Untersteiermark, wo sie, mit Nuss oder Mohn zu einem „Germstrudel" gerollt, auch heute noch traditionell an Feiertagen zu Kaffee und Tee gereicht wird. Auch Kolatsche bedeutet auf tschechisch schlicht und einfach „kleine Mehlspeise" und ist dennoch ein unverwechselbares „süßes Tascherl" geworden, dessen von den Wienern (und keineswegs von den Böhmen) geprägte Verkleinerungsform das Tatschkerl ist.

Topfenkolatschen

Zutaten für ca. 30 Stück
Blätterteig nach Grundrezept (s. S. 11) oder ca. 1,2 kg Fertigteig
Mehl für die Arbeitsfläche
1 Ei zum Bestreichen
Butter zum Bestreichen
Staubzucker zum Bestreuen

Für die Fülle
50 g Butter
100 g Staubzucker
20 g Vanillepuddingpulver
300 g Topfen, passiert
2 Eier
Schale von 1 Zitrone, abgerieben
15 g Vanillezucker
Prise Salz
60 g Rosinen
2 cl Rum

Den Blätterteig nach Anleitung zubereiten. Für die Fülle Butter mit Staubzucker schaumig rühren. Alle anderen Zutaten – außer Rosinen und Rum – einrühren. Zum Schluss Rosinen und Rum einmengen. Den Teig auf einer bemehlten Arbeitsfläche ausrollen. Etwas Teig als Dekor zur Seite geben und zu kleinen, 2 x 2 cm großen Quadraten schneiden. Den Rest in 11 x 11 cm große Quadrate schneiden. Topfenfülle in der Mitte auftragen. Die vier Ecken der Quadrate mit verschlagenem Ei bestreichen, zur Mitte hin einschlagen und abermals mit Ei bestreichen. Die kleinen Teigquadrate in die Mitte legen, leicht andrücken und ebenfalls mit Ei bestreichen. Mit flüssiger Butter bestreichen und auf ein gefettetes Backblech legen. Im vorgeheizten Backrohr bei 200 °C anbacken und bis auf 170 °C abfallend etwa 15 Minuten backen. Mit Staubzucker bestreuen.

BACKZEIT: ca. 15 Minuten

BACKTEMPERATUR: von 200 °C auf 170 °C fallend

Zwetschkenkolatschen

Zutaten für ca. 30 Stück
Plunderteig nach Grundrezept (s. S. 12)
1 Ei zum Bestreichen
Mehl für die Arbeitsfläche
Butter zum Bestreichen
Staubzucker zum Bestreuen

Für die Fülle
200 ml Rotwein
80 g Kristallzucker
Prise Zimt
150 g Dörrzwetschken, entkernt
400 g Zwetschken, entkernt
30 g Maisstärke (Maizena)

Plunderteig laut Grundrezept zubereiten. Zwetschken und Dörrzwetschken schneiden. Rotwein mit Kristallzucker und Zimt aufkochen lassen. Früchte zugeben und einige Minuten köcheln lassen. Maisstärke in wenig Wasser anrühren und zu den Früchten geben. Kurz aufkochen lassen und vom Herd nehmen. Plunderteig auf einer bemehlten Arbeitsfläche dünn ausrollen und in 11 x 11 cm große Quadrate schneiden. Die Ecken der Quadrate jeweils mit verschlagenem Ei bestreichen und diese zur Mitte hin – nicht ganz schließend – einschlagen. In der Mitte etwas Zwetschkenmasse mit wenig Saft auftragen und mit flüssiger Butter bestreichen. Kolatschen auf ein leicht befettetes Backblech setzen, im vorgeheizten Backrohr bei 200 °C anbacken und bis auf 170 °C abfallend – je nach Größe – etwa 15 Minuten fertig backen. Mit Staubzucker bestreuen.

BACKZEIT: ca. 15 Minuten

BACKTEMPERATUR: von 200 °C auf 170 °C fallend

Karlsbader Kolatschen

Zutaten für ca. 30 Stück
Plunderteig nach Grundrezept (s. S. 12)
2 Eier
50 g Kristallzucker
Mehl für die Arbeitsfläche
1 Ei zum Bestreichen
150 g Mandeln, gehobelt
Butter für das Backblech
Staubzucker zum Bestreuen

Für die Fülle
300 g Weichseln, entkernt
100 ml Weichselsaft
30 g Zucker
20 g Maisstärke (Maizena)

Plunderteig laut Grundrezept zubereiten. Für die Fülle 3/4 des Weichselsaftes mit Zucker aufkochen. Restlichen Saft mit Maisstärke verrühren und einmengen. Weichseln zugeben, kurz durchrühren und wieder vom Herd nehmen. Plunderteig auf einer bemehlten Arbeitsfläche dünn ausrollen und in 11 x 11 cm große Quadrate schneiden. Die Ecken der Quadrate jeweils mit verschlagenem Ei bestreichen und diese zur Mitte hin – nicht ganz schließend – einschlagen. In der Mitte jeweils 3–4 Weichseln mit wenig Saft auftragen. Eier mit Kristallzucker schaumig aufschlagen und jeweils etwa einen Kaffeelöffel davon über die Weichseln verteilen. Gehobelte Mandeln darüber streuen. Kolatschen auf ein leicht befettetes Backblech setzen, im vorgeheizten Backrohr bei 200 °C anbacken und bis auf 170 °C abfallend – je nach Größe – etwa 15 Minuten fertig backen. Mit Staubzucker bestreuen.

BACKZEIT: ca. 15 Minuten
BACKTEMPERATUR: von 200 °C auf 170 °C fallend

Nussschnecken

Zutaten für ca. 30 Stück
Plunderteig nach Grundrezept (s. S. 12)
50 g Rosinen
Mehl für die Arbeitsfläche
Butter zum Bestreichen
Marillenmarmelade
ca. 100 g Fondant (s. S. 44)
Mandelsplitter zum Bestreuen

Für die Fülle
150 ml Milch
150 g Kristallzucker
10 g Vanillezucker
1 KL Honig
Prise Zimt
Schale von 1 Zitrone
400 g Walnüsse, gerieben
1 Eiklar
2 cl Rum

Plunderteig laut Grundrezept zubereiten. Für die Fülle Milch mit Kristallzucker, Vanillezucker, Honig, Zimt und geriebener Zitronenschale aufkochen lassen. Nüsse einrühren und die Masse etwas überkühlen lassen. Eiklar und Rum untermischen. Plunderteig auf einer bemehlten Arbeitsfläche zu einem ca. 2,5 mm dicken und 40 x 90 cm großen Rechteck ausrollen. Nussfülle aufstreichen und Rosinen darüber streuen. Von der Längsseite her einrollen und etwa 3 cm große Stücke abschneiden. Die Schnecken auf ein leicht befettetes Backblech legen und etwas gehen lassen. Mit flüssiger Butter bestreichen und im vorgeheizten Backrohr bei 200 °C anbacken und bis auf 170 °C abfallend etwa 15 Minuten backen. Nach dem Backen Nussschnecken aprikotieren (mit Marillenmarmelade bestreichen) und mit leicht erwärmtem Fondant glasieren. Abschließend die gerösteten Mandelsplitter darauf streuen.

BACKZEIT: ca. 15 Minuten
BACKTEMPERATUR: von 200 °C auf 170 °C fallend

Marillenplunder

Zutaten für ca. 30 Stück
Plunderteig nach Grundrezept (s. S. 12)
ca. 23 Marillen, geviertelt
Butter zum Bestreichen
Mehl für die Arbeitsfläche
Marillenmarmelade zum Bestreichen
100 g Fondant (s. S. 44)
Mandelsplitter

Für die Vanillecreme
400 ml Milch
120 g Kristallzucker
1 Eidotter
10 g Vanillezucker
50 g Vanillepuddingpulver
2 Eiklar
30 g Kristallzucker

Den Plunderteig laut Grundrezept zubereiten. Auf einer bemehlten Arbeitsfläche dünn ausrollen und in 12 x 10 cm große Rechtecke schneiden. Für die Vanillecreme 1/3 der Milch mit Kristallzucker aufkochen lassen. Restliche Milch mit Eidotter, Vanillezucker und Vanillepuddingpulver verrühren und in die kochende Milch einrühren. Einmal kurz aufkochen lassen, vom Herd nehmen und überkühlen lassen. Die überkühlte Vanillecreme durch ein Sieb passieren. Eiklar aufschlagen und mit Kristallzucker zu Schnee ausschlagen und unter die Vanillecreme heben.

Die Vanillecreme mit einem Dressiersack in einem Strang auf eine Längsseite der Rechtecke auftragen, dann die andere Hälfte darüber schlagen und leicht zusammendrücken. Die nun entstandenen Rechtecke an der oberen Kante auf ca. 8 cm Länge einschneiden und etwas auseinander ziehen bzw. drücken. Nun in jedes Täschchen 3 Marillenviertel einlegen und die Ränder leicht umschlagen. Auf ein leicht befettetes Backblech setzen, mit flüssiger Butter bestreichen und im vorgeheizten Backrohr bei 200 °C anbacken. Bis auf 170 °C abfallend etwa 15 Minuten fertig backen. Nach dem Backen jedes Täschchen aprikotieren (mit Marillenmarmelade bestreichen) und mit leicht erwärmtem Fondant glasieren. Abschließend die gerösteten Mandelsplitter darauf streuen.

BACKZEIT: ca. 15 Minuten

BACKTEMPERATUR: von 200 °C auf 170 °C fallend

Mandarinenplunder

Zutaten für ca. 30 Stück
Plunderteig nach Grundrezept (s. S. 12)
ca. 60 Mandarinenspalten
Mehl für die Arbeitsfläche
Butter zum Bestreichen
Marillenmarmelade zum Bestreichen
ca. 100 g Fondant (s. S. 44)

Für die Vanillecreme
400 ml Milch
120 g Kristallzucker
1 Eidotter
10 g Vanillezucker
50 g Vanillepuddingpulver
2 Eiklar
30 g Kristallzucker

Plunderteig laut Grundrezept zubereiten, auf einer bemehlten Arbeitsfläche dünn ausrollen und in 11 x 11 cm große Quadrate schneiden. Für die Vanillecreme 1/3 der Milch mit Kristallzucker aufkochen lassen. Restliche Milch mit Eidotter, Vanillezucker und Vanillepuddingpulver verrühren und in die kochende Milch einrühren. Einmal kurz aufkochen lassen, vom Herd nehmen und überkühlen lassen. Die überkühlte Vanillecreme durch ein Sieb passieren. Eiklar aufschlagen und mit Kristallzucker zu Schnee ausschlagen und unter die Vanillecreme heben.
Die Vanillecreme jeweils in die Mitte der Quadrate auftragen und je 2 Mandarinenspalten darauf legen. Zwei gegenüberliegende Ecken über die Fülle schlagen und leicht zusammendrücken. Auf ein leicht befettetes Backblech setzen, mit flüssiger Butter bestreichen und im vorgeheizten Backrohr bei 200 °C anbacken. Bis auf 170 °C abfallend – je nach Größe – etwa 15 Minuten fertig backen. Fertig gebackene Täschchen aprikotieren (mit Marillenmarmelade bestreichen) und mit leicht erwärmtem Fondant glasieren. Trocknen lassen.
BACKZEIT: ca. 15 Minuten
BACKTEMPERATUR: von 200 °C auf 170 °C fallend

Polsterzipf

Zutaten für ca. 30 Stück
Plunderteig nach Grundrezept (s. S. 12)
600 g Ribiselmarmelade, nicht passiert
Mehl für die Arbeitsfläche
1 Ei zum Bestreichen
Butter für das Backblech
Staubzucker zum Bestreuen

Den Plunderteig nach Anleitung zubereiten, auf einer bemehlten Arbeitsfläche dünn ausrollen und in 11 x 11 cm große Quadrate schneiden. Die Ribiselmarmelade jeweils in der Mitte der Quadrate auftragen. Teigränder diagonal zusammenschlagen und gut verschließen. Polsterzipfe mit verschlagenem Ei bestreichen und auf einem leicht befetteten Backblech im vorgeheizten Backrohr bei 200 °C anbacken. Bis auf 170 °C abfallend etwa 15 Minuten fertig backen. Mit Staubzucker bestreuen.
BACKZEIT: ca. 15 Minuten
BACKTEMPERATUR: von 200 °C auf 170 °C fallend
TIPP: Das Füllen von Polsterzipfen mit Marmelade ist eine typisch wienerische Tradition. In Oberösterreich werden sie ohne Fülle, aber dafür mit Vanillesauce oft als süßes Hauptgericht gereicht.

Mohnkipferln

Zutaten für ca. 30 Stück
Plunderteig nach Grundrezept (s. S. 12)
Mehl für die Arbeitsfläche
Butter zum Bestreichen
Staubzucker zum Bestreuen

Für die Fülle
150 ml Milch
15 g Honig
60 g Kristallzucker
10 g Vanillezucker
Prise Zimt
Schale von 1 Zitrone
2 cl Rum
200 g Graumohn, gemahlen
100 g Semmel- oder Biskuitbrösel
120 g Kuvertüre, weiß

Plunderteig laut Grundrezept zubereiten. Für die Fülle Mohn mit Bröseln vermischen. Milch mit Honig, Kristallzucker, Vanillezucker, Rum, geriebener Zitronenschale sowie Zimt aufkochen lassen, vom Herd nehmen und die Bröselmischung einrühren. Kuvertüre schmelzen, ebenfalls einrühren und die Masse überkühlen lassen. Teig auf einer bemehlten Arbeitsfläche ausrollen und in hohe Dreiecke schneiden. Mohnfülle aufstreichen, einrollen und zu Kipferln formen. Mit flüssiger Butter bestreichen und auf ein leicht gefettetes Backblech legen. Im vorgeheizten Backrohr bei 200 °C anbacken und bis auf 170 °C abfallend etwa 15 Minuten backen. Mit Staubzucker bestreuen.

BACKZEIT: ca. 15 Minuten

BACKTEMPERATUR: von 200 °C auf 170 °C fallend

TIPP: Noch feiner schmecken die Mohnkipferln, wenn sie nach dem Backen mit Marillenmarmelade bestrichen und mit etwas leicht erwärmtem Fondant glasiert werden.

Plunder-Vanillekipferln

Zutaten für ca. 30 Stück
Plunderteig nach Grundrezept (s. S. 12)
Mehl für die Arbeitsfläche
Butter zum Bestreichen
1 Ei zum Bestreichen
Staubzucker zum Bestreuen

Für die Vanillecreme
400 ml Milch
120 g Kristallzucker
1 Eidotter
10 g Vanillezucker
50 g Vanillepuddingpulver
2 Eiklar
30 g Kristallzucker

Plunderteig laut Grundrezept zubereiten. Für die Vanillecreme 1/3 der Milch mit Kristallzucker aufkochen lassen. Restliche Milch mit Eidotter, Vanillezucker und Vanillepuddingpulver verrühren und in die kochende Milch einrühren. Einmal kurz aufkochen lassen, vom Herd nehmen und überkühlen lassen. Die überkühlte Vanillecreme durch ein Sieb passieren. Eiklar aufschlagen und mit Kristallzucker zu Schnee ausschlagen und unter die Vanillecreme heben.

Teig auf einer bemehlten Arbeitsfläche ausrollen und in hohe Dreiecke schneiden. Die Vanillecreme – am besten mit einem Dressiersack – auftragen. Teigränder mit Ei bestreichen. Teig einrollen und zu Kipferln formen. Mit flüssiger Butter bestreichen und auf ein leicht gefettetes Backblech legen. Im vorgeheizten Backrohr bei 200 °C anbacken und bis auf 170 °C abfallend etwa 15 Minuten backen. Mit Staubzucker bestreuen.

BACKZEIT: ca. 15 Minuten

BACKTEMPERATUR: von 200 °C auf 170 °C fallend

Nusskipferln

Zutaten für ca. 30 Stück
Plunder- oder Briocheteig nach Grundrezept (s. S. 12 und 13)
Mehl für die Arbeitsfläche
Butter zum Bestreichen
1 Ei zum Bestreichen
Hagelzucker zum Bestreuen

Für die Fülle
150 ml Milch
15 g Honig
50 g Kristallzucker
10 g Vanillezucker
Prise Zimt
Schale von 1 Zitrone
2 cl Rum
200 g Walnüsse, gerieben
100 g Semmel- oder Biskuitbrösel
100 g Nougat

Teig nach Anleitung zubereiten. Für die Fülle Nüsse mit den Bröseln vermischen. Milch mit Honig, Kristallzucker, Vanillezucker, Rum, geriebener Zitronenschale und Zimt aufkochen lassen, vom Herd nehmen und die Bröselmischung einrühren. Nougat schmelzen lassen, in die Nussmasse einmengen und kühl stellen. Teig auf einer bemehlten Arbeitsfläche ausrollen und in hohe Dreiecke schneiden. Nussfülle aufstreichen, Teig einrollen und zu Kipferln formen. Mit flüssiger Butter bestreichen und auf ein leicht gefettetes Backblech legen. Im vorgeheizten Backrohr bei 200 °C anbacken und bis auf 170 °C abfallend etwa 15 Minuten backen. Nach der halben Backzeit die Kipferln mit verschlagenem Ei bestreichen und mit Hagelzucker bestreuen. Fertig backen.

BACKZEIT: ca. 15 Minuten

BACKTEMPERATUR: von 200 °C auf 170 °C fallend

TIPP: Steht kein Hagelzucker zur Verfügung, so können die Nusskipferln auch mit Marillenmarmelade bestrichen und mit leicht erwärmtem Fondant glasiert werden.

Kletzenbrot

Zutaten für 3 Laibe
1 kg Brotteig
Mehl zum Bestauben
1 Ei zum Bestreichen

Für die Früchtemischung
500 g Kletzen (getrocknete Birnen)
400 g Feigen, getrocknet
300 g Dörrzwetschken
200 g Rosinen
150 g Datteln ohne Kern
200 g Marillen, getrocknet
150 g Haselnüsse
50 g Aranzini
20 g Zitronat
8 cl Rum
8 cl Sliwowitz
10 g Anis
10 g Zimt
5 g Nelkenpulver

Kletzen einweichen, weich kochen und würfelig schneiden. Die anderen Früchte ebenfalls würfelig schneiden bzw. hacken und mit den Kletzen mit Rum und Sliwowitz am besten über Nacht ziehen lassen. Mit Gewürzen und Brotteig mischen. Aus dem Teig 3 Laibe formen und außen gut mit Mehl stauben. Auf ein mit Backpapier belegtes Backblech setzen. Mit verschlagenem Ei bestreichen und „garen" lassen (ca. 1 Stunde zugedeckt aufgehen lassen). Im vorgeheizten Backrohr bei 160 °C ca. 70 Minuten backen. Damit die Kruste auch wirklich gelingt, sowohl nach 15 Minuten Backzeit als auch nach dem Backen mit Wasser bestreichen.

BACKZEIT: 70 Minuten

BACKTEMPERATUR: 160 °C

TIPP: Den für dieses Gericht unbedingt nötigen Brotteig besorgt man sich am besten bei einem freundlichen Bäcker.

Weihnachtsstollen

Zutaten
350 g Mehl
25 g Germ
100 ml Milch
150 g Butterschmalz
1 Eidotter
50 g Staubzucker
Prise Salz
10 g Vanillezucker
1 cl Rum
Prise Kardamom
140 g Aranzini
40 g Walnüsse, grob gehackt
120 g Rosinen
100 g Butter, flüssig, zum Bestreichen
100 g Staubzucker zum Wälzen

Für die Marzipanfülle
55 g Marzipan
30 g Aranzini, faschiert
1 Eidotter

Lauwarme Milch mit Germ verrühren und die Hälfte des Mehls zugeben. Das Dampfl (Vorteig) zugedeckt an einem warmen Ort gehen lassen. Butterschmalz schaumig rühren. Eidotter, Salz, Zucker, Vanillezucker, Kardamom und Rum ebenfalls schaumig rühren. Das Dampfl, Butterschmalz, die Eigelbmasse und das restliche Mehl gemeinsam gut abarbeiten und 15 Minuten aufgehen lassen. Aranzini, Rosinen sowie Nüsse kurz einarbeiten. Den Teig rechteckig so ausrollen, dass längsseitig die Kanten dicker bleiben. Für die Marzipanfülle Marzipan mit Aranzini und Eidotter verkneten und zu einem Strang rollen, der genauso lang wie die Längsseite des Teiges ist. Der Länge nach in die Mitte des Teigs legen und die Seitenteile zur Stollenform übereinander klappen. Kurz aufgehen lassen, danach im vorgeheizten Backrohr bei 150 °C 50 Minuten backen. Aus dem Backrohr nehmen und noch heiß mit flüssiger Butter bepinseln und in Staubzucker wenden. Erkalten lassen, nochmals Staubzucker darüber sieben, in Folie einschlagen und kühl aufbewahren.

BACKZEIT: 50 Minuten
BACKTEMPERATUR: 150 °C

Früchtebrot

Fruchtmasse am Vortag vorbereiten: Die getrockneten Früchte würfelig schneiden und mit Nüssen, Mandeln sowie Zimt vermischen. Mit Sliwowitz und Rum nach Geschmack marinieren. Über Nacht durchziehen lassen. Am nächsten Tag Mehl, Staubzucker und mit Milch verrührte Germ unter die Masse mengen. Aus der Fülle zwei längliche Ziegel formen. Für den Teig etwas Milch erwärmen und Germ darin auflösen. Eidotter, Milch, Staubzucker, Vanillezucker, Salz und Zitronenschale verrühren und ebenfalls leicht erwärmen. Beide Massen gemeinsam mit Mehl und halbflüssiger Butter zu einem Teig verkneten. Kühl stellen. Den Teig auf einer bemehlten Unterlage ausrollen, teilen und die Früchteziegel darin einschlagen. Mit verschlagenen Eidottern und Ei bestreichen, trocknen lassen, nochmals bestreichen. Mit Mandeln, Pistazien und Cocktailkirschenhälften belegen und im vorgeheizten Backrohr bei 160 °C ca. 50 Minuten (je nach Größe) backen.

BACKZEIT: ca. 50 Minuten
BACKTEMPERATUR: 160 °C

Zutaten

500 g Mehl
30 g Germ
125 ml Milch
50 g Staubzucker
200 g Butter
2 Eidotter
Vanillezucker
Prise Salz
Schale von 1 Zitrone
1 Ei und 2 Eidotter, verschlagen, zum Bestreichen
halbierte Mandeln, Pistazien, Cocktailkirschen als Dekor
Mehl für die Arbeitsfläche

Für die Fruchtmasse

300 g Dörrzwetschken
200 g Feigen, getrocknet
200 g Rosinen
100 g Marillen, getrocknet
100 g Datteln, entkernt
100 g Zitronat
100 g Aranzini
100 g Nüsse, grob gehackt
100 g Mandeln, grob gehackt
Sliwowitz und Rum nach Bedarf
Zimt, gemahlen
100 g Mehl
100 g Staubzucker
20 g Germ
20 ml Milch

Hübsch wie ein Krapferl

Krapfenspezialitäten waren in Wien schon in der maria-theresianischen Epoche der „dernier cri" für betuchte Bürger und Aristokraten. Im Wirtshaus „Zur Goldenen Anten" in der Schulerstraße kostete ein Wiener Faschingskrapfen, der mit „echtem Rohrzucker" gesüßt war, damals fünf Kreuzer. Ein Wiener Zimmermann verdiente zu dieser Zeit 24 Kreuzer am Tag. Die Brennpunkte des süßen Wien waren damals vor allem die „Kunigund" in der Bräunerstraße und das „Krapfenmädel" am Kohlmarkt, das angeblich „so hübsch wie ein Krapferl" war. Der Ruf der Krapfenbäckerinnen war in Zeiten der maria-theresianischen Keuschheitskommission allerdings nicht der beste, da manche der „süßen Löchln" oder „Mandolettis", wie man die Backstuben damals auch nannte, Hinterzimmer für galante Abenteuer vermieteten. Der Legende nach soll die Erfindung des Faschingskrapfens in seiner heutigen Form auf die Wiener Mandolettibäckerin Cäcilie Krapf, genannt Frau Cilly zurückgehen. Ein Schmalzgebäck namens „crapho" ist allerdings schon seit karolingischen Zeiten bekannt.

Faschingskrapfen

Zutaten für 20 Stück
6 Eidotter
100 g Butter
42 g Germ (1 Pkg.)
50 g Zucker
250 ml Milch, lauwarm
500 g Mehl
Prise Salz
Mehl für die Arbeitsfläche
Marillenmarmelade zum Bestreichen
Fett zum Bestreichen
Pflanzenfett zum Ausbacken
Staubzucker zum Bestreuen

Die Dotter schaumig rühren. Nach und nach die zerlassene, aber nicht heiße Butter unterrühren. Germ mit etwas Zucker und 3 EL lauwarmer Milch auflösen, etwa 1/3 des Mehls untermischen und in die Dottermasse gut einrühren. Mit einem Tuch abdecken und das Dampfl (Vorteig) an einem warmen Ort 30 Minuten aufgehen lassen. Dann die restlichen Zutaten hinzufügen und so lange kräftig schlagen, bis sich der Teig vom Rand löst. Erneut abdecken und an einem warmen Ort gehen lassen, bis sich das Volumen verdoppelt hat. Teig abermals durchkneten, auf einer bemehlten Arbeitsfläche ca. 5 mm dick ausrollen und in 5 cm breite Streifen schneiden. Jeweils einen Streifen mit Marmelade bestreichen, mit einem anderen Streifen abdecken und die Ränder leicht andrücken. Mit einem bemehlten, kreisförmigen Ausstecher Krapfen ausstechen, diese umdrehen und auf ein bemehltes Brett legen. Mit lauwarmem Fett bestreichen, mit einem Tuch abdecken und nochmals 30 Minuten gehen lassen. In einer tiefen Pfanne ausreichend viel Pflanzenfett auf ca. 180 °C erhitzen. Die Krapfen einzeln hineinlegen und schwimmend ausbacken. Zwischendurch einmal wenden. Mit einem Schaumlöffel herausheben und auf Küchenpapier gut abtropfen lassen. Mit Staubzucker bestreuen.

SÜSSE SCHMANKERLN

Es muss nicht immer nur süßes Gebäck und Kuchen sein. Auch klassische Wiener Konditoreispezialitäten haben sich als Bestandteil der „Wiener Kaffeejause" einen fixen Platz im süßen Alltag erobert.

Erdbeer-Joghurt-Törtchen

Biskuitmasse laut Grundrezept backen. Nach dem Backen auf ein gezuckertes Blech stürzen und Backpapier abziehen. Biskuit erkalten lassen. Danach mit einem runden Ausstecher 20 kleine Biskuitböden mit 5,5 cm Durchmesser ausstechen. Erdbeermarmelade und Cointreau verrühren, leicht erwärmen und die Böden damit tränken. Biskuitböden in passende, kleine Ringformen legen. Für die Joghurtmousse Joghurt und Staubzucker verrühren. Gelatine einweichen, Cointreau erwärmen und ausgedrückte Gelatine darin auflösen. Cointreau in die Joghurtmasse einrühren. Geschlagenes Obers unterheben, Joghurtmousse in die Formen füllen und für ca. 15 Minuten kühl stellen.

Für die Erdbeermousse 2 EL vom Erdbeermark wegnehmen und über Dampf erwärmen. Gelatine einweichen, ausdrücken und im erwärmten Erdbeermark auflösen. Unter das restliche Erdbeermark rühren. Mit Erdbeerlikör und Zitronensaft aromatisieren. Geschlagenes Obers mit Staubzucker süßen und unter die Erdbeermasse heben. Erdbeermousse auf die bereits gestockte Joghurtcreme füllen und wiederum für 20 Minuten kühl stellen.

Für das Erdbeergelee 2 EL vom Erdbeermark wegnehmen und über Dampf erwärmen. Gelatine einweichen, ausdrücken und im erwärmten Erdbeermark auflösen. Unter das restliche Erdbeermark rühren. Leicht überkühlen lassen und dann die Törtchen oben damit überziehen. Für 2 Stunden kühl stellen. Törtchen mit einem in heißes Wasser getauchten Messer aus dem Ring schneiden. Mit einer Rosette aus geschlagenem, gesüßtem Schlagobers und je einer halben Erdbeere garnieren.

Zutaten für 20 Stück (Ø 6 cm)
Biskuitmasse für Rouladen nach Grundrezept (s. S. 22)
50 g Erdbeermarmelade
5 cl Cointreau
Kristallzucker zum Stürzen

Für die Joghurtmousse
400 ml Joghurt
3 cl Cointreau
50 g Staubzucker
4 Blatt Gelatine
350 ml Schlagobers, geschlagen

Für die Erdbeermousse
300 g Erdbeermark (s. S. 200)
5 Blatt Gelatine
1 cl Zitronensaft
3 cl Erdbeerlikör
75 g Staubzucker
250 ml Schlagobers, geschlagen

Für das Erdbeergelee
200 g Erdbeermark (s. S. 200)
2 Blatt Gelatine

Zum Garnieren
Schlagobers, gesüßt
10 Erdbeeren mit Grün, halbiert

Schritt-für-Schritt-Anleitung umseitig

1
Den Biskuitboden entsprechend der Form ausstechen.

2
Biskuitboden mit Erdbeermarmelade dünn bestreichen. Danach in die Ringformen geben.

3
Die Joghurtmousse in die Ringe füllen. Fest werden lassen und die Erdbeermousse darauf füllen.

4
Gelatine im Erdbeermark auflösen und überkühlen lassen.

5
Gelee mit einem Löffel dünn auf die Törtchen auftragen. Das Gelee soll relativ kühl sein, damit die darunterliegende Mousse nicht aufgelöst wird!

6
Die fertigen Törtchen aus den Ringformen lösen und mit Schlagobers und einer halben Erdbeere garnieren.

Kaffee und Schokolade

Dass sich Schokolade auch bei den Habsburgern allerhöchster Beliebtheit erfreute, beweist ein goldenes Schokoladenservice Kaiserin Maria-Theresias, das sich mitsamt Kännchen, Schokobecher, Löffel und Zuckerstreuer noch heute im Wiener Kunsthistorischen Museum befindet. Dort trifft man übrigens auch auf das aufschlussreiche Aquarell eines „Schokoladenlévers", das die Kaiserin und den Kaiser mit ihren Kindern beim Einnehmen der Frühstücksschokolade zeigt. Der Künstlerin kann ein gewisser intimer Einblick in den höfischen Alltag sicher nicht abgesprochen werden. Immerhin handelt es sich bei der Aquarellistin um Erzherzogin Maria Christine. In Wahrheit war das kaiserliche Frühstücksidyll allerdings längst nicht so zuckersüß wie auf dem Gemälde: Die kaiserliche Kinderschar wurde mit Gerstenschleimsuppe aufgepäppelt, nur Prinzgemahl Franz Stephan von Lothringen begann den Tag tatsächlich niemals ohne sein Kännchen Schokolade. Die Kaiserin selbst trank Kaffee.

Eclair mit Moccacreme

Zutaten für 20 Stück
Brandteig laut Grundrezept (s. S. 20)
150 g Marillenmarmelade
400 g Fondant (s. S. 44)

Für die Moccacreme
1 kg Konditorcreme (s. S. 247)
20 g Löskaffeepulver
8 Blatt Gelatine
300 ml Schlagobers, geschlagen

Brandteig laut Grundrezept zubereiten. In einen Dressiersack mit Sterntülle (sternförmige Öffnung) füllen und auf ein Backblech etwa 8 cm lange Stangerln dressieren (auftragen). Im vorgeheizten Backrohr von 220 °C auf 180 °C abfallend ca. 20 Minuten backen. Für die Moccacreme die Konditorcreme erwärmen. Gelatine einweichen, ausdrücken und in der Konditorcreme auflösen. Löskaffeepulver einsieben. Kalt schlagen und dann das geschlagene Obers unterheben.

Im Kühlschrank 30 Minuten stocken lassen. Die Eclairs horizontal halbieren. Oberteile mit erwärmter Marillenmarmelade bepinseln. Fondant leicht erwärmen, die Oberteile damit überziehen. Trocknen lassen. Moccacreme mit einem Dressiersack mit Sterntülle auf die Unterteile dressieren und die glasierten Oberteile darauf setzen.

BACKZEIT: ca. 20 Minuten

BACKTEMPERATUR: von 220 °C auf 180 °C fallend

Profiteroles mit Vanillecreme

Zutaten für ca. 30–35 Stück
Brandteig laut Grundrezept (s. S. 20)
Staubzucker zum Bestreuen

Für die Vanillecreme
1 kg Konditorcreme (s. S. 247)
2 cl Cointreau
8 Blatt Gelatine
300 ml Schlagobers, geschlagen

Brandteig laut Grundrezept zubereiten. In einen Dressiersack mit Sterntülle (sternförmige Öffnung) füllen und auf ein Backblech Profiteroles (Krapferl) dressieren (aufspritzen). Im vorgeheizten Backrohr von 220 °C auf 180 °C abfallend ca. 20 Minuten backen. Für die Vanillecreme die Konditorcreme erwärmen. Gelatine einweichen, ausdrücken und in der Konditorcreme auflösen. Mit Cointreau aromatisieren. Kalt schlagen. Das geschlagene Obers unterheben und die Creme 30 Minuten im Kühlschrank stocken lassen. Die Profiteroles horizontal durchschneiden, so dass zwei gleich starke Hälften entstehen. Vanillecreme mit einem Dressiersack mit Sterntülle auf die Unterteile dressieren und die Deckel wieder aufsetzen. Vor dem Servieren mit Staubzucker bestreuen.

BACKZEIT: ca. 20 Minuten

BACKTEMPERATUR: von 220 °C auf 180 °C fallend

TIPP: Ganz besonders verführerisch sehen diese Profiteroles aus, wenn sie wesentlich kleiner geformt werden und somit eine der Hauptattraktionen eines abschließenden Petits-Fours-Tellers bilden.

MARONI-WEICHSEL-TÖRTCHEN

Kakaobiskuitmasse laut Grundrezept backen. Nach dem Backen auf ein gezuckertes Blech stürzen und Backpapier abziehen. Biskuit erkalten lassen. Danach mit einem runden Ausstecher 20 kleine Biskuitböden mit 5,5 cm Durchmesser ausstechen. Biskuitböden in passende, kleine Ringformen legen und mit Marmelade bestreichen.

Für die Weichselfülle 3/4 des Weichselsaftes mit Zucker aufkochen. Restlichen Saft mit Maisstärke verrühren und in die kochende Masse einrühren. Weichseln zugeben, kurz durchrühren und vom Herd nehmen. Für die Schokolademousse Kuvertüre schmelzen, mit Dottern, Läuterzucker und flüssigem Obers verrühren. Gelatine einweichen und in leicht erwärmtem Rum auflösen. Unter die Schokolademasse rühren. Geschlagenes Obers unterheben. Schokolademousse in die Formen füllen und Weichseln (mit wenig Flüssigkeit) jeweils in die Mitte geben. Für 2 Stunden kühl stellen.

Gekühlte Törtchen mit einem in heißes Wasser getauchten Messer aus dem Ring schneiden. Törtchen mit geschlagenem, gesüßtem Obers rundherum einstreichen, obenauf einen Kreis dressieren (aufspritzen).

Maronipüree durch eine Erdäpfelpresse oder ein Reibeisen drücken und in die Mitte von jedem Törtchen platzieren. Abschließend jedes Törtchen mit einer Weichsel garnieren.

Zutaten für 20 Stück (Ø 6 cm)

Kakaobiskuitmasse nach Grundrezept (s. S. 24),
1/2 Menge
Weichsel- oder Kirschenmarmelade

Für die Weichselfülle

300 g Weichseln, entkernt
100 ml Weichselsaft
30 g Zucker
20 g Maisstärke (Maizena)

Für die Schokolademousse

420 g Vollmilchkuvertüre
6 Eidotter
120 ml Läuterzucker (s. S. 40)
120 ml Schlagobers, flüssig
6 Blatt Gelatine
600 ml Schlagobers, geschlagen
6 cl Rum

Zum Garnieren

500 ml Schlagobers, geschlagen und gesüßt
200 g Maronipüree
20 Weichseln, entkernt

Brandteigschwäne mit Erdbeeren

Brandteig laut Grundrezept zubereiten. In einen Dressiersack mit glatter Tülle (glatte Öffnung) füllen und auf ein Backblech 20 „Schwanenhälse" dressieren, indem man den Großbuchstaben S aufspritzt. Aus der restlichen Masse mit einer Sterntülle (sternförmige Öffnung) 20 Krapferln aufspritzen. Im vorgeheizten Backrohr von 220 °C auf 180 °C abfallend ca. 20 Minuten backen.
Für die Erdbeeroberscreme Gelatine in kaltem Wasser einweichen, Cointreau und Orangensaft erwärmen. Gelatine ausdrücken und darin auflösen. Erdbeermark, Kristallzucker und Gelatineflüssigkeit miteinander verrühren. Geschlagenes Obers vorsichtig unterheben und die Creme 1 Stunde im Kühlschrank stocken lassen. Die Krapferln horizontal durchschneiden. Oberteile halbieren, damit zwei „Flügel" entstehen. Die Creme auf die Unterteile dressieren (aufspritzen). Erdbeeren vierteln und auf den Cremesockel setzen. Den Schwanenhals und die Flügel darauf setzen. Mit Staubzucker bestreuen.

BACKZEIT: ca. 20 Minuten

BACKTEMPERATUR: von 220 °C auf 180 °C fallend

Zutaten für 20 Stück

Brandteig laut Grundrezept (s. S. 20)
20 Erdbeeren
Staubzucker zum Bestreuen

Für die Erdbeeroberscreme

200 g Erdbeermark (s. S. 200)
100 g Kristallzucker
6 Blatt Gelatine
3 cl Cointreau
2 cl Orangensaft
375 ml Schlagobers, geschlagen

Schaumrollen

Zutaten
500 g Blätterteig nach Grundrezept (s. S. 11) oder Fertigteig
4 Eiklar
280 g Staubzucker
Mehl für die Arbeitsfläche
Staubzucker zum Bestreuen

Blätterteig nach Anleitung zubereiten und auf einer bemehlten Arbeitsfläche ca. 3 mm dick ausrollen. Mit einem Teigrad etwa 1,5 cm breite Streifen „radeln" und diese um die Schaumrollenformen wickeln. Im vorgeheizten Backrohr bei ca. 160 °C 10–12 Minuten backen. Auskühlen lassen.

Für den Schaum Eiklar mit Staubzucker über Dampf etwa 5 Minuten schlagen. Die Masse muss ganz fest sein und darf nicht rinnen. Schaum in einen Dressiersack füllen und in die Rollen spritzen. Schaumrollen mit Staubzucker bestreuen.

BACKZEIT: 10–12 Minuten

BACKTEMPERATUR: 160 °C

TIPP: Scheuen Sie die relativ geringe Ausgabe für die hier benötigten Schaumrollenformen nicht. Diese sind im guten Küchenfachhandel erhältlich und sichern Ihnen dafür den Erfolg eines Profi-Konditors.

Besoffener Kapuziner

Zutaten für 12 Stück
4 Eier
180 g Kristallzucker
10 g Vanillezucker
Schale von 1 Zitrone
Prise Zimt
160 g Mehl
60 g Haselnüsse, gerieben
300 ml Schlagobers
30 g Staubzucker
Butter und Mehl für die Förmchen

Zum Tränken
100 g Kristallzucker
2 cl Orangensaft
4 cl Wasser
2 cl Rum
2 cl Weißwein

Eier mit Kristallzucker, Vanillezucker, geriebener Zitronenschale und Zimt aufschlagen. Haselnüsse mit Mehl vermengen und einmelieren (vorsichtig einmengen). Portionsformen ausbuttern und mit Mehl bestauben. Masse in die Förmchen füllen und bei 180 °C ca. 25 Minuten backen.

Für die Tränkflüssigkeit Orangensaft, Kristallzucker und Wasser aufkochen lassen. Erkalten lassen und mit Rum sowie Weißwein vermengen. Die ausgekühlten Kapuziner mit der Flüssigkeit so lange tränken, bis sie die gesamte Flüssigkeit aufgenommen haben. Schlagobers mit Staubzucker steif schlagen und die Kapuziner damit garnieren.

BACKZEIT: ca. 25 Minuten

BACKTEMPERATUR: 180 °C

Von Bauern, Liesln und Kapuzinern

Ein aus Mehl, Zucker, Schokolade, geriebenen und gerösteten Haselnüssen sowie Dottern und geschlagenem Eiklar gebackenes Koch, das mit heißem Gewürzwein getränkt und mit Schlagobers serviert wird, hat in Österreich viele Namen. In Wien ist es vor allem als „Besoffener Kapuziner" bekannt. Wahrscheinlich ist dafür der einstmals schlechte Ruf der Kapuzinermönche verantwortlich, denen man nachsagte, es nicht nur mit dem Zölibat nicht besonders genau zu nehmen, sondern auch gerne einen über den Durst zu trinken. In manchen süddeutschen Kochbüchern findet sich auch der Ausdruck „Besoffene Liesl". Und wenn das Gericht – etwas derber – aus schmalzgebackenen Semmeln und Rosinen zubereitet und danach mit gezuckertem Wein übergossen wird, so heißt es vielsagend „Besoffener Bauer".

Flora-Krapfen

Zutaten für 10 Stück
120 g Nüsse, gerieben
40 g Staubzucker
Mark von 1 Vanilleschote
Prise Zimt
4 Eiklar
100 g Kristallzucker
ca. 4 EL Staubzucker zum Bestreuen

Für die Erdbeercreme
200 g Erdbeeren
50 g Staubzucker
1 cl Cointreau
2 Blatt Gelatine
125 ml Schlagobers, mit 1 EL Staubzucker gesüßt

Nüsse mit Staubzucker, Vanillemark, Zimt und 1(!) Eiklar verrühren. Restliches Eiklar zu Schnee schlagen und mit Kristallzucker fest ausschlagen. Schnee nach und nach unter die Nussmasse heben. Masse in einen Spritzbeutel mit glatter Tülle (runde Öffnung) füllen und auf ein mit Backpapier ausgelegtes Backblech 20 gleich große Krapfen spritzen (die Hälfte davon für den Boden etwas flacher auftragen). Staubzucker darüber sieben. Bei 80–100 °C im Backrohr bei leicht geöffneter Tür 2 1/2 bis 3 Stunden mehr trocknen als backen. Herausnehmen, abkühlen lassen und trocken lagern.
Für die Creme Erdbeeren mit Staubzucker pürieren, durch ein Sieb passieren und mit Cointreau aromatisieren. Gelatine in kaltem Wasser einweichen, etwas Erdbeermark erwärmen, ausgedrückte Gelatine darin auflösen. Zum restlichen Erdbeermark geben. Obers mit Staubzucker aufschlagen, unter das Erdbeermark heben und 2 Stunden kühl stellen. Erdbeermousse mit einem Dressiersack auf die Böden dressieren (aufspritzen) und die Deckel aufsetzen.
BACKZEIT: 2 1/2–3 Stunden
BACKTEMPERATUR: 80–100 °C
TIPP: Nach dem gleichen Rezept lassen sich übrigens etwa 20 kleine Petits Fours herstellen.

Indianerkrapfen

Zutaten für 20 Stück
8 Eidotter
10 Eiklar
140 g Kristallzucker
10 g Vanillezucker
100 g Mehl
100 g Maisstärke (Maizena)
Marillenmarmelade zum Bestreichen
250 g Sacher- oder Ganacheglasur (s. S. 42 und 43)
750 ml Schlagobers
25 g Staubzucker

Eidotter mit 15 g Kristallzucker und Vanillezucker leicht schaumig rühren. Eiklar zu Schnee schlagen, restlichen Zucker einrieseln lassen und zu schnittfestem Eischnee weiterschlagen. Dann gesiebte Maisstärke, Dottermasse und zuletzt gesiebtes Mehl unter den Eischnee heben. Masse in einen Dressiersack mit Lochtülle (runde Öffnung) füllen und 40 Halbkugeln von etwa 4 cm Durchmesser auf ein mit Backpapier ausgelegtes Backblech spritzen. Die Hälfte davon etwas flacher aufdressieren, damit diese dann als Boden einen besseren Stand haben. Im vorgeheizten Backrohr bei 190 °C ca. 20 Minuten hellbraun backen. Dabei die Backofenklappe einen Spalt öffnen, damit die Feuchtigkeit entweichen kann.
Aus dem Backrohr nehmen, mit Marillenmarmelade aprikotieren (bestreichen) und überkühlen lassen. Glasur im Wasserbad erwärmen. Jeweils eine Kugelhälfte mit Hilfe einer Gabel in die Glasur tunken, auf ein Backpapier setzen und trocknen lassen. Schlagobers mit Staubzucker steif schlagen und mit einem Dressiersack mit Sterntülle (sternförmige Öffnung) auf die Böden aufdressieren (aufspritzen). Deckel aufsetzen.

BACKZEIT: ca. 20 Minuten

BACKTEMPERATUR: 190 °C

TIPP: Versuchen Sie zur Abwechslung einmal, die Indianer kleiner zu formen. Das Resultat: gleichermaßen süß aussehende wie schmeckende Petits Fours.

Punschkrapferln

Biskuitmasse laut Grundrezept zubereiten und daraus zwei Böden backen. Aus dem Backrohr nehmen, auf ein gezuckertes Backblech stürzen, Backpapier abziehen und überkühlen lassen. Aus dem Teig zwei 20 x 25 cm große Rechtecke schneiden. Restlichen Biskuitteig für die Punschfülle zerkleinern und in einer Rührschüssel mit Marillenmarmelade, Rum sowie Läuterzucker vermischen. Geriebene Schokolade, Orangen- und Zitronenschale sowie Zimt zugeben. Die Masse durchkneten, bis sie gut zusammenhält. Einen Biskuitboden mit Marillenmarmelade bestreichen. In eine Rahmen- oder tiefe Kuchenform legen und die Punschfülle aufstreichen. Mit zweitem Biskuitblatt abdecken und für einige Stunden mit einem Küchenbrett o. Ä. beschweren. Aus der Form nehmen, umdrehen und in 20 Würfel (5 x 5 cm) schneiden. Würfel seitlich und obenauf mit leicht erwärmter Marillenmarmelade bestreichen und abkühlen lassen. Danach mit leicht erwärmtem Fondant glasieren. Kuvertüre im Wasserbad schmelzen, in einen Spritzbeutel füllen und die Punschkrapferln damit obenauf dekorativ verzieren.

Zutaten für 20 Stück
Biskuitmasse für Schnitten nach Grundrezept (s. S. 23), doppelte Menge
Zucker zum Stürzen
Marillenmarmelade zum Bestreichen

Für die Punschfülle
125 ml Rum
40 ml Läuterzucker (s. S. 40)
50 g Kochschokolade
Schale von je 1 Orange und 1 Zitrone, gerieben
Prise Zimt
200 g Marillenmarmelade

Zum Glasieren
Marillenmarmelade
ca. 250 g Fondant, mit Lebensmittelfarbe rosa gefärbt (s. S. 44)
ca. 100 g Zartbitterkuvertüre

Konditor und Apotheker

Wien war keineswegs schon immer die Welthauptstadt der zuckersüßen Verführung. Der Beruf des „Kanditors", auch „Zuggermacher" genannt, entstand vielmehr in den Niederlanden. Von dort wurde 1560 auch der erste Wiener Hofzuckerbäcker berufen: Es handelte sich um einen gewissen Matthias de Voss, der mit einem Jahresgehalt von 93 fl 30 kr als „Zuggerpacher" bei Hofe angestellt wurde. Zuvor war die „Confectmacherey" und der Verkauf von verzuckerten Früchten, Gewürzstangen oder Nüssen sowie so genannten „Zeltlein" aus gesponnenem und gefärbtem Zucker nur den Wiener Apothekern vorbehalten.

Mohnwürfel

Zutaten für 24 Stück
220 g Butter
9 Eidotter
65 g Staubzucker
9 Eiklar
220 g Kristallzucker
300 g Graumohn, gemahlen
130 g Haselnüsse, gerieben
Prise Salz
10 g Vanillezucker
140 g Marillenmarmelade zum Bestreichen
Kuvertüre, weiß, zum Dekorieren
Butter und Mehl für die Form
Zucker zum Stürzen

Für die Füllcreme
4 Eier
Mark von 1 Vanilleschote
8 Blatt Gelatine
4 cl Apfelbrand
300 g Kuvertüre, weiß
180 g Honig
700 ml Schlagobers, halbfest geschlagen

Für die Schokoladeglasur
300 g Zartbitterkuvertüre
300 ml Schlagobers, flüssig

Butter mit Staubzucker, Salz und Vanillezucker schaumig rühren. Eidotter zugeben. Eiklar aufschlagen und mit Kristallzucker zu Schnee ausschlagen. Schnee, Mohn und Haselnüsse vorsichtig in die Eiermasse einmengen. Eine Rahmenform ausfetten und mit Mehl bestauben. Auf ein mit Backpapier ausgelegtes Backblech stellen (oder eine tiefe Kuchenform verwenden) und die Mohnmasse einfüllen. Im vorgeheizten Backrohr bei 170 °C ca. 45 Minuten backen. Aus dem Backrohr nehmen, aus der Form schneiden, auf ein gezuckertes Backblech stürzen und das Backpapier abziehen. Mohnmasse horizontal halbieren.

Für die Füllcreme Eier mit Vanillemark im Wasserbad schaumig aufschlagen. Honig zugeben und weiterschlagen. Gelatine einweichen und in erwärmtem Apfelbrand auflösen, danach in die Eiermasse rühren. Geschmolzene Kuvertüre einrühren und leicht überkühlen lassen. Nicht ganz fest geschlagenes Obers vorsichtig unterheben.

Einen Mohnboden mit Marillenmarmelade bestreichen und die Hälfte der Creme darauf streichen. Den zweiten Mohnboden darauf setzen, wiederum mit Marillenmarmelade bestreichen und die zweite Hälfte der Creme darüber streichen. Für 2 Stunden kühl stellen. In 5 x 5 cm große Würfel schneiden. Für die Schokoladeglasur Obers einmal kurz aufkochen lassen und die gehackte Kuvertüre darin auflösen. Etwas überkühlen lassen und danach die Würfel damit überziehen. Glasur etwas antrocknen lassen. Weiße Kuvertüre schmelzen, in ein Stanitzel aus Pergamentpapier füllen und die Würfel mit feinen Streifen dekorieren.

BACKZEIT: ca. 45 Minuten

BACKTEMPERATUR: 170 °C

TIPP: Wenn Sie die Mohnwürfel tiefkühlen, lassen sie sich leichter glasieren.

Getunkte Früchte

Zutaten
200–250 g Früchte nach Belieben (etwa Erdbeeren, Bananen, Trauben, Physalis bzw. Kapstachelbeere oder Mandarinen)
200 g Fondant (s. S. 44),
300 g Zartbitterkuvertüre

Früchte nach Bedarf waschen und mit Küchenpapier trockenreiben. Fondant im Wasserbad leicht (etwa auf 30 °C) erwärmen. Früchte hineintunken, auf ein Backpapier setzen und trocknen lassen. Dann Kuvertüre im Wasserbad schmelzen und die Früchte in die Kuvertüre tunken. Dabei die Früchte je nach Sorte ganz oder nur teilweise eintauchen: Erdbeeren – am besten am Stengel fassen – und zu 3/4 tunken. Physalis an den Blättern fassen (sie bleiben zur Dekoration) und zur Hälfte eintauchen. Bananen im Ganzen tunken. Weintrauben nach Belieben einzeln eintauchen oder bis zu 5–6 Trauben an einem Stengel lassen und diesen im Ganzen tunken. Mandarinen schälen, teilen und dann ebenfalls ganz tunken. Auf Backpapier oder Abtropfgitter trocknen lassen.

TIPPS:

- Besonders attraktiv sieht getunktes Obst aus, wenn Sie – speziell größere Stücke wie Bananen oder Mandarinen – die Früchte zusätzlich teilweise mit weißer Kuvertüre verzieren und/oder etwas Krokant darauf streuen.
- Am einfachsten lassen sich Früchte eintunken, wenn man sie vorher auf einen kleinen Holzspieß oder eine Gabel steckt.

Backen wie die Profis

Kuchen, Torten, Schnitten und Strudel

KUCHEN

Kuchen ist das „Brot der Leckermäuler". Er ist nahrhaft und luxuriös zugleich, ein süßes Glück für den Alltag und ein Lichtblick fürs Wochenende. Und dass sich Kuchen auf die Linie schlägt, kann angesichts der wertvollen Zutaten, vor allem aber der vielen verwendeten Früchte wegen nur ein Gerücht sein.

MARILLENKUCHEN

Zutaten für 1 Kuchenblech
Biskuitmasse, warm, laut Grundrezept (s. S. 24), 1/2 Menge
Butter für das Backblech
ca. 1 kg Marillen, entkernt, halbiert
150 g Marillenmarmelade
5 cl Rum
200 g Mandeln, geschält, gehobelt

Die Biskuitmasse nach Anleitung vorbereiten und das Backblech gut mit flüssiger Butter einstreichen. Eine Rahmenform (30 x 45 cm) oder eine tiefe Kuchenform darauf stellen und die Masse auftragen. Die halbierten Marillen darauf verteilen und den Kuchen im vorgeheizten Backrohr bei 170 °C etwa 50 Minuten backen. Marillenmarmelade mit Rum leicht erwärmen und mit einem Pinsel dünn auf den Kuchen streichen. Die gehobelten Mandeln in einer Pfanne goldbraun rösten und über den Kuchen streuen, auskühlen lassen und portionieren.

BACKZEIT: 50 Minuten
BACKTEMPERATUR: 170 °C

APFEL-MOHN-KUCHEN

Zutaten für 1 Kuchenblech
250 g Butter
250 g Staubzucker
6 Eidotter
Salz
Zitronenschale, gerieben
6 Eiklar
100 g Kristallzucker
220 g Nüsse, gerieben
220 g Mohn, gemahlen
60 g Mehl
4 kleine Äpfel, entkernt, grob gerissen
4 kleine Äpfel, entkernt, in Spalten geschnitten
4 cl Rum
Staubzucker mit Vanillezucker vermengt, zum Bestreuen

Butter mit Staubzucker so lange rühren, bis die Masse weiß und schaumig ist. Eidotter, Salz und Zitronenschale einrühren. Grob gerissene Äpfel sowie Rum zugeben und Eiklar mit Kristallzucker zu Schnee schlagen. Nüsse, Mohn und Mehl miteinander vermengen und abwechselnd mit dem Schnee unter die Eiermasse heben. Die Apfelspalten unter die Mohnmasse heben. Ein Backblech mit Backpapier belegen, Mohnmasse darauf verstreichen und im vorgeheizten Backrohr bei 170 °C etwa 60 Minuten backen. Kuchen herausnehmen, abkühlen lassen und Backpapier abziehen. Portionieren und mit Vanillestaubzucker bestreut servieren.

BACKZEIT: ca. 60 Minuten
BACKTEMPERATUR: 170 °C

Gebackener Apfelkuchen

Zutaten für 1 Kuchenblech
Mürbteig laut Grundrezept (s. S. 14), 1/2 Menge
250 g Butter
80 g Staubzucker
20 g Vanillezucker
Schale von 1 Zitrone, gerieben
Prise Salz
1,25 kg Topfen
6 Eidotter
8 Eiklar
210 g Kristallzucker
130 g Mehl
100 g Zibeben, eingelegt (s. S. 189)
1,5 kg Äpfel (Golden Delicious)
Saft von 1 Zitrone
Apfel-Holunderblüten-Marmelade zum Glasieren (s. S. 197)
Mandelstifte, goldbraun geröstet

Nach dem Grundrezept einen Mürbteig kneten und etwa 1/2 Stunde kühl stellen. Teig etwa 2,5 mm dick ausrollen, auf ein Backblech legen und mit einer Gabel „stupfen“ (mehrmals zart einstechen). Im vorgeheizten Backrohr etwa 8 Minuten bei 180 °C hellbraun backen. Herausnehmen und auskühlen lassen.
Äpfel schälen, entkernen, in grobe Würfel schneiden und sofort in Zitronenwasser einlegen, um ein Verfärben zu verhindern. Für die Topfenmasse Butter, Staubzucker, Vanillezucker, Salz und geriebene Zitronenschale schaumig rühren. Topfen und Eidotter einrühren. Eiklar leicht zu schlagen beginnen und mit Kristallzucker zu Schnee ausschlagen. Schnee, Mehl und eingelegte Zibeben vorsichtig unterheben. Abgetropfte Äpfel ebenfalls unter die Topfenmasse heben. Rund um den Mürbteig eine Rahmenform (30 x 45 cm) stellen und die Apfel-Topfen-Masse einfüllen. Im vorgeheizten Backrohr bei 160 °C ca. 35 Minuten backen. Aus dem Backrohr nehmen, mit der Apfel-Holunderblüten-Marmelade bestreichen und die Mandelstifte darüber streuen. Die Rahmenform abnehmen und portionieren.

BACKZEIT: ca. 8 Minuten für den Mürbteig, dann 35 Minuten
BACKTEMPERATUR: 180 °C für den Mürbteig, dann 160 °C
TIPP: Steht keine Rahmenform zur Verfügung, kann der Kuchen selbstverständlich auch in einer tiefen Kasten- oder Kuchenform gebacken werden.

Poganzen aus der Grünen Mark

Als Poganze bezeichnet man in der Steiermark ein altes Brauchtumsgebäck, das, etwa in Glanz an der Weinstraße oder im Sulmtal, heute noch zu Pfingsten zubereitet wird. Im Original handelt es sich dabei entweder um eine gebackene Nudel oder – wesentlich häufiger – um einen flachen Kuchen aus fünf jeweils mit Äpfeln, Rosinen, Butter und Zucker gefüllten Germteigschichten, die in einem Topf gebacken werden. Das Kochbuch der Katharina Prato kannte schon im 19. Jahrhundert eine Vielzahl von Poganzenrezepten mit Pfirsichen, Topfen, Rosinen, Nüssen, Grieß oder auch aus Strudelteig. Das Rezept auf der folgenden Seite ist eine moderne, leicht zuzubereitende Ableitung davon.

Apfelpoganze

Zutaten für 1 Kuchenblech
420 g Mehl
60 g Staubzucker
Prise Salz
150 g Butter
3 Eidotter
3 Eier
2 cl Weißwein
60 g Crème fraîche
14 Äpfel
50 g Marillenmarmelade
2 cl Zitronensaft
80 g Mandeln, geschält und fein gehackt
30 g Semmelbrösel
30 g Kristallzucker
Butter für das Kuchenblech
Eiklar zum Bestreichen
Staubzucker zum Bestreuen

Das Mehl auf einer Arbeitsfläche mit Staubzucker, Butter und Salz leicht verkneten. Mit Eidottern, Eiern, Weißwein und Crème fraîche rasch zu einem glatten Teig kneten. Eine Kugel formen und 1/2 Stunde kühl stellen. Den Teig dünn ausrollen. Einige 1 cm breite Streifen abschneiden und beiseite legen. Den übrigen Teig auf das mit Butter ausgestrichene Kuchenblech legen. Die Äpfel schälen, entkernen und in Würfel schneiden. Mit erwärmter Marmelade, Zitronensaft, Semmelbröseln, Kristallzucker und Mandeln vermischen und auf die Teigplatte auftragen. Die Teigränder an der Backform noch etwas in die Höhe ziehen. Die beiseite gelegten Teigstreifen mit verquirltem Eiklar bestreichen und dekorativ über die Poganze legen. Im vorgeheizten Backrohr bei 180 °C etwa 45 Minuten backen. Auskühlen lassen, mit Staubzucker bestreuen und portionieren.

BACKZEIT: ca. 45 Minuten
BACKTEMPERATUR: 180 °C

Beerenmandl

Zutaten für 1 Auflaufform (20 x 25 cm)
150 g Schwarzbrot, entrindet
150 g Beeren (Heidel- oder Brombeeren)
100 ml Milch
Msp. Zimt
Msp. Ingwer, gemahlen
40 g Butter
100 g Honig
2 Eidotter
Prise Vanillezucker
200 g Topfen
50 g Weizengrieß
1 EL Zitronensaft
2 Eiklar
1 EL Zucker
Butter für die Form

Schwarzbrot in kleine Würfel schneiden, mit Milch anfeuchten und mit Zimt und Ingwer würzen. In eine gebutterte Auflaufform geben. Honig mit Butter schaumig rühren, Eidotter, Topfen, Zitronensaft, Grieß und Vanillezucker zugeben. Eiklar zu Schnee schlagen, mit Zucker ausschlagen und unter die Eidottermasse heben. Die Masse über die Brotwürfel verteilen und die Beeren darauf legen. Im vorgeheizten Backrohr bei 180 °C ca. 40 Minuten backen.

BACKZEIT: ca. 40 Minuten
BACKTEMPERATUR: 180 °C
GARNITUREMPFEHLUNG: Vanillesauce (s. S. 202)

Kirschenmandl

Zutaten für 1 Auflaufform (20 x 25 cm)
150 g Schwarzbrot, entrindet
150 g Kirschen, entkernt
100 ml Milch
6 cl Lavendelsaft (s. S. 205)
Minze, in Streifen geschnitten
Msp. Kardamom, gemahlen
40 g Butter
100 g Honig
2 Eidotter
Prise Vanillezucker
200 g Topfen
50 g Weizengrieß
1 EL Zitronensaft
2 Eiklar
1 EL Zucker
Butter für die Form

Schwarzbrot in kleine Würfel schneiden, mit Milch und Lavendelsaft anfeuchten und mit Minze und Kardamom würzen. In eine gebutterte Auflaufform geben. Honig und Butter schaumig rühren. Eidotter, Topfen, Zitronensaft, Grieß und Vanillezucker dazugeben. Eiklar zu Schnee schlagen, mit Zucker ausschlagen und unter die Eidottermasse heben. Die Masse über die Brotwürfel verteilen und die entkernten Kirschen darauf legen. Im vorgeheizten Backrohr etwa 40 Minuten bei 180 °C backen.

BACKZEIT: ca. 40 Minuten
BACKTEMPERATUR: 180 °C
GARNITUREMPFEHLUNG: Vanillesauce (s. S. 202)

Zwetschkenkuchen

Zutaten für 1 Kuchenblech
600 g Blätterteig nach Grundrezept (s. S. 11) oder Fertigprodukt
ca. 1,5 kg Zwetschken, entkernt, geviertelt
200 g Powidl
5 cl Rum
150 g Marillenmarmelade und 2 cl Rum zum Glasieren
400 g Mandelstifte
Prise Zimtpulver

Für die Bayrische Creme
3 Eidotter
70 g Zucker
1 Vanilleschote
2 cl Zwetschkenbrand
2 Blatt Gelatine
300 ml Schlagobers, geschlagen

Den Blätterteig laut Grundrezept zubereiten. Ausrollen, auf ein Backblech legen, mit einer Gabel „stupfen" (mehrmals zart anstechen) und bei 200 °C 15 Minuten resch backen. Herausnehmen und auskühlen lassen. Powidl mit Rum verrühren und auf den Blätterteig streichen.
Für die Bayrische Creme die Vanilleschote halbieren und das Mark mit einem Messer herauskratzen. Eidotter mit Zucker und Vanillemark in eine Schüssel geben und über Wasserdampf dickschaumig aufschlagen, danach auf Eiswasser kalt schlagen. Gelatine einweichen, ausdrücken und in leicht erwärmtem Zwetschkenbrand auflösen. Unter die Eiermasse rühren. Abschließend das nicht ganz steif geschlagene Obers langsam unterheben. Masse leicht überkühlen lassen und dann auf den Blätterteigboden streichen. Die geviertelten Zwetschken auflegen und den Kuchen kühl stellen. Marillenmarmelade mit etwas Rum leicht erwärmen und die Zwetschken damit glasieren (mit einem Pinsel bestreichen). Mandelstifte sowie Zimt darüber streuen und portionieren.

BACKZEIT: ca. 15 Minuten
BACKTEMPERATUR: 200 °C

Guillotine und Sonntagskuchen

Für Moses fiel er als Manna vom Himmel und war „weiß wie Koriandersamen und mit dem Geschmack von Honigkuchen". Im Schlaraffenland pflegte man Kuchen einfach von den Bäumen zu pflücken. Die alten Ägypter backten ihre Honigkuchen ebenso wie die Griechen und Römer.

Von einer Kuchenbackkunst im heutigen Sinne kanm man allerdings erst reden, seit die Kunst der Müller im 18. Jahrhundert fortgeschritten genug war, dass sie Korn zu feinem, weißem Mehl ohne grobe Kleiebestandteile vermahlen konnten – die Geburtsstunde des Biskuit- und des Mürbteigs hatte geschlagen.

Die Sache hatte damals freilich noch einen kleinen Haken. Der dafür nötige Zucker musste teuer aus Zuckerrohrländern importiert werden. Der Luxus des Kuchengenusses blieb also vorerst noch der Aristokratie vorbehalten, der dieses Privileg jedoch nicht immer ganz klar zu sein schien. Als Königin Marie-Antoinette beispielsweise während einer großen Hungersnot (dem so genannten „Mehlkrieg") darauf hingewiesen wurde, dass ihre Untertanen kein Brot mehr hatten, meinte sie lapidar: „Dann sollen die Leute doch Kuchen essen." Das Volk hatte freilich weder Brot noch Kuchen und startete daher eine Revolution, die die Königin schließlich auf die Guillotine brachte.

Schon wenige Jahre später wäre Kuchen allerdings tatsächlich nicht teurer als Brot gewesen. Denn da hatte sich die Entdeckung des Berliner „Chymicus" Andreas Sigismund Marggraf (1709–1782), dass man eine simple Runkelrübe in Zucker und damit in preisgünstiges „süßes Gold" verwandeln konnte, bereits durchgesetzt. Dem Siegeszug des „Sonntagskuchens" waren keine Schranken mehr gesetzt.

Muskatellertraubenkuchen

Zutaten für 1 Kuchenblech
450 g Blätterteig nach Grundrezept (s. S. 11, oder Fertigprodukt)
1 kg Muskatellertrauben
300 ml Schlagobers
150 ml Muskatellerwein (oder anderer kräftiger Weißwein)
1 TL Zimtpulver
210 g Kristallzucker
7 Eier
Bohnen oder Erbsen, getrocknet, zum Blindbacken

Blätterteig gemäß Grundrezept zubereiten. Dünn ausrollen und in eine Kuchenform mit etwa 3 cm Randhöhe legen. Mit einer Gabel „stupfen" (mehrmals zart anstechen) und 15–20 Minuten „blind" backen, d. h. mit einer Alufolie belegen und mit getrockneten Erbsen oder Bohnen beschweren, damit der Teig beim Backen nicht aufgehen kann. Nach dem Backen die Alufolie samt Bohnen entfernen. Trauben waschen und nach Belieben halbieren oder ganz lassen. Die Trauben auf dem Blätterteig verteilen. Eier, Schlagobers, Kristallzucker, Zimt und Weißwein verschlagen und über die Trauben gießen. Im vorgeheizten Backrohr bei 200 °C etwa 25 Minuten backen, bis die Masse stockt. Auskühlen lassen und portionieren.

BACKZEIT: ca. 15–20 Minuten für Blätterteig, 25 Minuten zum Überbacken
BACKTEMPERATUR: 200 °C

Topfen-Erdbeer-Kuchen

Zutaten für 1 Kuchenblech
Biskuitmasse für Schnitten, laut Grundrezept (s. S. 23)
120 g Erdbeermarmelade
1,5 kg Erdbeeren
1 kg Topfen
250 ml Sauerrahm
180 g Staubzucker
40 g Vanillezucker
200 g Maisstärke
Schale von 1 Zitrone, gerieben
Schale von 1 Orange, gerieben
Prise Salz
12 Eidotter
12 Eiklar
300 g Kristallzucker

Biskuitmasse nach Grundrezept zubereiten und einen Kuchen backen. Biskuit auf ein Blech setzen, mit Erdbeermarmelade dünn bestreichen und eine Rahmenform (30 x 45 cm) rund um das Biskuit stellen (oder in eine tiefe Kuchenform setzen).
Erdbeeren waschen, putzen, etwa 15 schöne Erdbeeren mit grünem Stiel beiseite stellen, den Rest (ohne Grün) halbieren. Für die Topfenmasse Topfen mit Sauerrahm, Staubzucker, Vanillezucker, Maisstärke, Zitronen- und Orangenschale sowie einer Prise Salz schaumig rühren. Eidotter einrühren. Eiklar zu schlagen beginnen, mit Kristallzucker zu Schnee ausschlagen und vorsichtig unterheben. Erdbeeren auf dem Biskuit verteilen und die Topfenmasse darüber auftragen. Im vorgeheizten Backrohr bei 160 °C ca. 35 Minuten backen. Aus dem Backrohr nehmen, auskühlen lassen und portionieren. Vor dem Servieren jedes Stück mit einer halbierten Erdbeere (samt Grün) dekorieren.

BACKZEIT: 10 Minuten für das Biskuit, dann 35 Minuten
BACKTEMPERATUR: 200 °C für das Biskuit, dann 160 °C

Streuselkuchen

Den Auslegeteig laut Grundrezept zubereiten und 1 Stunde kühl stellen. Danach dünn ausrollen, auf ein Backblech legen und eine Rahmenform um den Teig stellen (oder in eine tiefe Kuchenform geben). An den Rändern den Teig 2 cm in die Höhe ziehen und im vorgeheizten Backrohr bei 190 °C 10 Minuten vorbacken. Für die Royale (Eierstich) die Eidotter mit Milch, Obers, Vanillepuddingpulver, Vanillezucker, Salz und Staubzucker verschlagen. Masse auf den vorgebackenen Kuchenboden gießen und im heißen Backrohr bei 170 °C weitere 20 Minuten fertig backen. Auskühlen lassen. Währenddessen laut Grundrezept Butterstreusel zubereiten. Den ausgekühlten Kuchen mit Himbeeren belegen. Für das Gelee Himbeermarmelade mit Wasser über Dampf erwärmen. Gelatine in kaltem Wasser einweichen, ausdrücken und im Gelee auflösen. Danach die Himbeeren mit dem Gelee überziehen und Streusel darüber verteilen. Auskühlen lassen und portionieren.

BACKZEIT: 10 Minuten vorbacken, dann 20 Minuten; 5 Minuten für Butterstreusel

BACKTEMPERATUR: 190 °C zum Vorbacken, dann 170 °C; 170 °C für Butterstreusel

Zutaten für 1 Kuchenblech

Auslegeteig nach Grundrezept (s. S. 11),
1/2 Menge
Butterstreusel nach Grundrezept (s. S. 17),
doppelte Menge
800 g Himbeeren, geputzt (ersatzweise Ribiseln, Erdbeeren oder Blaubeeren)

Für die Royale (Eierstich)

18 Eidotter
120 g Staubzucker
40 g Vanillezucker
40 g Vanillepuddingpulver
Salz
600 ml Schlagobers
500 ml Milch

Für das Gelee

180 g Himbeermarmelade
200 g Wasser
3 Blatt Gelatine

Kokoskuchen

Zutaten für 2 kleinere Aluformen (18 x 7 x 5 cm) oder 1 größere Kastenform
150 g Butter
140 g Staubzucker
10 g Vanillezucker
Prise Salz
Schale von 1 Orange, gerieben
5 Eier
200 g Kokosraspel
60 g Aranzini, fein gehackt
50 g Mehl
30 g Mandeln, gehobelt
etwas Orangenmarmelade
Grand Marnier
Butter für die Form

Für die Orangenglasur
1 Eiklar
Saft von 1 Orange
400 g Staubzucker

Butter mit Staubzucker, Vanillezucker, Salz und Orangenschale schaumig rühren, Eier nach und nach zugeben. Damit die Masse nicht gerinnt, auch 2 EL Kokosraspel einrühren. Dann erst restliche Kokosraspeln und Aranzini zugeben. Mehl vorsichtig unterheben. Aluformen mit Butter ausstreichen. Masse einfüllen, mit Mandeln bestreuen und im vorgeheizten Backrohr bei 160 °C ca. 1 Stunde backen. Kuchen auskühlen lassen und stürzen. Orangenmarmelade mit etwas Grand Marnier erwärmen und den Kuchen damit bestreichen.
Für die Glasur Eiklar mit Orangensaft verrühren, danach gesiebten Staubzucker nach und nach einrühren. Kokoskuchen damit überziehen, stocken lassen und portionieren.

BACKZEIT: ca. 1 Stunde

BACKTEMPERATUR: 160 °C

TIPP: Die Staubzuckermenge für die Orangenglasur kann ganz nach gewünschter Konsistenz der Glasur variiert werden.

Ein süßes Gespenst

Kokosraspel ist in der süßen Küche, was Parmesan in der pikanten ist: nämlich eine veritable Allzweckzutat, die sich, dank eines hohen Schmelzpunktes und der Eigenart, ideal mit Schokolade, Früchten, Vanille und vielen anderen Aromaten zu harmonieren, fürs Kuchenbacken besonders gut eignet.
Der Weg von der Kokospalme in die Backstube ist freilich ein ziemlich weiter und führt über das mild-nussige Samenfleisch der so genannten Kokosnüsse, das zur Khopra getrocknet wird. Die Kokospalme hat ihren Ursprung in Südostasien, ihren Namen haben ihr jedoch vermutlich spanische Kolonisatoren gegeben. Coco bedeutet auf Spanisch nämlich so viel wie „Gespenst“. Dass es sich bei der Kokosnuss um ein solches handeln muss, nahmen die frommen Spanier wegen der drei Samenöffnungen an, die der Nuss wohl ein für damalige Verhältnisse unheimliches und geisterhaftes Aussehen verliehen. Heute vermutet man hinter der Kokosnuss keineswegs mehr ein Gespenst, sondern allenfalls einen guten Küchengeist.

RECHTS: ORANGENKUCHEN

ORANGENKUCHEN

Marzipan fein reiben, mit Wasser, Eiern und Staubzucker gut verrühren. Mehl, Maisstärke, Vanillezucker und eine Prise Salz vermischen und vorsichtig unter die Masse mischen. Flüssige Butter einrühren und gehackte Aranzini sowie abgeriebene Orangenschale einmengen. Die Masse in eine Rahmenform oder ein gebuttertes tiefes Kuchenblech füllen. Orangen filetieren, die Filets mit etwas Mehl einstauben und auf die Masse legen. Im vorgeheizten Backrohr bei 160 °C etwa 45 Minuten backen. Auskühlen lassen. Cointreau mit Orangenmarmelade verrühren und den Kuchen damit bestreichen.
Für die Creme beide Kuvertüren lauwarm schmelzen und mit der zimmerwarmen Butter vermischen, Cointreau zugeben und alles schaumig rühren. Den Kuchen mit der Creme bestreichen, ein dekoratives Muster ziehen und kühl stellen. Mit Kakaopulver bestreuen und portionieren.

BACKZEIT: ca. 45 Minuten
BACKTEMPERATUR: 160 °C

Zutaten für 1 Kuchenblech
360 g Rohmarzipan
4 EL Wasser
10 Eier
200 g Staubzucker
140 g Mehl
50 g Maisstärke (Maizena)
30 g Butter, flüssig
20 g Vanillezucker
Salz
Schale von 2 Orangen, gerieben
100 g Aranzini, gehackt
8 Orangen
etwas Mehl
8 cl Cointreau (Orangenlikör)
Orangenmarmelade
Butter für das Kuchenblech
Kakaopulver zum Bestreuen

Für die Creme
200 g Vollmilchkuvertüre
100 g Zartbitterkuvertüre
200 g Butter
70 g Cointreau

NUSSKUCHEN

Mürbteig wie im Grundrezept beschrieben zubereiten, kühl stellen und dann so dünn wie möglich ausrollen. Mit Butter ausgestrichene Form mit Mürbteig auslegen, für den Rand einen 2 cm breiten Streifen schneiden und hineinlegen. Teig mit einer Gabel „stupfen“ (mehrmals zart anstechen). Für die Fülle geriebene Walnüsse mit Staub- und Vanillezucker sowie dem ausgekratzten Vanillemark mischen. Eier, Obers, Milch und Nusslikör unter die Nüsse rühren. Masse auf den Kuchenboden gießen, gleichmäßig verteilen und im vorgeheizten Backrohr bei 190 °C etwa 25 Minuten backen. Auskühlen lassen, am besten über Nacht kühl stellen und dann erst servieren.

BACKZEIT: ca. 25 Minuten
BACKTEMPERATUR: 190 °C

Zutaten für 1 kleinere Kuchenform (oder 1 Torte Ø 24 cm)
250 g Mürbteig nach Grundrezept (s. S. 14)
250 g Walnüsse, gerieben
125 g Staubzucker
5 g Vanillezucker
Mark von 1/2 Vanilleschote
3 Eier
200 ml Schlagobers
250 ml Milch
250 ml Nusslikör
Butter für die Form

ROULADEN

Die Roulade ist in der süßen Küche, was die Galantine in der Pastetenküche ist: nämlich eine aparte Form, um Kuchenmassen nicht nur dekorativ aussehen, sondern auch saftig munden zu lassen.

Biskuitroulade

Die Biskuitmasse laut Grundrezept zubereiten. Backblech mit Backpapier auslegen, Masse aufstreichen und im vorgeheizten Backrohr bei 200 °C 15–20 Minuten backen. Herausnehmen, kurz ausdampfen lassen und auf ein leicht gezuckertes Tuch oder Backpapier stürzen. Backpapier vorsichtig abziehen. Roulade behutsam einrollen und auskühlen lassen. Roulade wieder aufrollen, mit der, nach Belieben leicht erwärmten, Marillenmarmelade bestreichen. Roulade wieder einrollen und mit Staubzucker bestreuen.

BACKZEIT: 15–20 Minuten

BACKTEMPERATUR: 200 °C

Zutaten für ca. 15 Portionen

Biskuitmasse für Rouladen, laut Grundrezept (s. S. 22)
ca. 500 g Marillenmarmelade
Kristallzucker zum Stürzen
Staubzucker zum Bestreuen

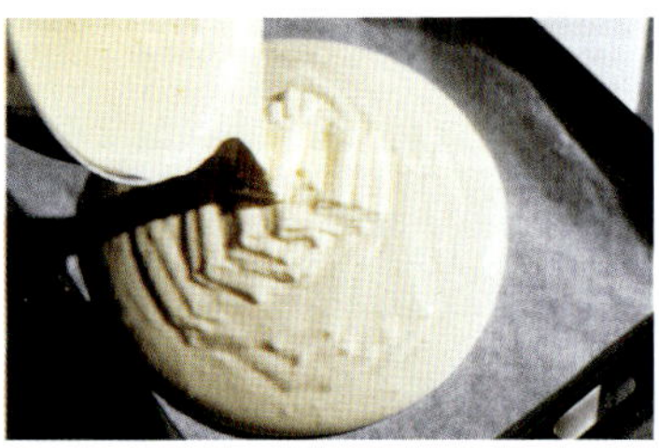

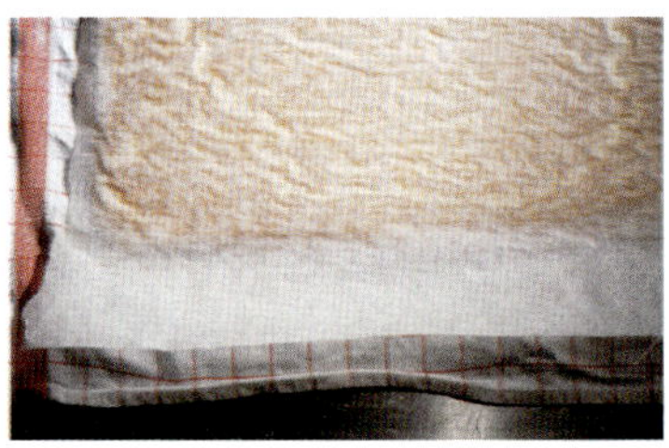

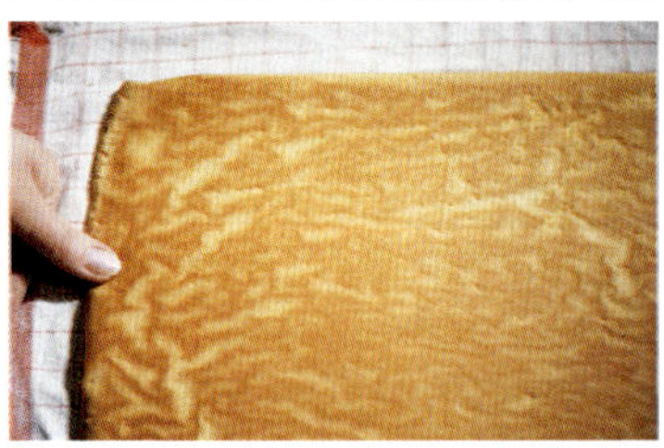

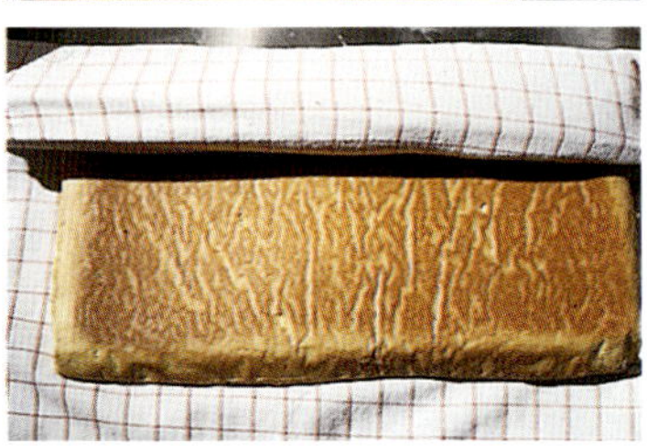

1
Die Biskuitmasse auf ein mit Backpapier ausgelegtes Backblech verteilen.

2
Nach dem Backen herausnehmen, ausdampfen lassen und auf ein leicht gezuckertes Tuch oder Backpapier stürzen.

3
Backpapier vom Teig abziehen.

4
Die etwas stärker gebackenen Ränder mit dem Daumen leicht drücken, damit sich die Roulade leichter rollen lässt.

5
Roulade mit dem Tuch oder Backpapier einrollen und auskühlen lassen.

Erdbeer-Nuss-Roulade

Zutaten für ca. 15 Portionen
Nussmasse nach Grundrezept (s. S. 29), 1/2 Menge
150 g Erdbeermark (s. S. 200)
70 g Kristallzucker
4 Blatt Gelatine
3 cl Cointreau
2 cl Orangensaft
250 ml Schlagobers, geschlagen
100 g Erdbeeren, entstielt, gewaschen
Kristallzucker zum Stürzen

Für die Garnitur
ca. 350 ml Schlagobers, geschlagen, gesüßt
Schokoladespäne
7–8 Erdbeeren mit Grün, halbiert

Nussmasse laut Grundrezept zubereiten. Backblech mit Backpapier auslegen, Masse aufstreichen und im vorgeheizten Backrohr bei 180 °C 12–15 Minuten backen. Herausnehmen und Roulade noch heiß auf ein mit Kristallzucker bestreutes Backpapier stürzen. Backpapier vorsichtig abziehen.

Für die Erdbeeroberscreme die Gelatine in kaltem Wasser einweichen, ausdrücken und in erwärmtem, mit Cointreau vermengtem Orangensaft auflösen. Erdbeermark und Kristallzucker einrühren. Geschlagenes Obers vorsichtig unterheben. Creme auf die Roulade streichen, geviertelte Erdbeeren darauf verteilen und die noch nicht eingerollte Roulade zum kurzen Abstocken kühl stellen. Sobald die Creme zu stocken beginnt, Roulade mit Hilfe des darunter liegenden Papiers einrollen, straff in das Papier wickeln und in Papier gewickelt 2-3 Stunden kühl stellen. Aus dem Papier wickeln, mit leicht gesüßtem, geschlagenem Obers bestreichen und Schokoladespäne darüber streuen. Roulade aufschneiden und jedes Stück mit einer Erdbeerhälfte garnieren.

BACKZEIT: 12–15 Minuten

BACKTEMPERATUR: 180 °C

Topfen-Obers-Roulade

Biskuitmasse laut Grundrezept zubereiten. Backblech mit Backpapier auslegen, Masse aufstreichen und im vorgeheizten Backrohr bei 200 °C 12–15 Minuten backen. Herausnehmen und Roulade noch heiß auf ein mit Kristallzucker bestreutes Backpapier stürzen. Backpapier vorsichtig abziehen. Dotter mit Staubzucker, Vanillezucker und Orangenschale schaumig schlagen. Gelatine in kaltem Wasser einweichen, gut ausdrücken und in Rum über Wasserdampf auflösen. Eiklar zu Schnee schlagen und mit Kristallzucker steif ausschlagen. Topfen mit Sauerrahm glatt rühren und die Eidottermasse sowie den Rum unterrühren. Abschließend geschlagenes Obers abwechselnd mit Eischnee unter die Topfenmasse heben. Creme auf Biskuit auftragen und Zibeben darüber streuen. Die noch nicht zusammengerollte Roulade zum kurzen Abstocken kühl stellen. Dann mit Hilfe des darunter liegenden Papiers einrollen, straff in das Backpapier wickeln und in Papier gewickelt 2–3 Stunden kühl stellen. Auswickeln, mit Staubzucker bestreuen und portionieren.

BACKZEIT: 12–15 Minuten

BACKTEMPERATUR: 200 °C

TIPP: Stehen keine eingelegten Zibeben zur Verfügung, schmeckt diese Roulade selbstverständlich auch mit beliebig anderen frischen Früchten, etwa mit Erdbeeren oder Weintrauben, ganz hervorragend.

Zutaten für ca. 15 Portionen

Biskuitmasse für Rouladen nach Grundrezept (s. S. 22), 1/2 Menge
2 Eidotter
40 g Staubzucker
10 g Vanillezucker
Schale von 1 Orange, abgerieben
2 cl Rum
3 Blatt Gelatine
200 g Topfen
100 ml Sauerrahm
2 Eiklar
50 g Kristallzucker
120 ml Schlagobers, geschlagen
100 g Zibeben, eingelegt (s. S. 189)
Kristallzucker zum Stürzen
Staubzucker zum Bestreuen

Schokolade-Pfirsich-Roulade

Zutaten für ca. 15 Portionen
Biskuitmasse für Rouladen nach Grundrezept (s. S. 22), 1/2 Menge
210 g Kuvertüre, weiß
3 Eidotter
60 ml Läuterzucker (s. S. 40)
60 ml Schlagobers, flüssig
3 Blatt Gelatine
300 ml Schlagobers, geschlagen
3 cl Pfirsichlikör
150 g Pfirsiche, eingelegt (s. S. 189)
Kristallzucker zum Stürzen
Kakaopulver zum Bestreuen

Für die Schokoladeglasur
150 g Kochschokolade
150 ml Schlagobers, flüssig

Biskuitmasse laut Grundrezept zubereiten. Backblech mit Backpapier auslegen, Masse aufstreichen und im vorgeheizten Backrohr bei 200 °C 12–15 Minuten backen. Herausnehmen und Roulade noch heiß auf ein mit Kristallzucker bestreutes Backpapier stürzen. Backpapier vorsichtig abziehen. Kuvertüre schmelzen und mit Dottern, Läuterzucker sowie flüssigem Obers verrühren. Gelatine einweichen, ausdrücken, in leicht erwärmtem Pfirsichlikör auflösen und unter die Schokolademasse rühren. Geschlagenes Obers unterheben. Schokoladecreme auf die Biskuitroulade auftragen und die nach Belieben geschnittenen eingelegten Pfirsiche darauf verteilen. Die noch nicht zusammengerollte Roulade zum kurzen Abstocken kühl stellen. Dann mit Hilfe des darunter liegenden Papiers einrollen, straff in das Backpapier wickeln und in Papier gewickelt 2–3 Stunden kühl stellen.
Für die Glasur Schlagobers aufkochen lassen, vom Herd nehmen und die gehackte Kochschokolade darin auflösen. Masse auf eine Marmorplatte leeren und mit einer Palette „tablieren“ (d. h. durch mehrmaliges Verstreichen abkühlen lassen). Glasur in eine Schüssel geben und die ausgewickelte Roulade damit überziehen. Nochmals kühl stellen. Roulade mit Kakaopulver bestreuen und portionieren.

BACKZEIT: 12–15 Minuten
BACKTEMPERATUR: 200 °C

Welches Mehl für welche Mehlspeis'?

Man nehme – selbstverständlich Mehl. Das ist das Wesen jeder Mehlspeis. Schon weit weniger selbstverständlich ist es, welche Mehlsorte man auswählt. Denn nicht nur Konditormeister, sondern auch erfahrene Hausfrauen wissen, dass ein und dasselbe Rezept, mit unterschiedlichem Mehl zubereitet, völlig andere Resultate erzielen kann. Dabei ist vor allem entscheidend, wie hoch der Ausmahlungsgrad und der Aschegehalt eines Mehles ist. Als Mehlasche bezeichnet man die unverbrennbaren Mineralstoffe des Getreidekorns, die vorwiegend in der Schale zu finden sind. Je nach Helligkeit und Mehlaschegehalt wird das Mehl nach jeder Siebung daher zu bestimmten Mehltypen zusammengemischt, was im Klartext Folgendes bedeutet:

Je höher der Ausmahlungsgrad des Mehles ist – das heißt je intensiver und vollständiger das Getreide ausgemahlen wird –, desto mehr Rand- und Schalenteile sind darin enthalten. Je höher die Mehltype, desto dunkler die Farbe und desto mineralstoffreicher das Mehl. Außerdem wird je nach Feinheit der Mahlung zwischen glatten und griffigen Mehlen, Dunst sowie Grieß unterschieden.

Für die süße Küche sind, wenn man von Vollwertbackwaren absieht (s. S. 209), vor allem helle Mehle von niedriger Type geeignet, bei denen nur der innere Teil des Korns fein gemahlen wird. Wenn Sie die Rezepte in diesem Buch (so nicht ausdrücklich anders angegeben) mit glattem, schneeweißem Weizenauszugsmehl der Type W 450 oder W 480 zubereiten, so kann eigentlich nichts schief gehen. Eignen sich doch gerade diese beiden Mehlarten ganz besonders dafür, viel Flüssigkeit, Ei und Fett aufzunehmen, wodurch sie sich dann zu gleichmäßigen, leicht formbaren Teigen verarbeiten lassen. Auch die etwas nährstoffreichere Type W 700 ist als Backmehl geeignet, wenn die Masse nicht besonders fein werden muss.

Gleichgültig welche Mehltype Sie verwenden, gilt gerade in der süßen Küche die Regel: Sieben Sie das Mehl unbedingt vor der Weiterverarbeitung. Nur so wird es aufgelockert und homogenisiert sich problemlos mit den übrigen Zutaten.

Und noch ein Tipp: Mehl hält sich länger frisch, wenn es luftdicht, trocken und vor allem aromageschützt aufbewahrt wird. Sobald sich jedoch nach längerer Lagerung Mehlfette abzusetzen beginnen, wird das Mehl unansehnlich sowie ranzig und kann nicht mehr verwendet werden. Das können Sie ganz leicht verhindern, indem Sie dafür sorgen, dass das nicht Mehl alt wird – und möglichst viel backen.

SCHNITTEN

Die kleine Schwester der Torte hat viele Vorzüge: Sie lässt sich leichter portionieren, im Kühlschrank leichter stapeln und, wenn Kalorien gespart werden sollen, einfacher in kleine Stücke teilen. Vor allem aber sind Schnitten eines: verführerisch süß.

ESTERHÁZYSCHNITTEN

Zutaten für ca. 20 Portionen (2 Bahnen mit 7 x 45 cm)

Esterházymasse nach Grundrezept (s. S. 32), 1/2 Menge
400 ml Milch
200 g Kristallzucker
4 Blatt Gelatine
8 Eidotter
20 g Vanillezucker
Prise Salz
220 g Butter
100 g Nougat
Staubzucker zum Stürzen

Zum Glasieren

70 g Marillenmarmelade
ca. 150 g Fondant (s. S. 44)
Zartbitterkuvertüre

Esterházymasse laut Rezept zubereiten. Insgesamt 3 Backbleche mit Backpapier auslegen, Masse aufstreichen und im vorgeheizten Backrohr bei 200 °C etwa 8–10 Minuten backen. Noch heiß auf eine mit Staubzucker bestreute Arbeitsfläche stürzen und das Papier sofort abziehen. In 7 cm breite Streifen schneiden.

Für die Creme Milch, Kristallzucker, Vanillezucker, Salz und Eidotter in einem Schneekessel verrühren. Über Wasserdampf weiterrühren, bis ca. 70 °C erreicht sind und die Eidotter die Masse leicht gebunden haben. Eingeweichte Gelatine ausdrücken, in der Masse auflösen, vom Herd nehmen und mit einem Stabmixer 5 Minuten mixen. Danach kühl stellen. Butter schaumig rühren, erwärmtes Nougat zugeben und die ausgekühlte Creme einrühren. Teigblätter jeweils mit Creme bestreichen, aufeinander setzen und auch an der Seite mit Creme bestreichen (jede Bahn sollte etwa aus sieben Teigblättern bestehen). Auf das oberste Blatt Marillenmarmelade dünn auftragen und für 30 Minuten kühl stellen.

Dann etwas Zartbitterkuvertüre schmelzen. Esterházyschnitten dünn mit Fondant überziehen. Aus einem Stück Pergamentpapier ein Stanitzel drehen und die Kuvertüre damit in dünnen Linien darüber spritzen. Sofort mit einem Spießchen das typische Esterházymuster ziehen. Schnitten kühl stellen, bis die Glasur getrocknet ist. Zum Portionieren am besten ein Sägemesser in heißes Wasser tauchen und Schnitten aufschneiden.

BACKZEIT: 8–10 Minuten

BACKTEMPERATUR: 200 °C

TIPP: Esterházyschnitten eignen sich nicht zur längeren Aufbewahrung und auch nicht zum Einfrieren. Sie sollten spätestens am Tag nach der Zubereitung gegessen werden.

Ein Mann für jede Mahlzeit

Die Esterházys haben nicht nur durch Tapferkeit und kulturellen Weitblick, sondern auch in der Kulinarhistorie Geschichte geschrieben. Zahlreiche Gerichte wie Esterházy-Gulasch, Esterházy-Rostbraten, Esterházy-Rindsschnitzel, Esterházytorte und Esterházyschnitte sind nach dem uralten ungarischen Magnatengeschlecht benannt. Die Wertschätzung der Köche und Patissiers galt jedoch vor allem einem Vertreter dieses Geschlechts: Es handelte sich um Eszterházy Miklos (Nikolaus) IV., Fürst von Galántha, Graf zu Forchtenstein (1765–1833), der als österreichischer Feldmarschall, Politiker sowie Begründer einer großen Gemälde- und Kupferstichsammlung wirkte und dadurch in die Geschichte einging, dass er die ihm von Napoleon angebotene Ungarnkrone ablehnte. *(s. Rezept S. 95)*

Kardinalschnitten

Zutaten für ca. 15 Portionen

Für die Masse I
12 Eiklar
270 g Kristallzucker

Für die Masse II (Biskuitmasse)
3 Eier
5 Eidotter
80 g Kristallzucker
20 g Vanillezucker
80 g Mehl
Staubzucker zum Bestreuen

Für die Füllvariante I
500 ml Schlagobers
20 g Vanillezucker
200 g Ribiselmarmelade

Für die Füllvariante II
600 ml Schlagobers
20 g Staubzucker
Löskaffeepulver

Für die Masse I Kristallzucker mit Eiklar vermengen und zu Schnee schlagen. Für die Masse II (Biskuitmasse) Eier, Dotter, Kristallzucker und Vanillezucker schaumig schlagen. Mehl behutsam unterziehen. Auf 3 Blättern Backpapier (je ca. 20 cm breit) mit einem Dressiersack mit großer Lochtülle (runde Öffnung) je 3 Streifen Schnee mit Zwischenräumen aufspritzen (dressieren). Dazwischen jeweils 2 Bahnen Biskuitmasse auftragen, ohne die Masse zu verstreichen. Mit Staubzucker bestreuen und im vorgeheizten Backrohr bei 160 °C 35 Minuten backen. Auskühlen lassen und das Papier vorsichtig abziehen.

Für die gewünschte Füllmasse jeweils Schlagobers schlagen. Für die Variante I Obers mit Vanillezucker aromatisieren, Ribiselmarmelade auf die erste Bahn aufstreichen und Vanilleobers darüber auftragen. Zweite Bahn aufsetzen, abermals mit Marmelade und Obers füllen und dritte Bahn obenauf setzen. Für die Variante II geschlagenes Obers mit Staubzucker sowie Löskaffeepulver aromatisieren und wie bei Variante I füllen. Vor dem Portionieren nochmals mit Staubzucker bestreuen.

BACKZEIT: ca. 35 Minuten
BACKTEMPERATUR: 160 °C

Cremeschnitten

Zutaten für 1 Kuchenblech
800 g Blätterteig nach Grundrezept (s. S. 11)
Marillenmarmelade und Rum zum Bestreichen
Fondant oder Eiweißglasur (s. S. 44)

Für die Vanillecreme
1 l Milch
300 g Kristallzucker
40 g Vanillezucker
80 g Vanillepuddingpulver
10 cl Rum
14 Blatt Gelatine
1,5 l Schlagobers, geschlagen

Den nach Anleitung zubereiteten Blätterteig etwa 3 mm dünn ausrollen und zu 2 Böden (je ca. 30 x 45 cm) schneiden. Blätterteig auf ein Backblech legen, mit einer Gabel „stupfen“ (mehrmals zart anstechen) und im vorgeheizten Backrohr bei knapp 200 °C etwa 10 Minuten backen. Marillenmarmelade mit etwas Rum leicht erwärmen und Blätterteigböden damit bestreichen.
Für die Vanillecreme die Hälfte der Milch mit Kristall- und Vanillezucker aufkochen. Die andere Hälfte der Milch mit Vanillepuddingpulver glatt rühren und in die kochende Milch einrühren. Aufkochen lassen und wieder vom Herd nehmen. Gelatine in kaltem Wasser einweichen, gut ausdrücken und in der noch heißen Vanillemasse auflösen. Rum einrühren und die Masse kühl stellen, aber nicht völlig stocken lassen. Geschlagenes Obers unter die abgekühlte Vanillecreme mengen. Blätterteigboden in eine Kastenform oder Rahmenform legen, Vanillecreme auftragen und kühl stellen. Das Deckblatt gesondert mit Fondant oder Eiweißglasur überziehen, abtrocknen lassen und erst vor dem Portionieren auflegen.

BACKZEIT: ca. 10 Minuten

BACKTEMPERATUR: 200 °C

Himbeer-Joghurt-Schnitten

Die Biskuitmasse laut Anleitung zubereiten und in Kuchengröße backen. Himbeermarmelade erwärmen, mit Himbeergeist verrühren und den Biskuitboden damit bestreichen. Eine Rahmenform (30 x 45 cm) um den Biskuitboden stellen (oder Biskuit in eine tiefe Kuchenform legen).

Für die Himbeermousse das Himbeermark mit Staubzucker verrühren. Gelatine in kaltem Wasser einweichen. Himbeergeist erwärmen und die ausgedrückte Gelatine darin auflösen. Danach unter das Himbeermark rühren. Geschlagenes Obers vorsichtig unterheben. Himbeermousse auf den Biskuitboden auftragen, glatt streichen und für 1/2 Stunde kühl stellen.

Für die Joghurtmousse Joghurt, Staubzucker und Zitronenschale verrühren. Gelatine in kaltem Wasser einweichen. Orangensaft erwärmen, die ausgedrückte Gelatine darin auflösen und unter das Joghurt rühren. Geschlagenes Obers unterheben. Joghurtmousse auf die Himbeermousse auftragen, glatt streichen und wiederum für 1/2 Stunde kühl stellen. Himbeeren waschen und über die bereits gestockte Joghurtmousse streuen.

Für das Gelee Wasser mit Kristallzucker aufkochen. Vom Herd nehmen und Zitronensaft einrühren. Gelatine in kaltem Wasser einweichen, ausdrücken und in der noch warmen Flüssigkeit auflösen. Abkühlen, aber nicht stocken lassen. Über die Himbeeren gießen und ca. 4 Stunden kühl stellen. Aus der Form schneiden, portionieren und vor dem Servieren mit gehackten Pistazienkernen bestreuen.

Zutaten für 1 Kuchen- oder Rahmenform

Kakaobiskuitmasse nach Grundrezept (s. S. 24)
150 g Himbeermarmelade
4 cl Himbeergeist
600 g Himbeeren
100 g Pistazienkerne, gehackt

Für die Himbeermousse

750 g Himbeermark (s. S. 201)
120 g Staubzucker
8 Blatt Gelatine
6 cl Himbeergeist
375 ml Schlagobers, geschlagen

Für die Joghurtmousse

1 l Joghurt
250 g Staubzucker
12 Blatt Gelatine
150 ml Orangensaft
Schale von 1 Zitrone, gerieben
875 ml Schlagobers, geschlagen

Für das Gelee

250 ml Wasser
100 g Kristallzucker
2 cl Zitronensaft
3 Blatt Gelatine

Ribiselschaumschnitten

Zutaten für 1 Kuchen- oder Rahmenform
Biskuitmasse für Schnitten nach Grundrezept (s. S. 23)
Ribiselmarmelade zum Bestreichen
ca. 1 kg Ribiseln, gerebelt
Schaummasse nach Grundrezept (s. S. 35)

Für die Eierlikörcreme
500 g Mascarino
250 ml Eierlikör
100 g Staubzucker
100 ml Orangensaft
6 Blatt Gelatine
375 ml Schlagobers, geschlagen

Die Biskuitmasse laut Anleitung zubereiten und backen. Ribiselmarmelade leicht erwärmen und den Biskuitboden damit bestreichen. Eine Rahmenform (30 x 45 cm) um den Biskuitboden stellen (oder Biskuit in eine tiefe Kuchenform legen).

Für die Creme Mascarino mit Staubzucker und Eierlikör glatt rühren. Gelatine in kaltem Wasser einweichen. Orangensaft erwärmen, die ausgedrückte Gelatine darin auflösen und unter die Eierlikörcreme rühren. Geschlagenes Obers vorsichtig unterheben. Eierlikörcreme mit den gewaschenen, gerebelten Ribiseln vermengen und in die Form füllen, glatt streichen und für ca. 2 Stunden kühl stellen.

Die Schaummasse laut Grundrezept zubereiten und auf die Ribiselschnitten auftragen. Oben ein dekoratives Muster ziehen und mit einem im Fachhandel erhältlichen „Crème-Brûlée-Brenner" flämmen oder bei maximaler Oberhitze kurz bräunen. Kühl stellen. Aus der Form schneiden und portionieren.

BACKZEIT: einige Minuten zum Bräunen

BACKTEMPERATUR: zum Bräunen maximale Oberhitze

Marillen-Topfen-Schnitten

Biskuitmasse laut Grundrezept zubereiten und zwei Biskuitböden backen. Einen Biskuitboden mit leicht erwärmter Marillenmarmelade bestreichen. Um diesen Biskuitboden eine Rahmenform mit 6 cm Höhe stellen (oder Biskuit in eine tiefe Kuchenform legen). Topfen, Mascarino bzw. Sauerrahm, Staubzucker, Rum, Zitronenschale, Vanillezucker und Rosinen in einem Schneekessel verrühren. Orangensaft erwärmen. Gelatine in kaltem Wasser einweichen, gut ausdrücken, im Orangensaft auflösen und unter die Topfenmasse rühren. Marillenmarmelade ebenfalls einrühren. Abschließend das geschlagene Obers sowie die Marillen unter die Topfenmasse mengen und in die Rahmenform füllen. Den zweiten Biskuitboden darauf legen und ca. 4 Stunden kühl stellen. Mit einem in heißes Wasser getauchten Sägemesser portionieren und mit Staubzucker bestreuen.

Zutaten für 1 Kuchen- oder Rahmenform

Biskuitmasse für Schnitten nach Grundrezept (s. S. 23), doppelte Menge
Marillenmarmelade zum Bestreichen
900 g Topfen
500 g Mascarino oder Sauerrahm
120 g Staubzucker
4 cl Rum
Zitronenschale, gerieben
20 g Vanillezucker
Rosinen nach Belieben
300 ml Orangensaft
4 EL Marillenmarmelade
12 Blatt Gelatine
1 l Schlagobers, geschlagen
ca. 2 kg Marillen, eingelegt (s. S. 188 oder aus der Dose)
Staubzucker zum Bestreuen

Bananenschnitten

Zutaten für 1 Kasten- oder Rahmenform
Biskuitmasse für Schnitten nach Grundrezept (s. S. 23)
Marillenmarmelade zum Bestreichen
12 Bananen für die Einlage, geschält
Saft von 2–3 Zitronen
60 g Marillenmarmelade zum Wenden
300 g Ganacheglasur (s. S. 43)

Für die Bananencreme
1 l Milch
200 g Kristallzucker
30 g Vanillezucker
100 g Vanillepuddingpulver
6 cl Bananenlikör
18 Blatt Gelatine
5 Bananen, geschält
Saft von 1 Zitrone
1 l Schlagobers, geschlagen

Biskuitboden laut Grundrezept zubereiten, leicht abkühlen lassen und mit erwärmter Marillenmarmelade bestreichen. Boden in eine passende Rahmenform (30 x 45 cm) legen.
Die Hälfte der Milch mit Kristall- und Vanillezucker aufkochen. Restliche Milch mit Vanillepuddingpulver verrühren, in die kochende Milch einrühren, aufkochen lassen und vom Herd nehmen. Gelatine in kaltem Wasser einweichen, gut ausdrücken und in der noch heißen Vanillemasse auflösen. Bananen in Stücke schneiden und gemeinsam mit dem Zitronensaft und dem Bananenlikör mit einem Stabmixer in die Vanillecreme einmixen. Sollte die Masse noch etwas heiß sein, vorher kurz kühl stellen. Geschlagenes Obers unter die abgekühlte Vanillecreme heben. Bananen in einer Schüssel mit Zitronensaft marinieren. Wieder herausnehmen und in der leicht erwärmten Marillenmarmelade wenden. Bananen auf den Biskuitboden legen, dazwischen mit Creme bestreichen und etwa 30 Minuten kühl stellen. Anschließend die nach dem Grundrezept zubereitete Glasur darauf verteilen und abermals für etwa 6 Stunden kalt stellen.

SCHOKOLADE-VANILLE-SCHNITTEN

Zutaten für 1 Kuchen- oder Rahmenform
Kakaobiskuitmasse nach Grundrezept (s. S. 24)
Brandteigmasse nach Grundrezept (s. S. 20), doppelte Menge
Staubzucker zum Bestreuen
Kakaopulver zum Bestreuen
Schokoladespäne oder Schokoladeröllchen als Dekor

Für die Vanillecreme
1 kg Konditorcreme nach Grundrezept (s. S. 247)
8 Blatt Gelatine
Cointreau
300 ml Schlagobers, geschlagen

Für die Kuvertüremousse
600 g Vollmilchkuvertüre
3 Eier
180 ml Läuterzucker (s. S. 40)
180 ml Schlagobers, flüssig
9 Blatt Gelatine
900 ml Schlagobers, geschlagen
9 cl Rum

Kakaobiskuitmasse laut Grundrezept zubereiten. In Kuchengröße (30 x 45 cm) auf ein mit Backpapier belegtes Backblech streichen und im vorgeheizten Backrohr bei 180 °C 15–20 Minuten backen. Herausnehmen, auf ein mit Staubzucker besiebtes Backblech oder Tuch stürzen und das Papier vorsichtig abziehen.
Brandteigmasse laut Grundrezept zubereiten. Auf ein mit Backpapier belegtes Backblech mit einem Dressiersack mit runder Tülle (runder Öffnung) aus der Masse Bahnen mit ca. 2 cm Stärke aufspritzen. Im vorgeheizten Backrohr bei abfallender Temperatur von 220 °C auf 180 °C 15–20 Minuten backen. Herausnehmen und auskühlen lassen.
Für die Vanillecreme die Konditorcreme erwärmen. Gelatine in kaltem Wasser einweichen, ausdrücken und in der Konditorcreme auflösen. Mit einem Schuss Cointreau aromatisieren, kalt schlagen und dann das geschlagene Obers unterheben. Die Brandteigbahnen mit der Vanillecreme füllen. Dazu die Brandteigstreifen an der Längsseite aufschneiden, auseinanderklappen und mit Vanillecreme füllen. Wieder zusammenklappen und kühl stellen. Für die Kuvertüremousse Kuvertüre schmelzen. Eier schaumig schlagen, Kuvertüre, Läuterzucker und flüssiges Obers einrühren. Gelatine in kaltem Wasser einweichen, ausdrücken und in leicht erwärmtem Rum auflösen. Danach unter die Schokolademasse rühren und geschlagenes Obers unterheben. Biskuitboden in eine Rahmen- oder tiefe Kuchenform stellen. Mit etwas Kuvertüremousse bestreichen. Die gefüllten Brandteigstreifen hineinsetzen, restliche Mousse auftragen, glatt streichen und kühl stellen. Vor dem Aufschneiden mit gesiebtem Kakaopulver bestreuen und mit Schokoladespänen oder -röllchen garnieren.

BACKZEIT: Biskuit: 15–20 Minuten; Brandteig: 15–20 Minuten
BACKTEMPERATUR: Biskuit: 180 °C; Brandteig: von 220 °C auf 180 °C fallend

Tiramisu-Schnitten

Auf ein Backblech eine Rahmenform (22 x 30 cm) stellen (oder eine Kastenform verwenden) und mit Biskotten auslegen. Starken Kaffee mit einem kräftigen Schuss Rum aromatisieren und die Biskotten damit tränken.
Für die Creme Eidotter, Staubzucker, Vanillezucker und Mascarpone cremig schlagen. Gelatine einweichen, ausdrücken und in erwärmtem Rum auflösen. Rum und Zitronensaft unter die Mascarponecreme rühren. Eiklar zu schlagen beginnen und mit Kristallzucker steif ausschlagen. Schnee gemeinsam mit geschlagenem Obers unterheben.
Einen Teil der Creme auf die Biskotten auftragen. Eine Schicht Biskotten dicht darauf legen und abermals tränken. Creme darauf verteilen und wiederum Biskotten darauf legen und tränken. Den Abschluss bildet Creme. Für mehrere Stunden kühl stellen. Portionieren und vor dem Servieren mit Kakaopulver bestreuen.
TIPP: Je nach gewünschter Konsistenz der fertigen Tiramisu-Schnitten können mehr oder weniger Biskotten verwendet werden.

Zutaten für 1 Kuchen- oder Rahmenform
ca. 500 g Biskotten, selbst gemacht (s. S. 37) oder fertig gekauft
Rum und starker Kaffee zum Tränken
Kakaopulver zum Bestreuen

Für die Creme
5 Eidotter
50 g Staubzucker
250 g Mascarpone
2 Blatt Gelatine
10 g Vanillezucker
1 cl Rum
1 cl Zitronensaft
3 Eiklar
50 g Kristallzucker
100 ml Schlagobers, geschlagen

Die süße Schwester des Carpaccios

Das schon im Mittelalter als „Zuckerstadt" gefeierte Venedig ist nicht nur die Mutterstadt des nach dem hl. Markus benannten Marzipans, sondern auch jene einer uralten Spezialität namens „tira mi su", die noch in den 80er Jahren außerhalb der Lagunenstadt kaum bekannt war. Heute gilt das Tiramisu als süße Schwester des ebenfalls in Venedig erfundenen Carpaccios, und fast jede Hausfrau und nahezu jeder Hobbykoch weiß ein ganz spezielles „Geheimrezept". Die hier beschriebene Tiramisuschnitte ist eine ganz besonders zauberhafte Ableitung davon.
Was die seltsamen drei Worte, die wie ein Zauberspruch klingen, tatsächlich bedeuten, ist nach wie vor weitgehend unbekannt geblieben. Es heißt schlicht und einfach „Zieh mich hinauf!", was sich wohl auf die Funktion des kräftigen Desserts in der Menüabfolge bezieht, die dazu führen soll, dass man nach einem langen Essen durch den starken Kaffee, in dem die Biskotten getränkt werden, die Lebensgeister wieder weckt.

Sherry-Mocca-Schnitten

Biskuitmasse laut Grundrezept zubereiten und zwei Biskuitböden backen. Für die Sherrymousse Eidotter mit Zucker und Sherry im heißen Wasserbad schaumig aufschlagen. Gelatine in kaltem Wasser einweichen, gut ausdrücken und in der warmen Sherrymasse auflösen. Mascarino löffelweise unter die abgekühlte Masse rühren, steif geschlagenes Obers unterziehen. Kuvertüre im heißen Wasserbad schmelzen und einen Biskuitboden damit bestreichen. Erstarren lassen, dann mit der Schokoladeseite nach unten in eine Rahmen- oder tiefe Kastenform legen. Kaffee und Sherry vermischen und mit der Hälfte davon den Biskuitboden tränken. Die Hälfte der Sherrymousse darauf streichen und mit dem zweiten Boden bedecken. Mit der restlichen Kaffee-Sherry-Mischung tränken und restliche Creme gleichmäßig auftragen. Über Nacht kühl stellen. Vor dem Servieren mit gesiebtem Kakaopulver bestreuen.

Zutaten für 1 Kuchen- oder Rahmenform

Biskuitmasse für Schnitten nach Grundrezept (s. S. 23), doppelte Menge
100 g Kuvertüre, dunkel
600 ml Kaffee, sehr stark
160 ml Sherry
Kakaopulver zum Bestreuen

Für die Sherrymousse

12 Eidotter
170 g Zucker
200 ml Sherry Oloroso (dunkler, würziger Sherry)
800 g Mascarino
7 Blatt Gelatine
1 l Schlagobers, geschlagen

Linzer Schnitten (gerührt)

Zutaten für 1 Kuchenblech
250 g Butter
250 g Staubzucker
Prise Salz
10 g Vanillezucker
Schale von 1 Zitrone, gerieben
5 Eier
1 Eidotter
250 g Haselnüsse, gerieben
360 g Biskuitbrösel
125 g Mehl
4 cl Rum
2 g Nelkenpulver
5 g Zimt
Oblaten zum Belegen
200 g Ribiselmarmelade
Mandelsplitter zum Bestreuen

Butter, Staubzucker, Salz, Vanillezucker und Zitronenschale schaumig rühren. Eier sowie Eidotter nach und nach einrühren. Haselnüsse, Biskuitbrösel und Mehl vermischen und unter die Masse rühren. Mit Rum, Nelkenpulver und Zimt aromatisieren. Eine Rahmenform (30 x 45 cm) auf ein Backblech stellen oder ein tiefes Kuchenblech verwenden. Etwa 2/3 der Masse einfüllen. Dann eine Schicht Oblaten einlegen und die Marmelade darauf streichen. Restliche Linzer Masse in einen Dressiersack füllen und mit der Sterntülle ein Gitter darüber spritzen. Mit Mandelsplittern bestreuen und im vorgeheizten Backrohr bei 160 °C etwa 1 Stunde backen. Auskühlen lassen und portionieren.

BACKZEIT: ca. 1 Stunde

BACKTEMPERATUR: 160 °C

TIPP: Nach dem gleichen Rezept kann selbstverständlich auch die Linzer Torte zubereitet werden.

Damit der Linzer Teig auch wirklich gelingt ...

... helfen einige uralte Hausfrauentricks wie zum Beispiel:

- *Verwenden Sie Butter nicht kühlschrankkalt, aber auch nicht zimmerwarm und entsprechend aufgeweicht. Am besten etwa eine halbe Stunde vor der Verwendung aus dem Kühlschrank nehmen.*
- *Verarbeiten Sie die Zutaten rasch und gleichmäßig, damit der Teig eine gute Bindung erhält, aber dabei nicht bröselig wird oder wie man im Fachjargon sagt „verbrennt“.*
- *Sollte der Teig dennoch einmal zu bröselig geworden sein, helfen einige Tropfen Milch, um ihn wieder geschmeidig zu machen.*
- *Stellen Sie den Teig nach dem erwärmenden Kneten wieder an einen kälteren Ort, damit er an Festigkeit gewinnen kann.*
- *Stechen Sie vor dem Backen mit einer Gabel einige Löcher in den Teig. Dann entwickelt er sich im Rohr besser.*
- *Achten Sie darauf, dass die Hitze im Backrohr nicht über 160 °C eingestellt ist.*

STRUDEL

Wallen und Brausen – das sollte ein Strudel, wenn man ihn wörtlich nimmt und auf seine althochdeutsche Wurzel „stredan" zurückführt. Noch wichtiger ist jedoch, dass diese im 16. Jahrhundert aus der Türkei über Ungarn nach Wien gelangte Mehlspeis richtig zubereitet, pardon: ausgezogen wird.

Apfelstrudel

Zutaten für 10 Portionen

Strudelteig nach Grundrezept (s. S. 16) oder Fertigteig
1,5 kg Äpfel
60 g Butter
100 g Semmelbrösel
120 g Zucker
60 g Rosinen
Zimt, gemahlen
20 g Vanillezucker
Schale von 1 Zitrone, gerieben
10 cl Rum
100 g Butter, flüssig, zum Beträufeln
Mehl zum Bestauben
Staubzucker zum Bestreuen

Strudelteig laut Grundrezept zubereiten. Für die Fülle Butter in einer Pfanne zerlaufen lassen und Semmelbrösel darin hellbraun rösten. Äpfel schälen, vierteln, Kerngehäuse entfernen und Äpfel in dünne Scheiben schneiden. Mit Rosinen, Semmelbröselmasse, Zucker, Vanillezucker, Zimt, Zitronenschale und Rum vermischen. Den Arbeitstisch mit einem Tuch auslegen und gleichmäßig mit Mehl bestauben. Teig ebenfalls leicht bemehlen und auf das Tuch legen. Mit dem Nudelholz so dünn wie möglich ausrollen. Dann mit beiden Handrücken unter den Teig fahren und diesen langsam in alle Richtungen so dünn ausziehen, dass man durch den Teig eine Zeitung lesen könnte. Dabei äußerst vorsichtig vorgehen, damit der Teig nicht reißt. Ausgezogenen Teig mit drei Viertel der flüssigen Butter beträufeln, Fülle in einem Strang darauf verteilen, den Teig mit dem Tuch über die Fülle heben und dann einmal herum einschlagen, danach abschneiden. Strudel mit der Teignaht nach unten auf ein befettetes Backblech setzen und mit restlicher Butter bestreichen. Bei 180 °C im vorgeheizten Backrohr etwa 40 Minuten backen. Noch lauwarm auf Tellern anrichten und mit Staubzucker bestreut servieren.

BACKZEIT: 40 Minuten

BACKTEMPERATUR: 180 °C

TIPP: Wie für alle süßen Strudelspezialitäten gilt auch für diesen, dass die beste Zeit, einen Strudel zu essen, dann ist, wenn er gerade frisch gebacken wurde und noch fast warm ist. Auf keinen Fall sollte man Strudel jedoch kühlschrankkalt servieren.

Birnenstrudel

Strudelteig laut Grundrezept zubereiten. Birnen schälen, vierteln und Kerngehäuse entfernen. Birnen in dünne Scheiben schneiden, mit Rosinen, Mandeln, Biskuitwürfeln, Zucker, Vanillezucker, Zitronensaft und Williamsbirnenbrand vermischen. Den Arbeitstisch mit einem Tuch auslegen und gleichmäßig mit Mehl bestauben, Teig ebenfalls leicht bemehlen und auf das Tuch legen. Mit dem Nudelholz so dünn wie möglich ausrollen. Dann mit beiden Handrücken unter den Teig fahren und langsam in alle Richtungen so dünn ausziehen, dass man durch den Teig eine Zeitung lesen könnte. Dabei äußerst vorsichtig vorgehen, damit der Teig nicht reißt. Den ausgezogenen Teig mit drei Viertel der flüssigen Butter beträufeln, Füllung in einem Strang darauf verteilen, den Teig mit dem Tuch über die Fülle heben und dann einmal herum einschlagen, danach abschneiden. Strudel mit der Teignaht nach unten auf ein befettetes Blech setzen und mit flüssiger Butter bestreichen. Im vorgeheizten Backrohr bei 180 °C etwa 40 Minuten backen. Noch lauwarm auf Tellern anrichten und mit Staubzucker bestreut servieren.

BACKZEIT: 40 Minuten

BACKTEMPERATUR: 180 °C

TIPP: Mit Schokoladesauce und Vanilleeis aufgetragen, setzt dieser Birnenstrudel einen delikaten süßen Schlusspunkt am Ende eines feinen Menüs.

Zutaten für 10 Portionen

Strudelteig nach Grundrezept (s. S. 16) oder Fertigteig
1,3 kg Birnen, vollreif
100 g Rosinen
100 g Mandeln, gehobelt und geröstet
120 g Zucker
150 g Biskuitwürfel (ersatzweise Zuckerbrösel)
20 g Vanillezucker
1 cl Zitronensaft
10 cl Williamsbirnenbrand
100 g Butter, flüssig, zum Beträufeln
Mehl zum Bestauben
Staubzucker zum Bestreuen

Marillenstrudel

Zutaten für 10 Portionen
Strudelteig nach Grundrezept (s. S. 16) oder Fertigteig
1,5 kg Marillen
300 g Biskuitwürfel, ersatzweise Zuckerbrösel
60 g Pistazienkerne, gehackt
100 g Mandelsplitter
100 g Semmelbrösel
120 g Staubzucker
10 cl Marillenbrand
100 g Butter, flüssig, zum Beträufeln
Staubzucker zum Bestreuen
Mehl für die Arbeitsfläche

Strudelteig laut Grundrezept zubereiten. Marillen blanchieren (kurz in siedendes Wasser tauchen), in Eiswasser abschrecken und die Haut abziehen. Entkernte Marillen in Spalten schneiden und mit Mandelsplittern, gehackten Pistazienkernen, Biskuitwürfeln, Staubzucker sowie Semmelbröseln vermischen. Mit Marillenbrand aromatisieren. Den Arbeitstisch mit einem Tuch auslegen und gleichmäßig mit Mehl bestauben, Teig ebenfalls leicht bemehlen und auf das Tuch legen. Mit dem Nudelholz so dünn wie möglich ausrollen. Dann mit beiden Handrücken unter den Teig fahren und langsam in alle Richtungen so dünn ausziehen, dass man durch den Teig eine Zeitung lesen könnte. Dabei äußerst vorsichtig vorgehen, damit der Teig nicht reißt. Den ausgezogenen Teig mit drei Viertel der flüssigen Butter beträufeln, vorbereitete Marillenfülle in einem Strang darauf verteilen, den Teig mit dem Tuch über die Fülle heben und dann einmal herum einschlagen, danach abschneiden. Strudel mit der Teignaht nach unten auf ein befettetes Blech setzen und mit flüssiger Butter bestreichen. Im vorgeheizten Backrohr bei 180 °C etwa 35 Minuten backen. Noch lauwarm auf Tellern anrichten und mit Staubzucker bestreut servieren.

BACKZEIT: 35 Minuten

BACKTEMPERATUR: 180 °C

TIPP: Möchte man den Strudel als Dessert servieren, so wären Muskatellersabayon (s. S 156) und Vanilleeis (s. S. 350) eine ideale geschmackliche Ergänzung.

Topfenstrudel

Strudelteig laut Grundrezept zubereiten. Butter mit Staubzucker weiß und schaumig schlagen. Passierten Topfen, Sauerrahm sowie Eidotter einrühren. Maisstärke, Vanillezucker, Zitronenschale und Rosinen unterheben. Eiklar leicht zu schlagen beginnen und mit Kristallzucker zu Schnee ausschlagen. Schnee vorsichtig unterheben. Den Arbeitstisch mit einem Tuch auslegen und gleichmäßig mit Mehl bestauben, Teig ebenfalls leicht bemehlen und auf das Tuch legen. Mit dem Nudelholz so dünn wie möglich ausrollen. Dann mit beiden Handrücken unter den Teig fahren und langsam in alle Richtungen so dünn ausziehen, dass man durch den Teig eine Zeitung lesen könnte. Dabei äußerst vorsichtig vorgehen, damit der Teig nicht reißt. Den ausgezogenen Teig mit drei Viertel der flüssigen Butter beträufeln, vorbereitete Topfenfülle in einem Strang darauf verteilen, den Teig mit dem Tuch über die Fülle heben und dann einmal herum einschlagen, danach abschneiden. Strudel mit der Teignaht nach unten auf ein befettetes Blech setzen und mit flüssiger Butter bestreichen. Im vorgeheizten Backrohr bei 180 °C etwa 40–45 Minuten backen. Noch lauwarm auf Tellern anrichten und mit Staubzucker bestreut servieren.

BACKZEIT: 40–45 Minuten
BACKTEMPERATUR: 180 °C

Zutaten für 10 Portionen
Strudelteig nach Grundrezept (s. S. 16) oder Fertigteig
100 g Butter
150 g Staubzucker
600 g Topfen
300 ml Sauerrahm
8 Eidotter
80 g Maisstärke (Maizena)
30 g Vanillezucker
Schale von 1 Zitrone, gerieben
50 g Rosinen
8 Eiklar
200 g Kristallzucker
100 g Butter, flüssig, zum Beträufeln
Staubzucker zum Bestreuen
Mehl für die Arbeitsfläche

Milchrahmstrudel

Zutaten für 15 Portionen
Strudelteig nach Grundrezept (s. S. 16) oder Fertigteig
200 g Butter
100 g Staubzucker
9 Semmeln
300 ml Milch
9 Eidotter
30 g Vanillezucker
Schale von 1 Zitrone, gerieben
50 g Maisstärke (Maizena)
375 ml Sauerrahm
9 Eiklar
100 g Kristallzucker
100 g Butter, flüssig, zum Beträufeln
Mehl zum Bestauben
Staubzucker zum Bestreuen

Für die Eiermilch (Royale)
1 l Milch
20 g Kristallzucker
2 Eier

Strudelteig laut Grundrezept zubereiten. Semmeln entrinden, in kleine Würfel schneiden und mit Milch befeuchten. Butter mit Staubzucker weiß und schaumig schlagen. Semmelmasse, Dotter, Maisstärke, Vanillezucker, Sauerrahm und abgeriebene Zitronenschale unterheben. Eiklar leicht zu schlagen beginnen und mit Kristallzucker zu Schnee ausschlagen. Schnee vorsichtig unterheben. Den Arbeitstisch mit einem Tuch auslegen und gleichmäßig mit Mehl bestauben, Teig ebenfalls leicht bemehlen und auf das Tuch legen. Mit dem Nudelholz so dünn wie möglich ausrollen. Dann mit beiden Handrücken unter den Teig fahren und langsam in alle Richtungen so dünn ausziehen, dass man durch den Teig eine Zeitung lesen könnte. Den ausgezogenen Teig mit drei Viertel der flüssigen Butter beträufeln, vorbereitete Fülle in einem Strang darauf verteilen, den Teig mit dem Tuch über die Fülle heben und dann einmal herum einschlagen, danach abschneiden. Strudel mit der Teignaht nach unten auf ein befettetes Blech setzen und mit flüssiger Butter bestreichen. Im vorgeheizten Backrohr bei 180 °C etwa 30 Minuten backen. Für die Eiermilch alle Zutaten miteinander verschlagen, über den Strudel gießen und noch weitere 20 Minuten bei 160 °C backen. Noch lauwarm auf Tellern anrichten und mit Staubzucker bestreut servieren.

BACKZEIT: ca. 50 Minuten

BACKTEMPERATUR: 180 °C, dann 160 °C

Weißer Strudel aus Rotem Stadl

Was wäre die Wiener Mehlspeisküche ohne die dazugehörigen Legenden? Jene von der „Erfindung" des Millirahmstrudels liest sich besonders apart und führt geradewegs in die Wienerwald-Gastwirtschaft „Zum Roten Stadl" in Breitenfurt, die im 19. Jahrhundert unter „Mehlspeistigern" berühmt für ihre Strudelspezialitäten war. Der absolute Verkaufsschlager war jedoch ein Strudel aus Semmeln, Milch, Butter, Eiern, Vanille, Rosinen, Zucker und Obers, der den Namen Millirahmstrudel angeblich der damaligen Köchin namens Milli verdankte. Ein „Mülch Raimb Strudl" findet sich jedoch schon in einem Wiener „Koch-Puch" des Jahres 1696.

Kletzenstrudel

Zutaten für 10 Portionen
Strudelteig nach Grundrezept (s. S. 16) oder Fertigteig
Öl zum Bestreichen
Mehl für die Arbeitsfläche
100 g Butter, flüssig, zum Bestreichen und Beträufeln
Staubzucker zum Bestreuen

Für die Fülle
300 g Butter
80 g Staubzucker
16 Eidotter
300 g Walnüsse, gehackt
250 g Kletzen (Dörrbirnen), etwas eingeweicht, gehackt
100 g Rosinen, gehackt
100 g Dörrzwetschken, gehackt
80 g Aranzini, gehackt
80 g Kochschokolade, gerieben
Schale von 1 Zitrone
Prise Salz
Prise Zimt
Prise Kardamom
16 Eiklar
80 g Kristallzucker

Den Strudelteig nach Anleitung zubereiten, mit etwas Öl bestreichen und rasten lassen. Für die Fülle Butter, Staubzucker und Dotter schaumig rühren. Restliche Zutaten und Gewürze außer Eiklar und Kristallzucker einmengen. Eiklar leicht zu schlagen beginnen und mit Zucker zu Schnee ausschlagen. Ebenfalls unter die Masse heben. Den Arbeitstisch mit einem Tuch auslegen und gleichmäßig mit Mehl bestauben, Teig ebenfalls leicht bemehlen und auf das Tuch legen. Mit dem Nudelholz so dünn wie möglich ausrollen. Dann mit beiden Handrücken unter den Teig fahren und langsam in alle Richtungen so dünn ausziehen, dass man durch den Teig eine Zeitung lesen könnte. Dabei äußerst vorsichtig vorgehen, damit der Teig nicht reißt. Den ausgezogenen Teig mit dreiviertel der flüssigen Butter beträufeln, vorbereitete Fülle in einem Strang darauf verteilen, den Teig mit dem Tuch über die Fülle heben und dann einmal herum einschlagen, danach abschneiden. Strudel mit der Teignaht nach unten auf ein befettetes Blech setzen und mit flüssiger Butter bestreichen. Im vorgeheizten Backrohr bei 170 °C etwa 40 Minuten backen. Mit Staubzucker bestreuen und portionieren.

BACKZEIT: ca. 40 Minuten

BACKTEMPERATUR: 170 °C

TIPP: Als krönender Abschluss eines harmonischen Menüs serviert, wird der Kletzenstrudel hervorragend durch Sabayon(s. S. 250) und Preiselbeerkompott (s. S. 182) ergänzt.

Von Kletzen und Kloatzen

Die Sitte, Birnen zuerst zu trocknen und dann gekocht zu herrlichen Füllen für Teigwaren, Strudeln oder Kuchen weiterzuverarbeiten, ist in Österreich weit verbreitet. Kletzenbrote gibt es rund um Weihnachten im ganzen Alpenraum. Erstmals hat die „Kletzen" und in Kärnten auch „Kloatzen" genannte Dörrbirne schon 1485 der aus Italien nach Norden reisende Bischofssekretär und Tagebuchschreiber Paolo Santonino besungen, als er über ein Gericht „aus gekochten süßen Birnen" ins Schwärmen geriet, „die, in einer Schüssel angerichtet, zuletzt mit Butter und halbsüßen Gewürzen versetzt worden sind."

TORTEN

Torten – das Wort geht auf das lateinische „torquere" zurück und bedeutet so viel wie gedrehter Kuchen – sind eine runde und ziemlich anspruchsvolle Sache. Nicht zu Unrecht gilt die Kunst, Torten zu backen, als „Hohe Schule der Wiener Mehlspeisküche". Der Bogen der Möglichkeiten reicht dabei von einfachen Rezepten bis zu süßen, essbaren Palästen der Zuckerbäckerkunst, die man mit etwas Geduld auch zuhause herstellen kann.

PANAMATORTE

Zutaten für 1 Torte (Ø 26 cm)
Panamamasse nach Grundrezept (s. S. 30)
Mandeln, gehobelt und geröstet

Für die Pariser Creme
500 ml Schlagobers
500 g Kochschokolade

Panamamasse laut Grundrezept zubereiten und eine Torte backen. Auskühlen lassen und horizontal zweimal durchschneiden. Für die Pariser Creme Schlagobers aufkochen lassen, die zerkleinerte Kochschokolade darin schmelzen und etwa 2 Stunden auskühlen lassen. Bevor die Creme zu stocken beginnt, mit der Rührmaschine oder dem Handmixer schaumig rühren. Tortenböden jeweils mit Creme bestreichen und aufeinander setzen. Torte außen ebenfalls mit Creme bestreichen, aber etwas Creme als Dekor beiseite stellen. Torte kühl stellen. Mit Mandeln bestreuen und mit der restlichen Creme die Oberfläche beliebig, etwa mit Rosetten, dekorieren.

TIPP: Pariser Creme kann auch auf Vorrat hergestellt und dann kühl gelagert werden. Vor der Verwendung muss sie leicht angewärmt und dann schaumig gerührt werden.

Die „Kanaltort'n"

Die Eröffnung des Panamakanals war für die Menschen des Jahres 1914 ein ähnlich aufregendes Ereignis wie die Mondlandung 55 Jahre danach. Angeblich wurde aus diesem Anlass in Wien auch erstmals eine gebackene Schoko-Mandel-Torte serviert und „Panamatorte" genannt. Da es auf dieser Welt jedoch kaum etwas wirklich Neues gibt, findet man das Rezept dafür auch schon in Kochbüchern, die erschienen sind, als in Panama noch längst nicht der Durchstich zwischen Atlantik und Pazifik erfolgt war.

Die zehn Gebote des Tortenbackens

1. *Achten Sie darauf, dass der Boden der Tortenform vor dem Einfüllen der Tortenmasse zunächst blitzsauber gereinigt und – soweit nicht anders angegeben – leicht ausgebuttert sowie mit Mehl bestäubt ist.*
2. *Verwenden Sie für schwerere Tortenmassen nur weiche, schaumig gerührte Butter, damit möglichst viel Luft in die Masse kommt.*
3. *Heben Sie Mehl und Eischnee immer am Schluss und möglichst vorsichtig unter die Tortenmasse. Nur so wird sie leicht und flaumig.*
4. *Achten Sie beim Rühren von Tortenmassen darauf, dass Mehl und steif geschlagener Eischnee mit der gerührten oder aufgeschlagenen Masse nur ganz kurz in Berührung kommen.*
5. *Achten Sie darauf, dass die verwendete Butter niemals heiß wird, da die Tortenmasse sonst leicht in sich zusammenfällt.*
6. *Versieben Sie Backpulver, so Sie solches verwenden, immer zuvor mit Mehl.*
7. *Legen Sie die fertig gebackene Torte mit der Oberseite nach unten auf ein leicht bemehltes Sieb oder Brett. Dadurch erhält sie eine schöne, glatte Oberfläche.*
8. *Füllen Sie Cremetorten auf keinen Fall übermäßig dick, da sie dadurch nicht nur üppiger werden, sondern auch schwerer zu schneiden sind.*
9. *Stellen Sie Cremetorten sofort nach dem Füllen bzw. Bestreichen in den Kühlschrank oder an einen anderen kühlen Ort, damit die Creme wieder fest werden kann.*
10. *Tauchen Sie das Messer, mit dem Sie die Torte in Stücke schneiden, nach jedem Gebrauch in heißes Wasser und führen Sie den Schnitt, ohne zu drücken, sägeartig durch, damit die Creme beim Schneiden nicht herausquillt.*

Sachertorte

Zutaten für 1 Torte (Ø 26 cm)
Sachermasse nach Grundrezept (s. S. 31)
Marillenmarmelade
Schokolade- bzw. Sacherglasur nach Grundrezept (s. S. 42)

Sachermasse laut Grundrezept zubereiten und eine Torte backen. Nach dem völligen Auskühlen die Torte aus der Form nehmen. Auf der Oberseite glatt schneiden, wieder umdrehen und horizontal einmal durchschneiden. Den unteren Boden mit leicht erwärmter Marillenmarmelade bestreichen, Tortenoberteil darauf setzen und ebenfalls mit Marillenmarmelade bestreichen. Kühl stellen. Die vorbereitete lippenwarme Glasur in einem einzigen Guss über die Torte geben, rasch mit der Palette glatt streichen und auch den Tortenrand rundum bestreichen. Torte auf einen Tortenteller stellen und einige Stunden ruhig stehen lassen, damit die Glasur „trocknen" kann.

TIPP: Wer sich die Mühe der Zubereitung einer hausgemachten Sacherglasur ersparen möchte, verwende einfach eine im Handel erhältliche Schokoladeglasur.

Das blieb von der Tortenschlacht

Die wohl berühmteste aller Wiener Torten, und vielleicht sogar die berühmteste Torte der Welt, wurde keineswegs von einem großen Zuckerbäcker erfunden. Die Rezeptur stammt vielmehr von einem Lehrling im zweiten Lehrjahr. Der 1816 geborene Franz Sacher backte 1832 als Kocheleve im Hause des Fürsten Metternich erstmals jene Schokoladentorte, die später einerseits zu Weltruhm gelangen, andererseits aber auch Gegenstand zahlreicher Prozesse zwischen dem Hotel Sacher und der Konditorei Demel um die wahren Urheberrechte am Titel „Original Sacher-Torte" werden sollte. Hauptstreitpunkt: Muss die obligatorische Marillenmarmelade in der Mitte als Tortenfülle (wie bei Demel) oder unter der Glasur (wie im Hotel Sacher und auch bei der Kochbuchautorin Marie von Rokitansky) aufgetragen werden? Vorläufer der Sachertorte finden sich freilich schon viel früher, etwa im 1718 erschienenen Kochbuch Conrad Haggers oder in Gartler-Hickmanns „Wienerischem bewährtem Kochbuch" aus dem Jahr 1749. Seit Katharina Prato in ihrer „Süddeutschen Küche" jedoch eine „Chocolade-Torte. À la Sacher" vorstellte, sind Schokoguss, Marillenmarmelade und der Name Sacher untrennbar miteinander verbunden – egal wo die Marillenmarmelade aufgetragen ist.

Malakofftorte

Für die Creme Milch, Kristallzucker, Vanillezucker, Salz und Eidotter verrühren und über einem Wasserbad erhitzen, bis die Masse leicht bindet. Gelatine in kaltem Wasser einweichen, ausdrücken und in der warmen Masse auflösen. Rum ebenfalls unterrühren und die Creme kühl stellen, bis sie fast stockt. Eiklar leicht zu schlagen beginnen und mit Kristallzucker zu Schnee ausschlagen. Schnee und Schlagobers gemeinsam unter die Creme heben.
Biskuitboden mit einem Tortenring umstellen und mit etwas Rum tränken. Von den Biskotten 7 Stück für die Garnitur beiseite legen.
Die restlichen Biskotten abwechselnd mit der Creme in 2 bis 3 Lagen einlegen. Zwischendurch die Biskotten leicht mit Rum tränken. Mit Biskotten abschließen und für ca. 2 Stunden kühl stellen. Torte aus dem Tortenring nehmen und rundum sowie obenauf mit geschlagenem Schlagobers bestreichen. Auf jede Portion eine halbe in Schokoladeglasur getunkte Biskotte setzen und in die Mitte geröstete Mandeln einstreuen.

Zutaten für 1 Torte (Ø 26 cm)

1 Biskuitboden aus 1/4 der Biskuitmasse, warm, nach Grundrezept (s. S. 24)
250 g Biskotten nach Grundrezept (s. S. 37) oder fertig gekauft
Rum zum Tränken
Mandeln, gehobelt, geröstet
Schokoladeglasur zum Tunken der Biskotten
400 ml Schlagobers zum Garnieren

Für die Creme

150 ml Milch
35 g Kristallzucker
10 g Vanillezucker
3 Blatt Gelatine
2 Eidotter
Prise Salz
2 cl Rum
1 Eiklar
25 g Kristallzucker
400 ml Schlagobers, geschlagen

Herr Malakoff hieß Pelissier

Dass die Malakofftorte eine süße Festung ist, durch die sich Tortenschlemmer wie durch den schlaraffenländischen Breiberg beißen, ist unbestritten. Tatsächlich verdankt diese Torte ihren Namen auch der Erstürmung einer Bastion, nämlich jener der russischen Feste Malachow Kurgan bei Sewastopol auf der Krim, die vom französischen Feldherrn Jean J. Pélissier (1794–1864) bezwungen wurde. Die danach benannte Biskottentorte ist allerdings weder russischen noch französischen Ursprungs, sondern stammt aus dem damals österreichischen Norditalien und setzte sich schnell im gesamten Gebiet der Donaumonarchie durch. Sie muss jedenfalls nicht gebacken werden, sondern basiert auf rumgetränkten Biskotten und der so genannten Malakoff-Creme, für die es recht unterschiedliche Rezepte mit Schlagobers, Butter, Milch, Mascarpone und Dottern gibt, die auch eng mit der Tiramisu-Creme verwandt sind. Und in manchen alten Kochbüchern findet man sogar die Ansicht, dass es sich bei diesem Rezept gar nicht um eine Torte, sondern einfach um eine „galizische Creme" handle.

Schwarzwälder Kirschtorte

Zutaten für 1 Torte (Ø 26 cm)
Kakaobiskuitmasse nach Grundrezept (s. S. 24) oder Sachermasse nach Grundrezept (s. S. 31)
1 Glas Sauerkirschen mit Saft (450 g Fruchteinwaage)
100 ml Sauerkirschensaft
50 g Kristallzucker
Prise Zimtpulver
25 g Maisstärke (Maizena)
4 cl Kirschbrand
4 cl Läuterzucker (s. S. 40)
400 ml Schlagobers, geschlagen, zum Garnieren
Schokoladespäne zum Garnieren

Für die Pariser Creme
250 ml Schlagobers
250 g Kochschokolade

Für das Kirschobers
500 ml Schlagobers
4 Blatt Gelatine
6 cl Kirschbrand
2 cl Wasser
40 g Staubzucker

Kakaobiskuit- oder Sachermasse nach Anleitung zubereiten und eine Torte backen. Auskühlen lassen und horizontal zweimal durchschneiden. Sauerkirschensaft mit Zimt und Zucker aufkochen lassen. Maisstärke mit etwas Wasser anrühren, zugießen und den Saft damit binden. 14 Kirschen für die Garnitur beiseite legen. Die restlichen Kirschen im Saft einmal aufwallen lassen, vom Herd nehmen und auskühlen lassen. Für die Pariser Creme Schlagobers aufkochen lassen, die zerkleinerte Kochschokolade darin schmelzen und etwa 2 Stunden auskühlen lassen. Bevor die Creme zu stocken beginnt, mit der Rührmaschine oder dem Handmixer schaumig rühren.

Einen Tortenboden in einen Tortenring geben, Kirschbrand und Läuterzucker miteinander vermischen und mit der Hälfte davon den Tortenboden beträufeln. Pariser Creme mit dem Dressiersack mit großer, glatter Tülle (runde Öffnung) in 4 Ringen aufspritzen. Die Zwischenräume mit den gebundenen Kirschen füllen. Den zweiten Tortenboden auflegen, leicht andrücken und mit restlicher Kirschbrandflüssigkeit tränken. Für das Kirschobers Gelatine in kaltem Wasser einweichen, ausdrücken und in erwärmtem Kirschbrand auflösen. Wasser und Staubzucker einrühren und alles vorsichtig unter das geschlagene Obers rühren. Kirschobers auf den zweiten Boden streichen und mit dem dritten Boden abdecken. Für ca. 6 Stunden kühl stellen. Aus dem Tortenring schneiden, mit geschlagenem Schlagobers einstreichen, mit Schokoladespänen, Obersrosetten und den restlichen Sauerkirschen garnieren.

Kellers Kirschen

Sie wird gerne als althergebrachte Zierde badischer Hausfrauentugenden gefeiert. Allein: Die Schwarzwälder Kirschtorte hat sowohl ein Geburtsjahr als auch einen Erfinder. Man schrieb das Jahr 1915, als Josef Keller, Konditor aus Radolfzell am Bodensee, in Bad Godesberg bei Bonn zur Meisterprüfung antrat und dort mit großem Erfolg eine neue Tortenkreation vorstellte. Ein Besuch der Godesberger Studentenkneipe „Café Anger", in der er Sahnekirschen aß, brachte ihn auf die Idee, Kirschen mit Schlagobers auf einen mit Schwarzwälder Kirschwasser beträufelten Tortenboden aus Schokoladenbiskuit zu schichten und das Ganze mit Schokoladenraspeln zu garnieren. Das Problem dabei sind nur die badischen Hausfrauen: Sie glauben die Geschichte bis heute noch nicht. *(s. Rezept S. 119)*

Punschtorte

Biskuitmasse laut Rezept zubereiten, eine Torte backen und diese zweimal horizontal durchschneiden. Für die Punschfülle das mittlere Tortenblatt und die Biskuitwürfel kleinwürfelig schneiden. Mit Marillenmarmelade, Rum, Läuterzucker, Orangen- sowie Zitronenschale und einer Prise Zimt vermengen und die Masse gut durchkneten, bis sie zusammenhält. Biskuitboden mit Marillenmarmelade bestreichen, in einen Tortenring setzen und die Punschfülle auftragen. Mit dem zweiten Biskuitblatt abdecken, mit einer Platte oder Ähnlichem beschweren und einige Stunden kühl stellen. Aus dem Tortenring nehmen, stürzen, mit Marmelade einstreichen und obenauf mit Fondant glasieren. An der Seite mit geschmolzener Kuvertüre bestreichen und sofort geriebene Haselnüsse anpressen. Die restliche Kuvertüre in einen Spritzbeutel füllen und die Torte damit oben verzieren.

Zutaten für 1 Torte (Ø 26 cm)

Biskuitmasse für Torten laut Grundrezept (s. S. 23)
400 g Biskuitwürfel für die Punschfülle
8 cl Rum
5 cl Läuterzucker (s. S. 40)
Schale von je 1 Orange und Zitrone, gerieben
Prise Zimt
50 g Marillenmarmelade

Zum Glasieren

Marillenmarmelade
ca. 250 g Fondant, mit Lebensmittelfarbe rosa gefärbt (s. S. 44)
ca. 200 g Zartbitterkuvertüre
Haselnüsse, gerieben, zum Bestreuen

Dobostorte

Zutaten für 1 Torte (Ø 24 cm)
Dobosmasse nach Grundrezept (s. S. 32)
ca. 150 g Kristallzucker zum Karamellisieren
Fett zum Bestreichen

Für die Creme
4 Eier
150 g Kristallzucker
1/2 Vanilleschote
150 g Zartbitterkuvertüre
50 g Nougat
150 g Butter

Dobosmasse nach Grundrezept zubereiten und sechs Tortenblätter backen. Für die Creme Eier mit Kristallzucker und ausgekratztem Vanillemark über Dampf dickschaumig aufschlagen. Geschmolzene Zartbitterkuvertüre sowie geschmolzenes Nougat einrühren. Masse überkühlen lassen. Butter schaumig rühren und Schokolademasse einmengen. Erstes Tortenblatt in einen Tortenring setzen, mit Creme bestreichen und restliche Tortenblätter ebenso einfüllen. Das schönste Tortenblatt als Deckblatt beiseite legen. Palette und Messer (gefettet) vorbereiten. Den Kristallzucker zu hellem Karamell schmelzen und mit der Palette auf dem beiseite gelegten Tortenblatt verstreichen. Sofort mit dem Messer in gleichmäßige Portionsstücke schneiden. Diese leicht schräg versetzt auf die Torte auflegen und die Torte dann portionieren.

Zwei Meter Torte

Jószef C. Dobos, seines Zeichens gelernter Konditormeister und Budapester Feinkosthändler, hatte stets einen Hang zur Größe. So führte er über sechzig Käse- sowie zweiundzwanzig Sektsorten und machte unter anderem damit Furore, dass er einen Fünfzig-Kilo-Käselaib aushöhlte, mit Burgunder füllte und so lange ins Schaufenster stellte, bis der Käseteig den Wein vollständig aufgesogen hatte und zu Höchstpreisen verkauft werden konnte. Die 1885 erstmals gebackene Dobostorte – ungarisch Dobos torta – verdankt ihre Entstehung dem Bestreben von Jószef C. Dobos, eine auch für den Postversand geeignete Mehlspeise zu kreieren, die bei den damals noch recht mangelhaften Kühlungsverhältnissen mindestens 10 Tage ihre Form bewahren und genießbar sein sollte. Dass die Torte nicht nur hielt, was sie versprach, sondern obendrein auch gut schmeckte, soll Dobos selbst überrascht haben. Die Ungarn wissen jedenfalls seither, was sie an ihrem Jószef C. Dobos und dessen Tortenkreation haben: Zu ihren runden Geburtstagen wird heute noch eine Dobostorte mit zwei Metern Durchmesser durch die Straßen von Budapest getragen.

Esterházytorte

Esterházymasse laut Rezept zubereiten und sechs Tortenblätter backen. Die Tortenblätter jeweils auf ein mit Staubzucker bestreutes Blech oder Tuch stürzen und das Backpapier sofort abziehen. Für die Creme Milch, Kristallzucker, Vanillezucker, Salz und Eidotter in einem Schneekessel verrühren und über Wasserdampf rühren, bis ca. 70 °C erreicht sind und die Dotter die Masse etwas gebunden haben. Gelatine in kaltem Wasser einweichen, ausdrücken und in der Masse auflösen. Masse vom Herd nehmen und mit einem Stabmixer 5 Minuten mixen. Danach kühl stellen. Butter schaumig rühren, erwärmtes Nougat zugeben und die ausgekühlte Creme einrühren. Die Tortenblätter abwechselnd mit der Creme in einen Tortenring füllen. Das oberste Blatt dünn mit Marillenmarmelade bestreichen und für 30 Minuten kühl stellen. Dann etwas Zartbitterkuvertüre schmelzen. Esterházytorte mit Fondant dünn überziehen. Aus einem Stück Pergamentpapier ein Stanitzel drehen und die Kuvertüre damit in dünnen Linien darüber spritzen. Sofort mit einem Spießchen das typische Esterházymuster ziehen. Torte kühl stellen, bis die Glasur getrocknet ist. Zum Portionieren am besten ein Sägemesser in heißes Wasser tauchen und die Torte aufschneiden.

Zutaten für 1 Torte (Ø 26 cm)

Esterházymasse nach Grundrezept (s. S. 32),
1/2 Menge
Staubzucker zum Bestreuen

Für die Creme

400 ml Milch
200 g Kristallzucker
4 Blatt Gelatine
8 Eidotter
20 g Vanillezucker
Prise Salz
290 g Butter
80 g Nougat

Zum Glasieren

70 g Marillenmarmelade
ca. 150 g Fondant (s. S. 44)
etwas Zartbitterkuvertüre

KAPUZINERTORTE

Dieses Tortenrezept für Fortgeschrittene erfordert Geschick und Routine. Seinen Namen trägt es wegen der zu Kegeln geformten Tortenböden, die an die Ordenstracht der Kapuzinermönche erinnern.

Zutaten für 1 Torte (Ø 26 cm)
Nussmasse laut Grundrezept (s. S. 29)
100 g Himbeermarmelade
4 cl Himbeergeist zum Tränken
250 g Himbeeren

Für die Schokoladecreme
400 ml Schlagobers, flüssig
3 Eidotter
150 g Vollmilchkuvertüre
70 g Zartbitterkuvertüre
1 Blatt Gelatine
6 cl Himbeergeist

Für die Bayrische Creme
3 Eidotter
70 g Kristallzucker
1 Vanilleschote
2 cl Himbeergeist
2 Blatt Gelatine
300 ml Schlagobers, geschlagen

Für die Schokoladeglasur
100 g Zartbitterkuvertüre
100 ml Schlagobers, flüssig

Die Schokoladecreme bereits am Vortag zubereiten. Dafür Obers und Eidotter verrühren. Über Wasserdampf weiterrühren, bis ca. 70 °C erreicht sind und die Eidotter die Masse leicht gebunden haben. Gelatine in kaltem Wasser einweichen, ausdrücken und in der warmen Masse auflösen. Kuvertüren hacken und in der warmen Obersmasse schmelzen. Mit dem Stabmixer 5 Minuten lang mixen und 24 Stunden kühl stellen.

Am nächsten Tag Nussmasse laut Grundrezept zubereiten, eine Torte backen und diese dreimal horizontal durchschneiden. Einen Tortenboden mit Himbeermarmelade bestreichen. Einen zweiten Boden darüber legen und mit Himbeergeist tränken. Die gekühlte Creme mit Himbeergeist vermengen und wie Schlagobers aufschlagen. Ein Drittel der Creme in die Mitte des Tortenbodens geben und die Hälfte der Himbeeren einstreuen.

Aus den beiden restlichen Tortenböden jeweils ein keilförmiges Stück ausschneiden, damit man den Tortenboden dann zu einem Kegel drehen kann, ohne dass er sich an einer Stelle überlappt. Den dritten Tortenboden kegelartig auf den zweiten setzen. Wiederum mit einem Drittel der Creme bestreichen und die restlichen Himbeeren einstreuen. Den letzten Boden wie oben beschrieben ebenfalls kegelartig auf den dritten setzen.

Dabei ist zu beachten, dass der untere Kegel flacher, der obere dafür spitzer ist, um eine schöne Kuppelform der Torte zu erzielen. Die restliche Creme glatt darüber streichen und für 1 Stunde kühl stellen.

Für die Bayrische Creme Eidotter mit Kristallzucker und dem Mark einer Vanilleschote über Dampf schaumig schlagen. Gelatine einweichen, ausdrücken, in erwärmtem Himbeergeist auflösen und einrühren.

Etwas überkühlen lassen und danach das geschlagene Obers unterheben. Im Kühlschrank 1/2 Stunde stocken lassen. Die Bayrische Creme glatt auf die Kapuzinertorte streichen, so dass eine schöne Kuppelform entsteht. Abermals für 2 Stunden kühl stellen.

Für die Schokoladeglasur das Obers einmal kurz aufkochen lassen und die gehackte Kuvertüre darin schmelzen. Etwas überkühlen lassen und danach die Torte damit überziehen.

TIPP: Wenn Ihr Tiefkühlschrank groß genug ist, stellen Sie die Torte am besten vor dem Glasieren für 10 Minuten hinein. Die Torte lässt sich so völlig problemlos mit der Glasur überziehen.

Rouladentorte

Dieses Meisterrezept für Anspruchsvolle ist technisch relativ aufwendig, lohnt aber die Mühe durch ein Resultat, das nicht nur köstlich mundet, sondern auch eine echte Augenweide darstellt.

Zutaten für 1 Torte (Ø 26 cm)
1 Sachermasse laut Grundrezept (s. S. 31)
Haselnüsse, gerieben, zum Bestreuen

Zum Tränken
25 ml Läuterzucker (s. S. 40)
5 cl Marillenbrand

Für die Roulade
Biskuitmasse für Rouladen laut Grundrezept (s. S. 22), 1/2 Menge
Marillenmarmelade zum Bestreichen
Zucker für das Tuch

Für die Schokoladeoberscreme
520 ml Schlagobers
4 Eidotter
290 g Zartbitterkuvertüre
6 cl Marillenbrand
3 Blatt Gelatine

Für die Glasur
150 g Zartbitterkuvertüre
30 ml Öl

Sachermasse laut Grundrezept zubereiten und einen Tortenboden backen. Die Biskuitmasse laut Grundrezept zubereiten und backen. Kurz abdampfen lassen, auf ein leicht gezuckertes Tuch stürzen und das Backpapier abziehen. Biskuit einrollen und auskühlen lassen. Wieder aufrollen und mit Marillenmarmelade bestreichen. Zu einer kleinen Roulade zusammenrollen und kühl stellen.

Für die Schokoladeoberscreme Obers und Eidotter verrühren. Über Wasserdampf weiterrühren, bis ca. 70 °C erreicht sind und die Eidotter die Masse leicht gebunden haben. Vom Herd nehmen und die gehackte Kuvertüre einrühren. Marillenbrand erwärmen, die eingeweichte, ausgedrückte Gelatine darin auflösen und in die Schokolademasse rühren. Mit dem Stabmixer etwa 5 Minuten mixen, ohne Luftbläschen hineinzuschlagen (Stabmixer nicht an die Oberfläche heben), und 3–4 Stunden kühl stellen. Danach wie Schlagobers aufschlagen.

Den Sacherboden in einen Tortenring legen. Läuterzucker und Marillenbrand verrühren und Tortenboden damit beträufeln.

Etwas aufgeschlagene Schokoladeoberscreme dünn auftragen. Die Roulade rund auf die Torte legen. Die restliche Schokoladeoberscreme einfüllen und glatt streichen. Für ca. 4 Stunden kühl stellen.

Für die Glasur die Zartbitterkuvertüre erwärmen, Öl einrühren und etwas überkühlen lassen. Die Torte oben damit glasieren und stocken lassen. Aus dem Tortenring schneiden und an der Seite mit geriebenen Haselnüssen einstreuen.

TIPP: Verwenden Sie zum Portionieren der Torte unbedingt ein in heißes Wasser getauchtes Messer, da sonst die Glasur bricht.

Schoko-Vanille-Torte

Ein süßer Traum für Torten-Freaks, die auch vor anspruchsvollen und langwierigen Rezepten nicht zurückschrecken.

Zutaten für 1 Torte (Ø 26 cm)
1 Kakaobiskuitmasse laut Grundrezept (s. S. 24)
Brandteigmasse laut Grundrezept (s. S. 20), 1/2 Menge
400 g Ganacheglasur laut Grundrezept (s. S. 43)
Schokoladespäne oder -röllchen zum Garnieren
Butter für das Backblech

Für die Vanillecreme
500 g Konditorcreme laut Grundrezept (s. S. 247)
4 Blatt Gelatine
2 cl Cointreau
150 ml Schlagobers

Für die Kuvertüremousse
300 g Vollmilchkuvertüre
2 Eier
9 cl Läuterzucker (s. S. 40)
9 cl Schlagobers, flüssig
5 Blatt Gelatine
450 ml Schlagobers, geschlagen
3 cl Rum

Kakaobiskuitmasse laut Grundrezept zubereiten und einen Tortenboden backen. Brandteigmasse laut Grundrezept zubereiten und daraus auf ein leicht gefettetes Backblech mit einem Dressiersack mit runder Tülle (Öffnung) einen Kreis mit 10–12 cm und einen Kreis mit 20–22 cm Durchmesser (ca. 2 cm Stärke) aufspritzen. Im vorgeheizten Backrohr bei abfallender Temperatur von 220 °C auf 180 °C 15–20 Minuten backen.
Herausnehmen und auskühlen lassen. Währenddessen für die Vanillecreme die Konditorcreme erwärmen. Gelatine einweichen, ausdrücken und in der Konditorcreme auflösen. Mit etwas Cointreau aromatisieren. Creme wieder kalt schlagen und dann das geschlagene Obers unterheben. Ausgekühlte Brandteigringe horizontal halbieren, mit der vorbereiteten Vanillecreme füllen und wieder zusammensetzen. Bis zur Weiterverarbeitung kühl stellen.
Vollmilchkuvertüre schmelzen, Eier schaumig schlagen. Kuvertüre, Eier, Läuterzucker und flüssiges Obers verrühren. Gelatine einweichen, ausdrücken, in leicht erwärmtem Rum auflösen und unter die Schokolademasse rühren. Abschließend geschlagenes Obers unterheben.
Den Kakaobiskuitboden in einen Tortenring stellen. Etwas Kuvertüremousse auftragen, die gefüllten Brandteigringe hineinsetzen und mit der restlichen Mousse bestreichen. Glatt streichen und kühl stellen. Vor dem Glasieren aus dem Ring schneiden und – wenn möglich – für 1–2 Stunden tiefkühlen (die Torte lässt sich so leichter glasieren).
Ganacheglasur laut Grundrezept zubereiten, etwas überkühlen lassen und in einem Guss über die gefrorene Torte gießen (Mousse darf nicht weich werden). Torte nochmals kühl stellen und dann portionieren. Vor dem Servieren mit gehobelten Schokoladespänen oder -röllchen dekorieren.

BACKZEIT: Kakaobiskuit: 10 Minuten; Brandteig: 15–20 Minuten
BACKTEMPERATUR: Kakaobiskuit: 180 °C; Brandteig: 220 °C auf 180 °C fallend

Kokos-Nougat-Torte

Zutaten für 1 Torte (Ø 26 cm)
1 Tortenboden aus 1/4 der Sachermasse laut Grundrezept (s. S. 31)
250 g Ganacheglasur laut Grundrezept (s. S. 43)
ca. 100 g Kokosraspel
Koksolikör zum Tränken

Für die Kokosmousse
100 g Kuvertüre, weiß
280 g Kokosmark (im Süßwaren-Fachhandel erhältliches Kokospüree)
4 Blatt Gelatine
300 ml Schlagobers, geschlagen
6 cl Kokoslikör

Für die Schokolademousse
2 Eidotter
4 Eier
30 g Staubzucker
200 g Zartbitterkuvertüre
200 g Vollmilchkuvertüre
4 Blatt Gelatine
8 cl Kokoslikör
700 ml Schlagobers, geschlagen

Aus der Sachermasse laut Anleitung einen Tortenboden backen und auskühlen lassen. Für die Kokosmousse Kuvertüre schmelzen. Gelatine in kaltem Wasser einweichen. Kokoslikör erwärmen und ausgedrückte Gelatine darin auflösen. Kokosmark, Kuvertüre und Kokoslikör verrühren. Geschlagenes Obers vorsichtig unterheben.
Einen kleineren Tortenring (Ø 18 cm und 3,5 cm hoch) auf ein mit Folie ausgelegtes Blech setzen, Kokosmousse einfüllen, abdecken und tiefkühlen.
Für die Schokolademousse die Kuvertüren gemeinsam über Wasserdampf schmelzen. Eidotter und Eier mit Staubzucker über Wasserdampf schaumig aufschlagen. Gelatine einweichen, ausdrücken und in erwärmtem Kokoslikör auflösen. Kokoslikör gemeinsam mit aufgeschlagenen Eiern in die Kuvertüre rühren. Geschlagenes Obers vorsichtig unterheben.
Den Sacherboden in einen Tortenring legen und mit etwas Kokoslikör tränken. Tiefgekühlte Kokosmousse in die Mitte setzen. Den Zwischenraum mit Schokolademousse auffüllen (am besten mit einem Dressiersack), die restliche Mousse auf der Oberfläche verstreichen und die Torte wieder tiefkühlen (um sie später besser glasieren zu können). Tiefgekühlte Torte an der Oberfläche mit Ganacheglasur dünn überziehen. Aus dem Tortenring schneiden und an der Seite Kokosraspel anpressen. Vor dem Portionieren wieder auftauen lassen.

Bailey's-Kaffee-Torte

Die Creme bereits am Vortag zubereiten. Dafür Obers und Eidotter verrühren. Über Wasserdampf etwa 5 Minuten weiterrühren, bis ca. 70 °C erreicht sind. Gelatine in kaltem Wasser einweichen, ausdrücken und in der warmen Masse auflösen. Kuvertüren hacken und in der warmen Obersmasse schmelzen. Mit dem Stabmixer 5 Minuten lang mixen und anschließend 24 Stunden kühl stellen.

Biskuitmasse laut Grundrezept zubereiten, eine Torte backen und diese nach dem Auskühlen einmal horizontal durchschneiden. Ersten Biskuitboden mit Marillenmarmelade bestreichen und in einen Tortenring stellen. Die vorbereitete Creme aus dem Kühlschrank nehmen, Bailey's unterrühren und wie Schlagobers aufschlagen. Die Hälfte der Creme auf den Biskuitboden auftragen und den zweiten Boden darauf setzen. Läuterzucker mit Löskaffee und Rum verrühren und den Boden damit tränken. Die restliche Creme darauf verteilen und glatt streichen.

Für das Kaffeeobers Obers mit Staubzucker aufschlagen und Löskaffeepulver nach Geschmack fein hineinsieben. Kaffeeobers auf der Torte (oben) glatt verstreichen und mit gesiebtem Kakaopulver bestreuen. Aus dem Tortenring nehmen, auf jedes Portionsstück ein eingelegtes Marillenviertel legen und gebrochene Sesamhippen zur Dekoration darüber legen.

Zutaten für 1 Torte (Ø 26 cm)
Biskuitmasse, warm, laut Grundrezept (s. S. 24), 1/2 Menge
50 g Marillenmarmelade
14 eingelegte Marillenviertel (s. S. 188)
14 Sesamhippen (s. S. 38)
Kakaopulver zum Bestreuen

Zum Tränken
50 ml Läuterzucker (s. S. 40)
1 TL Löskaffeepulver, aufgelöst
2 cl Rum

Für die Creme
750 ml Schlagobers, flüssig
6 Eidotter
300 g Vollmilchkuvertüre
140 g Zartbitterkuvertüre
4 Blatt Gelatine
14 cl Bailey's (Original-Irish-Cream-Likör)

Für das Kaffeeobers
200 ml Schlagobers
10 g Staubzucker
Löskaffeepulver

Topfen-Obers-Torte

Zutaten für 1 Torte (Ø 26 cm)
Biskuitmasse, warm, nach Grundrezept (s. S. 24), 1/2 Menge
50 g Marillenmarmelade
ca. 400 ml Schlagobers zum Bestreichen
14 Fruchtspalten (Erdbeeren, Marillen oder Mandarinen, je nach Saison)
Haselnüsse zum Bestreuen, gerieben

Für die Topfen-Obers-Creme
4 Eidotter
80 g Staubzucker
20 g Vanillezucker
Schale von 1 Orange, gerieben
4 cl Rum
6 Blatt Gelatine
400 g Topfen
200 ml Sauerrahm
4 Eiklar
100 g Zucker
250 ml Schlagobers, geschlagen
100 g eingelegte Zibeben (s. S. 189) oder Rosinen

Biskuitmasse laut Grundrezept zubereiten und eine Torte backen. Auskühlen lassen und horizontal zweimal durchschneiden. Einen Biskuitboden in einen Tortenring stellen und dünn mit leicht erwärmter Marillenmarmelade bestreichen.
Für die Creme Dotter mit Zucker, Vanillezucker und Orangenschale schaumig schlagen. Gelatine einweichen, gut ausdrücken und in erwärmtem Rum auflösen. Eiklar schlagen und mit Zucker zu Schnee ausschlagen. Topfen mit Sauerrahm glatt rühren. Nun Eidottermasse sowie Rum unterrühren und das geschlagene Obers abwechselnd mit dem Eischnee unter die Topfenmasse heben. Eingelegte Zibeben einmengen. Etwas weniger als die Hälfte der Creme auf den Tortenboden streichen, zweiten Boden auflegen, wiederum Creme auftragen und den dritten Biskuitboden darauf setzen. Restliche Creme ca. 5 mm dick auftragen, glatt streichen und für einige Stunden kühl stellen. Torte aus dem Tortenring schneiden, seitlich und obenauf mit geschlagenem Schlagobers bestreichen. Mit geriebenen Haselnüssen bestreuen und die Oberfläche mit Obersrosetten und Fruchtspalten garnieren.

Torta Meringa

Aus der Biskuitmasse nach Anleitung eine Torte backen, diese überkühlen lassen und in 4 dünne Tortenböden schneiden. Für die Creme Eidotter mit Zucker und Espresso im heißen Wasserbad schaumig aufschlagen. Eingeweichte, gut ausgedrückte Gelatine in der warmen Eiermasse auflösen, abkühlen lassen und Mascarpone löffelweise einrühren. Obers steif schlagen und unter die Creme rühren. Für die Flüssigkeit zum Tränken sämtliche Zutaten miteinander vermengen. Ein Biskuitblatt in einen Tortenreifen setzen und etwas Creme darauf streichen (erstes Biskuitblatt nicht tränken). Zweites Biskuitblatt hinein geben, mit der vorbereiteten Flüssigkeit tränken und mit Creme bestreichen. Diesen Vorgang so lange wiederholen, bis alle Biskuitblätter und die Creme verbraucht sind. Für 4 Stunden kühl stellen.

Für die Meringa (Schaummasse) Eiklar mit etwas Kristallzucker zu Schnee schlagen, mit restlichem Kristallzucker fest ausschlagen. Zum Schluss gesiebten Staubzucker unterheben. Schaummasse auf die Torte dünn auftragen, ein dekoratives Muster ziehen und im vorgeheizten Backrohr bei 250 °C Oberhitze kurz überbacken. Torte wiederum einige Stunden kühl stellen, aus dem Tortenring schneiden und sowohl rundum als auch oben mit gesiebtem Kakaopulver bestreuen.

BACKZEIT: einige Minuten zum Bräunen

BACKTEMPERATUR: 250 °C

TIPP: Profibäcker flämmen die Meringa mit einem im Fachhandel erhältlichen Brenner oder stellen die Torte unter den „Salamander" (Heizschlange).

Zutaten für 1 Torte (Ø 26 cm)
Biskuitmasse für Torten nach Grundrezept (s. S. 23)
Kakaopulver zum Bestreuen

Für die Creme
5 Eidotter (100 g)
65 g Zucker
90 ml Espresso, sehr stark
320 g Mascarpone
4 Blatt Gelatine
420 ml Schlagobers

Zum Tränken
30 g Löskaffeepulver
5 cl Sherry
5 cl Rum
120 ml Wasser

Für die Meringa
(Schaummasse)
2 Eiklar (60 g)
60 g Kristallzucker
50 g Staubzucker

Gasparini oder Stanislaus?

Wer die Meringa- bzw. Meringuemasse, häufig auch Baiser oder Spanischer Wind genannt, erstmals aus Eischnee und Zucker gebacken hat, ist Gegenstand zahlreicher kulinarhistorischer Spekulationen. Am häufigsten wird dieser luftig-leichte Patisserie-Traum, der sich mit Eis oder Schlagobers ebenso füllen wie auf den Christbaum hängen lässt, einem Schweizer Patissier namens Gasparini zugeschrieben, der als Konditor in der kleinen ostdeutschen Stadt Meiringen arbeitete, wo das Gebäck heute noch Meringel heißt.
Aber auch die Polen reklamieren die Urheberschaft an der Meringue für sich und verweisen auf ihre Marzynka, die der Leibkoch von König Stanislaus I. erfunden haben soll. Der König wurde übrigens später auch Herzog von Lothringen und soll die Meringue den Franzosen nahe gebracht haben. So sagt man etwa Königin Marie-Antoinette nach, eine besonders leidenschaftliche Meringue-Bäckerin gewesen zu sein. (s. Rezept S. 130)

Joghurt-Mohn-Torte mit Heidelbeeren

Zutaten für 1 Torte (Ø 26 cm)
5 Eiklar
250 g Kristallzucker
250 g Graumohn, gerieben
50 g Nüsse, gerieben
50 g Marillenmarmelade
400 g Heidelbeeren
Butter für die Form

Für die Joghurtmousse
600 ml Joghurt
150 g Staubzucker
8 Blatt Gelatine
100 ml Orangensaft
Schale von 1 Zitrone, abgerieben
480 ml Schlagobers

Eiklar mit Kristallzucker zu Schnee schlagen, Mohn und Nüsse unterheben. Einen gefetteten Tortenring (oder eine Springform) auf ein mit Backpapier ausgelegtes Backblech stellen. Die Masse einstreichen und im vorgeheizten Backrohr bei 190 °C 15 Minuten backen. Aus dem Backrohr nehmen, stürzen, das Backpapier abziehen und überkühlen lassen. Den Mohnboden mit Marillenmarmelade bestreichen und in einen Tortenring legen. Für die Mousse Joghurt, Staubzucker und Zitronenschale verrühren. Gelatine in kaltem Wasser einweichen. Orangensaft erwärmen, ausgedrückte Gelatine darin auflösen und unterrühren. Das geschlagene Obers unterheben. Gewaschene, gut abgetropfte Heidelbeeren auf den Mohnboden streuen, mit Mousse auffüllen und 4 Stunden kalt stellen.

BACKZEIT: 15 Minuten
BACKTEMPERATUR: 190 °C

Erdbeer-Joghurt-Torte

Zutaten für 1 Torte (Ø 26 cm)
Mürbteigmasse nach Grundrezept (s. S. 14), 1/4 der Masse
Biskuitmasse für Torten nach Grundrezept (s. S. 23), 1/2 der Masse
50 g Erdbeermarmelade
50 ml Cointreau
200 ml Schlagobers, gesüßt, zum Einstreichen
Schokoladespäne und Erdbeeren mit Grün zum Dekorieren

Für die Erdbeer-Joghurt-Mousse
200 g Erdbeermark (s. S. 200)
150 ml Joghurt
2 cl Cointreau
40 g Staubzucker
4 Blatt Gelatine
300 ml Schlagobers

Für die Erdbeermousse
200 g Erdbeermark (s. S. 200)
3 Blatt Gelatine
1 cl Zitronensaft
2 cl Erdbeerlikör
50 g Staubzucker
180 ml Schlagobers

Für das Erdbeergelee
200 g Erdbeermark (s. S. 200)
2 Blatt Gelatine

Aus der Mürbteigmasse nach Anleitung einen, aus der Biskuitmasse zwei Tortenböden backen. Mürbteigboden in einen Tortenring legen und dünn mit Erdbeermarmelade bestreichen. Ein Biskuitblatt darauf legen und mit etwas Cointreau tränken.
Für die Erdbeer-Joghurt-Mousse das Erdbeermark, Joghurt und Staubzucker verrühren. Gelatine in kaltem Wasser einweichen, Cointreau erwärmen, ausgedrückte Gelatine darin auflösen und unter die Erdbeermasse rühren. Geschlagenes Obers vorsichtig unterheben.
Erdbeer-Joghurt-Mousse in den Tortenring einfüllen und das zweite Biskuitblatt hineinlegen. Wiederum mit Cointreau tränken und 20 Minuten kühl stellen.
Für die Erdbeermousse vom Erdbeermark 2 EL wegnehmen und über Dampf erwärmen. Gelatine einweichen, ausdrücken, im erwärmten Erdbeermark auflösen und darunter rühren. Zitronensaft, Erdbeerlikör und Staubzucker einmengen. Geschlagenes Obers unter die Erdbeermasse heben. Erdbeermousse nun ebenfalls in den Tortenring füllen und wiederum 20 Minuten kühl stellen.
Für das Erdbeergelee vom Erdbeermark 2 EL wegnehmen und über Dampf erwärmen. Gelatine einweichen, ausdrücken, im erwärmten Erdbeermark auflösen und unterrühren. Leicht überkühlen lassen und auf die Torte auftragen. Abermals kalt stellen. Aus dem Tortenring schneiden. Die Torte an der Seite dünn mit gesüßtem Schlagobers einstreichen und Schokoladespäne anstreuen. Jedes Tortenstück mit einer halbierten Erdbeere mit Grün dekorieren.

Himbeer-Joghurt-Torte

Aus der Kakaobiskuitmasse nach Anleitung einen Tortenboden backen.
Himbeermarmelade erwärmen, mit Himbeergeist verrühren und den Kakaobiskuitboden damit bestreichen. Tortenboden in einen Tortenring stellen.
Für die Himbeermousse Himbeermark mit Staubzucker verrühren. Gelatine in kaltem Wasser einweichen. Himbeergeist erwärmen, ausgedrückte Gelatine darin auflösen und unterrühren. Geschlagenes Obers vorsichtig unterheben.
Für die Joghurtmousse Joghurt, Staubzucker und Zitronenschale verrühren. Gelatine in kaltem Wasser einweichen. Orangensaft erwärmen, die ausgedrückte Gelatine darin auflösen und unterrühren. Das geschlagene Obers unterheben. Himbeer- und Joghurtmousse abwechselnd in den Tortenring füllen. Eine Palette in groben Strichen durchziehen, wodurch eine Marmorierung entsteht. Die Oberfläche glatt streichen und für 2 Stunden kühl stellen.
Für das Gelee 2 EL Himbeermark erwärmen, Gelatine einweichen, ausdrücken und darin auflösen. Zum restlichen Himbeermark geben und verrühren. Das Gelee über die Torte gießen. Gewaschene Himbeeren am Rand der Torte rundum in das Gelee stellen und weitere 2 Stunden kühl stellen. Aus der Form schneiden und mit gehackten Pistazien bestreuen.

Zutaten für 1 Torte (Ø 26 cm)
Kakaobiskuitmasse laut Grundrezept (s. S. 24), 1/2 Menge
150 g Himbeermarmelade
4 cl Himbeergeist
140 g Himbeeren
Pistazien zum Bestreuen, gehackt

Für die Himbeermousse
750 g Himbeermark (s. S. 201)
120 g Staubzucker
8 Blatt Gelatine
6 cl Himbeergeist
375 ml Schlagobers

Für die Joghurtmousse
500 ml Joghurt
125 g Staubzucker
6 Blatt Gelatine
75 ml Orangensaft
Schale von 1 Zitrone, gerieben
440 ml Schlagobers

Für das Himbeergelee
200 g Himbeermark (s. S. 201)
2 Blatt Gelatine

Willkommen im Joghurt-Age!

Jede Epoche hat ihre kulinarischen Moden und Überzeugungen. Das gilt auch für Milchprodukte. Während unsere Zeit Butter, Rahm und Schlagobers mit einer im wahrsten Sinne des Wortes „gesunden Skepsis" gegenübersteht, ist das vermutlich von asiatischen Reiterhorden „erfundene" und in der Türkei sowie in den Balkanstaaten besonders beliebte Joghurt heutzutage geradezu eine Ikone des vernünftigen Genusses geworden.
Aus diesem Grund hat sich das weiße, weiche, cremige und in unterschiedlichen Fettstufen von 1 % bis 7 % angebotene Joghurt auch in der Patisserie- und Mehlspeisküche binnen kürzester Zeit seinen Stellenwert und hohes geschmackliches Ansehen erobert.
Der Grund für die häufig gehörte Behauptung, dass man mit Hilfe von Joghurt – heut meist aus speziellen Bakterienkulturen dick gelegter Kuhmilch hergestellt – wie die bulgarischen Schafhirten über hundert Jahre alt werden könne, liegt an einem „chemischen Dreh": Joghurt besitzt nämlich einen Überschuss an jener rechtsdrehenden Milchsäure, die den Körper entgiftet und die Darmflora unterstützt, ohne dabei (wie die linksdrehende) den Organismus zu belasten.
Inwieweit auch der Genuss von Joghurttorten dazu beiträgt, dass man über 100 wird, lässt sich hier nicht klären. Dass sie, zumal in Verbindung mit vitaminreichen Früchten und Beeren, hervorragend munden, steht allerdings längst fest.

Mohn-Marillen-Torte

Zutaten für 1 Torte (Ø 26 cm)
Mürbteigmasse nach Grundrezept (s. S. 14), 1/4 der Masse
Mohnmasse nach Grundrezept (s. S. 29)
150 g Marillenmarmelade
2 cl Marillenbrand
300 g eingelegte Marillen (s. S. 188)
Mandeln, gehobelt und geröstet, zum Bestreuen

Für das Gelee
70 g Marillenmarmelade
80 ml Wasser
1 1/2 Blatt Gelatine

Mürbteig- und Mohnmasse laut Anleitung zubereiten und backen. Marillenmarmelade mit Marillenbrand erwärmen und den Mürbteigboden damit dünn bestreichen. Mohnboden darauf setzen und wiederum rundum und oben mit Marillenmarmelade bestreichen. In einen Tortenring stellen. Eingelegte Marillen in Spalten schneiden, auf die Torte legen und kühl stellen. Für das Gelee Marillenmarmelade mit Wasser über Dampf erwärmen. Gelatine in kaltem Wasser einweichen, ausdrücken und darin auflösen. Danach über die Marillentorte verteilen. Torte 2 Stunden kühl stellen, aus dem Tortenring schneiden und an der Seite mit gerösteten Mandeln einstreuen.

RECHTS: WALDBBER-VANILLE-TORTE

WALDBEER-VANILLE-TORTE

Biskuitmasse laut Grundrezept zubereiten, eine Torte backen und nach dem Abkühlen einmal horizontal durchschneiden. Einen Biskuitboden in einen Tortenring legen und mit Marmelade bestreichen. Die Hälfte der Milch mit Kristallzucker, Vanillezucker und der halbierten Vanilleschote aufkochen lassen. Puddingpulver mit restlicher Milch glatt rühren, in die kochende Milch einmengen und aufkochen lassen. Vom Herd nehmen und die Vanilleschote entfernen. Gelatine in kaltem Wasser einweichen, ausdrücken und in der Masse auflösen. Marillenmarmelade einrühren und überkühlen lassen. Masse glatt rühren und geschlagenes Obers vorsichtig unterheben.
Drei Viertel der Vanillecreme auf den Biskuitboden streichen, den zweiten Boden darauf setzen und wiederum mit Marillenmarmelade bestreichen. Die restliche Creme auftragen, glatt streichen und 2 Stunden kühl stellen. Die Beeren über die Torte verteilen. Für das Gelee Wasser und Zucker aufkochen lassen, vom Herd nehmen und die Marillenmarmelade darin glatt rühren. Gelatine in kaltem Wasser einweichen, ausdrücken und im Gelee auflösen. Danach über die Torte verteilen und kühl stellen.

Zutaten für 1 Torte (Ø 26 cm)
Biskuitmasse für Torten, laut Grundrezept (s. S. 23), 1/2 Menge
120 g Marillenmarmelade
350 g Beeren, nach Belieben gemischt

Für die Creme
500 ml Milch
100 g Kristallzucker
20 g Vanillezucker
1 Vanilleschote
50 g Vanillepuddingpulver
6 Blatt Gelatine
30 g Marillenmarmelade
400 ml Schlagobers

Für das Gelee
50 g Marillenmarmelade
120 ml Wasser
70 g Kristallzucker
3 Blatt Gelatine

KAROTTENTORTE

Karotten mit 60 g Staubzucker und Zitronenschale vermengen und gut durchziehen lassen. Eier, Eidotter und den restlichen Zucker über Dampf aufschlagen. Dann mit dem Rührgerät kalt und schaumig schlagen. Karottenmischung vorsichtig unter die Eiermasse heben. Mehl, Backpulver und Haselnüsse einrühren. Flüssige, aber nicht zu heiße Butter unterziehen. Eine Tortenform ausbuttern und mit gehackten Mandeln ausstreuen. Karottenmasse einfüllen und im vorgeheizten Backrohr bei 180 °C 40 Minuten backen. Überkühlen lassen und aus der Form auf ein mit Staubzucker bestreutes Tuch oder Blech stürzen. Mit erwärmter Marillenmarmelade dünn bestreichen, mit Eiweißglasur glasieren.
BACKZEIT: 40 Minuten
BACKTEMPERATUR: 180 °C

Zutaten für 1 Torte (Ø 24 cm)
250 g Karotten, fein gerissen
210 g Staubzucker
Schale von 1 Zitrone, gerieben
5 Eier
1 Eidotter
185 g Mehl
10 g Backpulver
125 g Haselnüsse, geschält und gerieben
125 g Butter, flüssig
60 g Mandeln, gehackt
Marillenmarmelade zum Bestreichen
Eiweißglasur laut Grundrezept (s. S. 43)
Butter für die Form
Staubzucker für das Tuch

Orangen-Trüffel-Torte

Panamamasse laut Grundrezept zubereiten, backen und Torte nach dem Auskühlen zweimal horizontal durchschneiden. Orangenmarmelade mit Grand Marnier etwas erwärmen, verrühren und den ersten Tortenboden damit dünn bestreichen. In einen Tortenring legen.
Für die Creme Kuvertüre im heißen Wasserbad schmelzen. Dotter ebenfalls im heißen Wasserbad schaumig aufschlagen und in die Kuvertüre rühren. Gelatine einweichen, gut ausdrücken und in erwärmtem Orangensaft auflösen. Orangensaft, Grand Marnier und Orangenschale in die Creme einrühren. Obers leicht schlagen und auf zwei Etappen unterheben. Ein Drittel der Creme auf den Tortenboden auftragen und glatt streichen. Zweiten Tortenboden darauf setzen und wiederum mit Orangenmarmelade bestreichen. Diesen Vorgang mit dem dritten Tortenboden wiederholen. Die restliche Creme oben glatt streichen und Torte 2 Stunden kühl stellen. Obenauf mit Schlagobers bestreichen. Aus dem Tortenring nehmen, an der Seite mit Kakaopulver bestreuen und obenauf mit Schokoladespänen und Aranzini dekorieren.

Zutaten für 1 Torte (Ø 26 cm)
Panamamasse nach Grundrezept (s. S. 30)
150 g Orangenmarmelade
6 cl Grand Marnier
200 ml Schlagobers zum Bestreichen
Schokoladespäne und Aranzini zum Garnieren
Kakaopulver zum Bestreuen

Für die Creme
4 Eidotter
300 g Zartbitterkuvertüre
150 ml Orangensaft, frisch gepresst
5 cl Grand Marnier
Schale von 2 Orangen, gerieben
1 Blatt Gelatine
350 ml Schlagobers

Zitronentarte mit Mascarino

Eine ausgebutterte Springform mit dem nach Anleitung zubereiteten Teig auskleiden und wie beschrieben blind backen.
Für die Fülle Eidotter, Eier und Zucker über Dampf schaumig rühren. Butter, Zitronensaft sowie Zitronenschale zugeben und kräftig schlagen. Maisstärke, Honig und Mascarino einarbeiten. Unter ständigem Rühren langsam erhitzen und köcheln lassen, bis die Masse bindet. Auf den vorgebackenen Teig auftragen und im vorgeheizten Backrohr nochmals 10 Minuten fertig backen. Vor dem Aufschneiden erkalten lassen.

BACKZEIT: ca. 12–15 Minuten blind, 10 Minuten fertig backen
BACKTEMPERATUR: 190 °C

Zutaten für 6–8 Portionen
Auslegeteig nach Grundrezept (s. S. 11), 1/2 Menge

Für die Fülle
2 Eidotter
2 Eier
120 g Kristallzucker
40 g Butter
2 EL Maisstärke (Maizena)
1/2 TL Honig
400 g Mascarino
180 ml Zitronensaft
Schale von 2 unbehandelten Zitronen, gerieben

Passionsfrucht-Nougat-Charlotte

Zutaten für 6–8 Portionen (1 Charlottenform)

Biskuitmasse für Rouladen nach Grundrezept (s. S. 22), 1/2 Menge
Marillenmarmelade zum Bestreichen
200 g Passionsfruchtmark (im Süßwaren-Fachhandel erhältlich oder selbst gemacht, s. Tipps)
5 Blatt Gelatine
2 Eidotter
30 g Kristallzucker
2 cl Cointreau
250 ml Schlagobers, geschlagen
Zucker für das Tuch

Für die Nougatmousse

120 g Nougat
1 Ei
2 Blatt Gelatine
150 ml Schlagobers, geschlagen
2 cl Rum

Die Biskuitmasse nach Anleitung backen und auf ein mit Zucker bestreutes Tuch stürzen. Mit der umgedrehten Charlottenform (Halbkugelform) einen Boden ausstechen und beiseite legen. Restliches Biskuit (ca. 2/3 des Teiges) der Länge nach halbieren, mit Marmelade bestreichen, zu kleinen Rouladen einrollen und kühl stellen. Biskuitrouladen in 5–8 mm dünne Scheiben schneiden und die Charlottenform damit so dicht wie möglich auslegen. Einen Teil des Passionsfruchtmarks erwärmen. Gelatine in kaltem Wasser einweichen, ausdrücken und im warmen Fruchtmark auflösen. Mit dem restlichen Fruchtmark vermischen. Eidotter mit Kristallzucker über Dampf schaumig rühren. Passionsfruchtmark zugeben und dann kalt schlagen. Sobald die Masse leicht zu gelieren beginnt, das geschlagene Obers unterziehen. Mit Cointreau abschmecken, in die Charlottenform füllen und 20 Minuten kühl stellen.

Währenddessen für die Nougatmousse Nougat schmelzen. Gelatine einweichen, ausdrücken und in erwärmtem Rum auflösen. Ei mit der Rum-Gelatine-Masse über Dampf aufschlagen, unter das Nougat rühren und etwas überkühlen lassen. Das geschlagene Obers unterheben. In die Charlottenform füllen, mit dem bei Seite gelegten Biskuitboden abdecken und 2–3 Stunden kalt stellen. Charlotte stürzen und mit erwärmter Marillenmarmelade bestreichen.

TIPPS:

- Passionsfruchtmark lässt sich übrigens auch leicht selbst herstellen. Dazu lösen Sie das Fruchtfleisch von ca. 10 Passionsfrüchten aus und mixen es ganz nach persönlichem Geschmack mit mehr oder weniger Läuterzucker. Durch ein Sieb passieren – fertig.
- Stehen gerade keine Passionsfrüchte zur Verfügung, so lassen sie sich auch durch Erdbeeren oder andere Früchte ersetzen. Allerdings harmoniert speziell die Säure der Passionsfrüchte mit der Süße des Nougats ganz hervorragend.

Fruchtgenuss aus aller Welt

Feine Desserts aus Obst und Beeren

KALTE VERSUCHUNGEN

Dass die süße Küche von heute wesentlich leichter und bekömmlicher ist als jene unserer Großmütter, verdankt sie vor allem der Tatsache, dass immer weniger Zucker und Mehl, aber immer mehr süße sowie fein-säuerliche Früchte und Beeren verwendet werden. Besonders an heißen Tagen stehen solche herrlich-kühlen Fruchtdesserts bei gesundheitsbewussten Schleckermäulern hoch im Kurs.

Bananen-Schokolade-Terrine mit Zwergorangen

Zutaten für 12 Portionen
Baumkuchen laut Grundrezept (s. S. 33), 1/3 der Menge
ca. 500 g Kumquats (Zwergorangen) mit Sternanis laut Grundrezept (s. S. 190)
Staubzucker zum Bestreuen

Für die Bananenmousse
2 Bananen
5 cl Läuterzucker (s. S. 40)
3 cl Zitronensaft
3 Blatt Gelatine
2 Eiklar
20 g Kristallzucker

Für die Schokolademousse
120 g Kuvertüre, zartbitter
1 Eidotter
1 Banane
6 cl Läuterzucker (s. S. 40)
4 cl Schlagobers, flüssig
180 ml Schlagobers, geschlagen
2 cl Bananenlikör

Baumkuchen nach Anleitung backen, auskühlen lassen und in dünne Streifen schneiden. Eine Terrinenform mit den Streifen der Breite nach auslegen.
Für die Bananenmousse die geschälten, grob geschnittenen Bananen mit Läuterzucker und Zitronensaft pürieren und durch ein Sieb passieren.
Gelatine einweichen, ausdrücken und mit einem Teil des Bananenmarks über Wasserdampf auflösen. Unter die restliche Masse mengen und alles auf Eis kalt schlagen, bis die Masse leicht zu gelieren beginnt.
Eiklar mit Zucker zu Schnee schlagen und unter die Bananenmasse heben. In die Terrinenform füllen und 2 Stunden kühl stellen.
Für die Schokolademousse die Kuvertüre über Wasserdampf schmelzen und wieder vom Wasserbad wegnehmen. Läuterzucker mit geschälter, grob geschnittener Banane und flüssigem Obers mixen. Durch ein feines Sieb passieren und gemeinsam mit den Eidottern unter die Kuvertüre rühren. Abschließend das geschlagene Obers unterheben und mit Bananenlikör aromatisieren. Auf die Bananenmousse auftragen und für 4 weitere Stunden kühl stellen. Terrine stürzen und portionieren. Je ein Stück in die Mitte des Tellers platzieren, mit lauwarmem Kumquats-Sternanis-Kompott umkränzen und mit Staubzucker bestreuen.
TIPP: Noch delikater schmeckt diese Terrine, wenn sie zusätzlich mit frischem Vanilleschaum (s. S. 203) serviert wird.

Beerenlasagne mit Strudelteigblättern

Zutaten
ca. 180 g Strudelteig (nach Grundrezept s. S. 16 oder Fertigprodukt)
350 g Mascarponecreme (s. S. 248)
100 g Blaubeeren (Heidelbeeren)
100 g Himbeeren
100 g Walderdbeeren
Erdbeermark (s. S. 200)
Sauerrahm und Minze zum Garnieren
Staubzucker zum Bestreuen
Butter für das Backblech

Aus dem vorbereiteten Strudelteig mit einem runden Ausstecher (Ø 10 cm) 12 Kreise formen. Auf ein gefettetes Backblech legen, mit Staubzucker bestreuen und im vorgeheizten Backrohr bei 220 °C ca. 5 Minuten karamellisieren lassen. Vom Blech nehmen und überkühlen lassen.
Die nach Anleitung zubereitete Mascarponecreme in einen Dressiersack mit Sterntülle (mit sternförmiger Öffnung) füllen und auf jeden Teller einen Sockel von ca. 4 cm Durchmesser dressieren. Nun eine Sorte Beeren darauf anrichten sowie rundherum legen und mit einem Strudelblatt bedecken. Denselben Vorgang mit den restlichen Beeren wiederholen. Die letzte Schicht Creme und Beeren aufsetzen und die schönsten Strudelblätter obenauf setzen. Mit Erdbeermark sowie Sauerrahm umkränzen und mit Staubzucker bestreuen. Mit Minze garnieren.

BACKZEIT: ca. 5 Minuten
BACKTEMPERATUR: 220 °C

Blaubeeren-Buttermilch-Tartelettes mit Marillen

Mürbteig laut Grundrezept zubereiten. Teig 3–4 mm dick ausrollen und mit einer Gabel mehrmals einstechen. Mit einem runden Ausstecher so ausstechen, dass acht gefettete Tarteletteformen damit ausgelegt werden können. Formen auf ein Backblech stellen und im vorgeheizten Backrohr bei 170 °C etwa 8–10 Minuten backen. Tartelettes aus den Formen lösen und überkühlen lassen. Für die Mousse Buttermilch mit Honig, Staubzucker und Orangenschale verrühren. Gelatine einweichen, ausdrücken, in erwärmtem Orangensaft auflösen und zur Buttermilchmasse geben. Auf Eiswasser kalt rühren, bis die Masse leicht zu gelieren beginnt. Dann das geschlagene Obers unterziehen. Mousse in die Tartelettes füllen und kalt stellen. Blaubeeren darauf verteilen. Heidelbeersauce auf die Teller gießen und die Tartelettes darauf setzen. Mit eingelegten Marillen sowie Minze garnieren und mit Staubzucker bestreuen.

BACKZEIT: 8–10 Minuten
BACKTEMPERATUR: 170 °C

Zutaten für 8 Portionen

400 g Mürbteig laut Grundrezept (s. S.14)
200 g Blaubeeren (Heidelbeeren)
250 g eingelegte Marillen (s. S. 188)
Heidelbeersauce (s. S. 201) zum Anrichten
Staubzucker zum Bestreuen
Minze zum Garnieren
Butter für die Förmchen

Für die Buttermilchmousse

250 ml Buttermilch
40 g Honig
50 g Staubzucker
Saft und abgeriebene Schale von 1 Orange
3 Blatt Gelatine
200 ml Schlagobers, geschlagen

1
Für den Teig alle Zutaten miteinander zu einem glatten Teig kneten und rasten lassen.

2
Mürbteig auf 3-4 mm Stärke ausrollen.

3
Den Teig ausradeln oder ausstechen und die Tarteletteformen damit auslegen.

4
Mit einer Gabel den Boden der Tartelettes „stupfen“. Danach wie beschrieben backen.

5
Buttermilchmousse in die fertigen Tartelettes füllen und kalt stellen.

6
Blaubeeren darauf verteilen.

Passionsfruchtterrine mit gebackenen Erdbeeren

Für die Passionsfruchtmousse Gelatine in kaltem Wasser einweichen. Etwa 100 ml Passionsfruchtsaft erwärmen. Gelatine ausdrücken, darin auflösen und unter den restlichen Passionsfruchtsaft rühren. Mit Cointreau abschmecken und auf Eis kalt rühren, bis der Saft leicht zu gelieren beginnt. Eiklar mit Kristallzucker zu Schnee schlagen und gemeinsam mit geschlagenem Obers unterheben. Masse in Terrinenform füllen und für 1 Stunde kalt stellen.
Für die Joghurtmousse Joghurt mit Staubzucker verrühren. Cointreau und Orangensaft erwärmen. Gelatine einweichen, ausdrücken, darin auflösen und unter die Joghurtmasse rühren. Geschlagenes Obers unterheben. Joghurtmousse auf die Passionsfruchtmousse streichen und für weitere 3 Stunden kühl stellen.
Für den Backteig Mehl, Salz, Zucker und Öl vermischen. Eidotter unterrühren. Weißwein sowie Erdbeerlikör zugeben und alles zu einem glatten Teig rühren. Eiklar mit Zucker zu Schnee schlagen und unter den Teig rühren. In einer kleinen, tiefen Pfanne ausreichend viel Öl erhitzen. Die gewaschenen Erdbeeren am Stiel halten oder auf ein kleines Holzspießchen stecken, in den Teig tauchen und goldgelb frittieren. Auf Küchenkrepp gut abtropfen lassen.
Passionsfruchtterrine stürzen, portionieren und auf Teller setzen. Jeweils mit Erdbeermark umkränzen und eine halbierte Erdbeere darauf setzen. Mit Staubzucker und Minze garnieren.

GARNITUREMPFEHLUNG: zusätzlich noch Nougateis (s. S. 352) oder Kokoseis (s. S. 354)

Zutaten für 12 Portionen

Für die Passionsfruchtmousse

350 ml Passionsfruchtsaft
4 Blatt Gelatine
3 Eiklar
100 g Kristallzucker
2 cl Cointreau
250 ml Schlagobers, geschlagen

Für die Joghurtmousse

150 ml Joghurt
30 g Staubzucker
2 cl Cointreau
2 cl Orangensaft
3 Blatt Gelatine
150 ml Schlagobers, geschlagen

Für die gebackenen Erdbeeren

12 Erdbeeren mit Grün
50 g Mehl
Prise Salz
1/2 EL Staubzucker
1 cl Sonnenblumenöl
1 Eidotter
50 ml Weißwein
1 cl Erdbeerlikör
1 Eiklar
20 g Kristallzucker
Erdbeermark zum Garnieren (s. S. 200)
Staubzucker und Minze zum Garnieren
Öl zum Frittieren

Nektarinen-Krokant-Timbale mit Ribiseln

Zutaten für 8 Portionen
8 Oblaten (Ø 6 cm)
3 Nektarinen
100 g Nektarinenmark (wie Pfirsichmark laut Grundrezept, s. S. 200)
4 cl Pfirsichlikör
2 cl Zitronensaft
4 cl Läuterzucker (s. S. 40)
3 Blatt Gelatine
400 g Zartbitterkuvertüre zum Eintunken
Krokantbrösel zum Eintauchen (s. S. 36)
200 g Ribiseln
50 ml Johannisbeersaft
30 g Honig
ca. 300 g Obers- oder weißes Schokoladeeis
Minze zum Garnieren

Für die Krokantcreme
35 g Zartbitterkuvertüre
50 g Vollmilchkuvertüre
50 ml Milch
20 g Butter
15 g Krokant (s. S. 36)

Jeweils eine Oblate in eine Ring(Timbale-)form (Ø 6 cm) legen. Für die Krokantcreme die Kuvertüren zerkleinern und im Wasserbad gemeinsam schmelzen. Milch und Butter unter die Kuvertüre mischen. Mit dem Mixstab homogenisieren, d. h. mit dem Mixer 5 Minuten durchmischen, ohne Luftbläschen hineinzumixen (Mixstab ganz in die Flüssigkeit halten!). Abschließend Krokant untermischen, in die Formen füllen und 2 Stunden kühl stellen.

Währenddessen die Nektarinen in kleine Würfel schneiden. Gelatine in kaltem Wasser einweichen. Pfirsichlikör, Zitronensaft und Läuterzucker erwärmen. Gelatine ausdrücken, darin auflösen und unter das Nektarinenmark rühren. Nektarinenwürfel ebenfalls zugeben. Masse in die Timbaleformen füllen und weitere 4–5 Stunden kühl stellen. Die Törtchen aus den Formen schneiden.

Zartbitterkuvertüre im Wasserbad schmelzen und die untere Hälfte der Törtchen darin eintauchen. Anschließend in Krokantbrösel und dann auf Backpapier setzen. Johannisbeersaft mit Honig aufkochen. Vom Herd nehmen, überkühlen lassen und gerebelte Ribiseln einstreuen. In die Mitte der Teller jeweils ein Törtchen setzen, mit dem Ribiselragout umkränzen und obenauf Obers- oder weißes Schokoladeeis setzen. Mit Minze garnieren.

Brombeeren auf Honigcremeroulade

Für die Honigcreme Joghurt mit Honig verrühren. Gelatine in kaltem Wasser einweichen. Zitronen- und Orangensaft erwärmen und ausgedrückte Gelatine darin auflösen. Mit der Joghurtmasse vermengen. Sobald die Masse leicht zu gelieren beginnt, das geschlagene Obers unterheben. Masse kühl stellen.
Für die Biskuitmasse Eiklar mit Kristallzucker zu Schnee schlagen. Dotter langsam einrühren, Salz, Vanillezucker und Zitronenschale untermengen. Abschließend das gesiebte Mehl vorsichtig unterheben. Masse auf ein mit Backpapier ausgelegtes Backblech streichen. Im vorgeheizten Backrohr bei 180 °C 10–15 Minuten goldbraun backen. Biskuitplatte abkühlen lassen, dann der Länge nach halbieren. Die Honigcreme auf die Biskuitböden auftragen, einrollen und kühl stellen. Dann die Rouladen mit Marillenmarmelade bestreichen und in Kokosraspeln wälzen. Rouladen portionieren und anrichten. Weiße Kuvertüre im Wasserbad schmelzen und die Brombeeren mit der flüssigen Schokolade „aufkleben". Mit Minze und gehobelten weißen Schokoladespänen anrichten.

BACKZEIT: 10–15 Minuten

BACKTEMPERATUR: 180 °C

GARNITUREMPFEHLUNG: Himbeermark (s. S. 201) und Joghurt-Zitronen-Sauce (s. S. 202).

Zutaten für 8 Portionen

4 Eiklar
80 g Kristallzucker
4 Eidotter
Vanillezucker
etwas Zitronenschale, abgerieben
Salz
80 g Vollkornmehl
150 g Marillenmarmelade
Kokosraspel zum Wälzen
200 g Brombeeren
weiße Kuvertüre oder Schokolade
Minze und weiße Schokospäne zum Garnieren

Für die Honigcreme

250 ml Joghurt
80 g Honig
Saft von 1 Zitrone
Saft von 1 Orange
3 Blatt Gelatine
200 ml Schlagobers, geschlagen

Pfirsich Melba auf neue Art

Zutaten für 10 Portionen
5 Pfirsiche
400 ml Traminer (oder ein anderer kräftiger Weißwein)
150 ml Wasser
Saft von 1 Zitrone
100 g Kristallzucker
50 g Honig
4 cl Pfirsichlikör
Prise Salz
200 g Himbeermarmelade
250 g Himbeeren
200 g Zartbitterkuvertüre

Für den Biskuitboden
2 Eier
50 g Kristallzucker
25 g Mehl
25 g Maisstärke (Maizena)
Prise Salz
Staubzucker zum Stürzen

Für die Vanillecreme
3 Eidotter
100 g Kristallzucker
125 ml Milch
1 Vanilleschote
2 Blatt Gelatine
175 ml Schlagobers, geschlagen

Pfirsiche kurz in Salzwasser blanchieren, in Eiswasser abschrecken und Haut abziehen. Teilen und Kern entfernen. Traminer mit Wasser, Zitronensaft, Kristallzucker und Honig aufkochen, Pfirsiche einlegen und weich kochen. Pfirsiche wieder herausnehmen und beiseite legen. Den Fond mit Pfirsichlikör aromatisieren und langsam einkochen lassen, bis er sirupartig ist.
Eier mit Kristallzucker und Salz dickschaumig aufschlagen. Mehl und Maisstärke versieben und unter die Eiermasse heben. Auf ein mit Backpapier belegtes Backblech streichen und bei 180 °C 6 Minuten backen. Auf ein mit Staubzucker bestreutes Tuch stürzen und das Backpapier vorsichtig abziehen. Mit einem runden Ausstecher (Ø ca. 7,5 cm) Kreise ausstechen und diese in ebenso große Ringformen setzen. Mit erwärmter Himbeermarmelade bestreichen und die Himbeeren darauf setzen.
Milch mit der halbierten Vanilleschote aufkochen, vom Herd nehmen und ziehen lassen. Eidotter mit Kristallzucker über Dampf schaumig schlagen. Vanilleschote entfernen, Mark abstreifen und zugeben. Eingeweichte und ausgedrückte Gelatine in warmer Milch auflösen und zur Dottermasse gießen. Weiter über Dampf schlagen, bis die Masse leicht bindet und „zur Rose abzieht“. Das heißt, die Creme wird so lange geschlagen, bis sich – sobald sie auf dem Kochlöffel leicht angedickt liegen bleibt – beim Daraufblasen Kringel zeigen, die an die Form einer Rose erinnern. Dann auf Eis kalt schlagen. Geschlagenes Obers unterheben. In die Formen füllen und 2 Stunden tiefkühlen. Aus den Ringformen schneiden.
Aus Backpapier 10 Streifen von ca. 4 x 20 cm schneiden. Kuvertüre im Wasserbad schmelzen. Backpapierstreifen damit dünn bestreichen und je einen Streifen mit der Schokoseite nach innen um ein Törtchen legen. Kurz im Kühlschrank erstarren lassen und danach das Papier abziehen. Pfirsiche feinblättrig schneiden, aber wieder zur ursprünglichen Form zusammensetzen. Je eine Pfirsichhälfte obenauf setzen und mit dem erkalteten Sirup überziehen.

BACKZEIT: ca. 6 Minuten

BACKTEMPERATUR: 180 °C

Erdbeeren in Sektgelee mit Holunderblütenmousse und Erdbeer-Espuma

Erdbeeren waschen, putzen und vierteln. Sekt mit Apfelsaft, Zitronensaft und Kristallzucker aufkochen lassen und wieder vom Herd nehmen. Gelatine in kaltem Wasser einweichen, gut ausdrücken und in der noch warmen Flüssigkeit auflösen. Überkühlen und die Flüssigkeit dabei fast gelieren lassen. Geviertelte Erdbeeren in möglichst breite Gläser (am besten Whisky-Tumbler) füllen und mit dem Gelee bedecken. Für 1 Stunde kühl stellen.

Für die Mousse Gelatine einweichen, gut ausdrücken und mit etwas Holunderblütensaft über Wasserdampf auflösen. Unter den restlichen Holundersaft rühren. Nun mit einem Schneebesen auf Eis kalt rühren, bis die Masse leicht zu gelieren beginnt. Dann das geschlagene Obers unterheben. Eiklar schaumig aufschlagen, mit Kristallzucker zu Schnee schlagen und ebenfalls unterheben. Die Holunderblütenmousse auf das bereits gelierte Gelee füllen und wiederum kühl stellen. Erdbeer-Espuma laut Grundrezept zubereiten und mit Hilfe eines Sahneapparates auf die Mousse aufschäumen.

GARNITUREMPFEHLUNG: Erdbeeren mit grünem Stängel und Minze

Zutaten für 12 Portionen

300 g Erdbeeren
400 ml Sekt (am besten Chardonnay-Sekt)
150 ml Apfelsaft
4 cl Zitronensaft
80 g Kristallzucker
5 Blatt Gelatine
Erdbeer-Espuma laut Grundrezept (s. S. 274)

Für die Holunderblütenmousse

400 ml Holunderblütensaft (s. S. 205 oder Fertigprodukt)
4 Blatt Gelatine
120 ml Schlagobers, geschlagen
2 Eiklar
50 g Kristallzucker

Marinierte Pfirsiche mit Camparisabayon

Zutaten
3–4 Pfirsiche
Staubzucker
2 cl Grappa
Schuss Grenadinesirup (Grantapfelsirup)
Saft von 1/4 Zitrone
Minze, in feine Streifen geschnitten
Minzeblätter zum Garnieren

Für das Camparisabayon
4 Eidotter
50 g Zucker
1 Blatt Gelatine
Schale von 1 Orange, abgerieben
6 cl Campari
4 cl Orangensaft
1 EL Schlagobers, geschlagen
Staubzucker

Pfirsiche in dünne Spalten schneiden, mit Grappa, Grenadinesirup, Zitronensaft, Minzestreifen und Staubzucker marinieren. In Form einer Rosette auf Teller gruppieren.
Für das Camparisabayon Eidotter mit Zucker cremig rühren und über Wasserdampf aufschlagen, bis die Masse bindet und ein fester, luftiger Schaum entsteht. Kalt eingeweichte, gut ausgedrückte Gelatine einrühren und den Schaum in einem kalten Wasserbad kalt rühren. Mit Orangenschale, Campari sowie Orangensaft abschmecken. Geschlagenes Obers mit etwas Staubzucker süßen und vor dem Anrichten unter den Camparischaum ziehen. Camparisabayon über die Pfirsiche verteilen und mit Minzeblättern garnieren.
GARNITUREMPFEHLUNG: Bellini-Sorbet (s. S. 363)

Zwetschken in Gelee mit Mohneis und Zwetschken-Espuma

Zutaten
200 g Zwetschken
100 ml Rotwein
50 g Kristallzucker
3 Blatt Gelatine
1 cl Armagnac
1 cl Zwetschkenbrand
Zwetschken-Espuma laut Grundrezept (s. S. 274), halbe Menge

Für das Mohneis
Vanilleeisgrundmasse laut Grundrezept (s. S. 350), halbe Menge
20 g Graumohn, gemahlen

Zwetschken halbieren und entsteinen. Rotwein mit Kristallzucker aufkochen lassen. Zwetschken zugeben und einige Minuten weich kochen lassen. Abseihen und den Sud auffangen. Gelatine einweichen, ausdrücken und im Sud auflösen. Sud mit Armagnac sowie Zwetschkenbrand aromatisieren. Nun die Zwetschken mit dem Sud in kalt ausgespülte Portionsförmchen füllen und 3 Stunden kühl stellen. Vanilleeisgrundmasse laut Grundrezept zubereiten. Mit Graumohn vermischen und in der Eismaschine gefrieren lassen. Zwetschken-Espuma nach Anleitung zubereiten.
Portionsförmchen kurz in heißes Wasser stellen und jeweils auf einen Teller stürzen. Aus dem Mohneis Nockerln stechen, dazugeben und obenauf Zwetschken-Espuma aufschäumen.

Grenadine-Birne mit Birnenmousse und Hollerkoch

Weißwein, Wasser, Zucker und Grenadine aufkochen lassen. Die geschälten Birnen (Stiel nicht entfernen) darin weich kochen und über Nacht in diesem Sud auskühlen lassen. Am besten einen Teller umdrehen und die Birnen damit beschweren, damit sie komplett mit Flüssigkeit bedeckt sind.
Für die Mousse die Birne schälen, entkernen und in kleine Stücke schneiden. Mit Weißwein und Zucker weich kochen, mixen und durch ein Sieb passieren. Die eingeweichte Gelatine in dem noch warmen Birnenmark auflösen. Dotter und Staubzucker über Dampf schaumig aufschlagen, Birnenmark unterrühren, geschlagenes Obers unterheben und mit Birnenbrand abschmecken. Für 1 Stunde kühl stellen. Die Grenadine-Birnen von unten her aushöhlen und entkernen, so dass die Birne als Ganzes bestehen bleibt. Die Mousse mit einem Dressiersack in die Birnen füllen. Das nach Anleitung zubereitete Hollerkoch auf Teller verteilen, die gefüllten Birnen hineinsetzen und mit der restlichen Mousse garnieren.

GARNITUREMPFEHLUNG: Sauerrahmeis (s. S. 355)

Zutaten
4 Birnen (Gute Luise)
250 ml Weißwein
125 ml Grenadine (Granatapfelsaft)
60 ml Wasser
250 g Kristallzucker
Hollerkoch (s. S. 180)

Für die Birnenmousse
1 Birne
65 ml Weißwein
50 g Zucker
2 Eidotter
30 g Staubzucker
2 Blatt Gelatine
4 cl Birnenbrand
125 ml Schlagobers, geschlagen

Die schöne Grenadine

Grenadine ist für jeden Barmixer so etwas wie ein flüssiger Zauberstab. Der Granatapfelsirup stammt von der gleichnamigen karibischen Inselgruppe südlich von Saint Vincent, deren Hauptinsel das Tropenparadies Grenada ist. Ähnlich wie der 1867 in der Mailänder Via Rastrelli erfundene Campari hat die Grenadine wegen ihrer angenehmen Aromatik, vor allen aber wegen ihrer rötlichen Leuchtkraft, nicht nur in die Cocktailwelt, sondern auch in die Patisserie Eingang gefunden. Hier erweist sie sich übrigens auch als überraschend kinderfreundlich: Denn im Gegensatz zum Campari ist Grenadine alkoholfrei.

Merlot-Kirschen mit Sauerrahmmousse

Zutaten für 4–6 Portionen
1 kg Kirschen
500 ml Merlot (ersatzweise ein anderer kräftiger, aromatischer Rotwein)
150 g Kirschenmarmelade
80 g Honig
Saft von 2 Orangen
2 cl Kirschbrand

Für die Sauerrahmmousse
300 ml Sauerrahm
Schale von 1 Orange, abgerieben
4 Blatt Gelatine
80 g Staubzucker
2 cl Kirschbrand
200 ml Schlagobers

Kirschen halbieren und entkernen. Merlot mit Honig aufkochen und um die Hälfte einkochen lassen. Kirschen 3 Minuten mitkochen lassen. Kirschenmarmelade und Orangensaft zugeben und nochmals kurz durchkochen lassen. Mit Kirschbrand aromatisieren und kühl stellen. Für die Mousse Sauerrahm mit Orangenschale und Staubzucker verrühren. Gelatine einweichen, ausdrücken, in leicht erwärmtem Kirschbrand auflösen und unter die Sauerrahmmasse rühren. Geschlagenes Obers unterheben und Mousse kühl stellen. Merlot-Kirschen in tiefen Tellern anrichten, aus der Mousse Nockerln stechen und diese auf die Kirschen setzen.

Orangenfilets mit Sesamhippen und Minzsauce

Zutaten
4 Orangen, unbehandelt
4 cl Grand Marnier
100 g Staubzucker
8 Sesamhippenblätter laut Grundrezept (s. S. 38)
Minze und Staubzucker zum Garnieren

Für die Creme
3 Eidotter
50 g Kristallzucker
2 cl Grand Marnier
6 cl Orangensaft
3 Blatt Gelatine
250 ml Schlagobers, geschlagen

Für die Minzsauce
4 Birnen
80 g Kristallzucker
4 cl Zitronensaft
1/2 Bund Pfefferminze
4 cl Pfefferminzlikör
Prise Salz

Orangen heiß waschen und mit einem Tuch gut abreiben. Mit einem Messer dünne Schalenstücke abschneiden und diese in feine Streifen schneiden. In etwas kaltem Wasser beiseite legen. Orangen filetieren, dabei den Orangensaft auffangen. Orangenfilets mit Grand Marnier und Staubzucker marinieren.

Für die Creme Eidotter mit Kristallzucker über Dampf schaumig aufschlagen. Gelatine einweichen, ausdrücken und in leicht erwärmtem Orangensaft und Grand Marnier auflösen. Unter die Eidottermasse rühren und kalt schlagen. Bevor die Masse zu gelieren beginnt, das geschlagene Obers unterheben. Die Creme in 4 Ringformen (Ø 6 cm) füllen und 3 Stunden kalt stellen.

Für die Minzsauce die Birnen schälen, vierteln und Gehäuse sowie Kerne entfernen. Gemeinsam mit Kristallzucker und Zitronensaft weich kochen. Minze in Salzwasser blanchieren (kurz überbrühen) und in Eiswasser abschrecken. Zu den Birnen geben und alles fein mixen. Durch ein feines Sieb passieren und mit Pfefferminzlikör aromatisieren. Gekühlte Creme stürzen und auf Teller setzen. Ein Sesamhippenblatt auflegen. Orangenfilets darauf anordnen und ein weiteres Hippenblatt obenauf setzen. Mit Minzsauce, Minze, Orangenzesten und Staubzucker garnieren.

Minze, sweet & sour

Die Engländer verwenden sie am liebsten, um Saucen zu Lamm und Rind zu aromatisieren. Die Kärntner schwören wiederum, dass eine echte Kärntner Kasnudel ohne Minzduft diesen Namen nicht verdiene. Vor allem jedoch ist die Minze neben der Zitronenmelisse eines der „Lieblingskräuteln" des Zuckerbäckers. Der erfrischende Geruch (im Neuen Testament wird die Minze nur als „die süß Riechende" bezeichnet) überdeckt so manche breite Süße, und der mentholartige, „pfeffrige" Geschmack verträgt sich nicht nur perfekt mit Schokolade, sondern auch mit Sorbets und Fruchtdesserts. Übrigens: Das Aroma von frischer Minze lässt sich auch durch Verwendung eines ätherischen Pfefferminzöls erzielen.

Burgunderbirne in Bayrischer Creme

Zutaten für 12 Portionen bzw. 2 Dreieckformen à 700 ml Volumen

150 ml Rotwein (wenn möglich Burgunder)
110 ml Apfelsaft
50 g Kristallzucker
2 cl Williamsbirnenbrand
4 Blatt Gelatine
250 g Birnen, geschält, in Spalten geschnitten

Für die Bayrische Creme

5 Eidotter
120 g Kristallzucker
1 Vanilleschote
3 cl Kirschwasser
5 Blatt Gelatine
450 ml Schlagobers, geschlagen

Rotwein, Apfelsaft und Kristallzucker mit den Birnenspalten aufkochen lassen. Birnen aus dem Sud nehmen, die Gelatine darin auflösen und mit Williamsbirnenbrand aromatisieren. Die Dreieckformen etwa halbvoll mit Birnen sowie Sud füllen und 3 Stunden kühl stellen. Fest gewordene Birnensulz aus der Form schneiden, auf ein mit Backpapier belegtes Blech stellen und wieder kühl stellen. Die Formen waschen und abtrocknen.

Für die Bayrische Creme die Vanilleschote halbieren und das Mark herauskratzen. Eidotter mit Zucker und Vanillemark über Dunst dickschaumig aufschlagen, danach auf Eiswasser kalt schlagen. Gelatine einweichen und ausdrücken. In etwas erwärmtem Kirschwasser auflösen und einrühren. Abschließend das nicht zu fest geschlagene Obers langsam unterheben. Nun die Hälfte der Bayrischen Creme in die Formen füllen. Die Burgunderbirne mit dem Spitz nach unten in die Form drücken und mit der restlichen Bayrischen Creme auffüllen. So entsteht ein Dreieck im Dreieck! Für weitere 3 Stunden kühl stellen.

GARNITUREMPFEHLUNG: eingelegte Kletzen und Zwetschken (s. S. 187)

TIPP: Stehen Ihnen keine Dreieckformen zur Verfügung, so tut es dem Geschmack sicher keinen Abbruch, wenn Sie stattdessen eine Terrinenform verwenden.

Muskatellertrauben in Gelee mit Muskatellersabayon

Die Trauben waschen und entkernen. Sekt, Muskateller, Traubensaft und Zucker einmal aufkochen lassen und wieder vom Herd nehmen. Gelatine einweichen, gut ausdrücken und in der noch warmen Masse auflösen. Portionsförmchen mit kaltem Wasser ausspülen. Zuerst etwas Gelee eingießen, anstocken lassen und danach einige Trauben darauf geben. So lange wiederholen, bis alles verbraucht ist. Dazwischen immer wieder leicht stocken lassen, damit die Trauben nicht obenauf schwimmen. Kühl stellen.
Für das Sabayon die Eidotter mit Zucker und Muskateller verrühren und in einem heißen Wasserbad schaumig aufschlagen. Mit Grappa aromatisieren und nochmals kräftig durchschlagen. Portionsförmchen kurz in heißes Wasser stellen, auf Teller stürzen und mit Sabayon umgießen. Mit Minze, Staubzucker und einigen Trauben garnieren.

Zutaten für 6 Portionen
300 g Muskatellertrauben
200 ml Muskateller
100 ml Sekt, wenn möglich Chardonnay-Sekt
100 ml Traubensaft
60 g Zucker
4 Blatt Gelatine
Staubzucker zum Bestreuen
Minze und einige Trauben zum Garnieren

Für das Muskatellersabayon
3 Eidotter
80 g Zucker
125 ml Muskateller
2 cl Grappa

Wie kam der Muskat in den Muskateller?

Er heißt auch vielsagend „Gelber Weihrauch“ oder „Feinschmeckerter“, und es handelt sich um eine der ältesten Rebsorten der Welt. Der „Muskateller“ war schon den alten Griechen und Phöniziern bekannt. Auch die Ritter des Nibelungenlieds sollen ihm mit so großer Freude zugesprochen haben, dass er heute noch mancherorts als „Nibelungenwein“ bezeichnet wird.
Bis heute liefert die Muskatellerrebe sowohl Grundmaterial für edle Weine als auch für süße Speisetrauben. Seinen Namen verdankt der Muskateller seinem unwiderstehlichen Duft, der vor allem Insekten betört. Für die alten Römer Grund genug, den Wein nach der Fliege (musca) zu taufen.
Gerade in der süßen Küche lässt sich der seit der Zeit um 1400 auch in Österreich, namentlich in der Wachau, nachgewiesene Muskateller je nach dem erwünschten Geschmacksbild in seiner fruchtig-hocharomatisch-säurebetonten Variante ebenso wie als süßer Prädikatswein einsetzen.

RECHTS: ROTE GRÜTZE

Gelierte Chardonnay-Sekt-Suppe mit Blaubeeren und Zitronen-Basilikum-Sorbet

Zutaten für 6 Portionen
750 ml Chardonnay-Sekt
100 ml Traminer (oder ein anderer voller Weißwein)
150 ml Holunderblütensaft (s. S. 205 oder Fertigprodukt)
150 ml Apfelsaft
60 g Kristallzucker
2 cl Zitronensaft
3 Blatt Gelatine
8 cl Cointreau
250 g Blaubeeren (Heidelbeeren)
Minze zum Garnieren
ca. 300 g Zitronen-Basilikum-Sorbet (s. S. 360)

Traminer mit Holunderblütensaft, Apfelsaft, Zitronensaft und Kristallzucker aufkochen lassen und vom Herd nehmen. Gelatine einweichen, ausdrücken und in der noch heißen Flüssigkeit auflösen. Sekt sowie Cointreau zugeben und kühl stellen. Dann die Sekt-Suppe glatt rühren und in möglichst tiefe Teller füllen. In die Mitte jeweils ein Nockerl des vorbereiteten Sorbets setzen und mit Blaubeeren und Minze garnieren.

GARNITUREMPFEHLUNG: Sesamhippen (s. S. 38)

TIPP: Wenngleich sich Chardonnay-Sekt zweifellos am besten für die Zubereitung dieses feinen Gerichtes eignet, lassen sich auch andere qualitativ gute Sekte problemlos verwenden.

Rote Grütze

Zutaten
250 ml Apfelsaft
80 ml Orangensaft
150 g Himbeeren für den Saft
60 g Kristallzucker
250 ml Rotwein
1 Zimtstange
Mark von 2 Vanilleschoten
60 g Vanillepuddingpulver
300 g Beeren nach Belieben gemischt (etwa Ribiseln, Brombeeren, Himbeeren)

Etwa 100 ml Apfelsaft mit Orangensaft, Himbeeren, Kristallzucker, Rotwein und Zimtstange aufkochen und etwas einkochen lassen. Durch ein feines Sieb seihen. Ausgekratztes Mark der Vanilleschoten zugeben. Vanillepuddingpulver mit dem restlichen Apfelsaft verrühren. Die Rotweinflüssigkeit einmal aufkochen lassen und mit dem Vanillepuddingpulver-Apfelsaft binden. Vom Herd nehmen und die Beeren zugeben. Die Grütze in Gläser oder tiefe Teller füllen und über Nacht kühl stellen.

GARNITUREMPFEHLUNG: Übergießen Sie die Grütze mit kalter Vanillesauce (s. S. 202) oder servieren Sie diese extra dazu.

Beerensulz mit Amaretto

Apfelsaft mit Riesling und Läuterzucker aufkochen lassen. Vom Herd nehmen und eine halbe Stunde überkühlen lassen. Himbeeren mit dem Mixstab hineinmixen und anschließend alles durch ein Tuch seihen (ohne zu pressen), so dass nur der klare Saft abläuft. Etwa 200 ml dieses Saftes erwärmen. Gelatine in kaltem Wasser einweichen, ausdrücken und im erwärmten Saft auflösen. Gemeinsam mit dem Amaretto zur restlichen Flüssigkeit geben.

Portionsförmchen gut kühlen. Die Beeren abrebeln, putzen, gegebenenfalls waschen und miteinander vermengen. Die Formen mit dem kalten, aber noch flüssigen Gelee bodenbedeckend füllen. Etwas von der Beerenmischung einstreuen. Im Kühlschrank erstarren lassen, dann wiederum mit Gelee und Beeren auffüllen und wiederum erstarren lassen. Diesen Vorgang so lange fortsetzen, bis Beeren und Gelee verbraucht sind. Für 4 Stunden kühl stellen. Vor dem Servieren die Förmchen kurz in heißes Wasser setzen und die Sulz dann stürzen.

GARNITUREMPFEHLUNG: Joghurt-Zitronen-Sauce (s. S. 202) und diverse Sorbets

TIPP: Stehen saisonbedingt gerade keine frischen Beeren zur Verfügung, so können Sie auch tiefgekühlte Beeren verwenden. Die Beeren müssen allerdings langsam aufgetaut und vor der Verwendung trockengetupft werden.

Zutaten für 8 Portionen

500 g Himbeeren
200 ml Läuterzucker (s. S. 40)
300 ml Apfelsaft
100 ml Riesling (oder ein anderer gehaltvoller Weißwein)
100 ml Amaretto (Mandellikör)
10 Blatt Gelatine

Für die Beerenmischung

180 g Himbeeren
100 g Walderdbeeren
180 g Blaubeeren (Heidelbeeren)
50 g Ribiseln

Melonen-Limetten-Kaltschale mit Honigobers

Zutaten
2 Charentais-Melonen
(oder Honigmelonen)
180 g Kristallzucker
150 ml Limettensaft
100 ml Wasser
2 Blatt Gelatine
5 EL Schlagobers
1 EL Honig
Limettenschalenstreifen
und Minze zum Garnieren

Melonen halbieren. Kerne entfernen und 12 kirschgroße Melonenkugeln als Einlage ausstechen. Restliches Melonenfleisch auslösen. Limettensaft, Zucker und Wasser aufkochen lassen. Vom Herd nehmen. Gelatine in kaltem Wasser einweichen, ausdrücken und im noch heißen Limettensaft auflösen. Melonenfleisch mit dem Mixer einmixen und anschließend durch ein Sieb passieren. Abkühlen lassen.

Obers schlagen, mit Honig vermengen und bis zur Verwendung kühl stellen. Melonenkaltschale in tiefe Teller einfüllen, jeweils drei Melonenkugeln hineinsetzen und je ein Nockerl Honigobers in die Mitte platzieren. Mit Limettenschalenstreifen und Minze garnieren.

TIPP: Besonders dekorativ sieht dieses Fruchtdessert aus, wenn es direkt in der Melonenschale serviert wird. Allerdings müssen Sie dafür beim Herauslösen des Melonenfleisches möglichst behutsam vorgehen, damit die Schale unbeschädigt bleibt.

Kokossuppe mit Kardamom-Orangen und Mai-Tai-Sorbet

Am Vortag bereits die Kardamom-Orangen zubereiten. Dafür die ungeschälten Orangen in 2 mm dicke Scheiben schneiden. Wasser mit Orangensaft, Kristallzucker, Honig und Kardamom aufkochen und um die Hälfte einkochen lassen. Mit Cointreau aromatisieren. Die Orangenscheiben auf einem Blech oder in einer Schüssel flach auflegen und mit dem Sud begießen. Mit Klarsichtfolie abdecken und 24 Stunden marinieren lassen.

Für die Kokossuppe Kokosmark, Läuterzucker, Limettensaft und Zitronenschale gemeinsam mit Kokoslikör, Pfefferminze und Eiswürfeln so lange gut durchmixen, bis keine Eisstückchen mehr vorhanden sind. Vor dem Servieren nochmals aufschäumen. Kokossuppe in tiefe Teller geben. Orangenscheiben aus dem Sud nehmen, abtropfen lassen und in die Suppe legen. Jeweils ein Nockerl des vorbereiteten Sorbets hineinsetzen und mit Pfefferminze garnieren.

Zutaten für 8 Portionen

500 ml Kokosmark (aus der Dose oder Glas)
100 ml Läuterzucker (s. S. 40)
300 ml Limettensaft
Schale von 1 Zitrone, abgerieben
300 ml Kokoslikör
4 Pfefferminzblätter, fein geschnitten
1 Handvoll Eiswürfel
Mai-Tai-Sorbet laut Grundrezept (s. S. 363)
Pfefferminzblätter zum Garnieren

Für die Kardamom-Orangen

2 Orangen, unbehandelt
150 ml Wasser
100 ml Orangensaft
150 g Kristallzucker
50 g Honig
4 cl Cointreau
1 KL Kardamom, gemahlen

Orangensuppe mit Blaubeeren und Kokosravioli

Zutaten für 6 Portionen
1,2 l Orangensaft, frisch gepresst
90 g Zucker
2 cl Grenadinesirup
3 Blatt Gelatine
8 cl Grand Marnier
1 Orange, unbehandelt
200 g Blaubeeren (Heidelbeeren)
Minze und Staubzucker zum Garnieren

Für den Nudelteig
200 g Mehl
3 Eidotter
1 Ei
Prise Salz
10 g Vanillezucker
1 Ei zum Bestreichen
Mehl für die Arbeitsfläche

Für die Kokosfülle
120 g Kokospüree (im Süßwaren-Fachhandel erhältlich)
1 Ei
50 g Kokosraspel
20 g Vanillezucker
2 cl Kokoslikör

Für die Kokosbrösel
80 g Kokosraspel
60 g Butter

Frisch gepressten Orangensaft durch ein feines Sieb seihen und mit Zucker und Grenadinesirup erwärmen. Gelatine in kaltem Wasser einweichen, ausdrücken und in der heißen Flüssigkeit auflösen. Mit Grand Marnier abschmecken und kühl stellen.
Die Orange heiß waschen und mit einem Tuch gut abreiben. Mit einem Messer dünne Schalenstücke abschneiden und diese danach in feine Streifen schneiden. In etwas kaltem Wasser zur Seite legen. Die Orange fertig schälen, filetieren und für die Garnitur beiseite stellen.
Für den Nudelteig Mehl, Dotter, Ei, Salz und Vanillezucker zu einem glatten Teig verkneten und 30 Minuten rasten lassen. Währenddessen für die Fülle Kokospüree, Ei, Kokosraspel, Vanillezucker und Kokoslikör verrühren. Nudelteig auf einer bemehlten Arbeitsfläche dünn ausrollen, mit einem verschlagenen Ei bestreichen und 24 Kreise ausstechen. Kokosfülle mit einem Kaffeelöffel jeweils in die Mitte platzieren und Teig zu einem Tascherl zusammenschlagen. Die Enden gut zusammendrücken. Ravioli in kochendem Salzwasser etwa 3 Minuten leicht köcheln lassen.
Für die Kokosbrösel die Butter vor dem Anrichten in einer Pfanne bräunen. Die gekochten, gut abgetropften Ravioli und Kokosraspel zugeben und einmal durchschwenken. Die gekühlte Orangensuppe in tiefe Teller geben und jeweils 4 Ravioli hineinlegen. Blaubeeren dazugeben und die Orangenfilets in die Mitte gruppieren. Mit Orangenschalen garnieren und mit Minze sowie Staubzucker bestreuen.

WARME KÖSTLICHKEITEN

Was die Wiener Mehlspeisküche von den meisten anderen Desserttraditionen unterscheidet, ist ihre ausgeprägte Liebe zu warmen Nachspeisen. Ganz in dieser Tradition, über die Sie im Kapitel „Grüße aus dem Mehlspeishimmel" noch wesentlich mehr erfahren, stehen auch die folgenden warmen Obst- und Beerendesserts.

SCHOKOLADE-HIMBEER-ECKEN

Zutaten
2 Eidotter
80 g Kristallzucker
80 g Butter, zimmerwarm
110 g Mehl
6 g Backpulver
Prise Salz
Schale von 2 Zitronen, abgerieben
150 g Konditorcreme (s. S. 247)
250 g Himbeeren
Honighippen (s. S. 38) und Himbeersorbet (s. S. 358) zum Garnieren
Mehl für die Arbeitsfläche
Staubzucker zum Bestreuen

Für die Schokolade-Zitronen-Creme
50 ml Zitronensaft
50 ml Wasser
150 ml Schlagobers
150 g Zartbitterkuvertüre

Für den Mürbteig Eidotter mit Zucker schaumig schlagen und zimmerwarme Butter unterrühren. Mehl, Backpulver, Salz und Zitronenschale vermischen und mit der Dottermasse rasch zu einem glatten Teig verarbeiten. Etwa 1 Stunde kalt stellen. Teig auf einer bemehlten Arbeitsfläche auf eine Größe von ca. 25 x 10 cm und etwa 3 mm dick ausrollen. Auf ein mit Backpapier belegtes (oder beschichtetes) Backblech legen und im vorgeheizten Backrohr bei 200 °C 12 Minuten backen. Den noch warmen Mürbteig in 4 gleichschenkelige Dreiecke mit ca. 10 cm Seitenlänge schneiden.

Die Dreiecke mit der vorbereiteten Konditorcreme bestreichen und die Himbeeren darauf setzen. Für die Schokolade-Zitronen-Creme den Zitronensaft mit Obers aufkochen lassen, Wasser zugeben. Vom Herd nehmen und die gehackte Kuvertüre darin auflösen. Creme mit dem Stabmixer glatt mixen. Die lauwarme Creme auf Teller verteilen und das Himbeerdreieck darauf platzieren. Mit Honighippen und Himbeersorbet garnieren und mit Staubzucker bestreuen.

BACKZEIT: 12 Minuten
BACKTEMPERATUR: 200 °C

Erdbeerdatschi auf geeistem Mohnschaum

Zutaten für 6 Portionen
300 g Blätterteig (s. S. 11)
150 g Erdbeermarmelade
500 g Erdbeeren, entstielt
Mehl für die Arbeitsfläche
Staubzucker zum Bestreuen
Erdbeeren und Erdbeermark (s. S. 200) zum Garnieren

Für den Mohnschaum
250 ml Milch
40 g Kristallzucker
40 g Butter
2 Eidotter
100 g Maisstärke (Maizena)
Prise Salz
Prise Vanillezucker
80 g Mohn, gemahlen
120 ml Schlagobers, geschlagen
40 g Mandelschnaps

Den Blätterteig auf einer bemehlten Arbeitsfläche ausrollen. Mit einem runden Ausstecher (Ø 10 cm) Kreise ausstechen und die Ränder etwas einrollen, damit ein kleiner Wulst entsteht. Datschi mit einer Gabel mehrmals einstechen und mit Erdbeermarmelade bestreichen. Gewaschene Erdbeeren vierteln und auf die Datschi setzen. Auf ein mit Backpapier belegtes Backblech geben und im vorgeheizten Backrohr bei 180 °C 15 Minuten backen.
Für den Mohnschaum Dotter mit Maisstärke und etwas Milch verrühren. Restliche Milch mit Zucker, Butter, Salz und Vanillezucker aufkochen. Dottermasse einrühren und vom Herd nehmen. Mit dem Handmixer auf Eis kalt rühren. Mohn gemeinsam mit Mandelschnaps und geschlagenem Obers unterheben. Geeisten Mohnschaum auf Teller verteilen. Warme Datschi darauf setzen, mit Staubzucker bestreuen und zusätzlich mit Erdbeeren und Erdbeermark garnieren.

BACKZEIT: ca. 15 Minuten
BACKTEMPERATUR: 180 °C

MARILLEN-VANILLE-DACQUOISE

Mürbteig laut Grundrezept zubereiten. Teig etwa 4 mm dick ausrollen und mit einem runden Ausstecher (Ø 8 cm) Kreise formen. Diese in gefettete Tarteletteformen (Ø 6 cm) legen. Den Boden der Tartelettes mit einer Gabel stupfen (mehrmals anstechen) und im vorgeheizten Backrohr bei 170 °C ca. 10 Minuten backen. Törtchen aus den Formen geben und überkühlen lassen.
Für die Baisermasse Eiklar und Kristallzucker zu festem Schnee schlagen. Nun je eine Kugel Vanilleeis in die Tartelettes setzen. Die Marillenhälften nochmals halbieren und um das Eis so anordnen, dass eine Kuppel entsteht. Mit einem Dressiersack mit kleiner Lochtülle (runder Öffnung) die Baisermasse in kleinen Tüpfelchen darauf dressieren (spritzen), so dass eine Art Igel entsteht. Im vorgeheizten Backrohr bei maximaler Oberhitze (240 °C) etwa 5 Minuten überbacken. Mit Erdbeermark, Minze, aufgeschäumtem Sauerrahm und Staubzucker anrichten.
BACKZEIT: Tartelettes: ca. 10 Minuten; überbacken: ca. 5 Minuten
BACKTEMPERATUR: Tartelettes: 170 °C; überbacken: 240 °C Oberhitze

Zutaten
200 g Mürbteig (s. S. 14)
200 g Vanilleeis (s. S. 350)
16 eingelegte Marillenhälften
Erdbeermark (s. S. 200)
Minze und aufgeschäumter Sauerrahm zum Garnieren
Staubzucker zum Bestreuen
Butter für die Förmchen

Für die Baisermasse (Schaummasse)
2 Eiklar
100 g Kristallzucker

Unaussprechlich süß

„Dacquoise" mag außerhalb Frankreichs vielleicht unaussprechlich sein, doch das, was sich hinter diesem hübschen Igelchen aus Baisermasse verbirgt, ist dafür ausgesprochen köstlich. Hinter dem Wörtchen „Dacquoise" verbergen sich nämlich die Bewohner der französischen Ortschaft Dax nördlich von Bayonne, die schon seit Römerzeiten ein Thermalbad beherbergt. Und wie es in Kurbädern so üblich zu sein scheint, grassieren auch in Dax nicht nur die Kurschatten, sondern auch die Kurkonditoren – und mit ihnen die in Form von süßen Köstlichkeiten begangenen Diätfehler. Was also den Ischlern ihr Ischler Krapferl und Zaunerstollen, das ist den Einwohnern von Dax – vor allem aber ihren Kurgästen – das Dacquoise.

Feigen in Kokosbackteig mit Cassissauce

Zutaten
16 frische Feigen
200 ml Läuterzucker (s. S. 40)
8 cl Cassislikör (Johannisbeerlikör)
Butterschmalz oder Öl zum Herausbacken

Für den Kokosbackteig
300 g Mehl
Prise Salz
3 cl Öl
3 Eidotter
200 ml Weißwein
3 Eiklar
30 g Kristallzucker
80 g Kokosraspel

Für die Cassissauce
100 g Kristallzucker
10 cl Cassislikör
200 ml Johannisbeersaft
100 ml Rotwein
20 g Maisstärke (Maizena)

Die Feigen blanchieren (kurz überbrühen) und in Eiswasser abschrecken. Schälen und mit einer Gabel mehrmals einstechen. Läuterzucker und Cassislikör verrühren, Feigen damit übergießen und einige Stunden ziehen lassen.
Für den Backteig Mehl, Salz, Öl, Weißwein und Eidotter verrühren. Eiklar aufschlagen und mit Kristallzucker zu Schnee schlagen. Schnee unter die Dottermasse heben und Kokosraspel untermengen. In einer tiefen Pfanne ausreichend viel Fett erhitzen. Die Feigen gut abtropfen lassen, durch den Backteig ziehen (dafür am besten auf einen Holzspieß stecken) und im heißen Fett 6–8 Minuten goldbraun backen. Auf Küchenkrepp abtropfen lassen.
Für die Cassissauce Zucker in einer Pfanne karamellisieren. Mit Cassislikör, Johannisbeersaft und Rotwein aufgießen. Aufkochen lassen. Maisstärke mit etwas Wasser anrühren und die Sauce damit binden. Sauce auf Teller gießen und die abgetupften Feigen darauf setzen.

GARNITUREMPFEHLUNG: frische Erdbeeren und Vanilleeis (s. S. 350)

Carpaccio von der Baby-Ananas mit Kokos-Ananas-Gratin

Zutaten für 6 Portionen
Für das Gratin
3 Baby-Ananas
40 g Kokosmark, ungesüßt
2 Blatt Gelatine
2 cl Kokoslikör
1 Eiklar
20 g Kristallzucker
100 ml Schlagobers, geschlagen

Für das Carpaccio
2 Baby-Ananas
80 g Staubzucker
50 ml Jamaica-Rum

Für die Gratiniermasse
3 Eidotter
50 g Kristallzucker
2 cl Kokoslikör
1 Blatt Gelatine
30 g Kokosraspel
Staubzucker zum Bestreuen

Für das Gratin das Grün der Ananas abschneiden. Ananas halbieren, aushöhlen und das Fruchtfleisch fein pürieren und passieren. Gelatine in kaltem Wasser einweichen. Kokoslikör leicht erwärmen, ausgedrückte Gelatine darin auflösen und gemeinsam mit dem Kokosmark unter das Ananaspüree rühren. Eiklar und Zucker zu Schnee schlagen und mit dem geschlagenen Obers unterheben. Mousse in die Ananashälften füllen und 2 Stunden kühl stellen.

Für das Carpaccio die Baby-Ananas schälen und den Strunk mit einem Apfelausstecher entfernen. Fruchtfleisch in dünne Scheiben schneiden. Mit Staubzucker bestreuen, mit Rum beträufeln und 1/2 Stunde marinieren.

Für die Gratiniermasse Eidotter mit Kristallzucker und Kokoslikör über Wasserdampf schaumig aufschlagen. Gelatine einweichen, ausdrücken und in der heißen Eiermasse auflösen. Auf Eis kalt schlagen. Kokosraspel unterheben. Die Gratiniermasse auf die Ananashälften streichen und im vorgeheizten Backrohr bei starker Oberhitze 2–3 Minuten bräunen.

Carpaccio auf Tellern anrichten, je eine Ananashälfte in die Mitte setzen und mit Staubzucker bestreuen.

BACKZEIT: 2–3 Minuten

BACKTEMPERATUR: maximale Oberhitze

GARNITUREMPFEHLUNG: Piña-Colada-Sorbet (s. S. 363)

Ein Pinienzapfen macht Karriere

Als Christoph Kolumbus 1493 auf der Insel Guadeloupe landete, wurden seine Männer sehr schnell auf ein besonders erfrischendes und saftiges Lebensmittel aufmerksam, das von den Einheimischen „Nana meant" genannt wurde, was so viel wie „köstliche Frucht" bedeutete. Die Seeleute verballhornten den Namen zu jener „Ananas", die bis heute als kulinarisches Wahrzeichen der Karibikinsel gilt. Der Ursprung der Ananas liegt dennoch nicht auf den Kariben, sondern vermutlich in Brasilien, wo im 16. Jahrhundert Franzosen und Engländer ihrer habhaft wurden und sie nach Europa brachten. Die Engländer nannten die heute in über 100 Sorten verbreitete Frucht wegen der Ähnlichkeit mit einem Pinienzapfen übrigens nicht Ananas, sondern Pinienapfel, besser als „pineapple" bekannt. *(s. Rezept S. 169)*

Erdbeeren mit grünem Pfeffer und Grand Marnier

Erdbeeren putzen, wenn nötig waschen. Größere Stücke halbieren und mit Staubzucker und Zitronensaft marinieren. In einer Pfanne die Hälfte der Butter aufschäumen. Pfeffer einstreuen, Erdbeeren und Zucker beigeben und kurz durchschwenken. Mit Grand Marnier ablöschen und mit Orangen- sowie Zitronensaft abschmecken. Vor dem Servieren die restliche Butter in die Sauce rühren. Erdbeeren in tiefen Tellern anrichten und mit Minze garnieren.

GARNITUREMPFEHLUNG: Vanille-Safran-Eis (s. S. 352) oder Sauerrahmeis (s. S. 355)

TIPP: Sollten Sie gefriergetrockneten Grünen Pfeffer verwenden, so muss dieser vorher in etwas Wasser eingeweicht werden.

Zutaten
400 g Erdbeeren
Staubzucker und Zitronensaft zum Marinieren
80 g Butter
1 KL Grüner Pfeffer
4 cl Grand Marnier
2 EL Staubzucker
6 cl Orangensaft
1 cl Zitronensaft
Minze zum Garnieren

Beeren mit Mandel-Amaretto-Schaum gratiniert

Zutaten
400 g Beeren, nach Belieben gemischt
3 cl Amaretto (Mandellikör)
50 g Staubzucker
100 g Pfirsichmark (s. S. 200)

Für den Mandel-Amaretto-Schaum
50 g Mandeln, gerieben
2 Eidotter
60 g Staubzucker
100 g Konditorcreme (s. S. 247)
8 cl Amaretto
60 ml Schlagobers, geschlagen

Die gereinigten Beeren mit Amaretto und Staubzucker marinieren. Das Pfirsichmark in tiefen Tellern anrichten und die Beeren darauf verteilen. Für den Schaum Eidotter mit Staubzucker und Amaretto schaumig aufschlagen. Konditorcreme, Mandeln und geschlagenes Obers unterheben. Die Schaummasse auf die Beeren auftragen und im vorgeheizten Backrohr bei maximaler Oberhitze 1/2 Minute (oder unter dem „Salamander") goldbraun gratinieren.

BACKZEIT: ca. 1/2 Minute

BACKTEMPERATUR: maximale Oberhitze

GARNITUREMPFEHLUNG: Oberseis (s. S. 353) oder Honigeis (s. S. 354)

Apfelrisotto mit Chips

Zutaten
250 g Risottoreis
4 Äpfel (Granny Smith), geschält und entkernt
100 g Zucker
4 cl Weißwein
500 ml Milch
1 Vanilleschote
Saft von 1 Zitrone
20 g Butter
Apfelchips (nach Rezept s. S. 206)

Butter in einer Pfanne zerlaufen lassen und den Reis darin zart andünsten. Zucker beigeben, wenn dieser leicht karamellisiert, mit Wein ablöschen und mit Milch aufgießen. Die Vanilleschote aufschneiden und zugeben. Nun Risotto unter Rühren gar werden lassen und währenddessen Äpfel fein schneiden. Wenn der Risotto fast fertig ist, Zimtstangen entfernen, Äpfel dazugeben und mit Zitronensaft abschmecken. Mit den nach Anleitung zubereiteten Apfelchips servieren.

GARUNGSZEIT: 18–20 Minuten

GARNITUREMPFEHLUNG: Apfel-Ingwer-Sorbet (s. S. 361)

Geschmorter Honig-Pfirsich mit Lavendeleis und Hollerkoch

Riesling und Zucker aufkochen lassen. Pfirsiche für 2 Minuten dazugeben, herausnehmen und schälen. Die Pfirsiche in eine Auflaufform schlichten. Den Sud mit den Lavendelblüten um die Hälfte einkochen lassen. Lavendelblüten wieder entfernen. Sud mit Honig verrühren, über die Pfirsiche gießen und im vorgeheizten Backrohr bei 160 °C 40 Minuten backen. Herausnehmen, nur kurz überkühlen lassen und jeweils einen lauwarmen Pfirsich auf einem Teller anrichten. Aus dem Lavendeleis Nockerln stechen und rundum den Pfirsich drapieren. Mit Hollerkoch anrichten und mit Staubzucker bestreuen.

BACKZEIT: 40 Minuten

BACKTEMPERATUR: 160 °C

GARNITUREMPFEHLUNG: zusätzlich Vanilleschaum (s. S. 203)

Zutaten für 8 Portionen

500 ml Riesling
80 g Kristallzucker
250 g Honig
8 Pfirsiche
4 Lavendelblüten
400 g Lavendeleis (s. S. 355)
400 g Hollerkoch (s. S. 180)
Staubzucker zum Bestreuen

Aus allen Honigrohren

Es ist heute kaum noch vorstellbar, dass das Wörtchen „Süße“ bis ins 19. Jahrhundert fast ausschließlich mit Honig und nur selten mit Zucker in Verbindung gebracht wurde. Denn Rohrzucker, der aus exotischen Ländern zu Phantasiepreisen importiert werden musste, konnten sich nur die wirklich Reichen leisten. Honig hingegen gab es, wie Bienen, im Überfluss. Schon das im 4. Jahrhundert n. Chr. entstandene Kochbuch des Apicius zählt zahlreiche antike Süßspeisen wie gekochten Strauß in Honig, Flamingo mit Datteln und Honig oder Eier mit Honig auf, die den Süßstoff auch als Vademecum der römischen „Gourmetküche“ ausweisen. Und wie wir aus einem Haushaltsbuch Kaiser Neros wissen, wurden bei einem einzigen Bankett an seinem Hof 400 000 kleine Silbermünzen alleine für Honig ausgegeben.

Neben dem Bienenhonig diente den Köchen und Köchinnen zwischen Assyrien und Palästina vor allem auch der aus Baumfrüchten gepresste „Dattelhonig“ sowie der auch „Palmenhonig“ genannte Palmsaft als Süßmittel. Das Wörtchen „Honig“ wurde daher schon in der Frühantike zum Synonym für Süße. So verwundert es nicht, dass die Menschen, als sie zur Zeit Alexander des Großen zum ersten Mal mit dem Zuckerrohr Bekanntschaft schlossen, dasselbe kurzerhand als „Honigrohr“ bezeichneten.

Die süße Vorratskammer

Kompotte, Marmeladen, süsse Saucen, raffinierte Säfte und karamellisierte Früchte

EINGELEGTE FRÜCHTE UND KOMPOTTE

Was früher jeder Hausfrau selbstverständlich war – das Einlegen, Einrexen und Einkochen von Früchten für den Wintervorrat – wird heute oft an den Delikatessenhandel delegiert, wo solche „Einlegearbeiten" teures Geld kosten. Am besten schmecken eingelegte Früchte, Marmeladen und Gelees immer noch, wenn man sie selbst zubereitet – allerdings nur, wenn man dabei ausschließlich Obst erster Güte verwendet.

Die besten Äpfel für die süße Küche

Der Hausapfel – Malus domestica – stammt vom wilden Holzapfel ab und zählt zu den Rosengewächsen. Auf erste Abdrücke von Apfelkernen stieß man bereits bei Funden aus der Braunkohlezeit. Kultiviert wurde der Apfel schon sehr früh, mit Sicherheit jedoch von den alten Ägyptern, die ihren Pharaonen Äpfel als Proviant für ihre Reise in die Ewigkeit mit in die Grabkammer legten. Von den rund 50 heute noch auf breiter Basis angebotenen Apfelsorten eignen sich die folgenden für die süße Küche besonders gut:

COX ORANGE: *süß und saftig sowie hocharomatisch. 1825 in Buckinghamshire gezüchtet. Saison: Ende September–Mitte November. Ideal für Apfelstrudel, aber auch zum Reinbeißen zwischendurch*

GLOSTER: *mild-säuerlicher Winterapfel mit saftig-feinzelligem Fruchtfleisch. 1969 in Deutschland gezüchtet. Ernte: Oktober. Auch für Diabetikermehlspeisen sowie ideal für Dunstobst geeignet*

GOLDEN DELICIOUS: *sehr knackiges, süßliches Fruchtfleisch. 1890 in West Virginia/USA gezüchtet. Saison: Oktober–Jänner. Ein optimales Grundprodukt für Kompotte und Fruchtsalate*

GRAVENSTEINER: *saftig, sehr bissfest, süßsäuerlich, intensiv duftend. Erstmals 1669 in Jütland gezüchtet. Saison: Ende August–Ende September. Besonders geeignet für alle Arten von Apfelkuchen sowie für Bratäpfel oder Dörrobst*

JONAGOLD: *besonders ausgewogenes Zucker-Säure-Verhältnis. 1943 im Bundesstaat New York/USA, gezüchtet. Saison: Anfang Oktober–Mitte Dezember. Für Apfelmus und Kompott ebenso geeignet wie für Apfelkuchen, Apfelschlangerln u. Ä.*

Apfelkompott

Zutaten
4 Äpfel
80 g Kristallzucker
2 EL Zitronensaft
Calvados (Apfelbranntwein)
50 ml Weißwein
100 ml Apfelsaft
1/2 Zimtstange
Prise Vanillezucker
Rosinen
1/2 EL Vanillepuddingpulver
Rum zum Abdecken
etwas Wasser

Äpfel schälen, entkernen und in Spalten schneiden. Zucker in einer Pfanne erhitzen und karamellisieren. Apfelspalten dazugeben, kurz durchschwenken und mit Zitronensaft sowie Calvados ablöschen. Weißwein und Apfelsaft dazugießen, dann Vanillezucker, Zimtstange und Rosinen zufügen. Mit Backpapier bedecken und bei 170 °C im vorgeheizten Backrohr ziehen lassen, bis die Äpfel weich sind. Vanillepuddingpulver mit etwas Wasser anrühren und den Sud damit binden. Apfelkompott in ein heiß ausgespültes Einmachglas füllen. Rum erhitzen, anzünden und Apfelkompott damit übergießen. Glas bzw. Gläser gut verschließen.

Apfelmus

Zutaten
1 kg Äpfel
Saft von 2 Zitronen
1 Zimtstange
3 Gewürznelken
65 ml Weißwein, am besten Riesling
65 ml Wasser
200 g Kristallzucker

Äpfel schälen, vierteln und Kerngehäuse entfernen. Mit Wasser, Weißwein, Kristallzucker, Zitronensaft, Zimtstange und Gewürznelken weich kochen. Gewürze entfernen und Masse passieren.

Zwetschkenröster

Zutaten
1 kg Zwetschken
150 g Honig
2 cl Wasser
2 cl Zwetschkenbrand
5 Gewürznelken
1 Zimtrinde

Zwetschken waschen, halbieren und entkernen. Zimtrinde zerkleinern und mit den Gewürznelken in ein Leinensäckchen binden. Wasser mit Honig und dem Gewürzsäckchen aufkochen. Zwetschken zugeben und langsam weich dünsten. Erkalten lassen, Gewürzsäckchen entfernen und mit Zwetschkenbrand aromatisieren. Gut verschlossen aufbewahren.

Birnenkompott

Zutaten
1 kg Birnen
Saft von 2 Zitronen
300 ml Wasser
200 ml Weißwein, am besten Traminer
250 g Kristallzucker
Mark von 1 Vanilleschote
1 Zimtstange
3 Gewürznelken
Schalen von 1 Zitrone und 1 Orange, gerieben
4 cl Birnenbrand
Rum zum Abdecken

Birnen schälen, vierteln und Kerngehäuse entfernen. Zucker mit Weißwein so lange einkochen, bis er hell karamellisiert. Wasser zugießen. Birnenstücke, Vanillemark, Zimt, Gewürznelken, Zitronensaft, Orangen- sowie Zitronenschalen zugeben und alles einmal aufkochen lassen. Vom Herd nehmen und ziehen lassen. Mit Birnenbrand abschmecken. Birnenkompott in heiß ausgespülte Einmachgläser füllen. Rum erhitzen, anzünden und Gläser gut verschließen.

Birnen – nicht nur für Helene

Die alte Volksweisheit, man solle Äpfel nicht mit Birnen vermengen, wird nicht nur von Buchhaltern und Kostenrechnern beherzigt. Man kann sie auch ganz wörtlich nehmen. Denn obwohl Äpfel und Birnen stets in einem Atemzug genannt werden (und auch beide zur Familie der Rosazeen zählen), haben sie doch sonst recht wenig gemeinsam. Der Apfel hat von den beiden zweifellos das schlechtere Image. Ist er doch nicht nur für Evas Sündenfall verantwortlich, sondern gilt auch als derb, bäuerlich und sauer.

Die Birne hingegen hat nicht nur weniger Säure und einen wesentlich subtileren und verführerischeren Duft als der Apfel, sie vermittelt auch bereits von ihrer Form her Eleganz und war daher auf den Tafeln der Reichen schon seit jeher gelitten. Das heißt zumindest seit der Zeit des Dichters Homer, der den Birnbaum bereits in seiner „Odyssee" besang.

Ursprünglich stammt die flaschenartige Frucht mit der unverwechselbaren Stromlinienform jedoch aus Kleinasien, wo sie zunächst die alten Griechen kennen lernten, die daraus eine Art essbares Nationalheiligtum kreierten. Als der griechische Arzt Dioskurides sich im ersten nachchristlichen Jahrhundert schließlich sogar unter medizinischen Aspekten mit der Birne auseinandersetzte, hatte sich Griechenland schon längst den Spitznamen „Birnenland" eingeheimst, und der Landstrich Apia war sogar ganz offiziell nach der Birne benannt worden. Als schließlich Plinius, der große Naturforscher der römischen Antike, in seinem naturgeschichtlichen Standardwerk gezählte 41 Birnensorten aufzuzählen wusste, war der Pyrus communis bereits im ganzen Imperium Romanum, also auch in den germanischen Provinzen, verbreitet. Die römi-

schen Kolonisatoren pressten daraus einen Saft, den sie „Piracium" nannten, was auf deutsch schlicht und einfach Birnenmost bedeutet.
Seit dieser Zeit ist die Birnenfamilie erheblich angewachsen. Immerhin zählte man um die letzte Jahrhundertwende allein in Europa rund 1 300 verschiedene Birnensorten.
Zu den ergiebigsten Birnensorten für die süße Küche zählen folgende: Elsa (Mitte September bis Mitte Oktober), Gellerts Butterbirne (September bis Mitte November), Gute Luise (Mitte September bis Oktober) und die aufgrund ihres zarten Vanillegeschmacks vor allem in der gehobenen Patisserie geschätzte Williams Christbirne (Mitte August bis Oktober). Die vielleicht berühmteste Birne der Welt ist allerdings keine Sorte, sondern ein sündig-süßes Eisdessert aus Williamsbirne, Vanilleeis und Schokoladesauce, das anlässlich der Uraufführung von Offenbachs Operette „La Belle Helène" erstmals serviert wurde und deren Popularität als „Birne Helene" fast noch übertroffen hat.

Hollerkoch

Rotwein mit Zucker, Honig und Zimtstange aufkochen lassen. Hollerbeeren dazugeben und etwa 15 Minuten langsam einkochen lassen. Nach 10 Minuten das Apfelmus bzw. die würfelig geschnittenen Äpfel einmengen. Nach Belieben Maisstärke mit etwas kaltem Wasser anrühren und Hollerkoch damit eindicken. Abschließend mit Ingwer abschmecken.

VERWENDUNG: als Beigabe zu Topfendesserts, Topfenmehlspeisen, aber auch zu Kaiserschmarren.

TIPPS:

- Nützen Sie die Hollersaison, um gleich eine größere Menge Hollerkoch zuzubereiten. Hollerkoch lässt sich problemlos einfrieren und sorgt so in den Wintermonaten für fruchtige Abwechslung.
- Hüten Sie sich beim Pflücken der im Spätsommer reif werdenden Holunderbeeren davor, die ein oder andere Beere gleich roh zu verkosten! Im Rohzustand enthalten diese Beeren nämlich eine giftige Substanz, die Übelkeit und Kopfschmerzen verursacht und erst bei Temperaturen ab 100 °C unschädlich gemacht wird.

Zutaten
250 ml Rotwein
100 g Zucker
2 EL Honig
1 Zimtstange
1/2 KL Ingwer, gemahlen
150 g Hollerbeeren (Holunderbeeren)
4 EL Apfelmus oder
2 Äpfel, in Würfel geschnitten
evtl. 1 EL Maisstärke (Maizena)

Wilde Jagd nach Liebe

Der Schwarze Holunder (Sambucus nigra) ist ein von vielen Legenden umranktes Wildgehölz. So galt der „Holderbusch“ in heidnischen Epochen etwa als Sitz der Göttin Freia, auch Holder oder Holla (im Märchen Frau Holle) genannt, die sowohl als Liebesgöttin wie auch als Anführerin der „Wilden Jagd“ verehrt bzw. gefürchtet wurde. Die beerenartigen, besonders vitamin- und mineralstoffreichen Holunderfrüchte sind in der süßen Küche und in der bäuerlichen Vorratshaltung vielseitig verwendbar. Besonders aromatisch ist die aus Österreich stammende Sorte Haschberg.

Ein süßes Durcheinander

Das Wort „Kompott“ stammt aus dem Russischen und bezeichnet dort sowohl ein durstlöschendes alkoholfreies Getränk als auch ein „Durcheinander“ aus verschiedenen Lebensmitteln. Erst die Wiener Küche hat System in das Kompott-Chaos gebracht. Sie unterscheidet zwischen dem klassischen Kompott, als dessen Grundlage man stets nur eine Frucht verwendet, die ganz oder auch halbiert und geviertelt verwendet werden kann und in Zuckerlösung kernweich gedünstet wird. Dem Kompott eng verwandt ist der aus Böhmen stammende Röster, der vor allem aus Zwetschken, Marillen und Holler zubereitet wird und der zwar kein Kompott mehr, aber auch noch kein Mus ist. Die Früchte sollen darin halb zerfallen, aber keineswegs zerkocht sein. Letzteres nämlich ist nur beim Mus selbst der Fall, zu dem die Wiener Küche auch passierte Fruchtmarmeladen und vor allem den klassischen Powidl zählt. Wobei das Mus, um die Verwirrung komplett zu machen, in der österreichischen Küche häufig als Koch bezeichnet wird, was wiederum nichts anderes als der heimische Ausdruck für den deutschen Brei ist.

Preiselbeerkompott

Zutaten
500 g Preiselbeeren
350 g Kristallzucker
Rum zum Bedecken

Die verlesenen Preiselbeeren waschen. Danach gemeinsam mit dem Kristallzucker in der Rührmaschine mit dem Knethaken bei kleinster Stufe rühren, bis sich der Zucker restlos aufgelöst hat. Preiselbeeren in heiß ausgespülte Einmachgläser füllen. Rum erhitzen, anzünden und die Preiselbeeren zum Abdecken damit begießen. Gläser gut verschließen.

Grantln gegen Gicht

Die auch Grantl, Granten oder Kranichbeere genannte Preiselbeere ist die Frucht des Heidekrautgewächses Vaccinium vitis-idaea (wörtlich: Weinrebe aus dem – kretischen – Idagebirge) und gilt wegen ihres Reichtums an Arbutin, Gerbstoffen und Vitamin C als wirksames Heilmittel gegen Durchfall, Blähungen, Blasenleiden, Gicht und Rheuma. Preiselbeeren sind vor allem als Beilage in der klassischen Wild- und Bratenküche zuhause, ihr blaues Fleisch ist jedoch auch als Farb- und Geschmacksträger in der Dessertküche äußerst beliebt.

Weintraubenkompott

Zutaten
1 kg Weintrauben
250 ml Weißwein, am besten Traminer
150 g Kristallzucker
50 g Honig
4 cl Grappa

Weißwein mit Zucker und Honig aufkochen lassen. Die gewaschenen Weintrauben zugeben, vom Herd nehmen und etwas ziehen lassen. Mit Grappa aromatisieren.

Wein in der Mehlspeis

Dass Wein auch ein Dessert sein kann, weiß jeder, der einmal ein Gläschen Ausbruch oder Trockenbeerenauslese probiert hat (Weine übrigens, die sich in der süßen Küche auch sehr gut zu Gelees verarbeiten lassen). In österreichischen Strudeln, Torten, Schnitten und Cremen hat die Weinrebe Vitis vinifera jedoch auch in Form von Speise- bzw. Tafeltrauben wie Regina, Italia, Irsay Oliver, Isabella, Muskateller, Romulus oder Venus ihren äußerst wohlschmeckenden Platz.

Orangenragout

Zutaten für 10 Portionen
80 g Zucker
Saft von 8 Orangen
8 cl Grand Marnier
3 EL Grenadinesirup (Granatapfelsirup)
etwas Maisstärke (Maizena)
Filets von 10 Orangen
etwas Wasser

Zucker in einem Topf goldgelb karamellisieren und mit Orangensaft ablöschen. Grand Marnier und Grenadinesirup zugießen und alles auf etwa die Hälfte einkochen lassen. Den Saft mit etwas in kaltem Wasser angerührter Maisstärke binden. Kalt werden lassen und die Orangenfilets dazugeben.

VERWENDUNG: kalt oder lauwarm serviert etwa zu Süßspeisen wie Schokoladesoufflé oder Grießknödel

Früchte der Zedern

Die Frucht des Orangenbaums ist die weltweit erfolgreichste Zitrusfrucht (allein in den USA werden jährlich 25 Milliarden Stück geerntet) und in den beiden Hauptgruppen „Blondorangen" (z. B. Florida, Jaffa Late, Navel, Sunkist, Valencia) und „Blutorangen" (z. B. Mooro, Sanguine, Tarocco) erhältlich. Das Wort „Orange" entwickelte sich übrigens aus dem Sanskrit und bedeutet so viel wie „Zedernapfel".

Burgunderweichseln

Zutaten
250 g Weichseln (ersatzweise Kirschen), entkernt
250 ml Burgunder (ersatzweise ein anderer voller Rotwein)
4 EL Honig
1 EL Vanillepuddingpulver
20 g Vanillezucker
80 g Kristallzucker
6 cl Kirschbrand
1 Prise Koriander
3 EL Wasser

Burgunder mit Honig, Vanille- und Kristallzucker sowie Koriander aufkochen und um ein Drittel einkochen lassen. Vanillepuddingpulver mit dem Wasser verrühren und in den Rotweinsud einrühren. Vom Herd nehmen, Weichseln zugeben und ziehen lassen. Mit Kirschbrand aromatisieren.

VERWENDUNG: als Garnitur für warme Mehlspeisen, wie etwa Rahmschmarren oder Topfensoufflé.

TIPP: Am besten schmecken Burgunderweichseln, wenn man sie lauwarm serviert.

Beerenragout

Zutaten
300 g Beeren, nach Belieben gemischt (etwa Brombeeren, Himbeeren, Heidelbeeren)
500 ml Rotwein
80 g Honig
10 g Vanillezucker
4 cl Grand Marnier

Rotwein mit Vanillezucker und Honig langsam einkochen lassen, bis die Flüssigkeit eine sirupähnliche Konsistenz hat. Vom Herd nehmen.
Die gewaschenen Beeren sowie Grand Marnier dazugeben, in Einmachgläser füllen und gut verschließen.

Walderdbeercoulis

Zutaten
500 g Walderdbeeren
5 cl Zitronensaft
5 cl Orangensaft
130 g Kristallzucker
20 g Vanillezucker
4 cl Cognac

Zitronensaft, Orangensaft, Vanillezucker und Kristallzucker kurz aufkochen lassen und mit der Hälfte der Walderdbeeren mixen. Durch ein feines Sieb seihen. Die restlichen Walderdbeeren untermischen und mit Cognac aromatisieren.

Kirschen, Herzerln, Dirndln, Weichseln

Die nach der antiken Stadt Kerasos am Schwarzen Meer benannte Kirsche ist als Süßkirsche (z. B. Herzkirsche) vor allem für Kirschkuchen geeignet. In ihrer pikant-herben Form wird die beliebte Steinfrucht als Sauerkirsche (Weichsel) oder Bastardkirsche (z. B. Maraschino, Dirndl bzw. Kornelkirsche) jedoch wesentlich vielfältiger, nämlich von der Weichselmarmelade bis zur Schwarzwälder Kirschtorte sowie für Gelees und Fruchtsaucen eingesetzt.

Eingelegter Rhabarber

Rhabarber schälen, die Enden abschneiden und in 1–2 cm große Stücke schneiden. Weißwein, Wasser, Vanillezucker, Kristallzucker, Zitronensaft und Vanilleschote aufkochen lassen. Rhabarberstücke in die kochende Flüssigkeit legen und vom Herd nehmen (er wird sonst zu weich). Zitronenmelisse grob hacken und in ein Leinensäckchen binden.

Zum Rhabarber geben, mit einer Folie abdecken und über Nacht kühl stellen. Leinensäckchen entfernen. In heiß ausgespülte Einmachgläser füllen, Rum erhitzen, anzünden, Rhabarber damit übergießen und Gläser gut verschließen.

Zutaten

500 g Rhabarber
125 ml Weißwein, am besten Riesling
125 ml Wasser
20 g Vanillezucker
150 g Kristallzucker
Saft von 2 Zitronen
1 Vanilleschote
1/2 Bund Zitronenmelisse
Rum zum Abdecken

Die barbarische Wurzel

Als „Rha barbaros" – Wurzel einer fremdländischen Knolle – bezeichneten die alten Griechen etwas despektierlich das säuerliche Stengelgemüse mit dem zart-herben Geschmack, das sich so perfekt dafür eignet, dem Zucker seine Spitze zu rauben. Ob in Kompott oder Kuchen – die Alt-Wiener Mehlspeisküche liebt den Rhabarber, vor allem in der Zeit zwischen April und Juli, als außermusikalischen Kontrapunkt. Ab August sollte man auf den Genuss von Rhabarber aus Gesundheitsgründen lieber verzichten.

Eingelegte Kletzen und Zwetschken

Zutaten
500 g Kletzen (Dörrbirnen)
300 g Dörrzwetschken
400 g Kristallzucker
1 l Rotwein
500 ml Wasser
20 g Vanillezucker
1 KL Ingwer, gemahlen
3 Zimtstangen
5 Gewürznelken
6 cl Lavendelsaft (s. S. 205)
12 cl Williamsbirnenbrand

Rotwein, Wasser, Zimtstangen, Gewürznelken, Zucker, Vanillezucker, Kletzen und Dörrzwetschken gemeinsam aufkochen. Vom Herd nehmen und mit Ingwer, Lavendelsaft und Birnenbrand aromatisieren. In heiß ausgespülte Einmachgläser füllen und gut verschließen.

TIPP: Je nach gewünschter Molligkeit kann das Obst auch mit etwas Maisstärke (Maizena) gebunden werden.

Beißend, bitter oder was?

Die auch von der EU als autochthone österreichische Spezialität anerkannte Zwillingsschwester der Aprikose (die botanische Bezeichnung lautet in beiden Fällen Prunus armeniaca, lat. für armenische Pflaume) stammt ursprünglich aus Ostasien. Von dort wurden die Ur-Marillen durch Kaufleute ins alte Rom befördert. Und eben die „alten Römer" brachten die „amerellum" (was unbegreiflicherweise so viel wie beißend, scharf und bitter bedeutet) genannte Frucht nach Norden. Bei den Ausgrabungen von Lauriacum bei Linz fand man in alten Amphoren auch einige antike Marillenkerne. Urkundlich erstmals erwähnt wurde die Wachauer Marille 1679. Seither ist die Marille dank Marillenknödel, -strudel, -kuchen, -flecke und -marmeladen zu einer Säule der österreichischen Mehlspeisküche avanciert. (s. Rezept S. 188)

Eingelegte Marillen

Die Marillen kreuzweise einschneiden, in kochendem Wasser kurz blanchieren, in Eiswasser abschrecken und die Haut abziehen. Marillen vierteln und entkernen. Weißwein mit Zucker, Vanillezucker, Vanilleschote und Zitronensaft aufkochen lassen. Marillen einlegen, vom Herd nehmen und ziehen lassen. Mit Marillenbrand abschmecken. In heiß ausgespülte Einmachgläser füllen. Rum erhitzen, anzünden und Marillen damit bedecken. Gläser gut verschließen.

Zutaten
12 Marillen
250 ml Weißwein
125 g Kristallzucker
1/2 Vanilleschote
20 g Vanillezucker
Saft von 1 Zitrone
4 cl Marillenbrand
Rum zum Bedecken

Eingelegte Pfirsiche

Zutaten
1 kg Pfirsiche
900 g Zucker
200 ml Weißwein
200 ml Wasser
2 Zimtstangen
5 Gewürznelken
300 g Glucosesirup (zähflüssiger Stärkezucker, ersatzweise auch Läuterzucker, s. S. 40)
450 ml Whisky (Bourbon)

Zucker, Wein und Wasser mit Zimt und Nelken langsam aufkochen lassen. Die Pfirsiche halbieren und entkernen. Im leicht kochenden Sud kurz blanchieren und die Haut abziehen. Den Sud noch etwas einkochen lassen, durch ein Sieb passieren, Glucosesirup einrühren und Whisky zugießen. Pfirsiche in heiß ausgespülte Einmachgläser füllen, mit Sud aufgießen und in jedes Glas 1 Gewürznelke und 1 Zimtstange geben. Gläser gut verschließen.

Nicht nur für Melba

Persischer Apfel nannten die Römer die saftigen Pfirsiche, auf deren harntreibende und schleimlösende Wirkung sich Naturheiler heute noch verlassen. Auch die Meister-Patissiers schwören und schwörten darauf, allen voran der große Auguste Escoffier, der 1892 das vermutlich berühmteste Pfirsichgericht kreierte: die für die Koloratursopranistin Nellie Melba kreierte Eisspezialität „Pêche Melba".

Eingelegte Zibeben

Zutaten
1 kg Zibeben (ersatzweise Rosinen)
450 g Kristallzucker
80 g Vanillezucker
1 l Weißwein
2 Zimtstangen
Schale von 1/2 Zitrone, gerieben
Schale von 1/2 Orange, gerieben
6 cl Portwein
6 cl Rum

Alle Zutaten – außer Rum – miteinander vermischen und 24 Stunden im Kühlschrank ziehen lassen. Danach Zibeben einmal aufkochen lassen und in heiß ausgespülte Einmachgläser füllen. Rum erhitzen, anzünden und die Zibeben zum Abdecken damit begießen. Gläser gut verschließen.

VERWENDUNG: als Beigabe zu diversen warmen Süßspeisen, wie etwa Kaiserschmarren, aber auch als Zutat für Apfelstrudel.

Zibeben, Korinthen, Sultaninen

Wenn Spitzen-Patissiers sich ihre Rosinen für den Kuchen „herauspicken" dürfen, so greifen sie meist zu Zibeben. Das ist die Bezeichnung für eine großbeerige, rötliche Rosinenart mit Kernen und dicker Schale, die sich von den – im Haushalt gebräuchlicheren – Korinthen und Sultaninen auch in geschmacklicher Hinsicht wesentlich unterscheidet.

RECHTS: KUMQUATS MIT STERNANIS

KARDAMOMBEEREN

Rotwein mit Johannisbeersaft, Honig, Kristall- und Vanillezucker aufkochen und um die Hälfte einreduzieren. Vanillepuddingpulver mit 1 EL Wasser verrühren und die Flüssigkeit damit binden. Vom Herd nehmen und die Beeren gemeinsam mit Kardamom und Ingwer einrühren. In ein heiß ausgespültes Einmachglas füllen, gut verschließen und kühl stellen.

VERWENDUNG: als Beilage zu diversen Desserts, wie etwa Rahmschmarren oder Schokoladesoufflé

Zutaten
125 ml Rotwein
250 ml Johannisbeersaft
3 EL Honig
1 EL Vanillepuddingpulver
20 g Vanillezucker
80 g Kristallzucker
400 g Beeren, gemischt (Johannis-, Brom-, Him-, Walderd- oder Heidelbeeren)
1/2 KL Kardamom
1 Msp. Ingwer, gemahlen
1 EL Wasser

KUMQUATS MIT STERNANIS

Die Kumquats kurz blanchieren (mit siedendem Wasser überbrühen) und in Eiswasser abschrecken. Herausnehmen, halbieren und die Kerne entfernen. Zucker mit Wasser 5 Minuten einkochen, Orangensaft zugießen und nochmals einige Minuten kochen. Zitronensaft, Grenadinesirup, Sternanis und Kumquats zufügen. Grand Marnier und Jamaica Rum mit Maisstärke verrühren, in das Ragout einrühren und nochmals kurz aufkochen lassen.

TIPP: Die aus Ostasien stammende Zwergpomeranze wird wegen ihrer ausgeprägten delikaten Bitterstoffe vor allem in der modernen Patisserie gerne als Aromat und Dekor verwendet. Am besten schmecken Kumquats lauwarm, etwa als leckere Beilage zu luftigem Schokoladesoufflé.

Zutaten
450 g Kumquats (Zwergorangen)
200 g Kristallzucker
200 ml Wasser
200 ml Orangensaft
1 cl Grenadinesirup (Granatapfelsirup)
Saft von 1/2 Zitrone
4 Sternanise
6 cl Grand Marnier
2 cl Jamaica Rum
20 g Maisstärke (Maizena)

MARMELADEN

Marmeladen begleiten Leckermäuler durchs ganze Jahr. Täglich beim Frühstück oder bei der Kaffeejause, als unentbehrliche Zutat vieler süßer Gebäcke, Torten, Schnitten und Kuchen, aber auch als wichtige Ingredienz vieler warmer Mehlspeisen, von Palatschinken bis Pofesen. Hier verraten wir Ihnen köstliche Marmeladenrezepte zum Selbermachen, bei denen nichts schief gehen kann.

Brombeermarmelade

Zutaten
1 kg Brombeeren
1 kg Gelierzucker
Schale von 1 Orange, gerieben
2 cl Zitronensaft

Brombeeren waschen. Gemeinsam mit Gelierzucker, Orangenschale und Zitronensaft in einen Topf füllen und zugedeckt über Nacht kühl stellen.
Dann unter ständigem Rühren zum Kochen bringen und 5–7 Minuten sprudelnd kochen lassen. Vom Herd nehmen und durch ein feines Sieb passieren. Heiße Marmelade in heiß ausgespülte Einmachgläser füllen, gut verschließen und kühl stellen.

Brombeeren gegen Zucker

Die Frucht des zu den Rosengewächsen zählenden Brombeerstrauchs (Rubus laciniatus bzw. fructicosus) ist sowohl in wilder als auch in domestizierter Form anzutreffen. Ihr wird blutstillende, entzündungshemmende und blutzuckersenkende Wirkung attestiert. Eine der jüngsten Sorten ist die stachelfreie Züchtung Thornfree. Besonders wohlschmeckend sind auch die Sorten Choctaw, Navaho und Loch Ness.

Erdbeermarmelade

Zutaten
1 kg Erdbeeren, entstielt
1 kg Gelierzucker
Schale von 1 Zitrone, gerieben
2 cl Orangensaft

Erdbeeren waschen, gemeinsam mit Gelierzucker, Zitronenschale und Orangensaft in einen Topf füllen und zugedeckt über Nacht kühl stellen.
Dann unter ständigem Rühren zum Kochen bringen und 5–7 Minuten sprudelnd kochen lassen. Vom Herd nehmen und durch ein feines Sieb passieren. Heiße Marmelade in heiß ausgespülte Einmachgläser füllen, gut verschließen und kühl stellen.
TIPP: Wer den für alle Beerenmarmeladen typischen kernigen Biss schätzt, verzichte auf das Passieren.

„Schöne Wienerin" aus dem Garten

Die Erdbeere ist, botanisch betrachtet, zwar nur eine „Scheinfrucht", sie mundet dafür aber umso fruchtiger und wirkt obendrein blutreinigend, antirheumatisch sowie verdauungsfördernd. Insgesamt sind rund vierhundert Sorten der zur Rosazeen-Familie zählenden Garten- oder Ananaserdbeere (Fragaria ananassa) bekannt. Darunter befindet sich auch eine typisch österreichische Variation mit dem klangvollen Namen „Schöne Wienerin". Besonderer Beliebtheit in der gehobenen Patisserie erfreuen sich auch die wild wachsenden und hoch aromatischen kleinen Walderdbeeren.

Marillenmarmelade

Zutaten
1,2 kg Marillen, vollreif
1 kg Gelierzucker
2 cl Zitronensaft
2 cl Marillenbrand

Die Marillen entkernen und vierteln. Gemeinsam mit Zitronensaft und Gelierzucker in einem flachen Topf aufkochen lassen. Die Marillenstücke während des Kochens zerdrücken oder mixen und 5 Minuten kochen lassen. Durch ein Sieb passieren und mit dem Marillenbrand aromatisieren. Heiße Marmelade in heiß ausgespülte Einmachgläser füllen, gut verschließen und kühl stellen.

RECHTS: WALDBEERENMARMELADE

Ribiselmarmelade

Zutaten
1,2 kg Ribiseln
1 kg Gelierzucker
Schale von 1 Orange, gerieben

Die Ribiseln von den Stielen zupfen und mit Gelierzucker sowie Orangenschale in eine Schüssel geben und über Nacht zugedeckt kühl stellen. In einem Topf 5 Minuten kochen und Ribiseln während des Kochens zerdrücken oder mixen. Je nach Belieben durch ein Sieb passieren. Heiße Marmelade in heiß ausgespülte Einmachgläser füllen, gut verschließen und kühl stellen.

TIPP: Nach demselben Rezept lässt sich auch Stachelbeermarmelade herstellen. Die geriebenen Orangenschalen ersetzt man in diesem Falle durch Zitronenschalen oder einen Schuss Weißwein.

Cassis oder Säure?

Das österreichische Synonym für die Johannisbeere kennt wie diese unterschiedliche Farb- und Geschmacksschattierungen. Die erfrischend-säuerlichen Roten Ribiseln eignen sich für Kuchen, Marmeladen, Gelees und Torten. Die Schwarzen Ribiseln sind mit ihrem ausgeprägten Cassis-Geschmack weniger für Mehlspeisen als für Marmeladen und Gelees geeignet. Die selteneren (und milderen) weißen Ribiseln sind hingegen eher als Speisebeeren geeignet.

Waldbeerenmarmelade

Zutaten
1,2 kg Waldbeeren, nach Belieben gemischt, entstielt
1 kg Gelierzucker
Schale von 1 Orange, gerieben
2 cl Zitronensaft
2 cl Grand Marnier

Die Waldbeeren mit Gelierzucker, Orangenschale und Zitronensaft in eine Schüssel geben und über Nacht kühl stellen. In einem Topf aufkochen und 5 Minuten kochen lassen. Beeren mixen und mit Grand Marnier aromatisieren. Heiße Marmelade in heiß ausgespülte Einmachgläser füllen, gut verschließen und kühl stellen.

Zwetschkenmarmelade

Die gewaschenen Zwetschken vierteln und entkernen. Mit Gelier- und Vanillezucker in eine Schüssel geben und über Nacht kühl stellen. In einem Topf aufkochen und 5 Minuten kochen lassen. Zwetschken mixen, durch ein Sieb passieren und mit Zwetschkenbrand aromatisieren. Heiße Marmelade in heiß ausgespülte Einmachgläser füllen, gut verschließen und kühl stellen.

Zutaten
1,5 kg Zwetschken
1 kg Gelierzucker
40 g Vanillezucker
2 cl Zwetschkenbrand

Zwetschke muss nicht Zwetschke sein

Die aus Kleinasien stammende und von den Römern um 150 v. Chr. nach Europa gebrachte Steinobstfrucht gilt als ebenso appetitanregend wie verdauungsfördernd und ist insgesamt in etwa 2 000 Sorten vor allem im Mittelmeergebiet und in Mitteleuropa vertreten. Die wichtigsten davon sind die nur kirschengroße, orangefarbene Mirabelle, die runde Pflaume (auch: Eierpflaume), die gelbgrüne, festfleischige Ringlotte und die süße, saftige Damaszenerzwetschke. Für die Weiterverarbeitung in der süßen Küche sind alle vier Sorten geeignet. Unter der klassischen Zwetschke versteht man in der österreichischen Mehlspeisküche jedoch für gewöhnlich die Damaszenerzwetschke.

Kirsch-Pfefferminz-Marmelade

Kirschen waschen und entkernen. Pfefferminze grob hacken und in ein Leinensäckchen binden. Läuterzucker erwärmen und das Pfefferminzsäckchen gemeinsam mit Kirschen und Gelierzucker zugeben. Zudecken und über Nacht kühl stellen. Am nächsten Tag das Pfefferminzsäckchen entfernen (dabei gut ausdrücken), Kirschen aufkochen und dann 5 Minuten kochen lassen. Mixen und durch ein Sieb passieren. Heiße Marmelade in heiß ausgespülte Einmachgläser füllen, gut verschließen und kühl stellen.

Zutaten
500 ml Läuterzucker (s. S. 40)
1 Bund Pfefferminze
2,5 kg Kirschen
2 kg Gelierzucker

Apfel-Holunderblüten-Marmelade mit Kardamom

Zutaten
2 kg Äpfel (Golden Delicious)
2 kg Gelierzucker
Kardamom, gemahlen

Für den Holunderblütensirup
500 ml Wasser
8 Holunderblüten
500 g Gelierzucker
1/2 Zitrone, in Scheiben geschnitten
10 g Zitronensäure

Für den Holunderblütensirup Holunderblüten waschen und mit Gelierzucker, Zitronenscheiben und Zitronensäure in einen Topf geben. Wasser aufkochen lassen, darüber gießen und zugedeckt über Nacht kühl stellen. Den Sirup abseihen. Äpfel schälen, Kerngehäuse entfernen und vierteln. Mit Gelierzucker und Hollersirup aufkochen lassen, mixen und durch ein Sieb passieren. Nach Geschmack mit Kardamom aromatisieren. In heiß ausgespülte Einmachgläser füllen, gut verschließen und kühl stellen.

Pfirsich-Vanille-Marmelade

Zutaten
1,2 kg Pfirsiche, vollreif
1 kg Gelierzucker
2 cl Zitronensaft
2 cl Pfirsichlikör
1 Vanilleschote

Pfirsiche vierteln und entkernen. Mit Zitronensaft und Gelierzucker aufkochen und 5 Minuten kochen lassen. Mixen und durch ein Sieb passieren. Marmelade wiederum aufstellen und die längs halbierte Vanilleschote zugeben. Für 2 Minuten weiterkochen lassen. Vanilleschote herausnehmen, restliches Mark herausschaben und zugeben. Vom Herd nehmen und den Pfirsichlikör einrühren. Heiße Marmelade in heiß ausgespülte Einmachgläser füllen, gut verschließen und kühl stellen.

Marmelade von Orangen, Grapefruits und Limonen

Zutaten
2 kg Orangen
500 g Grapefruits
300 g Limonen
2 kg Gelierzucker

Die Orangen schälen und in Stücke schneiden. Die Hälfte der Schalen in warmes Wasser legen und 24 Stunden ziehen lassen. Währenddessen 3–4-mal das Wasser wechseln. Grapefruits und Limonen auspressen. Orangen gemeinsam mit Gelierzucker und Limonen- sowie Grapefruitsaft in einen Topf geben und 5 Minuten kochen lassen. Marmelade mixen und durch ein feines Sieb passieren. Schalen aus dem Wasser nehmen, das Weiße wegschneiden und die Schalen in sehr feine Würfel schneiden. Orangenwürfel in die Marmelade einrühren. In heiß ausgespülte Einmachgläser füllen, gut verschließen und kühl stellen.

Marmelade von der Guten Luise mit Chili

Die Birnen schälen, entkernen und vierteln. Mit Gelierzucker, Zitronensäure sowie Zitronensaft aufkochen und 5–7 Minuten sprudelnd kochen lassen. Durch ein Sieb passieren oder pürieren. Chilifäden bzw. fein gehackte Chilischote nach Geschmack unterrühren. Achtung: Zu viel Chili macht die Marmelade zu scharf! Heiße Marmelade in heiß ausgespülte Einmachgläser füllen, gut verschließen und kühl stellen.

Zutaten
2,5 kg Gute-Luise-Birnen
2 kg Gelierzucker
10 g Zitronensäure
2 cl Zitronensaft
Chilifäden bzw. fein gehackte Chilischote, nach Geschmack

1
Die Zutaten vorbereiten.

2
Die Birnen schälen und entkernen. Die Chilischoten fein hacken bzw. in feine Streifen schneiden.

3
Birnen mit Gelierzucker, Zitronensaft und Zitronensäure zum Kochen bringen.

4
5-7 Minuten sprudelnd kochen lassen.
Etwas überkühlen lassen und dann mit dem Stabmixer pürieren.

5
Birnenmarmelade durch ein Sieb passieren und dann erst Chili beigeben.

FRUCHT- UND ANDERE SÜSSE SAUCEN

Am gesündesten und vitaminreichsten ist die süße Küche stets dort, wo es fruchtig, beerig und obstig zugeht. Das trifft nicht zuletzt – oder vielleicht sogar vor allem – auf die süße Saucenküche zu, die auch ihre sündig-schokoladigen Seiten hat.

ERDBEERMARK

Zutaten
1 kg Erdbeeren, entstielt
250–350 g Läuterzucker (s. S. 40), je nach Zuckergehalt der Beeren
4 cl Grand Marnier
4 cl Erdbeerlikör

Die Erdbeeren waschen, putzen und gemeinsam mit dem Läuterzucker mit einem Stabmixer pürieren. Durch ein feines Sieb seihen und mit Grand Marnier sowie Erdbeerlikör abschmecken.

TIPP: Außerhalb der Erdbeersaison können selbstverständlich auch gefrorene Früchte verwendet werden. Einfach auftauen lassen und dann wie oben beschrieben zubereiten.

PFIRSICHMARK (MARILLENMARK)

Zutaten
600 g Pfirsiche (oder Marillen)
150 g Läuterzucker (s. S. 40)
10 g Vanillezucker
4 cl Zitronensaft
4 cl Pfirsichlikör
2 cl Cointreau

Die Pfirsiche bzw. Marillen waschen, vierteln und entkernen. Im Mixer gemeinsam mit Läuterzucker, Vanillezucker und Zitronensaft pürieren und durch ein feines Sieb streichen. Mit Pfirsichlikör und Cointreau abschmecken.

TIPPS:

- Wird das Mark aus weißen Pfirsichen hergestellt, so erhält man das für den vom legendären Arrigo Cipriani für „Harry's Bar" in Venedig kreierten „Bellini"-Cocktail notwendige Fruchtmark.
- Puristen können die Pfirsiche auch vor der Verwendung schälen, doch die Früchte einfach durch ein Sieb zu streichen, ergibt letztlich den gleichen erwünschten Effekt.

Himbeermark

Zutaten
1 kg Himbeeren
ca. 250 g Läuterzucker (s. S. 40), je nach Zuckergehalt der Beeren
6 cl Himbeerbrand
Schale von 1 Orange, gerieben
Prise Ingwer, gemahlen

Die Himbeeren waschen, putzen und gemeinsam mit dem Läuterzucker und der Orangenschale pürieren. Durch ein feines Sieb seihen und mit Himbeerbrand und Ingwer abschmecken.

Die süßeste der Rosen

Unter allen Früchten von Rosengewächsen ist die Himbeere (Rubus idaeus) mit Sicherheit die süßeste und verführerischste. Als Wildfrucht diente sie den Menschen schon in der Jungsteinzeit als Nahrung. Im Garten kultiviert wird die Himbeere jedoch erst seit dem Mittelalter. Und erst in der Renaissance entstand die heute übliche großfruchtige Garten- oder Kulturhimbeere. In Europa haben sich übrigens nur wenige Himbeersorten durchgesetzt, während man in Asien, wo auch der Ursprung der Himbeere vermutet wird, über 200 davon kennt. Nicht nur wissenschaftlich, sondern auch geschmacklich gesichert ist, dass die Himbeere in unseren Breiten in der Zeit zwischen Juli und September am aromatischsten mundet.

Heidelbeersauce

Zutaten
500 g Heidelbeeren
160 g Staubzucker
4 cl Crème de Cassis (Johannisbeerlikör)
4 cl Heidelbeerbrand

Die Heidelbeeren verlesen, waschen und gemeinsam mit dem Staubzucker pürieren. Durch ein feines Sieb seihen und mit Crème de Cassis und Heidelbeerbrand abschmecken.

Eine Beere wie Rotwein

Die auch Schwarzbeere genannte Frucht eines Kleinstrauches namens Vaccinium myrtillus ist besonders gerbstoffreich und daher auch als Hausmittel gegen Diarrhöe und Zahnfleischbluten geeignet. Die in der süßen Küche vielseitig verwendbare Beerenfrucht wurde auch schon von der hl. Hildegard von Bingen geschätzt, die aus getrockneten roten Heidelbeeren ein Pulver gegen Verdauungsstörungen herstellte, das, wie sie schrieb, „in Wasser gelegt wie Rotwein aussieht und sich lieblich für den Durst trinken lässt“.

Joghurt-Zitronen-Sauce

Alle Zutaten miteinander verrühren. Geschlagenes Obers vor dem Anrichten untermengen.

Zutaten
500 ml Joghurt (3,6 %)
120 g Staubzucker
8 cl Zitronensaft
Schale von 2 Zitronen, fein gerieben
4 EL Schlagobers, geschlagen

Der saure Charme des Citrusbaums

Die Frucht des Zitronenbaums (lat. Citrus) leistet in der süßen Küche gerade wegen ihrer natürlichen Säure beste Dienste. Ihr Saft findet sich in Cremen, Gelees, Sorbets und Speiseeis. Die Schalen dienen zum Aromatisieren. Und das Zitronat (kandierte Zitronenschale) ist eine unersetzliche Backzutat. Für die verwandte Limette oder Limone gilt Ähnliches. Sie ist im Gegensatz zur Zitrone kernlos und verfügt über ein noch feineres, bitterzartes Aroma, das der Limette gerade in der modernen Dessertküche einen Sonderplatz gesichert hat.

Klassische Vanillesauce

VARIANTE I

Eidotter und Zucker mit dem Schneebesen cremig rühren. Milch und Vanilleschote zugeben und über Wasserdampf langsam erhitzen, bis die Eidotter der Vanillesauce Bindung geben. Vanilleschote herausnehmen, das Mark auskratzen, zugeben und die Sauce kalt rühren. Vorsicht: Nicht überhitzen, sonst flockt das Eigelb aus!

VARIANTE II

Vanillepuddingpulver mit 2–3 EL Milch und Eidottern verrühren. Restliche Milch mit Zucker und Vanilleschote zum Kochen bringen. Vanilleschote herausnehmen, Mark abstreifen und zugeben. Die Puddingmischung unter kräftigem Rühren in die Sauce einmengen. Kurz aufwallen lassen und dann kalt rühren.

Zutaten
Variante I
6 Eidotter
100 g Kristallzucker
500 ml Milch
1/2 Vanilleschote

Variante II
500 ml Milch
60 g Zucker
1/2 Vanilleschote
10 g Vanillepuddingpulver
2 Eidotter

Kanarimilch

Zutaten
220 ml Milch
50 ml Schlagobers, flüssig
70 g Kristallzucker
Mark von 1/2 Vanilleschote
4 Eidotter
2 cl Rum

Milch, Obers, Kristallzucker, Vanillemark, Rum und Eidotter in einen Schneekessel geben und über Dampf schaumig aufschlagen. Sofort servieren.

Wenn der Kanari an der Vanille nascht

Kanarienvögeln scheint die verdünnte Variante der klassischen Vanillesauce offenbar ganz besonders zu munden, da diese schon im alten Wien als Namenspatrone dieser vor allem zu Dukatenbuchteln und Millirahmstrudeln gerne gereichten Sauce auftreten. Vielleicht liegt die Verwandtschaft von Kanari und Vanille ja auch an der exotischen Herkunft der bunten Singvögel und der aromatischen Orchideenfrucht, als deren edelste die Bourbon-Vanille von der Insel Réunion (früher Bourbon) gilt. Anspruchsvolle Kanarienvögel würden sich daher auch – ebenso übrigens wie verwöhnte Leckermäuler – weigern, an einer Kanarimilch zu naschen, die nicht auf der Basis einer ausgekratzten Vanilleschote, sondern mit industriellem Vanillezucker hergestellt wurde. Darin findet man nämlich anstatt echter Vanille meist nur den 1874 erstmals aus Eugenol und Gujacol hergestellten synthetischen Vanille-Ersatz „Vanillin".

Vanilleschaum

Zutaten für 4–6 Portionen
250 ml Milch
20 g Zucker
10 g Vanillepuddingpulver

Milch mit Zucker aufkochen. Vanillepuddingpulver mit etwas kaltem Wasser verrühren und die Milch damit leicht binden. Die Vanillesauce sollte gerade am Löffel halten, damit sie sich schön mit dem Stabmixer aufschäumen lässt.

VERWENDUNG: als Dekoration für verschiedene Desserts.

Sauerrahmschaum

Sauerrahm, Milch und Staubzucker in einen Kessel geben und mit dem Stabmixer schaumig aufschlagen.
VERWENDUNG: als nicht zu süße Beigabe sowohl zu warmen als auch kalten, fruchtigen Desserts

Zutaten
100 ml Sauerrahm
2 EL Milch
30 g Staubzucker

Dunkle Schokoladesauce

Milch, Schlagobers und Honig langsam aufkochen lassen und die gehackte Schokolade darin auflösen.

Zutaten
180 g Zartbitterkuvertüre oder Kochschokolade, klein gehackt
100 ml Milch
100 ml Schlagobers
20 g Honig

Weisse Schokoladesauce

Die Kuvertüre hacken und in einem Schneekessel über Dampf schmelzen. Vorsicht, nicht überhitzen! Mit Schlagobers, Milch und Grand Marnier verrühren.

Zutaten
200 g Kuvertüre, weiß
150 ml Schlagobers
60 ml Milch
2 cl Grand Marnier

Lavendel macht munter

„Reden S' kan Lavendel daher" lautet eine heute noch gebräuchliche Alt-Wiener Redensart, mit der jemand zurecht gewiesen wird, der blühenden Unsinn spricht. Blühend ist der Lavendel auf jeden Fall, doch keineswegs unsinnig ist zumindest seine Verwendung in der Küche. Denn die blauen Blüten der Lavendelstaude (Lavandula angustifolia) eignen sich nicht nur für die Duftküchen der Parfumerzeuger, sondern auch, um süßen (aber auch sauren) Speisen ein besonders frisches und unverwechselbares Aroma zu verleihen.

SÄFTE

Das Entsaften von Früchten ist keine Hexerei. Man benötigt dazu im Grunde nur eine gute Obstpresse oder einen Entsafter. Die folgenden beiden Rezepte sind da schon etwas raffinierter, aber dennoch leicht zuzubereiten. Und sie sind nicht nur erfrischend, sondern eignen sich auch hervorragend, um süßen Köstlichkeiten durch ihr Aroma noch „das gewisse Etwas" zu verleihen.

HOLUNDERBLÜTENSAFT

Zutaten
2 l Wasser
500 g Kristallzucker
1 Zitrone
15 Holunderblüten
4 cl Zitronensaft
40 g Kristallzucker zum Karamellisieren
6 cl Essig

Wasser mit Zucker aufkochen, vom Herd nehmen. Zitrone in Scheiben schneiden und gemeinsam mit den Holunderblüten in die Flüssigkeit einlegen. Abgedeckt 2 Tage kühl stehen lassen. Durch ein feines Sieb oder Kaffeefilter gießen. Kristallzucker zu hellem Karamell schmelzen und mit Zitronensaft und Essig ablöschen. Sobald sich das Karamell aufgelöst hat, dem Holunderblütensaft zugeben. In heiß ausgespülte Einmachgläser füllen und diese gut verschließen.

LAVENDELSAFT

Zutaten für ca. 1 Liter
600 ml Wasser
320 g Kristallzucker
30 g Vanillezucker
15 g Zitronensäure
65 g Lavendelblüten und -blätter

Wasser mit Kristall- und Vanillezucker sowie Zitronensäure einmal kurz aufkochen lassen und vom Herd nehmen. Die gewaschenen Lavendelblüten und -blätter dazugeben und kalt werden lassen. Durch ein Sieb seihen, in heiß ausgespülte Einmachgläser füllen und diese gut verschließen.

VERWENDUNG: als erfrischendes Sommergetränk mit Mineralwasser (auf 0,2 l Mineralwasser 4 cl Lavendelsaft) oder Sekt vermischt, aber auch zum Aromatisieren

TIPPS:

- Achten Sie darauf, dass der Sud nicht kochen darf, da der Saft sonst bitter wird!
- Verwenden Sie – sofern es Ihnen möglich ist – den echten, wilden Lavendel, der ausschließlich in höheren Regionen gedeiht und im Gegensatz zum gezüchteten Garten-Lavendel durch sein ausgeprägtes Aroma besticht.

KARAMELLISIERTE FRÜCHTE

Das Karamellisieren von Obst ist eine höchst schmackhafte Form, um Süßes noch süßer und verführerischer zu gestalten. Wer das Kandieren nicht den Zuckerbäckern überlassen will, kann es auch ohne allzu großen Aufwand daheim selbst machen. Die beiden folgenden Grundrezepte sind dabei vielseitig einsetzbar.

APFELCHIPS (APFELKRISTALLE)

Zutaten
2 Äpfel, entstielt und entkernt
Staubzucker

Die nicht geschälten Äpfel am besten mit einer Brotschneidemaschine hauchdünn aufschneiden. Auf ein mit Backpapier ausgelegtes Backblech geben, mit Staubzucker bestreuen und im vorgeheizten Backrohr bei 160 °C einige Minuten karamellisieren.

BACKZEIT: einige Minuten

BACKTEMPERATUR: 160 °C

VERWENDUNG: als Dekoration für zahlreiche Desserts und Süßspeisen, etwa Apfelrisotto (s. S. 171)

TIPPS:

- Noch delikater, wenngleich auch etwas aufwendiger in der Zubereitung geraten die Apfelkristalle, wenn die rohen Apfelscheiben mit etwa 600 g Läuterzucker (s. S. 40) sowie etwas Zitronensaft in einen Vakuumbeutel eingeschweißt, anschließend 5 Minuten blanchiert und danach in Eiswasser abgeschreckt werden. Nun die Apfelscheiben herausnehmen und auf Backpapier bei 50-60 °C im Backrohr etwa 8 Stunden trocknen lassen, währenddessen einmal wenden.
- Nach demselben Rezept lassen sich übrigens auch Birnenchips zubereiten.

Karamellisierte Marillen

Zutaten
8 Marillen
2 EL Zucker oder Vanillezucker
3 EL Butter
250 ml Orangensaft
Saft von 1/2 Zitrone

Marillen waschen, entkernen und dünn aufschneiden. Zucker oder Vanillezucker vorsichtig in einer heißen Pfanne erwärmen, bis er sich verflüssigt und braun wird. Butter hinzufügen und schmelzen lassen. Früchte in die Pfanne geben, Orangen- und Zitronensaft zugießen, kurz dünsten und währenddessen immer wieder mit dem Eigensaft übergießen. Wenn die Flüssigkeit zu sämig wird, mit etwas Wasser verdünnen.

VERWENDUNG: als Dekoration für zahlreiche Desserts und Süßspeisen

TIPP: Nach demselben Rezept lassen sich auch zahlreiche andere Früchte (z. B. Pfirsiche, Mangos etc.) karamellisieren.

Naschen muss nicht Sünde sein

Die süsse Vollwertküche

VOLLWERTGEBÄCK

Vollwert ist keineswegs nur ein Thema für Gesundheitsapostel. Es bedeutet zwar vor allem, dass gesunde Mineralien, Spurenelemente und sonstige wertvolle Stoffe in der Nahrung verbleiben, es bedeutet aber auch die Erhaltung des vollen Eigengeschmacks der verwendeten Produkte. Machen Sie ruhig einmal die Probe aufs Exempel.

Die zehn Gebote des gesunden Backens

1. *Ersetzen Sie raffinierten (also weißen) Rohr- oder Rübenzucker wenn möglich durch naturbelassene Sirupe (z. B. Birnendicksaft, Rübensirup, Gerstenmalz etc.) oder Bauernhonig. In manchen Fällen (z. B. beim Staubzucker oder beim Kristallzucker zum Schneeschlagen) ist die „konventionelle" Lösung allerdings effizienter.*
2. *Versuchen Sie, die nötige Süße auf möglichst natürliche Weise – etwa durch die Verwendung von viel Obst oder Trockenfrüchten und nicht durch Zucker – in Ihre Mehlspeisen zu bringen.*
3. *Ersetzen Sie künstliche Süßstoffe durch Ahornsirup.*
4. *Ersetzen Sie Weißmehle oder Graumehle (Auszugsmehle) durch möglichst frisch vermahlene Vollwertmehle.*
5. *Ersetzen Sie tierische Fette wie Butter oder Butterschmalz durch Pflanzenfette und ungehärtete Pflanzenmargarinen. Verwenden Sie statt Gelatine wenn möglich Agar-Agar-Pulver.*
6. *Verzichten Sie so weit wie möglich auf chemische bzw. industriell vorgefertigte Backhilfen, Lebensmittelfarben und künstliche Aromen. Verwenden Sie Naturbackpulver!*
7. *Verwenden Sie statt Semmel- oder Biskuitbröseln Graham- oder andere Vollwertbrösel. Viele Teige werden auch durch die (Mit-) Verwendung von Getreideflocken besonders „crunchy".*
8. *Ziehen Sie Magertopfen fetthaltigerem Topfen vor!*
9. *Verwenden Sie bei Obstmehlspeisen möglichst Gartenfrüchte aus biologischer Zucht und vermeiden Sie allzu langes Erhitzen derselben, da dies die biologische Qualität der Produkte beeinträchtigt.*
10. *Achten Sie bei der Verwendung von Rosinen und Trockenfrüchten darauf, dass diese möglichst ungeschwefelt sind.*

Vollkorn-Vanillekipferln

Zutaten
150 g Weizenvollkornmehl
150 g Mandeln, gerieben
150 g Butter oder ungehärtete Pflanzenmargarine, kühlschrankkalt
70 g Roh-Rohrzucker (Rapadura)
1 Vanilleschote
2 Eidotter
Mit Vanillemark vermengter Staubzucker zum Bestreuen

Mehl und Mandeln vermischen. Vanilleschote der Länge nach aufschneiden und das Mark herauskratzen. Kalte Butter in kleine Stücke schneiden und mit der Mehl-Mandel-Mischung verbröseln. Zucker, Vanillemark und Dotter zugeben und rasch zu einem glatten Teig verkneten. Im Kühlschrank etwa 10 Minuten rasten lassen. Den Teig zu einer Rolle formen, davon ca. 10 g schwere Stückchen abschneiden und zu kleinen Kipferln formen. Diese auf ein mit Backpapier ausgelegtes Backblech legen und im vorgeheizten Backrohr bei 170 °C 10–15 Minuten hell backen. Kipferln aus dem Rohr nehmen und noch warm (vorsichtig!) mit Vanillezucker bestreuen.

BACKZEIT: 10–15 Minuten

BACKTEMPERATUR: 170 °C

TIPP: Da die warmen Kipferln sehr leicht brechen, ist es ratsam, die Kipferln am besten samt Papier vom Blech zu ziehen und sie zunächst etwas auskühlen zu lassen.

Vollkorn-Zimtsterne

Zutaten
125 g Vollkorn-Haferflocken
50 g Weizenvollkornmehl
75 g Honig
25 g Mandeln, gerieben
125 g Butter oder ungehärtete Pflanzenmargarine
1 TL Zimt, gemahlen
Schale von 1 Zitrone, abgerieben
Vollkornmehl für die Arbeitsfläche
Butter oder ungehärtete Pflanzenmargarine für das Blech

Für die Glasur
4 EL Kokosflocken
2 EL Pfeilwurzelmehl
1 EL Milch
1 EL Honig

Ein Viertel der Haferflocken in einer Pfanne leicht anrösten und auskühlen lassen. Die gesamten Haferflocken mit Mehl, Mandeln, Honig, Butter, Zimt und Zitronenschale verkneten. Im Kühlschrank 20 Minuten rasten lassen. Für die Glasur Kokosflocken in der Küchenmaschine mixen, so dass Kokosmehl entsteht. Dieses Mehl mit Pfeilwurzelmehl, Milch und Honig verrühren. Den Teig auf einer bemehlten Arbeitsfläche 5 mm dick ausrollen. Sterne ausstechen und mit der vorbereiteten Glasur bestreichen. Auf ein gefettetes Backblech geben und im vorgeheizten Backrohr bei 180 °C etwa 10 Minuten backen.

BACKZEIT: ca. 10 Minuten

BACKTEMPERATUR: 180 °C

Johannisbeermuffins

Zutaten für 12–15 Muffins
380 g Weizenvollkornmehl
20 g Naturbackpulver
300 g Johannisbeeren (schwarze Ribiseln)
3 Eier
220 g brauner Zucker
220 g Butter oder ungehärtete Pflanzenmargarine, flüssig
20 g mit Vanillemark vermengter Staubzucker
400 ml Magerjoghurt
Butter oder ungehärtete Pflanzenmargarine für die Formen
Staubzucker zum Bestreuen

Mehl mit Backpulver vermengen. Eier leicht verschlagen, Zucker, flüssige Butter und Vanillezucker zugeben. Joghurt einrühren. Gewaschene, gerebelte Johannisbeeren und Mehl unterheben. Den Teig in gebutterte Muffinformen füllen und im vorgeheizten Backrohr bei 180 °C 25 Minuten backen. Muffins in den Formen noch 5 Minuten ruhen lassen, dann mit Staubzucker bestreut servieren.

BACKZEIT: 25 Minuten

BACKTEMPERATUR: 180 °C

1
Die Zutaten vorbereiten.

2
Eier verschlagen, Zucker und Vanillezucker zugeben. Flüssige Butter in die Masse rühren, danach das Joghurt einrühren.

3
Mit Backpulver vermengtes Mehl unterheben.

4
Die gerebelten Johannisbeeren unterheben.

5
Den Teig in gebutterte Muffinsformen füllen und wie oben beschrieben backen.

TOPFENBUTTERKIPFERLN

Alle Zutaten zu einem Teig verkneten und zu einer Rolle formen. In Folie einwickeln und eine Stunde rasten lassen. Auf einer bemehlten Arbeitsfläche den Teig zu einem Rechteck von etwa 45 x 40 cm Größe ausrollen und der Länge nach in der Mitte halbieren. Die zwei dabei entstandenen Streifen in Dreiecke schneiden. Mit flüssiger Butter bestreichen und (von der breiten Seite hin zum Spitz) locker zu Kipferln rollen. Kipferln auf ein gefettetes Blech setzen. Eidotter und Milch verrühren und die Kipferln damit bestreichen. Etwa 1/2 Stunde bei ca. 30 °C gehen lassen. Im vorgeheizten Backrohr bei 190 °C ca. 25 Minuten backen.

BACKZEIT: ca. 25 Minuten

BACKTEMPERATUR: 190 °C

Zutaten

250 g Dinkelmehl
125 g Butter oder ungehärtete Pflanzenmargarine, zimmerwarm
125 g Magertopfen
2 Eidotter
2 EL Milch
Salz oder Vollsalz
20 g Trockengerm
Mehl für die Arbeitsfläche
ca. 30 g Butter oder ungehärtete Pflanzenmargarine zum Bestreichen
1 Eidotter mit 1 EL Milch verrührt zum Bestreichen

ANISBÖGEN

Eier und Zucker leicht schaumig rühren, Vollkornmehl unterziehen. Ein Backblech mit Diätmargarine befetten oder mit Backpapier auslegen. Die Masse dünn in kleinen Kreisen aufstreichen, mit Anis bestreuen und im vorgeheizten Backrohr bei 180 °C 8–10 Minuten goldbraun backen. Mit der Palette vom Blech lösen und über einen Kochlöffelstiel zu Bögen formen. Auskühlen lassen.

BACKZEIT: 8–10 Minuten

BACKTEMPERATUR: 180 °C

Zutaten

2 Eier
50 g brauner Zucker
40 g Weizenvollkornmehl
Diätmargarine für das Backblech
Anis zum Bestreuen

TOPFENKOLATSCHEN (VOLLWERT)

Zutaten
Für den Germteig
350 g Weizenvollkornmehl
Schale von 1/2 Zitrone, abgerieben
170 ml Wasser, lauwarm
2 EL Sojamehl
20 g Germ
70 g Honig
Prise Salz oder Vollsalz
2 Eidotter
40 g Butter oder ungehärtete Pflanzenmargarine
Mehl für die Arbeitsfläche
Butter oder ungehärtete Pflanzenmargarine für das Backblech

Für die Fülle
30 g Butter oder ungehärtete Pflanzenmargarine
2 EL Honig
Mark von 1 Vanilleschote
1 Ei
1 EL Weinbrand
250 g Magertopfen
30 g Rosinen

Für den Germteig alle Zutaten außer Mehl und Butter mit lauwarmem Wasser verrühren. Mehl einrühren, Butter zufügen und alles gründlich durchkneten. Den Teig zugedeckt an einem warmen Ort auf die doppelte Höhe aufgehen lassen, nochmals zusammenschlagen und abermals 10 Minuten gehen lassen.

Für die Fülle Butter mit Honig und Vanillemark gut verrühren (abtreiben). Dann Topfen, Ei und Weinbrand einrühren und Rosinen darunter mischen. Teig nochmals kurz durchkneten, auf einer bemehlten Arbeitsfläche etwa 2 mm dick ausrollen und Quadrate von 10 cm Seitenlänge ausradeln. Die Mitte der Quadrate jeweils mit Topfenfülle belegen, die Ecken mit Wasser bestreichen und zur Mitte hin übereinander schlagen. Die Kolatschen auf ein gefettetes Backblech legen, mit etwas Wasser bepinseln und im vorgeheizten Backrohr bei 200 °C etwa 15 Minuten backen.

BACKZEIT: 15 Minuten
BACKTEMPERATUR: 200 °C

Weizenvollkornbuchteln

Zutaten für 10–12 Portionen
500 g Weizenvollkornmehl
300 ml Milch
40 g Germ
Prise Salz oder Vollsalz
100 g Butter oder ungehärtete Pflanzenmargarine, zimmerwarm
100 g Honig
3 Eidotter
Schale von 1 Zitrone, abgerieben
Mehl für die Arbeitsfläche
Zwetschkenmarmelade zum Füllen
Butter oder ungehärtete Pflanzenmargarine zum Bestreichen

200 ml (!) Milch leicht erwärmen und mit Germ und ca. 200 g Weizenvollkornmehl verrühren. Dampfl an einem warmen Ort zugedeckt 20 Minuten aufgehen lassen. Restliche Milch ebenfalls erwärmen und mit dem restlichen Mehl und Honig vermischen. Mit dem Dampfl verkneten, dann Eidotter, Salz oder Vollsalz, Zitronenschale und zimmerwarme Butter einrühren. Den Teig gut abschlagen und zugedeckt an einem warmen Ort 30 Minuten aufgehen lassen. Abermals kräftig abschlagen und wiederum 30 Minuten gehen lassen. Den Teig auf einer bemehlten Arbeitsfläche ausrollen und runde Kreise von ca. 10 cm Durchmesser ausstechen. Etwas Zwetschkenmarmelade jeweils auf die Kreise setzen und den Teigrand darüber zusammenschlagen. Eine Backform mit zerlassener Butter ausfetten und die Buchteln dicht nebeneinander mit der geschlossenen Seite nach oben einlegen. Mit zerlassener Butter bestreichen, nochmals 30 Minuten gehen lassen und im vorgeheizten Backrohr bei 190 °C ca. 30 Minuten backen.

BACKZEIT: 30 Minuten

BACKTEMPERATUR: 190 °C

TIPP: Diese feinen Buchteln können selbstverständlich nicht nur kalt zur Kaffeejause angeboten werden, sondern geben auch eine köstliche warme Hauptmahlzeit ab.

Kirschtartelettes

Zutaten für 6 Tartelettes
250 g Weizenvollkornmehl
170 g Butter oder ungehärtete Pflanzenmargarine, zimmerwarm
85 g Honig
2 Eidotter
Schale von 1 Zitrone, abgerieben
150 g Haselnüsse, gerieben
500 g Kirschen, entsteint gewogen
60 g Honig zum Bestreichen
6 EL Kirschen- oder Marillenmarmelade
1 EL Kirschwasser
etwas Staubzucker zum Bestreuen
Weizenvollkornmehl für die Arbeitsfläche

Vollkornmehl auf eine Arbeitsfläche geben. Eine Mulde hinein drücken, zimmerwarme Butter, Honig, Eidotter sowie Zitronenschale in die Mulde geben und mit den Händen zu einem Teig kneten. Den Teig 1/2 Stunde kühl rasten lassen. Mürbteig auf einer bemehlten Arbeitsfläche auf 4–5 mm Stärke ausrollen. 6 Kreise (ca. Ø 12 cm) ausstechen und auf ein mit Backpapier ausgelegtes Backblech legen. Erwärmten Honig dünn auf die Kuchenkreise aufstreichen. Haselnüsse darüber streuen und die Kirschen darauf verteilen. Im vorgeheizten Backrohr bei 190 °C etwa 15 Minuten backen. Dann ganz leicht mit Staubzucker bestreuen und für weitere 3 Minuten im Backrohr leicht karamellisieren lassen. Marmelade mit dem Kirschwasser zart erwärmen. Die fertigen Kirschtartelettes mit einer Palette vom Blech nehmen und mit der Marmelade überglänzen.

BACKZEIT: 15 Minuten, dann weitere 3 Minuten
BACKTEMPERATUR: 190 °C

Brandteigkrapfen mit Topfencreme

Zutaten
200 g Weizenvollkornmehl
100 g Buchweizenmehl
120 g Butter oder ungehärtete Pflanzenmargarine
ca. 400 ml Wasser
Prise Salz oder Vollsalz
6 Eier

Für die Topfencreme
400 g Magertopfen
120 g Honig
180 g Schlagobers, geschlagen

Wasser mit Butter und Salz aufkochen. Beide Mehle vermischen und langsam unter die Masse rühren. Den Teig auf dem Herd so lange rühren, bis er glatt wird und sich langsam vom Topf löst (abbrennen). Topf vom Herd nehmen und die Eier nach und nach einrühren. Die Brandteigmasse mit einem Dressiersack mit Sterntülle (sternförmige Öffnung) zu Krapfen auf ein mit Backpapier ausgelegtes Backblech dressieren (aufspritzen). Im vorgeheizten Backrohr bei 200 °C etwa 35 Minuten backen. Vom Backblech lösen und auskühlen lassen.

Für die Topfencreme den Topfen mit Honig glatt rühren und das geschlagene Obers unterheben. Topfencreme mit einem Dressiersack in die halbierten Brandteigkrapfen spritzen und die Krapfen wieder zusammensetzen.

BACKZEIT: ca. 35 Minuten
BACKTEMPERATUR: 200 °C

VOLLWERTKUCHEN, -STRUDEL UND -TORTEN

Vollwertküche ist nicht nur gesund, sondern kann auch Abwechslung in Ihren Mehlspeis-Alltag bringen. Versuchen Sie einfach einmal eine der folgenden Vollwert-Ableitungen „klassischer" Mehlspeisrezepte. Sie werden erstaunt sein, wie leicht das gelingt.

VOLLKORNBISKUITROULADE

Zutaten
150 g Weizenvollkornmehl
120 g Honig
6 Eidotter
6 Eiklar
40 g Butter oder ungehärtete Pflanzenmargarine, zerlassen
Schale von 1 Zitrone, abgerieben
Prise Salz oder Vollsalz
150 g Marillenmarmelade zum Bestreichen

Honig, Dotter sowie Zitronenschale schaumig rühren und zerlassene Butter einrühren. Weizenvollkornmehl einmelieren (behutsam einmengen). Aus Eiklar und einer Prise Salz steifen Schnee schlagen und vorsichtig unter die Masse heben. Backblech mit Backpapier auslegen und die Masse etwa 1cm hoch auftragen. Im vorgeheizten Backrohr bei 210 °C ca. 10 Minuten backen. Herausnehmen und auf ein Tuch stürzen. Das Backpapier vorsichtig abziehen. Noch warm mit dem Tuch einrollen und überkühlen lassen. Wieder aufrollen und mit der Marillenmarmelade bestreichen. Abermals zusammenrollen und überkühlen lassen.

BACKZEIT: ca. 10 Minuten
BACKTEMPERATUR: 210 °C

Apfelpastete

Zutaten für 1 Tortenform (Ø 20 cm)
750 g Äpfel
100 g Haselnüsse, gerieben
50 g Rosinen
Eidotter zum Bestreichen
Mehl für die Arbeitsfläche
Diätmargarine für die Form

Für den Teig
3 EL Honig
5 EL Buttermilch
400 g Weizenvollkornmehl
20 g Butter oder ungehärtete Pflanzenmargarine
Mark von 1 Vanilleschote
Prise Zimt
Schale von 1 Zitrone, abgerieben
Prise Salz oder Vollsalz

Honig in Buttermilch auflösen. Mit den restlichen Zutaten vermischen und rasch zu einem glatten Teig verarbeiten. Teig 1/2 Stunde rasten lassen.
Die Äpfel vierteln, entkernen und blättrig schneiden. Mit Nüssen und Rosinen vermengen. Einen Tortenreifen (Ø 20 cm oder Springform) auf ein mit Backpapier ausgelegtes Backblech setzen. Auf einer bemehlten Arbeitsfläche zwei Drittel des Teiges ca. 5 mm dick ausrollen und in den ausgefetteten Tortenreifen geben. Den Teig am Rand etwas in die Höhe ziehen. Im vorgeheizten Backrohr bei 250 °C etwa 5 Minuten vorbacken. Apfelmasse einfüllen und glatt streichen. Den restlichen Teig ausrollen, auf die Apfelmasse legen und nach Belieben mit Teigrosetten verzieren. Mit Eidotter bestreichen und bei 160 °C weitere 25 Minuten fertig backen. Nach dem Überkühlen aus dem Ring lösen und portionieren.
BACKZEIT: 5 Minuten anbacken, 25 Minuten fertig backen
BACKTEMPERATUR: 250 °C zum Anbacken, dann 160 °C

Zwetschkenfleck

Zutaten
1,5 kg Zwetschken
200 g Butter oder ungehärtete Pflanzenmargarine
100 g Honig
300 g Weizenvollkornmehl
Vollkornmehl für die Arbeitsfläche
Butter oder Diätmargarine für das Backblech

Für den Teig
500 g Weizenvollkornmehl
2 cl Öl
Prise Salz oder Vollsalz
3 cl Wasser, lauwarm
3 Eier

Für die Topfenfülle
140 g Magertopfen
40 g Butter oder ungehärtete Pflanzenmargarine
2 KL Honig
20 g Rosinen
2 Eidotter

Für den Teig alle Zutaten zu einem geschmeidigen Teig kneten und 30 Minuten rasten lassen. Für die Topfenfülle Butter mit Honig schaumig rühren. Topfen, Rosinen und Eidotter unterrühren. Den Teig auf einer bemehlten Arbeitsfläche zu einem rechteckigen Fleck in Backblechgröße ausrollen. Auf das gefettete Backblech legen und rundum einen erhöhten Teigrand formen. Teig hauchdünn mit Topfenfülle bestreichen und mit den halbierten, entsteinten Zwetschken (mit der Fruchtseite nach oben) belegen. Butter mit Honig und Weizenvollkornmehl verkneten und zwischen den Händen zu Streuseln zerbröseln. Den Zwetschkenfleck mit Streuseln bestreuen und im vorgeheizten Backrohr bei 170 °C etwa 30 Minuten backen.
BACKZEIT: ca. 30 Minuten
BACKTEMPERATUR: 170 °C

Topfenkuchen mit Marillenröster

Zutaten
50 g Butter oder ungehärtete Pflanzenmargarine, zerlassen
Prise Salz oder Vollsalz
4 Eidotter
120 g Honig
400 g Magertopfen
15 g Weizenvollgrieß
60 g Rosinen
Saft von 1/2 Zitrone
4 Eiklar
20 g Kristallzucker
Butter oder ungehärtete Pflanzenmargarine und Vollkornbrösel für die Form

Für den Marillenröster
400 g Marillen, entkernt
1/16 l Wasser
Mark von 1 Vanilleschote
3 EL Honig

Butter, Salz, Eidotter und Honig schaumig rühren. Topfen, Grieß, Rosinen und Zitronensaft unterrühren. Eiklar aufschlagen und mit Kristallzucker zu Schnee ausschlagen. Schnee vorsichtig unter die Masse heben. Die Masse in eine befettete und mit Vollkornbröseln bestreute Springform (Ø 28 cm) füllen und im vorgeheizten Backrohr bei 190 °C 35–40 Minuten backen.
Für den Marillenröster die entkernten Marillen vierteln. Honig in einer Pfanne erhitzen. Marillen, Wasser und Vanillemark zugeben und Marillen weich dünsten. Fertigen Topfenkuchen überkühlen lassen und mit dem abgekühlten Marillenröster servieren.
BACKZEIT: 35–40 Minuten
BACKTEMPERATUR: 190 °C

Topfen-Früchte-Kuchen

Zutaten
40 g Germ
200 ml Wasser, lauwarm
400 g Weizenvollkornmehl
50 g Honig
50 g Butter oder ungehärtete Pflanzenmargarine, zimmerwarm
Prise Meersalz
Diätmargarine zum Ausfetten

Für den Belag
200 ml Milch
80 g Reismehl
80 g Honig
400 g Magertopfen
1 Ei
10 g mit Vanillemark vermengter Staubzucker
1 kg Früchte der Saison (z. B. frische Erdbeeren, Weintrauben, Zwetschken etc.)

Germ in etwas lauwarmem Wasser auflösen und zum Mehl geben. Honig, Butter und Meersalz untermischen und das restliche Wasser zugießen. 10 Minuten kräftig kneten. Sollte der Teig zu weich sein, noch etwas Mehl zugeben. Zugedeckt an einem warmen Ort ca. 45 Minuten aufgehen lassen, bis sich das Volumen verdoppelt hat.
In der Zwischenzeit für den Belag Milch aufkochen lassen, Reismehl einstreuen und zu einem Brei kochen. Honig, Topfen, Ei und Vanillezucker unterrühren. Gewaschenes Obst nach Bedarf in kleine Stücke schneiden. Teig nochmals kräftig durchkneten, ausrollen und in eine gefettete Kuchenform legen (mit 2 cm hohem Rand). Die Topfencreme auftragen, glatt streichen und die Früchte gleichmäßig in die Creme drücken. Im vorgeheizten Backrohr bei 200 °C etwa 45 Minuten backen.
BACKZEIT: ca. 45 Minuten
BACKTEMPERATUR: 200 °C

Vollkorn-Buttermilch-Apfelkuchen

Zutaten
1 kg Weizenvollkornmehl
1 l Buttermilch
3 Eier
Prise Salz oder Vollsalz
20 g Naturbackpulver
200 g Haselnüsse, gehackt
200 g Rosinen
200 g brauner Zucker
10 Äpfel, geschält, entkernt und in Stücke geschnitten
6 EL Sesam zum Bestreuen
Butter oder Diätmargarine für das Backblech

Alle Zutaten miteinander verrühren und zum Schluss die Apfelstücke unterheben. Teig auf ein großes gefettetes Backblech mit erhöhtem Rand (oder große Kuchenform) auftragen und mit Sesam bestreuen. Im vorgeheizten Backrohr bei 180 °C ca. 50 Minuten backen.

BACKZEIT: ca. 50 Minuten
BACKTEMPERATUR: 180 °C

Bananenkuchen

Zutaten
75 g Butter oder ungehärtete Pflanzenmargarine
75 g Staubzucker
2 Eier
200 g Weizenvollkornmehl
1/2 TL Naturbackpulver
50 ml Milch
Salz oder Vollsalz
3 Bananen
Saft von 1/2 Zitrone
100 g Mandeln, gehobelt
Diätmargarine für die Form
Staubzucker zum Bestreuen

Butter mit Staubzucker schaumig rühren. Eier zugeben. Vollkornmehl, Backpulver, Milch und Salz zufügen und zu einem Teig verrühren.

Bananen schälen, längs halbieren und rasch mit Zitronensaft beträufeln.

Eine Kastenform ausfetten. Die Hälfte des Teiges einfüllen, die Bananenhälften darauf verteilen und mit der Hälfte der Mandeln bestreuen. Restlichen Teig auftragen, glatt streichen und den Rest der Mandeln darüber streuen. Im vorgeheizten Backrohr bei 200 °C etwa 50 Minuten backen. Kuchen aus der Form nehmen und mit Staubzucker bestreuen.

BACKZEIT: 1 Stunde
BACKTEMPERATUR: 200 °C

Diabetiker-Rehrücken

Butter mit 50 g (!) Süßstoff schaumig rühren. Topfen einmengen und nach und nach die Dotter unterrühren. Eiklar mit restlichen 100 g Süßstoff zu Schnee schlagen und unter die Topfenmasse heben. Abschließend geriebene Mandeln und Zitronenschale sowie Vanillezucker unterheben. Eine Rehrückenform ausfetten und mit Vollkornmehl ausstreuen, die Masse einfüllen und im vorgeheizten Backrohr bei 150 °C etwa 30 Minuten backen. Überkühlen lassen und stürzen.

BACKZEIT: 30 Minuten

BACKTEMPERATUR: 150 °C

Zutaten

80 g Butter oder ungehärtete Pflanzenmargarine
150 g Süßstoff
50 g Magertopfen, passiert
8 Eidotter
150 g Mandeln, gerieben
3 Eiklar
Schale von 1/2 Zitrone
Prise mit Vanillemark vermengter Staubzucker
Diätmargarine und Vollkornmehl für die Form

Teekuchen

Die Datteln hacken. Mit der Hälfte des Wassers, Orangenschale und Rum kurz weich kochen und erkalten lassen. Dotter zugeben und mit dem Stabmixer pürieren. 3/4 des Mehls (300 g) mit Backpulver vermischen und gemeinsam mit dem restlichen Wasser dazumixen.

Rehrückenformen mit zerlassener Butter ausstreichen und mit Semmelbröseln ausstreuen. Obers steif schlagen und unter den Teig ziehen. Rosinen und Zitronat mit dem restlichen Mehl vermengen. Eiklar aufschlagen und mit Kristallzucker zu festem Schnee ausschlagen.

Mehl samt Trockenfrüchten und Eischnee abwechselnd unter die Masse mengen. Teig in die Formen füllen und im vorgeheizten Backrohr bei 180 °C etwa 1 Stunde backen.

BACKZEIT: ca. 1 Stunde

BACKTEMPERATUR: 180 °C

Zutaten für 2 Rehrückenformen

150 g Datteln
250 ml Wasser
3 EL Rum
Schale von 1 Orange, abgerieben
4 Eidotter
250 ml Schlagobers
100 g Rosinen
50 g Zitronat
400 g Weizenvollkornmehl
20 g Naturbackpulver
4 Eiklar
40 g Kristallzucker
Butter oder ungehärtete Pflanzenmargarine und Semmel- oder Vollkornbrösel für die Formen

Hirsekuchen

Zutaten
100 g Butter oder ungehärtete Pflanzenmargarine
125 g Honig
3 Eidotter
60 ml Milch
2 EL Weinbrand
100 g feines Hirsemehl
50 g Buchweizenmehl
3 Eiklar
70 g Mandeln, gehackt
Butter oder ungehärtete Pflanzenmargarine und Weizenvollkornmehl für die Form

Butter, Honig und Eidotter schaumig rühren. Milch sowie Weinbrand einmengen. Hirsemehl und Buchweizenmehl miteinander versieben und Eiklar steif schlagen. Gehackte Mandeln, Mehl und Eischnee unter die Dottermasse heben. In eine befettete und bemehlte Kuchen- oder Gugelhupfform füllen und im vorgeheizten Backrohr 60 Minuten bei 180 °C backen. Überkühlen lassen und stürzen.

BACKZEIT: ca. 60 Minuten
BACKTEMPERATUR: 180 °C

Orangenkuchen (Vollwert)

Zutaten
180 g Weizenvollkornmehl
50 g Sojamehl
200 g Butter oder ungehärtete Pflanzenmargarine
200 g Honig
3 Eier
50 g Kokosraspel
3 cl Rum
1 Orange (Saft und Schale)
Mark von 1/2 Vanilleschote
1 Msp. Piment, gemahlen
50 g Aranzini
10 g Naturbackpulver
200 g Orangenmarmelade zum Überglänzen
Butter oder ungehärtete Pflanzenmargarine und Vollkornmehl für die Form

Butter mit Honig schaumig rühren, Eier langsam einarbeiten. Orangenschale und -saft sowie Rum, Vanillemark und Piment zugeben. Weizenvollkornmehl, Sojamehl, Kokosraspel und Backpulver gut vermischen und ebenfalls einrühren. Zum Schluss Aranzini unterziehen. Eine Kuchenform mit Innenring (Reindlingform) mit flüssiger Butter ausstreichen und mit Vollkornmehl ausstauben. Masse einfüllen und im vorgeheizten Backrohr bei 170 °C ca. 60 Minuten backen. Nach dem Auskühlen aus der Form heben und mit erwärmter Orangenmarmelade überziehen.

BACKZEIT: ca. 60 Minuten
BACKTEMPERATUR: 170 °C

Vollkorngugelhupf

Rum mit Rosinen, Mandeln und Aranzini vermischen. Lauwarme Milch mit Germ und 400 g (!) Weizenvollkornmehl verrühren und Dampfl zugedeckt an einem warmen Ort 20 Minuten gehen lassen.
Butter, Honig, Eidotter und Eier schaumig schlagen. Eine Prise Salz, Schlagobers und Zitronenschale zugeben. Dampfl und Eiermischung vermengen und mit dem restlichen Mehl zu einem Teig kneten. Früchte zugeben, aber den Teig nicht mehr zu lange bearbeiten. Zugedeckt an einem warmen Ort 30 Minuten gehen lassen und dann noch einmal kräftig abschlagen. Gugelhupfform ausfetten und mit gehobelten Mandeln ausstreuen. Teig einfüllen und weitere 30 Minuten gehen lassen. Im vorgeheizten Backrohr bei 170 °C 60–70 Minuten backen.
BACKZEIT: 60–70 Minuten
BACKTEMPERATUR: 170 °C

Zutaten
1 kg Weizenvollkornmehl
450 ml Milch
80 g Germ
Prise Salz oder Vollsalz
300 g Honig
400 g Butter oder ungehärtete Pflanzenmargarine
200 g Rosinen
100 g Mandeln, gehackt
100 g Aranzini
6 Eier
4 Eidotter
80 ml Schlagobers
Schale von 1 Zitrone, abgerieben
200 ml Rum
Butter oder ungehärtete Pflanzenmargarine und gehobelte Mandeln für die Form

Vollkorngugelhupf mit getrockneten Früchten

Die getrockneten Zwetschken, Marillen und Apfelscheiben einen Tag vorher mit kochendem Wasser übergießen und quellen lassen. Milch leicht erwärmen. Germ, Zucker und 50 g (!) Mehl zugeben, glatt rühren und an einem warmen Ort zugedeckt doppelt so hoch aufgehen lassen.
Butter, Honig und Salz schaumig rühren und Eidotter zugeben. Zitronenschale, Rum, Rosinen sowie restliches Mehl einmengen und mit dem Dampfl zu einem glatten Teig kneten. Trockenfrüchte abtropfen lassen, klein hacken und unter den Teig mengen. Gugelhupfform ausfetten und mit Haferflocken ausstreuen. Teig in die Form füllen und zugedeckt nochmals doppelt so hoch aufgehen lassen. Danach im vorgeheizten Backrohr bei 200 °C etwa 1 Stunde backen.
BACKZEIT: ca. 1 Stunde
BACKTEMPERATUR: 200 °C

Zutaten
200 ml Milch
25 g Germ
50 g brauner Zucker
250 g Dinkelvollkornmehl
150 g Butter oder ungehärtete Pflanzenmargarine
40 g Honig
Prise Salz oder Vollsalz
3 Eidotter
Schale von 1/2 Zitrone, abgerieben
2 cl Rum
25 g Rosinen
50 g Dörrzwetschken
50 g getrocknete Marillen
50 g getrocknete Apfelscheiben
Diätmargarine und Haferflocken für die Form

Mandelgugelhupf

Zutaten
220 g Datteln, entkernt
250 ml Wasser
1/2 KL Vanillepuddingpulver
4 Eidotter
60 ml Rum
150 g Mandeln, gerieben
250 ml Schlagobers
200 g Weizenvollkornmehl
3 KL Naturbackpulver
4 EL Kakaopulver
4 Eiklar
40 g Kristallzucker
Butter oder ungehärtete Pflanzenmargarine und Semmel- oder Vollkornbrösel für die Form

Die Datteln hacken und gemeinsam mit Wasser sowie Puddingpulver kurz kochen lassen. Überkühlen lassen. Dotter zugeben und mit dem Stabmixer pürieren. Weizenvollkornmehl mit Backpulver sowie Kakaopulver mischen und die Hälfte davon unter den Dattelschaum mischen. Mandeln und Rum ebenfalls einrühren. Das Obers steif schlagen und unter den Teig ziehen. Eiklar aufschlagen und mit Kristallzucker zu Schnee schlagen. Schnee sowie restliches Mehl unter den Teig heben.
Die Masse in eine gefettete und mit Semmelbröseln ausgestreute Gugelhupfform füllen und im vorgeheizten Backrohr bei 180 °C etwa 90 Minuten backen. Nach dem Auskühlen stürzen.

BACKZEIT: 90 Minuten
BACKTEMPERATUR: 180 °C

Bananengugelhupf mit Kokos

Zutaten
350 g Bananen, geschält
350 g brauner Zucker
Prise Salz oder Vollsalz
Schale von 1 Zitrone, abgerieben
100 ml Kaffeeobers
100 g Butter oder ungehärtete Pflanzenmargarine
3 Eier
150 g Roggenvollkornmehl
200 g Weizenvollkornmehl
20 g Naturbackpulver
Diätmargarine und Kokosraspel für die Form
Schokoladeglasur (s. S. 42)

Die Bananen mit zwei Drittel des Zuckers, einer Prise Salz, Zitronenschale und Kaffeeobers mixen. Butter mit restlichem Zucker und einer Prise Salz schaumig rühren. Eier zugeben, danach Bananenmasse unterrühren und das mit Backpulver versiebte Mehl unterheben. Eine Gugelhupfform ausfetten und mit Kokosraspeln ausstreuen. Masse einfüllen und im vorgeheizten Backrohr bei 200 °C etwa 1 Stunde backen. Leicht überkühlen lassen und dann stürzen. Mit erwärmter Schokoladeglasur überziehen und etwas Kokosraspel darüber streuen.

BACKZEIT: 1 Stunde
BACKTEMPERATUR: 200 °C

Mohnstrudel

Germ in 100 ml Milch auflösen und mit ca. 100 g Mehl ein Dampfl ansetzen. Gut abdecken und an einem warmen Ort ca. 20 Minuten gehen lassen. Restliche Milch leicht erwärmen und mit Rum, Honig, Zitronensaft, dem restlichen Mehl und dem Dampfl zu einem Teig verkneten. Eier mit Salz vermischen und langsam dem Teig zugeben. Danach die Butter einmengen. Teig 30 Minuten zugedeckt an einem warmen Ort gehen lassen. Nochmals kräftig durchkneten und wiederum 30 Minuten gehen lassen.
Für die Fülle Milch erwärmen und mit den anderen Zutaten vermischen.
Den Teig in 3 Stücke teilen und rundwirken (mit den Handballen zu runden Flecken walken). Die Teigstücke 10 Minuten gehen lassen und danach auf einer bemehlten Arbeitsfläche zu einem rechteckigen Fleck von etwa 30 x 30 cm ausrollen. Mit der Mohnfülle bestreichen, zusammenrollen und die Enden gut verschließen. Jeweils in eine gefettete Backform setzen und nochmals 60 Minuten gehen lassen. Mit Ei bestreichen und im vorgeheizten Backrohr bei 170 °C ca. 1 Stunde backen.

BACKZEIT: ca. 1 Stunde

BACKTEMPERATUR: 170 °C

Zutaten

500 g Weizenvollkornmehl
180 ml Milch, lauwarm
50 g Germ
10 g Salz oder Vollsalz
2 cl Rum
150 g Butter oder ungehärtete Pflanzenmargarine
150 g Honig
3 Eier
2 cl Zitronensaft
Vollkornmehl für die Arbeitsfläche
Butter oder Diätmargarine für die Form
Ei zum Bestreichen

Für die Mohnfülle

500 g Mohn, gemahlen
300 g Honig
350 ml Milch
50 g Semmel- oder Vollkornbrösel
100 g Rosinen
100 g Powidl
5 g Zimt, gemahlen

Apfelstrudel (Vollwert)

Zutaten
250 g Weizenvollkornmehl
200 ml Milch, lauwarm
1 Ei
Prise Salz oder Vollsalz
25 g Maiskeimöl
Öl und Butter oder ungehärtete Pflanzenmargarine zum Bestreichen
Mehl für das Tuch

Für die Fülle
3 kg Äpfel, geschält, in Spalten geschnitten
250 g süße Brösel
250 g Honig
200 g Butter oder ungehärtete Pflanzenmargarine, lauwarm
200 g Rosinen
150 g Haselnüsse, gerieben
Zitronenschale, abgerieben
25 g Zimtpulver

Das Ei mit einer Prise Salz, lauwarmer Milch, Mehl und Öl zu einem geschmeidigen Teig verarbeiten. Oberfläche mit Öl bestreichen und Teig 1 Stunde rasten lassen. Währenddessen für die Fülle die Apfelspalten mit süßen Bröseln, Honig, lauwarmer Butter, Rosinen, Nüssen, Zitronenschale und Zimt vermischen.
Strudelteig auf ein bemehltes Küchentuch legen und zu einem viereckigen Fleck ausrollen. Finger und Handrücken mit Öl bestreichen. Dann mit beiden Handrücken unter den Teig fahren und diesen langsam in alle Richtungen so dünn ausziehen, dass man durch den Teig eine Zeitung lesen könnte. Dabei äußerst vorsichtig vorgehen, damit der Teig nicht reißt. Mit flüssiger Butter bestreichen und dann die Apfelfülle gleichmäßig darauf verteilen. Mit Hilfe des Tuches behutsam einrollen, Enden einschlagen und Strudel nochmals gut mit Butter bestreichen. Auf ein gefettetes Backblech setzen und im vorgeheizten Backrohr bei 200 °C ca. 50 Minuten goldbraun backen. Überkühlen lassen und portionieren.

BACKZEIT: 50 Minuten

BACKTEMPERATUR: 200 °C

Topfenstrudel (Vollwert)

200 ml (!) Milch leicht erwärmen und mit Germ und 200 g (!) Weizenvollkornmehl verrühren. Dampfl an einem warmen Ort zugedeckt 20 Minuten aufgehen lassen. Restliche Milch ebenfalls erwärmen und mit restlichem Mehl und Honig vermischen. Mit dem Dampfl verkneten, dann Eidotter, Salz und zimmerwarme Butter einmengen. Den Teig gut abschlagen und zugedeckt an einem warmen Ort 30 Minuten aufgehen lassen. Dann abermals kräftig abschlagen und wiederum 30 Minuten gehen lassen.

Für die Fülle Butter und Honig schaumig rühren, die Eier langsam zugeben und dann die anderen Zutaten einrühren. Den Teig auf einer bemehlten Arbeitsfläche zu einem großen Rechteck ca. 1 cm dick ausrollen. Mit der Topfenfülle bestreichen, dabei an einer Seite einen 4 cm freien Rand lassen. Der Länge nach von der gegenüberliegenden Seite her einrollen. Die Rolle in gekrümmter Strudelform (U-Form) auf ein gefettetes Blech legen teilen. Die Enden gut verschließen, damit die Fülle nicht austreten kann und nochmals ca. 40 Minuten aufgehen lassen. Mit Ei bestreichen und im vorgeheizten Backrohr bei 200 °C ca. 50 Minuten backen.

BACKZEIT: 50 Minuten

BACKTEMPERATUR: 200 °C

Zutaten

500 g Weizenvollkornmehl
120 g Honig
120 g Butter oder ungehärtete Pflanzenmargarine, zimmerwarm
40 g Germ
350 ml Milch
3 Eidotter
10 g Salz oder Vollsalz
Vollkornmehl für die Arbeitsfläche
Fett für das Backblech
Ei zum Bestreichen

Für die Fülle

500 g Magertopfen, passiert
100 g Butter oder ungehärtete Pflanzenmargarine
100 g Honig
100 g Rosinen
5 Eidotter
Schale von 1 Zitrone, abgerieben
Prise Salz oder Vollsalz
Mark von 1 Vanilleschote

Nussstrudel

Zutaten
500 g Weizenvollkornmehl
180 ml Milch, lauwarm
50 g Germ
10 g Salz oder Vollsalz
2 cl Rum
150 g Butter oder ungehärtete Pflanzenmargarine
150 g Honig
3 Eier
2 cl Zitronensaft
Vollkornmehl für die Arbeitsfläche
Butter oder Diätmargarine für die Form
Ei zum Bestreichen

Für die Nussfülle
500 g Walnüsse, gerieben
300 g Honig
5 cl Rum
350 ml Milch
50 g Semmel- oder Vollkornbrösel
5 g Zimtpulver

Germ in 100 ml Milch auflösen und mit ca. 100 g Mehl ein Dampfl ansetzen. Abdecken und an einem warmen Ort ca. 20 Minuten gehen lassen. Restliche Milch leicht erwärmen und mit Rum, Honig, Zitronensaft, restlichem Mehl und Dampfl zu einem Teig verkneten. Eier mit Salz vermischen und langsam dem Teig zugeben. Butter einmengen. Teig 30 Minuten zugedeckt an einem warmen Ort gehen lassen. Nochmals kräftig durchkneten und wiederum 30 Minuten gehen lassen. Für die Fülle Milch erwärmen und mit den anderen Zutaten vermischen.
Den Teig in 3 Stücke teilen und rundwirken (mit den Handballen zu runden Flecken walken). Die Teigstücke 10 Minuten gehen lassen und danach auf einer bemehlten Arbeitsfläche zu einem rechteckigen Fleck von etwa 30 x 30 cm ausrollen. Mit der Nussfülle bestreichen, zusammenrollen und die Enden gut verschließen. Jeweils in eine gefettete Backform setzen und nochmals 60 Minuten gehen lassen. Mit Ei bestreichen und im vorgeheizten Backrohr bei 170 °C ca. 1 Stunde backen.

BACKZEIT: ca. 1 Stunde
BACKTEMPERATUR: 170 °C

Linzer Torte

Zutaten
300 g Weizenvollkornmehl
250 g Butter oder ungehärtete Pflanzenmargarine
200 g Honig
200 g Mandeln, gerieben
5 Eidotter
5 Eiklar
10 g Zimt, gemahlen
10 g Naturbackpulver
Schale von 1 Zitrone, abgerieben
Prise Salz oder Vollsalz
Johannisbeermarmelade
Oblaten zum Belegen
Butter oder ungehärtete Pflanzenmargarine und Vollkornmehl für die Tortenform

Butter und Honig schaumig rühren. Dotter langsam einrühren. Vollkornmehl mit Zimt und Backpulver vermischen und mit den geriebenen Mandeln und der geriebenen Zitronenschale leicht einmelieren (vorsichtig einmengen). Eiklar mit einer Prise Salz zu steifem Schnee schlagen und vorsichtig unter die Masse heben. Eine Tortenform mit Butter ausstreichen und mit Vollkornmehl ausstäuben. Den Teig – bis auf ca. 200 g (!) – gleichmäßig einfüllen und glatt streichen. Mit Oblaten belegen, Johannisbeermarmelade aufstreichen und aus dem restlichen Teig mit einem Dressiersack ein Gitter und einen Rand spritzen. Im vorgeheizten Backrohr bei 180 °C etwa 1 Stunde backen.

BACKZEIT: ca. 1 Stunde
BACKTEMPERATUR: 180 °C

Germstriezel

Den Weizen fein mahlen und mit Rosinen vermischen. Sojamehl, Honig, Salz, Germ und Rum in lauwarmem Wasser auflösen. Das Ei hineinquirlen und mit dem Rosinen-Mehl vermischen. Flüssige Butter zugeben und gut durchkneten. An einem warmen Ort zugedeckt auf das doppelte Volumen aufgehen lassen. Nochmals zusammenschlagen und abermals 10 Minuten gehen lassen.
Aus dem Teig 9 Stränge rollen und je einen Vierer-, Dreier- und Zweierzopf auf einem befetteten, bemehlten Blech übereinander legen.
Jeden Zopf und auch die Zipfel der Stränge mit Wasser bestreichen, damit sie besser haften. Den Striezel nochmals aufgehen lassen. Dann mit kaltem Wasser bestreichen und mit Mandelsplittern bestreuen. Im vorgeheizten Backrohr bei 170 °C ca. 50 Minuten backen.

BACKZEIT: ca. 50 Minuten
BACKTEMPERATUR: 170 °C

Zutaten
650 g Weizen (ersatzweise Weizenvollkornmehl)
150 g Rosinen
ca. 280 ml Wasser
2 EL Sojamehl
3 EL Rum
1/2 KL Salz oder Vollsalz
50 g Honig
30 g Germ
1 Ei
50 g Butter oder ungehärtete Pflanzenmargarine, flüssig
Mandelsplitter zum Bestreuen
Butter oder ungehärtete Pflanzenmargarine und Vollkornmehl für das Backblech

Biskuit-Nuss-Torte

Honig, Dotter und Zitronenschale schaumig rühren. Weizenvollkornmehl und Nüsse vorsichtig einmengen. Eiklar mit einer Prise Salz zu steifem Schnee schlagen und behutsam unter die Masse heben. Teig in eine gefettete und bemehlte Tortenform füllen und im vorgeheizten Backrohr bei 170 °C 50–60 Minuten backen. Während einer Hälfte der Backzeit die Torte mit Backpapier abdecken. Abkühlen lassen.
Für die Nusscreme die Walnüsse sehr fein mahlen bzw. reiben. Gelatine in kaltem Wasser einweichen, ausdrücken und mit Honig über Dampf auflösen. Überkühlen lassen. Geschlagenes Obers gemeinsam mit den Nüssen unter die Honigmasse heben. Die Torte nach dem Erkalten einmal durchschneiden und mit der Nusscreme füllen.

BACKZEIT: 50–60 Minuten
BACKTEMPERATUR: 170 °C

Zutaten
150 g Weizenvollkornmehl
120 g Honig
100 g Walnüsse, gerieben
6 Eidotter
6 Eiklar
Schale von 1 Zitrone, abgerieben
Prise Salz oder Vollsalz
Butter oder ungehärtete Pflanzenmargarine und Mehl für die Form

Für die Nusscreme
100 g Walnüsse, sehr fein gerieben
5 Blatt Gelatine
100 g Honig
500 ml Schlagobers

WARME VOLLWERT-MEHLSPEISEN

Dass der Alt-Wiener Mehlspeishimmel nicht nur Wonnen, sondern auch so seine Sünden kennt, weiß jeder, der schon öfters zu viel davon genascht hat. Die Sünden werden einem allerdings (zumindest vom Onkel Doktor) gleich viel schneller und generöser verziehen, wenn man da oder dort einmal auch die Vollwert-Variante anwendet.

KAISERSCHMARREN (VOLLWERT)

Zutaten für 4–6 Portionen
150 g Weizen
50 g Gerste
50 g Hirse
50 g Buchweizen
300 ml Wasser
60 g Datteln
2 EL Rum
250 ml Milch
Vollsalz
4 Eidotter
50 g Butter oder ungehärtete Pflanzenmargarine
5 Eiklar

Weizen mit Gerste, Hirse und Buchweizen mischen und zu Mehl mahlen. Mit Wasser vermengen. Klein geschnittene Datteln und Rum zufügen und mindestens 30 Minuten stehen lassen. Milch, Dotter, Salz und zuletzt die geschmolzene Butter mit dem Stabmixer einquirlen. Eiklar zu festem Schnee schlagen und unterziehen. In eine beschichtete Pfanne ohne Fett einfüllen, ins vorgeheizte Backrohr stellen und bei 180 °C ca. 12 Minuten backen. Vor dem Servieren mit zwei Gabeln in Stücke reißen.

BACKZEIT: ca. 12 Minuten
BACKTEMPERATUR: 180 °C

TOPFENAUFLAUF MIT HIMBEERSAUCE

Zutaten
225 g Magertopfen
3 Eidotter
etwas Süßstoff
Saft von 1 Zitrone
3 Eiklar
85 g Kristallzucker
10 g ungehärtete Pflanzenmargarine

Für die Himbeersauce
120 g Himbeeren
flüssiger Süßstoff

Magertopfen passieren. Mit Dottern, Süßstoff und Zitronensaft schaumig rühren. Eiklar mit 65 g (!) Kristallzucker zu steifem Schnee schlagen und unter die Topfenmasse heben. Auflaufförmchen mit Margarine dünn ausstreichen, mit dem restlichen Kristallzucker ausstreuen und kalt stellen. Topfenmasse in die Formen füllen und im vorgeheizten Backrohr bei 190 °C im Wasserbad 25 Minuten pochieren.
Für die Himbeersauce Himbeeren passieren und mit Süßstoff abschmecken. Topfenauflauf stürzen und mit Himbeersauce umgießen.

BACKZEIT: ca. 25 Minuten
BACKTEMPERATUR: 190 °C

Reisauflauf mit Pfirsichsauce

Zutaten für 10 Portionen
300 g Naturreis (Rundkorn)
Vollsalz
80 g Datteln
Mark von 1 Vanilleschote
40 g Butter oder ungehärtete Pflanzenmargarine
3 Eidotter
3 Eiklar
30 g Kristallzucker
Fett für die Form
Staubzucker zum Bestreuen

Für die Pfirsichsauce
750 g Pfirsiche
250 ml Sauerrahm
2 EL Magertopfen
2 EL Honig

Den Reis in etwa 1 Liter leicht gesalzenem Wasser 40 Minuten kochen, 15 Minuten nachquellen und dann auskühlen lassen. Die Datteln zerkleinern, mit 4 EL Wasser und Vanillemark kurz kochen und wieder vom Herd nehmen. Butter darin schmelzen und Dotter zufügen. Mit dem Stabmixer pürieren. Den Dattelbrei unter die Reismasse mischen. Eiklar aufschlagen und mit Kristallzucker zu Schnee schlagen. Schnee unter die Masse heben. In eine gefettete Auflaufform füllen und im vorgeheizten Backrohr bei 200 °C 55 Minuten backen.
Für die Pfirsichsauce die Früchte entsteinen und mit allen anderen Zutaten fein pürieren. Durch ein feines Sieb seihen. Reisauflauf mit Staubzucker bestreuen und mit der Pfirsichsauce servieren.
BACKZEIT: ca. 55 Minuten
BACKTEMPERATUR: 200 °C

Weizenschrotschmarren

Zutaten für 6 Portionen
300 g Weizen
80 g Datteln
Mark von 1 Vanilleschote
1 EL Staubzucker
Prise Zimt
2 Eier
250 ml Milch
40 g Butter oder ungehärtete Pflanzenmargarine
Fett zum Backen
Staubzucker zum Bestreuen

Den Weizen mittelgrob mahlen und zusammen mit den klein geschnittenen Datteln in 400 ml Wasser 1–2 Stunden weichen lassen. Vanillemark, Zimt, Staubzucker, Eier und Milch mit einer Gabel in den gequollenen Schrot einrühren. Zuletzt die geschmolzene Butter unterrühren. In einer beschichteten Pfanne etwas Fett erhitzen und die Masse eingießen. Nachdem der Schmarren leicht gestockt ist (nach ca. 1 Minute), in das vorgeheizte Backrohr stellen und bei 150 °C 25–30 Minuten backen. Den Schmarren mit zwei Gabeln zerreißen und mit Staubzucker bestreuen.
BACKZEIT: 25–30 Minuten
BACKTEMPERATUR: 150 °C
GARNITUREMPFEHLUNG: Kompott

Topfenpalatschinken (Vollwert)

Zutaten für 8–10 Portionen
180 g Weizenvollkornmehl
220 g Dinkelmehl
500 ml Wasser
Vollsalz
Schale von 1/2 Zitrone
3 Eier
200 ml Milch
40 g Butter oder ungehärtete Pflanzenmargarine, geschmolzen
Fett für die Form

Für die Fülle
3 EL Crème fraîche
4 EL Honig
3 Eidotter
Mark von 1 Vanilleschote
500 g Magertopfen
180 ml Joghurt
30 g Rosinen

Für die Royale
300 ml Milch
3 Eier
10 g Maisstärke

Die Mehle vermischen. Wasser sowie Salz dazugeben und mit dem Stabmixer mixen. Zitronenschale, Eier und Milch dazu mixen. Abschließend die geschmolzene Butter einrühren. In einer beschichteten Pfanne aus dem Teig ohne Fett dünne Palatschinken backen.
Für die Fülle alle Zutaten miteinander verrühren und auf die Palatschinken streichen. Palatschinken einrollen und in Stücke schneiden. In eine gefettete Auflaufform setzen und im vorgeheizten Backrohr bei 180 °C 15 Minuten backen.
Für die Royale Milch mit Eiern und Maisstärke gut verschlagen. Die Royale über die Palatschinken gießen und bei 180 °C für weitere 15 Minuten fertig backen.

BACKZEIT: 30 Minuten
BACKTEMPERATUR: 180 °C

Apfel-Vollkornpalatschinken

Zutaten für 4–6 Portionen
3 Äpfel
etwas Zitronensaft
125 ml Weißwein
80 g Honig
1/2 Zimtstange
1 TL mit Vanillemark vermengtem Staubzucker

Für die Palatschinken
250 ml Milch
150 g Weizenvollkornmehl
2 Eier
1 TL brauner Zucker
Prise Salz oder Vollsalz
Öl zum Backen

Für das Honigobers
3 EL Schlagobers, geschlagen
1 EL Honig

Die Äpfel schälen, vierteln, entkernen und in Spalten schneiden. Sofort in mit Zitronensaft vermengtes Wasser legen. Weißwein mit Honig, Vanillezucker und Zimtstange aufkochen lassen. Vom Herd nehmen, abgetropfte Apfelspalten hineingeben, kurz aufwallen lassen und kühl stellen. Zimtstange wieder entfernen.
Für den Palatschinkenteig Milch, Eier, Zucker und Salz verrühren und abschließend das Mehl einrühren. In einer Palatschinkenpfanne etwas Öl erhitzen, etwas Teig dünn einfließen lassen und die Palatschinken nacheinander beidseitig goldgelb backen. Warm stellen.
Für das Honigobers Honig mit geschlagenem Obers vermengen. Palatschinken jeweils mit etwas Apfelmasse füllen, zusammenlegen und mit Honigobers garniert servieren.

TIPPS:

- Wer die Apfelfülle etwas molliger bevorzugt, der binde die warme Apfelmasse noch mit etwas in Wasser angerührter Maisstärke.
- Noch rascher lassen sich die Apfelpalatschinken zubereiten, wenn man die klein geschnittenen Apfelwürfel nur in etwas Honig karamellisiert und knappe 2 Minuten weich dünstet.

Hirsenocken mit Holunder-sauce

Die gekochte und überkühlte Hirse mit Magertopfen, Haselnüssen, Holunderbeeren und Honig vermischen. Geraspelte Äpfel, Zitronensaft, Zitronenschale, Koriander, Vanillemark, Zimt und Salz unter die Hirsemasse mengen. Abschließend Brösel zugeben. Aus der Masse 12 Nocken formen, auf ein gefettetes Backblech setzen und im vorgeheizten Backrohr bei 200 °C 10–12 Minuten backen.

Für die Holundersauce Rotwein mit Puddingpulver verrühren und mit der Gewürznelke aufkochen. Holunderbeeren zugeben und nochmals aufkochen lassen. Überkühlen lassen und den Honig einrühren. Gebackene Hirsenocken mit zerlassener Butter bestreichen und mit Mandeln bestreuen. Holundersauce auf vorgewärmte Teller gießen und jeweils 3 Hirsenocken sternförmig darauf anrichten.

BACKZEIT: 10–12 Minuten

BACKTEMPERATUR: 200 °C

Zutaten

150 g Hirse, gekocht (70 g Rohgewicht, mit 180 ml Wasser gekocht)
100 g Magertopfen
40 g Haselnüsse, gehackt
80 g Holunderbeeren
50 g Honig
100 g Äpfel, grob gerissen
Saft von 1/2 Zitrone
Schale von 1/2 Zitrone, abgerieben
Msp. Koriander, gemahlen
Mark von 1/2 Vanilleschote
Msp. Zimt, gemahlen
Prise Vollsalz
20 g Brioche-, Vollkorn- oder Semmelbrösel
50 g Butter oder ungehärtete Pflanzenmargarine
50 g Mandeln, sehr fein gerieben
Butter oder ungehärtete Pflanzenmargarine für das Backblech

Für die Holundersauce

125 ml Rotwein
1 TL Vanillepuddingpulver
1 Gewürznelke
150 g Holunderbeeren
50 g Akazienhonig

Vollkorn-Topfenknödel im Kürbismantel

Zutaten für 10–12 Knödel
250 g Magertopfen
60 ml Sauerrahm
25 g Dinkelgrieß
10 g Weizenvollkornmehl
5 g brauner oder Naturzucker
1 Ei
Vollsalz für das Wasser
80 g Kürbiskerne

Für die Zwetschkensauce
300 g Zwetschken, entsteint
flüssiger Süßstoff
1 EL Rum

Topfen mit Sauerrahm, Grieß, Mehl, Zucker und Ei zu einem Teig verarbeiten und ca. 1 Stunde kalt stellen. Aus dem Teig Knödel formen und in kochendem Salzwasser 10 Minuten ziehen lassen. Für die Zwetschkensauce die Zwetschken weich kochen. Abseihen, mit Süßstoff und Rum mixen und durch ein Sieb passieren. Kürbiskerne hacken und in einer Pfanne ohne Fett rösten. Knödel herausheben, abtropfen lassen und in den Kernen wälzen. Topfenknödel anrichten und mit der Zwetschkensauce servieren.

GARUNGSZEIT: ca. 10 Minuten

Marillenknödel aus Brandteig

Zutaten für 20 Knödel
370 g Weizenvollkornmehl
450 ml Wasser
40 g Butter oder ungehärtete Pflanzenmargarine
Vollsalz
2 Eier
50 g Weizenvollkornmehl zum Einkneten
20 Marillen, nach Belieben entsteint
40 g Butter oder ungehärtete Pflanzenmargarine zum Übergießen
30 g Haselnüsse, gerieben

Wasser mit Salz und Butter aufkochen, vom Herd nehmen und das Mehl einrühren. Dann wieder auf den Herd stellen und mit einem Kochlöffel so lange rühren, bis der Teig „abbrennt“, d. h. sich vom Topfboden löst. Vom Herd nehmen und die Eier nach und nach einrühren. Restliches Mehl mit der Hand einkneten und den Teig 30 Minuten rasten lassen. Zu einem langen Teigstrang formen und gleichmäßige Stücke davon abschneiden. Marillen damit umhüllen und zu Knödeln formen. In kochendem Salzwasser 15 Minuten mehr ziehen als kochen lassen. Knödel herausheben und abtropfen lassen. Butter erhitzen und über die Knödel gießen. Geriebene Haselnüsse darüber streuen.

GARUNGSZEIT: ca. 15 Minuten

Zwetschkenknödel

Butter mit Salz schaumig rühren. Topfen untermengen, Eier und beide Mehle einrühren. Zu einem Teig kneten und 30 Minuten rasten lassen. Aus dem Teig einen Strang rollen, in gleichmäßige Stücke schneiden und die Zwetschken damit umhüllen. Zu Knödeln formen und in kochendem Salzwasser 10–12 Minuten leicht köcheln lassen.
Butter mit Honig schmelzen und die Knödeln zuerst darin, danach in den geriebenen Haselnüssen wälzen. Mit Staubzucker bestreut servieren.
GARUNGSZEIT: 10–12 Minuten

Zutaten für 30 Knödel
150 g Weizenvollkornmehl
150 g Dinkelmehl
60 g Butter oder ungehärtete Pflanzenmargarine
Vollsalz
375 g Magertopfen
3 Eier
30 Zwetschken, nach Belieben entsteint
30 g Butter oder ungehärtete Pflanzenmargarine zum Wälzen
1 EL Honig
40 g Haselnüsse, gerieben
Staubzucker zum Bestreuen

Rhabarbernudeln

Aus Mehl, Wasser, Essig, Öl, Salz und Eiern einen glatten Teig kneten und ca. 1 Stunde rasten lassen. Teig etwa 1,5 mm dick ausrollen und in 2 cm breite Nudeln schneiden. Rhabarber schälen, in 1,5 cm große Stücke schneiden und auf ein Backblech setzen. Mit Himbeermark bestreichen und mit etwas Ingwer bestreuen. Eine Alufolie darüber spannen und im vorgeheizten Backrohr bei 160 °C 15 Minuten garen.
Brösel mit Butter und Zucker hellbraun rösten. Die Nudeln in leicht siedendem Salzwasser etwa 3 Minuten kochen. Herausheben, abtropfen lassen und mit den Bröseln mischen. Gemeinsam mit Rhabarber anrichten.
GARUNGSZEIT: 15 Minuten für den Rhabarber, 3 Minuten für die Nudeln
BACKTEMPERATUR: 160 °C

Zutaten für 4–6 Portionen
250 g Weizenvollkornmehl
1 KL Wasser, lauwarm
Spritzer Essig
4 cl Öl
2 Eier
Salz oder Vollsalz
400 g Rhabarber
50 ml Himbeermark (s. S. 201)
Prise Ingwer, gemahlen
60 g Weißbrot- oder Vollkornbrösel
40 g Butter oder ungehärtete Pflanzenmargarine
20 g brauner oder Naturzucker

Marillenpolsterln

Zutaten für 12 Stück
200 g Weizenvollkornmehl
Prise Salz oder Vollsalz
10 g Germ
7 EL Milch, lauwarm
50 g Datteln
3 EL Rum
40 g Butter oder ungehärtete Pflanzenmargarine
2 Eidotter
2 Eiklar
20 g Kristallzucker
6 Marillen, entsteint und halbiert
Fett für die Formen

Germ in lauwarmer Milch glatt rühren und mit Weizenvollkornmehl und Salz mischen. Die Datteln klein hacken und in 125 ml Wasser und Rum weich kochen. Butter zugeben und überkühlen lassen. Dotter zufügen und mit dem Stabmixer pürieren. Eiklar aufschlagen und mit Zucker zu Schnee ausschlagen. Das Dattelpüree unter die Germ-Mehl-Masse mischen, zu einem weichen Germteig abschlagen und den festen Schnee unterziehen. An einem warmen Ort zugedeckt auf die doppelte Höhe gehen lassen. Zum Backen verwendet man am besten eine Dalkenpfanne (oder eine Spiegeleierpfanne). Die Vertiefungen leicht ausfetten. 1 EL Germteig hinein geben, eine halbe Marille darauf legen und wieder mit Germteig zudecken. Im vorgeheizten Backrohr bei 190 °C ca. 8–10 Minuten backen.

BACKZEIT: ca. 8–10 Minuten
BACKTEMPERATUR: 190 °C

Komtessäpfel

Zutaten für 2 Portionen
2 Äpfel
Süßstoff
etwas Zitronensaft
1 Zimtstange
1 Gewürznelke
1 Eiklar
60 g Diabetikermarmelade
Butter oder ungehärtete Pflanzenmargarine für das Backblech

Äpfel schälen, vierteln und entkernen. 500 ml Wasser mit etwas Süßstoff, Zitronensaft, Zimtstange und Gewürznelke zum Kochen bringen und die Äpfel darin weich dünsten. Eiklar steif schlagen und Diabetikermarmelade unterziehen. Äpfel herausnehmen, jeweils in ein befettetes kleines Portionsförmchen legen und mit dem Eischaum überziehen. Im vorgeheizten Backrohr bei 200 °C 8–10 Minuten backen, bis die Spitzen des Schaums leicht gebräunt sind.

BACKZEIT: ca. 8–10 Minuten
BACKTEMPERATUR: 200 °C

RECHTS: GEFÜLLTE BRATÄPFEL

GEFÜLLTE BRATÄPFEL

Zutaten für 2 Portionen
2 Äpfel
Zitronensaft zum Beträufeln
Diätmargarine für die Form

Für die Fülle
20 g Mandeln
20 g Rosinen
50 g Dörrzwetschken
30 g Honig
Saft von 1/2 Zitrone

Zum Garnieren
Schlagobers, geschlagen
Mandelstifte
Staubzucker

Für die Fülle Mandeln, Rosinen und Dörrzwetschken hacken und mit Honig sowie Zitronensaft vermischen. Die Äpfel aushöhlen, innen mit Zitronensaft beträufeln und an der Oberseite überkreuzt einschneiden. Äpfel mit der vorbereiteten Masse füllen, in eine befettete Auflaufform setzen und im vorgeheizten Backrohr bei 180 °C ca. 20 Minuten braten. Bratäpfel überkühlen lassen und mit geschlagenem Schlagobers dekorieren. Mandelstifte und Staubzucker darüber streuen.

BACKZEIT: ca. 20 Minuten

BACKTEMPERATUR: 180 °C

QUITTENGRATIN MIT VOGELBEEREIS

Zutaten
Für das Vogelbeereis
100 g Vogelbeeren
125 ml Rotwein
4 cl Ahornsirup
300 ml Milch
100 ml Schlagobers
3 Eidotter
100 g Honig
60 g Apfelmus (s. S. 177)
2 cl Vogelbeerschnaps

Für das Gratin
6 Quitten
Saft von 1 Zitrone
200 ml Rotwein
30 g Honig zum Pochieren
3 Eidotter
20 g Honig zum Schaumigschlagen
40 g Butter oder ungehärtete Pflanzenmargarine, kalt
Staubzucker zum Bestreuen

Zunächst das Eis zubereiten. Dafür Vogelbeeren waschen, mit Rotwein und Ahornsirup 5 Minuten weich kochen. Mit dem Stabmixer pürieren und durch ein feines Sieb streichen. Milch aufkochen lassen. Obers, Eidotter und Honig verrühren, in die Milch rühren und bei kleiner Hitze leicht bindend ziehen lassen. Dann im kalten Wasserbad kalt schlagen. Durch ein feines Sieb seihen und mit Vogelbeermark, Apfelmus und Vogelbeerschnaps verrühren. In einer Eismaschine gefrieren lassen. Die angegebene Menge ergibt ca. 10 Kugeln à 50 g.

Quitten schälen, in 5 mm breite Spalten schneiden, entkernen und in Zitronenwasser legen. Rotwein mit Honig erhitzen und die Quittenspalten darin kurz pochieren (überbrühen). Den Fond abgießen, auf ca. 100 g einkochen und überkühlen lassen. Mit Eidottern und Honig über Dampf schaumig aufschlagen und mit kalten Butterwürfeln montieren (binden). Dotterschaum in tiefe Teller füllen, die Quittenspalten darauf verteilen und bei 220 °C Oberhitze und 150 °C Unterhitze (oder starker Oberhitze) 8–10 Minuten überbacken. Mit Staubzucker bestreuen und in die Mitte das Vogelbeereis drapieren.

BACKZEIT: 8–10 Minuten

BACKTEMPERATUR: 220 °C Oberhitze und 150 °C Unterhitze (oder extreme Oberhitze)

RECHTS: ORANGEN-HONIG-CREME

VOLLWERTCREMEN

Vollwertig muss nicht immer nur der Kuchen sein. Auch bei der Herstellung von Cremen lassen sich, wie die folgenden Rezepte sehr wohlschmeckend beweisen, Prinzipien der Vollwertküche leicht und spielerisch einsetzen. Hüter der „reinen Lehre" ersetzen die in den folgenden Rezepten aus praktischen Gründen vorgesehene Gelatine übrigens häufig durch das pflanzliche Agar-Agar, ein Algenextrakt von besonders hoher Gelierkraft. Aber Vorsicht: Diese entfaltet sich (im Gegensatz zur Gelatine) erst, nachdem sie 1–2 Minuten in etwas Flüssigkeit (200 ml auf 1/4 Teelöffel) gekocht worden ist.

ORANGEN-HONIG-CREME

Zutaten für 6 Portionen
250 ml Orangensaft, frisch gepresst
50 g Honig
3 Eidotter
3 Blatt Gelatine
3 Eiklar
20 g Kristallzucker
Minze zum Garnieren

Gelatine einweichen und ausdrücken. Einen Teil des Orangensaftes erwärmen und die Gelatine darin auflösen. Mit Honig sowie dem restlichen Orangensaft verrühren, Eidotter untermengen und auf Eis kalt rühren. Eiklar aufschlagen und mit Kristallzucker zu Schnee schlagen. Schnee unter die Creme heben und in Gläser füllen. Mit frischer Minze garnieren.

SAUERMILCHGELEE MIT DINKELBISKOTTEN

Zutaten für 6 Portionen
500 ml Sauermilch
50 ml Wasser
50 ml Weißwein
50 g Honig
5 Blatt Gelatine
Biskotten laut Grundrezept (s. S. 37) aus Dinkelmehl
Minze zum Garnieren

Für die Rotweinkirschen
500 g Kirschen
300 ml Rotwein
50 g Honig
1 Zimtstange
2 cl Weichselbrand

Wasser, Weißwein und Honig zum Kochen bringen. Gelatine einweichen, ausdrücken und in der warmen Masse auflösen. Etwas überkühlen lassen und mit der Sauermilch verrühren. In kleine Ring- oder Portionsformen füllen und für 3 Stunden kalt stellen.
Die Kirschen entsteinen. Mit Rotwein und Zimtstange 5 Minuten kochen lassen. Vom Herd nehmen, Zimtstange entfernen und mit Honig sowie Weichselbrand abschmecken. Sauermilchgelee jeweils auf einen Teller stürzen. Die Rotweinkirschen daneben anrichten und mit Dinkelbiskotten und Minze garnieren.

Mandelcreme mit Beeren

Zutaten für 8 Portionen
4 Eiklar
40 g Kristallzucker
50 g Mandeln, gerieben
2 Blatt Gelatine
350 g Sauerrahm
6 EL Amaretto (Mandellikör)
250 g Beeren nach Belieben (Him-, Erd- oder Waldbeeren etc.)

Gelatine einweichen und ausdrücken. Amaretto leicht erwärmen und Gelatine darin auflösen. Mit Sauerrahm glatt rühren und Mandeln unterheben. Eiklar aufschlagen und mit Kristallzucker zu Schnee schlagen. Unter die Rahmmasse heben und in Gläser füllen. Für 2 Stunden kühl stellen. Mit den frischen, gewaschenen Beeren garnieren.

Tofucreme mit Himbeeren

Zutaten
100 g frischer Tofu
125 ml Schlagobers
1 EL Honig
250 g Himbeeren

Tofu, Honig und Obers im Mixer fein pürieren. Die Hälfte der Himbeeren mit einer Gabel leicht zerdrücken und unter die Tofucreme mischen. Kurz kühl stellen. Dann die Creme mit einem Dressiersack in Gläser füllen. Mit den restlichen Himbeeren garnieren.

GARNITUREMPFEHLUNG: frisch gebackene Sesamhippen (s. S. 38)

Hirsemousse mit Mandelobers

Zutaten
60 g Hirse, heiß abgespült
Mark von 1/2 Vanilleschote
Prise Salz oder Vollsalz
500 ml Milch
1 TL Agar-Agar (Meeresalgenextrakt, im Reformhaus erhältlich)
50 g Ahornsirup
60 ml Weißwein
60 ml Wasser
125 ml Schlagobers, geschlagen

Für das Mandelobers
70 g Mandeln, geschält und gehackt
250 ml Schlagobers
1 Eidotter
40 g Ahornsirup

Hirse, Vanillemark, Salz und Milch aufkochen. Auf kleiner Flamme mit leicht geöffnetem Deckel 25 Minuten ausdünsten lassen und anschließend durch ein Drahtsieb passieren. Agar-Agar mit Ahornsirup, Weißwein und Wasser langsam zum Kochen bringen. Vom Feuer nehmen und abermals aufwallen lassen. Die flüssige Agar-Agar-Masse mit der Hirsemasse vermischen. Vor dem Abstocken rasch das geschlagene Obers darunter ziehen und die Mousse in Formen füllen. Eine Stunde kalt stellen. Dann stürzen und mit dem vorbereiteten Mandelobers garnieren.
Für das Mandelobers die gehackten Mandeln mit dem Obers 30 Minuten kochen lassen. Anschließend in der Küchenmaschine pürieren. Mit Eidotter binden und unter Rühren auskühlen lassen. Vor dem Anrichten mit Ahornsirup süßen.

Kulturkampf um die Mühle

Weißmehl contra Vollmehl – das ist nicht nur ein ernährungsphysiologisches und medizinisches Problem, sondern auch eines der Weltanschauung. Da der Mensch ein „Gewohnheitstier" ist, hegen jene, die von der Mutter mit Weißmehl großgezogen wurden, oft Vorurteile gegen alle „Körndlfresser". Umgekehrt sind auch jene, die auf das volle Korn schwören, nicht selten „Überzeugungstäter", die allen, die nicht ihrer Lehre anhängen, verantwortungslosen Umgang mit der Natur im Allgemeinen und ihrem Körper im Besonderen vorwerfen.

Ein Kompromiss zwischen beiden Lagern (die oft auch unterschiedlichen Generationen angehören) sollte jedoch möglich sein. Denn nicht jede mit Weißmehl zubereitete Torte ist (vor allem wenn man nicht zu viel davon isst) gleich „Gift", und umgekehrt können Vollwertmehlspeisen nicht nur köstlich munden, sondern haben auch aus wissenschaftlicher Sicht eindeutige Pluspunkte, wie etwa mehr verdauungsfördernde Ballaststoffe, mehr Calcium (für die Knochen), mehr Magnesium (für die Muskeln) oder mehr Vitamin B (für die Nervenzellen).

Fazit: Wer sich vollwertig ernährt, dem schadet auch ein gelegentlicher Ausflug ins „Weißmehlfach" nicht. Und schon gar nicht schadet dem klassischen Freund von Weißmehlspeisen ein gelegentlicher Abstecher ins Vollkörnige – und sei's nur „zur Kur".

Schlemmen à la Crème

Cremen, Moussen und Espumas

CREMEN

Die „Crème de la crème" der süßen Küche ist allemal noch die Creme selbst. Sie ist nicht nur ein notwendiges Bindemittel zwischen vielerlei feinen Teigen, sondern sie kann auch selbst zur Hauptdarstellerin eines süßen Gerichts werden. Voraussetzung dafür ist freilich die Beherrschung einiger Konditor-Grundrezepte, die sich allerdings auch daheim leicht nachkochen lassen.

BUTTERCREME (DEUTSCHE BUTTERCREME)

Zutaten
Für die Grundcreme
300 g Butter
50 g Staubzucker

Variante:
Deutsche Buttercreme (Vanillecreme)
250 ml Milch
100 g Kristallzucker
25 g Vanillepuddingpulver
1 Eidotter

Für die Grundcreme Butter mit Staubzucker weiß und schaumig rühren. Für die Deutsche Creme 200 ml (!) Milch mit Kristallzucker aufkochen. Restliche Milch mit Vanillepuddingpulver und Eidotter verrühren und in die kochende Milch rühren. Kurz durchkochen, auskühlen lassen und durch ein Sieb streichen. Dann die Vanillecreme löffelweise in die Buttercreme einrühren und beliebig weiterverarbeiten.

VERWENDUNG: gilt als klassische Tortencreme, wobei die Grundcreme (Buttercreme) mit verschiedenen „Beicremen" vermengt werden kann. Abgesehen von der angeführten Vanillecreme werden beispielsweise auch Haselnussbuttercreme (beigemengte Haselnüsse) oder Schokoladebuttercreme (beigemengte Schokolade) gerne verwendet.

Dalai Lama und die Buttercremetorte

Das hätte sich der Dalai Lama wohl auch nie gedacht, dass sein Lebenswerk einmal in Zusammenhang mit der guten alten deutschen Buttercreme gebracht würde. Schuld daran war der deutsche Literaturkritiker und Bachmannpreis-Juror Denis Scheck, dem ein Rezensionsexemplar der Dalai-Lama'schen Sprüchesammlung „Ratschläge des Herzens" in die Finger kam, und der dazu meinte, es handle sich um „Weisheiten mit der intellektuellen Sprengkraft einer aus zehn Metern Höhe abgeworfenen Buttercremetorte". Andererseits: So übel schmeckt Buttercremetorte nun wieder auch nicht, und man muss sie ja nicht unbedingt aus zehn Metern Höhe abwerfen.

Konditorcreme (Crème pâtissière)

Zutaten
500 ml Milch
80 g Kristallzucker
1 Vanilleschote
3 Eidotter
1 Ei
40 g Maisstärke (Maizena)

Eidotter, Ei, Maisstärke und ein Drittel der Milch verrühren. Restliche Milch mit Zucker und der halbierten Vanilleschote aufkochen lassen. Vanillemark herauskratzen, zugeben und Schote entfernen. Die Eiermilch unter ständigem Rühren in die kochende Milch gießen und nochmals aufkochen lassen. Die Creme in eine Schüssel füllen und über Eiswasser kalt rühren. Mit Folie abdecken, damit sich keine Haut bildet und beliebig weiterverwenden.

VERWENDUNG: als Grundcreme in der Patisserie

Pariser Creme

Zutaten
250 ml Schlagobers
250 g Zartbitterkuvertüre oder Kochschokolade

Schlagobers aufkochen lassen, die gehackte Schokolade oder Kuvertüre darin auflösen und abkühlen lassen. Vor dem völligen Abstocken in der Küchenmaschine schaumig aufschlagen und weiterverarbeiten.

VERWENDUNG: als klassische Tortenfüllcreme

TIPP: Pariser Creme lässt sich im Kühlschrank auch einige Zeit aufbewahren. Vor der Weiterverwendung muss sie lediglich im Wasserbad leicht angewärmt und dann wieder schaumig aufgeschlagen werden.

Ein Eiffelturm aus Schokocreme

Die Pariser Creme verdankt ihren Namen keineswegs einem Konditor, sondern einem Mann, der mit Stahlkonstruktionen und nicht mit Näschereien berühmt wurde. Die Rede ist von Alexandre Gustave Eiffel (1832–1923), der mit seinem anlässlich der Weltausstellung 1889 in Paris errichteten Bauwerk gleich mehrere Konditoren auf dieselbe Idee brachte: Sie bauten auf einem Mürbteigsockel mit Hilfe von Schokoladecreme die Umrisse des Eiffelturms nach und überzogen das Ganze mit Schokolade – und schon war der Pariser Spitz fertig. Die dafür verwendete Schokoladecreme heißt seither auch Pariser Creme.

CRÈME À L'ANGLAISE (ENGLISCHE CREME)

Zutaten
6 Eidotter
100 g Kristallzucker
500 ml Milch
1/2 Vanilleschote

Eidotter und Zucker langsam verrühren, bis sich der Zucker aufgelöst hat. Milch mit der Vanilleschote aufkochen lassen, Vanilleschote wieder herausnehmen, das Mark auskratzen und zugeben. Die heiße Milch langsam zur Dottermasse gießen und dabei ständig rühren. Nun die Creme in einen Topf gießen und unter ständigem Rühren langsam „zur Rose abziehen". Das heißt, die Creme wird so lange langsam erhitzt, aber keinesfalls gekocht (!), bis sich – sobald sie auf dem Kochlöffel leicht angedickt liegen bleibt – beim Draufblasen Kringel zeigen, die an die Form einer Rose erinnern. Dann die Creme durch ein feines Sieb passieren und je nach Verwendung weiterverarbeiten.

VERWENDUNG: wenn nicht als die klassische Vanillesauce schlechthin, meist als Grundcreme in der Patisserie, aber auch als Basis für verschiedene Eiscremen

MASCARPONECREME

Zutaten
500 g Mascarpone
2 EL Honig
Schale von 1 Orange, abgerieben
100 g Staubzucker
100 ml Schlagobers

Mascarpone mit Honig, Orangenschale und Staubzucker glatt rühren. Geschlagenes Obers unterheben und kühl stellen.

VERWENDUNG: Diese rasch zubereitete Creme eignet sich sowohl als schmackhafte Garnierung für marinierte Früchte oder Beeren, aber beispielsweise auch als „schnelle Füllcreme" für eine sommerliche Früchtetorte: Biskuitboden mit Creme bestreichen und Früchte auflegen, voilà!

Crème Sabayon

Zutaten
3 Eidotter
100 g Kristallzucker
125 ml Weißwein (Riesling, Traminer oder Muskateller)

In einem Kessel Eidotter mit Zucker cremig verrühren. Den Kessel in ein heißes Wasserbad setzen, Wein zugießen und so lange schaumig aufschlagen, bis sich das Volumen verdoppelt hat. Je nach Bedarf in Portionsgläser füllen oder anderweitig weiterverwenden.

VERWENDUNG: eignet sich sowohl als eigenständiges luftiges Dessert als auch als Garnierung für warme und kalte Desserts

Das Sabayon ist ein Zabaglione

Selbst der französische (und daher naturgemäß patriotische) Larousse gastronomique gibt es zu: Das in der Küchensprache so viel zitierte Sabayon stammt nicht aus Frankreich, sondern ist in Wahrheit ein italienischer Zabaglione. Das Sabayon ist somit ein unmittelbarer Verwandter jenes über das römische „Café Greco" bekannt gewordenen Desserts aus mit Marsalawein und Zucker geschlagenem, lauwarmem Eierschaum, das uns beim Italiener häufig auch als „Zabaione" begegnet. Die Franzosen haben den Begriff dann freilich weiterentwickelt und jene berühmte Champagner-Mousselinesauce daraus gemacht, die vor allem zu Fisch und Krustentieren serviert wird und in der süßen Küche daher nichts verloren hat. Sehr wohl dort angesiedelt ist jedoch die österreichische Zabaglione-Variante, die zwar französisch inspiriert ist, aber dennoch kein Sabayon sein will. Die Rede ist vom Weinchaudeau, das in alten Kochbüchern auch häufig Schado oder Schato genannt wird und vor allem zu Biskuitmehlspeisen und Kuchen gereicht wird.

Bayrische Creme (Bavaroise)

Zutaten
3 Eidotter
70 g Zucker
1 Vanilleschote
2 cl Kirschwasser
2 Blatt Gelatine
300 ml Schlagobers, geschlagen

Vanilleschote halbieren und das Mark herauskratzen. Eidotter mit Zucker und Vanillemark in einer Schüssel über Dunst dickschaumig aufschlagen, danach über Eiswasser kalt schlagen. Gelatine einweichen, gut ausdrücken und in erwärmtem Kirschwasser auflösen. Kirschwasser in die Eiermasse rühren und das nicht ganz fest ausgeschlagene Obers unterheben. Creme in kleine Portionsförmchen füllen und 2 Stunden kühl stellen.

GARNITUREMPFEHLUNG: frische Beeren, Fruchtmark oder Kardamombeeren (s. S. 190)

TIPP: Eine besonders reizvolle Beigabe sind – speziell in der kühleren Jahreszeit – auch eingelegte Kletzen und Zwetschken, wofür Sie das Rezept auf Seite 187 finden.

Das süße Geheimnis der Wittelsbacher

Auf der Suche nach der Antwort auf die Frage, was an der schlicht „Bavaroise" genannten Creme denn so bayrisch sei, werden selbst ausgefuchste Kulinarhistoriker nicht wirklich fündig. Immerhin gibt es sogar eine „Bavaroise italienne" oder eine „Bavaroise mexicaine". Auch die von einem französischen Koch für eine russische Fürstenfamilie kreierte „Moscovite" ist eine Verwandte der Bayrischen Creme. Das Geheimnis, warum diese Grundcreme der französischen Patisserie ihren blau-weißen Namen trägt, haben die Wittelsbacher mit ins Grab genommen. Vielleicht war es aber auch nur die Tatsache, dass das bayrische Prinzengeschlecht stets besonderen Wert darauf legte, sich von französischen Chefs bekochen zu lassen.

Crème brûlée

Eidotter und Zucker verrühren. Die halbierte Vanilleschote mit Milch und Schlagobers aufkochen lassen. Vom Herd nehmen, Vanillemark herauskratzen, zugeben und Schote entfernen. Mit den Eidottern vermengen. Über einem heißen Wasserbad so lange rühren, bis die Masse bindet. Durch ein feines Sieb passieren und am besten in tiefen Tellern (oder Portionsformen) im auf 85 °C vorgeheizten Backrohr 40 Minuten garen. Dann 2 Stunden kühl stellen. Mit braunem Zucker bestreuen und im Backrohr bei maximaler Oberhitze (oder mit einem Crème-brûlée- bzw. Bunsenbrenner) karamellisieren.

GARUNGSZEIT: 40 Minuten

BACKTEMPERATUR: 85 °C

Zutaten

6 Eidotter

110 g Kristallzucker

1 Vanilleschote

200 ml Milch

500 ml Schlagobers

50 g Brauner Zucker

Verbrannte Genüsse

Wer französische – auch moderne – Kochbücher studiert, der wird feststellen, dass die Crème brûlée darin kaum jemals vorkommt. Und auch in französischen Bistros findet man sie längst nicht so oft auf der Karte, wie man es angesichts ihrer weltweiten Popularität eigentlich vermuten könnte.

Tatsächlich ist die Crème brûlée auch längst nicht so französisch wie etwa die Mousse au chocolat. Handelt es sich doch um eine adaptierte Form der „Crema catalana" genannten Karamellcreme, welche die Spanier schon im 18. Jahrhundert kannten. Die klirrend-knusprige Oberfläche wiederum reklamieren die Briten für sich, die darauf verweisen, dass sich solche „burnt creams" schon im 17. Jahrhundert bei den Studenten von Cambridge größter Beliebtheit erfreuten.

Zum Modegericht unserer Zeit wurde die Crème brûlée allerdings weder von Spanien noch von England noch von Frankreich aus. Die Herzen der globalisierten Dessert-Welt eroberte sie erst, als das New Yorker Nobelrestaurant „Le Cirque" 1982 zu einem „Crème brûlée-Revival" aufrief.

Panna Cotta (gekochtes Obers)

Zutaten
500 ml Schlagobers, flüssig
1 Vanilleschote
20 g Vanillezucker
50 g Kristallzucker
3 Blatt Gelatine
2 cl Amaretto (Mandellikör)

Schlagobers mit Vanilleschote, Vanillezucker und Kristallzucker aufkochen lassen und bei geringer Hitze etwa 10 Minuten köcheln lassen. Vanilleschote herausnehmen. Gelatine in kaltem Wasser einweichen, ausdrücken und im warmen Obers auflösen. Mit Amaretto abschmecken. In kleine Portionsförmchen füllen und über Nacht gut durchkühlen lassen.
GARNITUREMPFEHLUNG: Fruchtmark und Sorbets

Crème caramel

Zutaten für 6 Portionen
500 ml Milch
100 g Kristallzucker zum Karamellisieren
70 g Kristallzucker
3 Eier
1 Eidotter
1 EL Vanillezucker

Kristallzucker in einer Pfanne erhitzen, karamellisieren und den Boden kleiner Auflaufförmchen damit ausgießen. Milch, Kristall- und Vanillezucker aufkochen. Eier und Eidotter glatt rühren, mit der heißen Milch verschlagen, durch ein Sieb seihen und in die Auflaufförmchen füllen. Eine passende Form etwa 2 cm hoch mit Wasser füllen, aufkochen lassen und vom Herd nehmen. Formen hineinstellen, mit Alufolie abdecken und im vorgeheizten Backrohr bei 120 °C (am besten Unterhitze) ca. 50–60 Minuten stocken lassen. Aus dem Wasserbad heben, erkalten lassen und einige Stunden im Kühlschrank kühlen. Creme mit einem kleinen Messer aus der Form schneiden und auf Teller stürzen.
GARUNGSZEIT: 50–60 Minuten
BACKTEMPERATUR: 120 °C (Unterhitze)
GARNITUREMPFEHLUNG: Fruchtmark und diverse Sorbets

1
Kristallzucker in einer Pfanne karamellisieren.
2
Karamell bodenbedeckend in kleine Auflaufförmchen füllen.
3
Eier und Eidotter glatt rühren und die aufgekochte Milch-Zucker-Mischung zugießen.
4
Gut miteinander verschlagen.
5
Durch ein Sieb seihen und dann in die Formen füllen.
6
Formen im Wasserbad in das Backrohr stellen, mit Alufolie abdecken und stocken lassen.

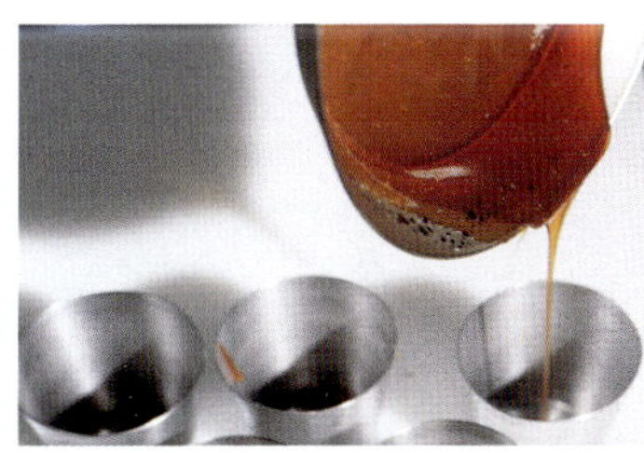

RECHTS: GRIESSFLAMMERI

WEINCREME

Zutaten für 10 Portionen
3 Eidotter
100 g Kristallzucker
20 ml Zitronensaft
4 Blatt Gelatine
250 ml Weißwein (Riesling oder Traminer)
4 Eiklar
30 g Kristallzucker für den Schnee

Eidotter mit Zucker über Dampf schaumig aufschlagen. Gelatine in kaltem Wasser einweichen, ausdrücken und in erwärmtem Zitronensaft auflösen. Unter die Eiermasse rühren und Wein zugießen. Alles gemeinsam über Dampf schön schaumig schlagen. Dann auf Eis kalt schlagen, bis die Masse zu gelieren beginnt. Eiklar mit Kristallzucker zu Schnee schlagen und unter die Masse heben. Creme in Gläser oder tiefe Teller füllen und für 3 Stunden kalt stellen.

GARNITUREMPFEHLUNG: mit Weintraubenkompott (s. S. 182) oder anderen Kompottfrüchten servieren

GRIESSFLAMMERI MIT ZWETSCHKEN

Zutaten für 10–12 Portionen
500 ml Milch
1 Vanilleschote
Schale von 1 Zitrone
50 g Weizengrieß
8 Blatt Gelatine
5 Eidotter
125 g Staubzucker
375 ml Schlagobers, geschlagen
ca. 10–12 Zwetschken

Vanilleschote halbieren, Mark auskratzen und mit Milch sowie Zitronenschale aufkochen und passieren. Vanillemilch nochmals aufkochen lassen, unter ständigem Rühren den Grieß einmengen und die in kaltem Wasser eingeweichte und ausgedrückte Gelatine unterrühren. Leicht überkühlen lassen. Eidotter mit Zucker schaumig aufschlagen und langsam in die Grießmasse einrühren. Abschließend das geschlagene Obers unterheben. In kleine Portionsformen füllen und kühl stellen. Die Zwetschken waschen, halbieren, entkernen und in Spalten schneiden. Formen vor dem Stürzen kurz in heißes Wasser stellen, Flammeri stürzen und mit den Zwetschkenspalten garnieren.

GARNITUREMPFEHLUNG: Zwetschkenröster (s. S. 177) oder Zwetschkenmarmelade (s. S. 196)

TIPP: Probieren Sie zur Abwechslung einmal eine aparte Beilagenkombination, indem Sie Kardamombeeren (s. S. 190) oder Holunderbeerensorbet (s. S. 359) dazu servieren.

Süß wie Flammeri

Die auf Restaurantspeisekarten am häufigsten falsch geschriebene Speise ist mit Sicherheit das Flammeri. Die meisten Köche glauben nämlich, daraus eine „Flammerie" machen zu müssen, und das ist, obwohl man für dieses Gericht durchaus entflammen kann, einfach falsch. Das Flammeri stammt nämlich aus dem Englischen und geht auf „flummery" zurück, was so viel wie leeres Gewäsch, falsche Komplimente, im Kitchen-English aber auch Hafermehlbrei bedeutet. Mittlerweile versteht man unter einem Flammeri ganz allgemein eine Art Grießpudding, auch wenn dieser niemals mit Puddingpulver zubereitet werden darf. Außerdem gilt bis heute: Ein Pudding kann, wenn man ihn etwa mit Fisch oder Schalentieren zubereitet, auch pikant sein. Ein Flammeri hingegen ist immer süß. *(s. Rezept S. 256)*

Schokolade-Kaffee-Creme mit Minze

Löskaffee, Staubzucker und Whisky in einer Schüssel über Wasserdampf auflösen. Gelatine in kaltem Wasser einweichen, ausdrücken und in der warmen Kaffeeflüssigkeit auflösen. Eidotter schaumig schlagen und ebenfalls einrühren. Kuvertüre schmelzen und einmengen. Das Obers nicht ganz fest ausschlagen und nach und nach unterheben. Creme in eine große Schüssel oder mehrere kleine Portionsförmchen füllen und 2–3 Stunden kalt stellen.

Für die Minzesauce die Birnen schälen, vierteln und entkernen. Gemeinsam mit Kristallzucker und Zitronensaft weich kochen. Die Minze in Salzwasser blanchieren (kurz überbrühen) und in Eiswasser abschrecken. Abgetropfte Minze zu den Birnen geben und alles fein mixen. Durch ein feines Sieb passieren. Mit Pfefferminzlikör aromatisieren. Die Minzsauce auf Teller verteilen und die Creme darauf setzen. Mit fein geschnittenen Minzestreifen garnieren und mit Staubzucker bestreuen.

Zutaten für 8 Portionen
225 g Kuvertüre, weiß
3 Eidotter
20 g Löskaffeepulver
15 g Staubzucker
2 Blatt Gelatine
1 EL Whisky
500 ml Schlagobers
Minzeblätter zum Garnieren
Staubzucker zum Bestreuen

Für die Minzesauce
4 Birnen
80 g Kristallzucker
4 cl Zitronensaft
1/2 Bund Pfefferminze
4 cl Pfefferminzlikör
Prise Salz

Eierlikörcreme in Schokolade mit Kokosblatt

Zutaten für 8 Portionen
300 g Mascarino
180 ml Eierlikör
60 g Staubzucker
60 ml Orangensaft
Schale von 1 Orange, abgerieben
3 Blatt Gelatine
250 ml Schlagobers, geschlagen
ca. 200 g Zartbitterkuvertüre

Für das Kokosblatt
ca. 100 g Strudelteig (selbst gemacht oder Fertigprodukt)
1 Ei zum Bestreichen
Kokosraspel

Mascarino mit Eierlikör, Staubzucker und Orangenschale verrühren. Gelatine einweichen, gut ausdrücken und in erwärmtem Orangensaft auflösen. Unter die Mascarinomasse rühren. Abschließend das geschlagene Schlagobers unterheben. Die Masse in kleine Ringformen (Ø ca. 6 cm) füllen und für 3 Stunden kühl stellen. Aus Backpapier Streifen von ca. 4 x 20 cm schneiden.
Die Zartbitterkuvertüre im Wasserbad schmelzen. Geschmolzene Kuvertüre in ein Papierstanitzel füllen und auf die Backpapierstreifen ein Gitter dressieren (spritzen). Gekühlte Creme aus den Formen schneiden. Backpapierstreifen mit dem Schokoladegitter nach innen rund um die Creme vorsichtig andrücken und für 20 Minuten in den Tiefkühler stellen. Dann den Backpapierstreifen behutsam abziehen, so dass das Schokoladegitter an der Creme haften bleibt.
Für das Kokosblatt den Strudelteig in 8 attraktive runde oder auch dreieckige Blätter ausstechen. Mit Ei bestreichen und Kokosraspel aufstreuen. Im vorgeheizten Backrohr bei 200 °C ca. 5 Minuten knusprig backen. Vom Backblech nehmen und überkühlen lassen. Vor dem Servieren das Kokosblatt dekorativ auf das Törtchen setzen.

BACKZEIT: ca. 5 Minuten

BACKTEMPERATUR: 200 °C

GARNITUREMPFEHLUNG: Erdbeermark (s. S. 200)

TIPP: Träufeln Sie zur Abwechslung auch einmal etwas Eierlikör auf das Törtchen – das sieht nicht nur dekorativ aus, sondern schmeckt auch noch eine Spur „hochprozentiger“.

Schokolade-Zitronen-Creme mit Orangen-Kardamom-Sirup

Die Ringformen auf ein mit Backpapier ausgelegtes Blech stellen und einkühlen. Für die Schokolademousse Kuvertüre über Wasserdampf schmelzen, vom Wasserbad wegnehmen und Läuterzucker sowie Eidotter einrühren. Zuerst flüssiges Obers unterrühren, dann geschlagenes Obers unterheben und mit Amaretto aromatisieren. In die Ringformen halbhoch einfüllen und im Kühlschrank ca. 1/2 Stunde fest werden lassen.

Für die Zitronenmousse einen Teil des Zitronensaftes mit Vanille- und Kristallzucker erhitzen. Gelatine in kaltem Wasser einweichen, ausdrücken und im noch warmen Zitronensaft auflösen. Restlichen Zitronensaft einrühren und kühl stellen. Sobald die Masse leicht zu gelieren beginnt, geschlagenes Obers unterheben, mit Cointreau abschmecken und auf die Schokolademousse auftragen. Wiederum ca. 1/2 Stunde im Kühlschrank fest werden lassen.

Die vorbereitete Ganacheglasur über Wasserdampf schmelzen, vom Herd nehmen und im Kühlschrank auf Zimmertemperatur abkühlen lassen. Die Törtchen damit dünn überziehen und ca. 4–5 Stunden im Kühlschrank gut durchkühlen lassen. Für den Orangen-Kardamom-Sirup den Orangensaft gemeinsam mit Kardamom und Honig langsam einreduzieren (einkochen) lassen, bis er dickflüssig ist. Auf Zimmertemperatur abkühlen lassen. Die gut gekühlten Törtchen aus der Form lösen, anrichten und mit dem Sirup umgießen.

GARNITUREMPFEHLUNG: Piña-Colada-Sorbet (s. S. 363), Zuckerkaramell und Minze

Zutaten für 6 Ringformen (Ø 6 cm)

Für die Schokolademousse
70 g Kuvertüre, zartbitter
1 Eidotter
20 g Läuterzucker (s. S. 40)
20 ml Schlagobers, flüssig
100 ml Schlagobers, geschlagen
1 cl Amaretto (Mandellikör)

Für die Zitronenmousse
110 ml Zitronensaft
2 Blatt Gelatine
15 g Vanillezucker
15 g Kristallzucker
90 ml Schlagobers, geschlagen
1 cl Cointreau (Orangenlikör)
ca. 250 g Ganacheglasur (s. S. 43)

Für den Orangen-Kardamom-Sirup
500 ml Orangensaft
2 EL Honig
Kardamomschoten oder -pulver

MOUSSEN

Das Wort „Mousse" stammt aus dem Französischen und bedeutet so viel wie Schaum, Schaumbrot, luftig-leichte Pastete oder lockere Masse. Aus Moussen werden normalerweise Nocken gestochen und diese entsprechend garniert. Wird die Mousse-Masse in eine längliche, rechteckige Form gefüllt, gestürzt und portioniert, so spricht man von einer Terrine. Moussen müssen übrigens – man denke nur an die Gänselebermousse – nicht zwangsläufig süß sein. Zu den schönsten Resultaten führt dieses luftige, auf der Zunge zergehende Nichts jedoch zweifellos in der Patisserie, die zu diesem Thema, wie die folgenden Rezepte zeigen, weit mehr als „nur" die sündig-süße „Mousse au chocolat" auf Lager hat.

PRALINENMOUSSE MIT ORANGENRAGOUT

Zutaten für 6 Portionen
65 g Kuvertüre, dunkel
65 g Kuvertüre, weiß
125 g Nougat
1 Ei
1 Eidotter
Saft und Schale von 1 Orange
3 Blatt Gelatine
500 ml Schlagobers
2 cl Grand Marnier
Orangenragout laut Grundrezept (s. S. 183)

Dunkle und weiße Kuvertüre sowie Nougat im Wasserbad schmelzen. Gelatine in kaltem Wasser einweichen, Obers steif schlagen. Ei mit Eidotter über Wasserdampf schaumig aufschlagen und unter die geschmolzenen Kuvertüren mengen. Gelatine ausdrücken, in leicht erwärmtem Grand Marnier und Orangensaft auflösen und unter die Nougatmasse mengen. Abschließend das geschlagene Obers sowie die abgeriebene Orangenschale unterheben und für 2 Stunden kühl stellen. Währenddessen das Orangenragout nach Anleitung vorbereiten und auf Tellern anrichten. Aus der fertigen Mousse Nockerln stechen und auf das Orangenragout setzen.

Weisse Schokolademousse mit Himbeeren

Zutaten für 6–8 Portionen
175 g Kuvertüre, weiß
1 Ei
1 Eidotter
1 1/2 Blatt Gelatine
2 cl Weißer Rum
300 ml Schlagobers
Himbeermark laut Grundrezept (s. S. 201)
300 g Himbeeren

Gelatine einweichen. Ei und Eidotter im heißen Wasserbad schaumig aufschlagen. Gelatine ausdrücken, in erwärmtem Rum auflösen und unter die Eier mengen. Kuvertüre im Wasserbad schmelzen und unterrühren. Kurz überkühlen lassen. Obers steif schlagen, unterheben und mindestens 2 Stunden kalt stellen. Währenddessen das Himbeermark nach Anleitung zubereiten und auf Tellern anrichten. Mit einem Löffel Nockerln aus der Mousse stechen und diese auf dem Himbeermark platzieren. Mit frischen Himbeeren garnieren.

Bananenmousse

Zutaten für 10 Portionen
3 Bananen
80 g Läuterzucker (s. S. 40)
4 cl Zitronensaft
4 Blatt Gelatine
3 Eiklar
30 g Kristallzucker
200 g Zartbitterkuvertüre
Minze zum Garnieren

Die geschälten Bananen mit Läuterzucker und Zitronensaft pürieren und durch ein Sieb passieren. Gelatine einweichen, ausdrücken und in etwas Bananenmark über Wasserdampf auflösen. Zur restlichen Bananenmasse geben und alles auf Eis kalt schlagen, bis die Masse leicht zu gelieren beginnt. Eiklar mit Zucker zu Schnee schlagen und unter die Bananenmasse heben. In kleine Portionsformen füllen und für 2 Stunden kühl stellen.
Währenddessen die Zartbitterkuvertüre schmelzen. Backpapier in etwa der Größe der Portionsformen kreisrund ausschneiden. Geschmolzene Kuvertüre in ein Stanitzel füllen und auf das Backpapier jeweils ein Schokoladegitter dressieren (spritzen). Vorsichtig in den Tiefkühler legen und erstarren lassen. Behutsam vom Backpapier lösen und auf die fertige Mousse legen. Mit gezupfter und fein geschnittener Minze garnieren.

TIPP: Die dekorativen Schokoladegitter kann man übrigens auch bestens auf Vorrat produzieren, da sie sich problemlos im Tiefkühler aufbewahren lassen. Somit verfügen Sie jederzeit über eine passende Verzierung für zahlreiche Desserts.

Buttermilchmousse mit Honig

Zutaten für 6–8 Portionen
250 ml Buttermilch
60 g Honig
4 cl Orangensaft
Schale von 1 Orange, abgerieben
3 Blatt Gelatine
200 ml Schlagobers
300 g Burgunderweichseln laut Grundrezept (s. S. 183)

Buttermilch mit leicht erwärmtem Honig und abgeriebener Orangenschale verrühren. Gelatine einweichen, ausdrücken und in erwärmtem Orangensaft auflösen. Orangensaft in die Buttermilch einrühren. Auf Eis kalt rühren, bis die Masse leicht zu gelieren beginnt. Dann das geschlagene Schlagobers unterheben und für 3 Stunden kalt stellen. Dazwischen die Burgunderweichseln nach Anleitung zubereiten und auf tiefe Teller geben. Von der fertigen Buttermilchmousse mit einem Löffel Nocken abstechen und diese dekorativ darauf setzen.

RECHTS: SHERRYMOUSSE MIT ERDBEEREN

Moccamousse mit Sesamhippen und Mangomark

In einem Wasserbad beide Kuvertüren schmelzen. Eidotter ebenfalls in einem Wasserbad schaumig aufschlagen und in die geschmolzene Kuvertüre rühren. Gelatine in kaltem Wasser einweichen, gut ausdrücken, Orangensaft erwärmen und Gelatine darin auflösen. Orangensaft, Löskaffee und Crème de Cacao einrühren. Schlagobers leicht, aber nicht zu fest schlagen und vorsichtig unterheben. Für mindestens 2 Stunden kalt stellen. Für das Mangomark die Mango schälen, entkernen und in Würfel schneiden. Wasser mit Zucker aufkochen und die Mangowürfel darin weich dünsten. Mixen und durch ein Sieb passieren. Für die Kaffeesauce den Läuterzucker mit Löskaffee verrühren. Fertige Moccamousse auf Tellern anrichten und mit Sesamhippen, Mangomark und Kaffeesauce garnieren.

Zutaten für 6 Portionen
2 Eidotter
80 g Vollmilchkuvertüre
50 g Kuvertüre, weiß
5 TL Orangensaft, frisch gepresst
1/2 EL Löskaffee
2 cl Crème de Cacao (Kakaolikör)
1 Blatt Gelatine
200 ml Schlagobers, geschlagen
Sesamhippen (s. S. 38)

Für das Mangomark
1 Mango (reif)
50 g Zucker
80 ml Wasser

Für die Kaffeesauce
100 g Läuterzucker (je 50 g Wasser und Zucker, aufgekocht, oder s. S. 40)
1 KL Löskaffee

Sherrymousse mit Erdbeeren

Eidotter mit Zucker und Sherry in einem heißen Wasserbad schaumig aufschlagen. In kaltem Wasser eingeweichte Gelatine gut ausdrücken und in der warmen Eiermasse auflösen. Mascarino löffelweise unter die abgekühlte Schaummasse schlagen. Schlagobers steif schlagen und unter die Sherrycreme rühren. In kleine Portionsformen oder Kaffeetassen füllen und gut durchkühlen lassen. Vor dem Stürzen Formen ganz kurz in heißes Wasser stellen, Mousse stürzen und mit Kakaopulver bestreut anrichten.
Erdbeeren putzen, nach Belieben halbieren. In einer Pfanne die Hälfte der Butter aufschäumen. Pfeffer einstreuen, danach Erdbeeren und Zucker beigeben und alles kurz durchschwenken. Mit Grand Marnier ablöschen. Mit Orangen- und Zitronensaft abschmecken und vor dem Servieren die restliche Butter in die Sauce rühren. Die gestürzte Sherrymousse mit den Erdbeeren umkränzen.

Zutaten für 10 Portionen
6 Eidotter (ca. 120 g)
75 g Zucker
100 ml Sherry Oloroso (halbsüßer Sherry)
375 g Mascarino (Frischkäse)
3 Blatt Gelatine
500 ml Schlagobers
Kakaopulver zum Bestreuen

Für die Erdbeeren
600 g Erdbeeren
4 cl Grand Marnier
3 EL Staubzucker
4 cl Orangensaft
1 cl Zitronensaft
1 KL Pfeffer, schwarz, grob zerstoßen
60 g Butter

Topfenmousse mit Strudelblättern und eingelegten Marillen

Eidotter mit Zucker, Vanillezucker und Zitronenschale schaumig schlagen. Gelatine in kaltem Wasser einweichen und gut ausdrücken. Rum, Marillenbrand und Marmelade erwärmen und die Gelatine darin auflösen. Eiklar zu Schnee schlagen und mit Kristallzucker ausschlagen. Topfen und Sauerrahm glatt rühren. Eidottermasse sowie Marillen-Gelatine-Masse unterrühren und geschlagenes Obers abwechselnd mit dem Eischnee unter die Topfenmasse heben. In kleine Formen – wenn möglich, in kleine Dreieckformen – füllen und kühl stellen.

Strudelteig nach Anleitung zubereiten, in Dreiecke schneiden und auf ein befettetes oder mit Backpapier ausgelegtes Backblech setzen. Dreiecke mit Staubzucker bestreuen und im vorgeheizten Backrohr bei 200 °C ca. 5 Minuten backen, bis der Zucker karamellisiert. Gut gekühlte Topfenmousse jeweils in die Mitte eines Tellers setzen, ein Strudelteigblatt darauf setzen, dann die eingelegten Marillen darauf verteilen und wiederum ein Strudelblatt darauf legen. Mit Minze und Marillenmark garnieren.

BACKZEIT: ca. 5 Minuten
BACKTEMPERATUR: 200 °C

Zutaten für 10 Portionen
3 Eidotter
60 g Zucker
10 g Vanillezucker
Zitronenschale, gerieben
1 EL Marillenmarmelade
4 cl Rum
2 cl Marillenbrand
4 Blatt Gelatine
250 g Topfen
125 ml Sauerrahm
2 Eiklar
50 g Kristallzucker für den Schnee
150 ml Schlagobers, geschlagen
Strudelteig (s. S. 16 oder Fertigprodukt)
eingelegte Marillen (s. S. 188)
Butter für das Backblech
Staubzucker zum Bestreuen
Minze und Marillenmark zum Garnieren

Honig-Mohn-Mousse mit Erdbeeren

Zutaten für 6–8 Portionen
1 Ei
1 Eidotter
4 Blatt Gelatine
2 cl Grand Marnier
150 g Kuvertüre, weiß
90 g Honig
100 g Weiß- oder Graumohn, gemahlen
350 ml Schlagobers, geschlagen
300 g Zartbitterkuvertüre
400 g Erdbeeren, frisch
Erdbeermark (s. S. 200)
Staubzucker und gehackte Minze zum Bestreuen

Ei und Eidotter im Wasserbad schaumig aufschlagen. Honig zugeben und weiterschlagen. Gelatine in kaltem Wasser einweichen, ausdrücken, in erwärmtem Grand Marnier auflösen und unter die Eiermasse rühren. Weiße Kuvertüre in einem Wasserbad schmelzen, einrühren und leicht überkühlen lassen. Mohn sowie geschlagenes Obers vorsichtig unterheben und 2–3 Stunden kalt stellen.
Währenddessen die Zartbitterkuvertüre im Wasserbad schmelzen. In ein Stanitzel füllen und auf ein Backpapier Gitter dressieren (aufspritzen). Im Tiefkühler erstarren lassen.
Aus der fertigen Honig-Mohn-Mousse Nockerln stechen, auf Teller setzen und mit frischen Erdbeeren und etwas Erdbeermark anrichten. Von dem Schokoladegitter Stücke abbrechen und diese dekorativ auf die Mousse setzen. Vor dem Servieren noch mit Staubzucker und gehackter Minze bestreuen.
TIPP: Noch einfacher ist es, statt das Schokoladegitter aufzuspritzen, das Backpapier einfach hauchdünn mit Kuvertüre zu bestreichen.

Lebkuchenmousse mit Orangen

Zutaten für 6 Portionen
1 Ei
2 Eidotter
25 g Kristallzucker
1 Blatt Gelatine
2 cl Rum
2 cl Kirschwasser
4 g Lebkuchengewürz
50 g Zartbitterkuvertüre
60 g Lebkuchen
200 ml Schlagobers, geschlagen
3 Orangen
Staubzucker und Grand Marnier zum Marinieren
Minze, gehackt

Ei und Eidotter mit Kristallzucker über Dunst schaumig schlagen und danach in Eiswasser kalt schlagen. Gelatine in kaltem Wasser einweichen, ausdrücken und in leicht erwärmtem Rum sowie Kirschwasser auflösen. Einrühren, Lebkuchengewürz hinzufügen und die im Wasserbad geschmolzene Kuvertüre vorsichtig in die Masse einrühren. Lebkuchen in kleine Würfel schneiden, einmengen und abschließend das geschlagene Obers unterheben. Für 3–4 Stunden kühl stellen.
Währenddessen die geschälten Orangen filetieren und mit Staubzucker und Grand Marnier marinieren. Aus der Lebkuchenmousse mit einem Löffel Nockerln stechen, auf Tellern anrichten und mit den marinierten Orangenfilets garnieren. Vor dem Servieren mit gehackter Minze bestreuen.

Birnenmousse mit Schokoladesabayon

Zutaten für 6 Portionen
400 g Birnen, reif
125 ml Weißwein
135 g Zucker
2 Eidotter
3 Blatt Gelatine
250 ml Schlagobers, geschlagen
8 cl Birnenbrand

Für das Schokoladesabayon
4 Eidotter
80 g Zucker
1 EL Kakaopulver
125 ml Milch
4 cl Crème de Cacao (Kakaolikör)

Birnen schälen, halbieren, entkernen und zusammen mit Weißwein und 60 g (!) Zucker in einem kleinen Topf zugedeckt garen. Im Mixer pürieren und durch ein Sieb streichen. (Die Fruchtmarkmenge sollte etwa 250 ml ergeben.) Eidotter mit dem restlichen Zucker schaumig schlagen. Birnenmark kurz aufkochen lassen, eingeweichte und gut ausgedrückte Gelatine darin auflösen und die Masse unter ständigem Rühren in die Eiermasse einmengen. Langsam kalt schlagen, bis die Masse eine cremige Konsistenz hat. Geschlagenes Schlagobers unterheben und mit Birnenbrand abschmecken. In eine Schüssel füllen und mindestens 3 Stunden kalt stellen.
Für das Sabayon Eidotter mit Zucker, Kakaopulver und Milch verrühren und in einem warmen Wasserbad schaumig aufschlagen. Mit Crème de Cacao aromatisieren und nochmals kräftig durchschlagen. Aus der fertigen Birnenmousse Nocken abstechen, auf Tellern anrichten und mit Schokoladesabayon anrichten.

GARNITUREMPFEHLUNG: Birnen-Chili-Sorbet (s. S. 362)

TIPP: Besonders dekorativ wirkt dieses Gericht, wenn Sie die Birnenmousse noch zusätzlich mit frisch karamellisierten Strudelteigblättern garnieren.

Joghurtterrine

Zutaten für 6 Portionen
250 ml Joghurt 3,6 %
50 g Staubzucker
Saft von 1/2 Zitrone
Saft von 1/2 Orange
3 Blatt Gelatine
200 ml Schlagobers

Joghurt mit Staubzucker verrühren. Gelatine einweichen. Orangensaft und Zitronensaft gemeinsam leicht erwärmen und die ausgedrückte Gelatine darin auflösen. In das Joghurt einrühren. Abschließend das geschlagene Obers unterrühren. Die Masse in eine Terrinenform füllen und für 3 Stunden kühl stellen. Aus der Form stürzen und portionieren.

GARNITUREMPFEHLUNG: Fruchtmark und frische Früchte

Vanillekipferlterrine

Zutaten für 6 Portionen
Vanillekipferlmasse laut Grundrezept (s. S. 378)
Kakaopulver und Staubzucker zum Bestreuen

Für die Mousse
250 ml Milch
2 Vanilleschoten
3 Eidotter
70 g Kristallzucker
3 Blatt Gelatine
250 ml Schlagobers, geschlagen
4 cl Whisky
100 g Schokospäne
60 g Mandeln, gehobelt und geröstet

Für das Calvadossabayon
Sabayon laut Grundrezept (s. S. 250)
4 cl Calvados

Den Vanillekipferlteig nach Anleitung zubereiten und etwa 1/2 Stunde rasten lassen. Den Teig zu Rollen formen, die der Länge der jeweiligen Terrinenform entsprechen. Im vorgeheizten Backrohr bei 180 °C ca. 10 Minuten backen.

Für die Mousse Milch mit den halbierten Vanilleschoten aufkochen. Schoten entfernen, das Mark herauskratzen und zugeben. Gelatine einweichen, ausdrücken und in der Milch auflösen. Dotter und Zucker über Dampf schaumig aufschlagen, die Milch zugießen und alles weiterschlagen, bis eine leichte Bindung entsteht. Dann auf Eis kalt schlagen. Abschließend das geschlagene Obers unterheben und mit Whisky aromatisieren. Schokospäne und Mandeln unter die Mousse heben.

Nun die Mousse abwechselnd mit den Vanillestangerln in die Terrinenform füllen und für einige Stunden kalt stellen. Währenddessen das Sabayon nach Anleitung zubereiten und abschließend mit Calvados aromatisieren. Gekühlte Terrine aus der Form stürzen und mit Kakaopulver sowie Staubzucker bestreuen. Portionieren und mit dem fertigen Calvadossabayon anrichten.

BACKZEIT: ca. 10 Minuten

BACKTEMPERATUR: 180 °C

GARNITUREMPFEHLUNG: nach Wunsch noch zusätzlich Apfelkompott (s. S. 177)

Dreierlei Schokoladeterrine

Für die dunkle Mousse die zartbittere Kuvertüre schmelzen, mit Dottern, Läuterzucker und flüssigem Obers verrühren. Geschlagenes Obers unterheben und mit Grand Marnier aromatisieren. Mousse in die Terrinenformen füllen und 1/2 Stunde kühl stellen. Währenddessen die Vollmilchkuvertüre schmelzen, mit Dottern, Läuterzucker und flüssigem Obers verrühren. Gelatine einweichen, ausdrücken, im leicht erwärmten Rum auflösen und unter die Schokolademasse rühren. Geschlagenes Obers unterheben. Auf die erste Schicht in den Terrinenformen auftragen und wiederum 1/2 Stunde kühl stellen. Nun weiße Kuvertüre schmelzen, mit Dottern, Läuterzucker und flüssigem Obers verrühren. Gelatine einweichen, ausdrücken, im leicht erwärmten Bacardi auflösen und unter die Schokolademasse rühren. Geschlagenes Obers unterheben. Die dritte Schicht in die Terrinenformen füllen und am besten über Nacht kühl stellen.

GARNITUREMPFEHLUNG: frische Früchte und Fruchtmark

Zutaten für 2 Terrinenformen (25 x 5 x 5 cm)

Für die dunkle Mousse

210 g Kuvertüre, zartbitter
3 Eidotter
60 g Läuterzucker (s. S. 40)
60 ml Schlagobers, flüssig
300 ml Schlagobers, geschlagen
3 cl Grand Marnier

Für die Milchkuvertüremousse

210 g Vollmilchkuvertüre
3 Eidotter
60 g Läuterzucker (s. S. 40)
60 ml Schlagobers, flüssig
3 Blatt Gelatine
300 ml Schlagobers, geschlagen
3 cl Rum

Für die weiße Mousse

210 g Kuvertüre, weiß
3 Eidotter
60 g Läuterzucker (s. S. 40)
60 ml Schlagobers, flüssig
3 Blatt Gelatine
300 ml Schlagobers, geschlagen
3 cl Bacardi

Espumas

Espumas sind eine besonders leichte und zeitgemäße Form der klassischen Mousse. Erfunden hat sie der spanische Dreisternekoch Ferran Adriá, der im Restaurant „El Bulli" nördlich von Barcelona eines der avantgardistischsten Restaurants der Welt führt und sich auch intensiv mit Lebensmittelforschung und Food-Design beschäftigt.

Im Laufe dieser Studien experimentierte Adriá auch mit Schlagobersflaschen und kreierte durch Einfüllen bestimmter Aromen ein neues, luftig-leichtes Schaumgericht, das auch in der Hobby-Küche (aber keineswegs nur in der süßen) höchst vielfältig und phantasiereich einsetzbar ist.

Espumas – so heißen die köstlich-schaumigen Flocken – können ein eigenständiger Gang, aber auch hübsche und wohlschmeckende Garnituren sein. Sie können statt des klassischen Sorbets in einem mehrgängigen Menü gereicht werden, eignen sich aber auch als erfrischende Amuse gueules oder als verführerische Petits fours. Vor allem aber haben Espumas den Vorteil, dass sie relativ lange haltbar sind und daher, wenn Gäste kommen, auch im Voraus produziert werden können.

Perfekt zum Aromatisieren von Espumas eignen sich alle Früchte, Kräuter und Gewürze, aber auch Champagner, Weine, Liköre und Schnäpse sowie – ganz besonders gut – Schokolade.

Voraussetzung für die Herstellung von Espumas ist das Vorhandensein eines iSi-Sahneapparats (Gourmet-Whip), wie er im gut sortierten Fachhandel heute überall erhältlich ist. Die folgenden Rezepte sind für einen Apparat mit 1 l Füllinhalt bemessen. Steht Ihnen nur ein Sahneapparat mit 500 ml Füllinhalt zur Verfügung, so halbieren Sie bitte einfach die Zutaten und verwenden 1 bis maximal 2 Sahnekapseln.

Schokolade-Minze-Espuma

Zutaten für ca. 10 Portionen

250 g Vollmilchkuvertüre
250 g Zartbitterkuvertüre
80 g Kristallzucker
500 ml Schlagobers
1/2 Bund Minze
4 cl Pfefferminzlikör
Prise Salz

Minze in Salzwasser blanchieren (kurz überbrühen) und in Eiswasser abschrecken. In einem kleinen Topf Obers und Zucker erwärmen, die Minze mit dem Stabmixer hineinmixen und dann durch ein Sieb passieren. Kuvertüren in der warmen Obersmasse auflösen. Mit Pfefferminzlikör aromatisieren. Auf Eiswasser kalt rühren und in einen iSi-Sahneapparat mit 1 Liter Füllinhalt einfüllen. Nacheinander 2 Sahnekapseln aufschrauben und kräftig schütteln. Im Kühlschrank für mehrere Stunden kaltstellen. Vor der Entnahme nochmals kräftig mit dem Gerätekopf nach unten schütteln.

RECHTS: CAMPARI-ESPUMA

ZWETSCHKEN-ESPUMA

Zutaten für 10 Portionen
1 kg Zwetschken
160 g Kristallzucker
100 ml Rotwein
6 Blatt Gelatine

Zwetschken entkernen, halbieren und mit Kristallzucker und Rotwein einige Minuten weich kochen. Mit dem Stabmixer pürieren und anschließend durch ein Sieb passieren. Gelatine einweichen, ausdrücken und unterrühren. Im Kühlschrank fest werden lassen. Dann mit einem Schneebesen glatt rühren und in einen iSi-Sahneapparat mit 1 Liter Füllinhalt einfüllen. Nacheinander 2 Sahnekapseln aufschrauben und kräftig schütteln. Im Kühlschrank für mehrere Stunden kalt stellen. Vor der Entnahme nochmals kräftig mit dem Gerätekopf nach unten schütteln.

ERDBEER-ESPUMA

Zutaten für 10 Portionen
1 l Erdbeermark (s. S. 200)
6 Blatt Gelatine
4 cl Erdbeerlikör

Gelatine in kaltem Wasser einweichen. Etwa 100 ml Erdbeermark leicht erwärmen und die ausgedrückte Gelatine darin auflösen. Das restliche Püree unterrühren, mit Erdbeerlikör aromatisieren und kalt stellen. Im Kühlschrank fest werden lassen. Dann mit einem Schneebesen glatt rühren und in einen iSi-Sahneapparat mit 1 Liter Füllinhalt einfüllen. Nacheinander 2 Sahnekapseln aufschrauben und kräftig schütteln. Im Kühlschrank für mehrere Stunden kalt stellen. Vor der Entnahme nochmals kräftig mit dem Gerätekopf nach unten schütteln.

CAMPARI-ESPUMA

Zutaten für ca. 10 Portionen
900 ml Blutorangensaft
150 g Kristallzucker
150 ml Campari
7 Blatt Gelatine

Orangensaft mit Zucker aufkochen und durch ein feines Sieb passieren. Gelatine in kaltem Wasser einweichen, ausdrücken und in der warmen Masse auflösen. Mit Campari abschmecken und kalt stellen. Im Kühlschrank fest werden lassen. Dann mit einem Schneebesen glatt rühren und in einen iSi-Sahneapparat mit 1 Liter Füllinhalt einfüllen. Nacheinander 2 Sahnekapseln aufschrauben und kräftig schütteln. Im Kühlschrank für mehrere Stunden kalt stellen. Vor der Entnahme nochmals kräftig mit dem Gerätekopf nach unten schütteln.

Luftig, flaumig, süß & schaumig

Soufflés, Aufläufe, Schmarren und Koche

SOUFFLÉS

Heiße Luft – die verbirgt sich nicht nur hinter den Ausführungen so mancher rhetorisch geschickter Werbe- und Marketing-Strategen, sie ist auch das Geheimnis jedes gelungenen Soufflés. In beiden Fällen geht es darum, mehr zu scheinen, als wirklich dahinter steckt. Die Grundzutaten eines Soufflés sind meist recht einfach, sein Erfolg kann indessen überwältigend sein. Vorausgesetzt, es gelingt außen knusprig und innen fein-rahmig – und man serviert es schnell genug, damit es nicht vorzeitig in sich zusammenfällt.

Topfensoufflé

Zutaten für 10 Portionen
250 g Topfen (20 %)
3 Eidotter
20 g Maisstärke (Maizena)
125 ml Sauerrahm
Prise Vanillezucker
Schale von 1 Zitrone, abgerieben
Prise Salz
3 Eiklar
40 g Zucker
Butter und Zucker für die Form

Den Topfen passieren, Eidotter, Maisstärke, eine Prise Salz, Vanillezucker, geriebene Zitronenschale sowie den Sauerrahm beigeben und alles glatt rühren. Eine oder mehrere geeignete Soufflé-formen mit Butter ausstreichen und mit Zucker ausstreuen. Ein passendes Wasserbad bei 180–220 °C ins Backrohr stellen. Eiklar mit Zucker steif schlagen und unter die Topfenmasse heben. Soufflémasse etwa 2/3 hoch in die Formen füllen, diese ins Wasserbad stellen und etwa 20 Minuten pochieren. Soufflé stürzen, beliebig garnieren und rasch auftragen.

BACKZEIT: ca. 20 Minuten

BACKTEMPERATUR: 180–220 °C

GARNITUREMPFEHLUNG: diverse Sorbets, frische Früchte oder eingelegte Marillen (s. S. 188)

SCHOKOLADESOUFFLÉ

Zutaten für 10 Portionen
90 g Kuvertüre, bitter
30 g Vollmilchkuvertüre
50 g Butter
6 Eidotter
6 Eiklar
40 g Kristallzucker
Butter und Kristallzucker für die Form

Beide Kuvertüren in einen Schneekessel geben und über Wasserdampf erwärmen. Sobald sie flüssig sind, die Butter einrühren, vom Herd nehmen und Eidotter einmengen. Eiklar mit Zucker zu Schnee schlagen und unter die Schokolademasse heben. Eine geeignete Auflaufform mit flüssiger Butter ausstreichen und mit Zucker ausstreuen. Die Soufflémasse etwa 2/3 hoch einfüllen und im Wasserbad bei 200 °C im Backrohr etwa 25 Minuten pochieren. Soufflé stürzen, beliebig garnieren und rasch auftragen.

BACKZEIT: ca. 25 Minuten

BACKTEMPERATUR: 200 °C

GARNITUREMPFEHLUNG: frische Früchte oder Orangenragout (s. S. 183)

TIPP: Da das Schokoladesoufflé auch Tage vorher zubereitet und dann tiefgekühlt werden kann, eignet es sich ideal, wenn Sie Gäste erwarten. In diesem Fall muss das Soufflé allerdings etwa 5 Minuten länger im Backrohr pochiert werden.

BANANENSOUFFLÉ

Zutaten für 8 Portionen
80 g Butter
40 g Staubzucker
4 Eidotter
400 g Bananen
Saft von 2 Zitronen
50 g Mandeln, gehobelt und geröstet
40 g Schokostreusel
20 g Maisstärke (Maizena)
4 Eiklar
90 g Zucker
Butter und Kristallzucker für die Formen

Butter mit Staubzucker schaumig rühren, die Eidotter dazugeben. Bananen pürieren, mit Zitronensaft, Mandeln, Schokostreusel und Maisstärke verrühren und unter die Dottermasse mengen. Eiklar mit Zucker zu Schnee schlagen und unterheben. Auflaufformen mit flüssiger Butter ausstreichen und mit Zucker ausstreuen. Soufflémasse etwa 2/3 hoch einfüllen und im Wasserbad bei ca. 180 °C im Backrohr etwa 20 Minuten pochieren. Soufflés stürzen, beliebig garnieren und rasch auftragen.

BACKZEIT: ca. 20 Minuten

BACKTEMPERATUR: 180 °C

GARNITUREMPFEHLUNG: Bananenscheiben, Schokospäne und Mangomark

Ausgerechnet Bananen

Obwohl die Banane erst 1885 erstmals von Asien nach Europa verschifft wurde, zählt sie doch zu den ältesten Kulturpflanzen der Welt. Alexander der Große lernte sie bei seinem Indien-Feldzug kennen, und schon um 500 v. Chr. bezeichnete Gautama Buddha die Bananenstauden wegen ihrer Eigenart, dass keine Befruchtung stattfindet und die Blüten daher steril sind, als Symbol der Nichtigkeit und Wertlosigkeit weltlicher Besitztümer.

Ihre weltweite Popularität verdankt die Banane allerdings dem durchaus weltlichen Revuestar Josephine Baker, die sich in den 20er Jahren – nur mit einem Bananengürtel geschürzt – als singende Propagandistin der Bananenkultur präsentierte und damit jenes erotische Image prägte, das 1945 auch die Firma Chiquita für einen berühmt gewordenen Hörfunk-Spot nützte, in dem es heißt: „I'm Chiquita Banana and I've come to say/that bananas have to ripen in a certain way./Any way you want to eat them/It's impossible to beat them." Der Refrain wartete dann sogar mit veritabler Lebenshilfe für unaufgeklärte Bananenkonsumenten auf: „But you must never put bananas/In the refrigerator/No-no-no-no." (s. Rezept S. 281)

Mohnsoufflé

Zutaten für 12 Portionen
140 g Butter
140 g Staubzucker
140 g Mohn, frisch gemahlen
2 1/2 Semmeln
350 ml Milch
Prise Vanillezucker
Schale von 1 Zitrone, gerieben
Prise Salz
6 Eidotter
6 Eiklar
25 g Semmelbrösel
Butter und Kristallzucker für die Formen

Die Semmeln entrinden und in Milch einweichen, anschließend passieren. Butter und Staubzucker schaumig schlagen, Eidotter nach und nach zugeben und Mohn einrühren. Die passierten Semmeln, Vanillezucker, Salz und Zitronenschale unter den Butterabtrieb mengen. Eiklar zu Schnee schlagen und abwechselnd mit den Bröseln unter die Masse heben. Auflaufformen mit flüssiger Butter ausstreichen und mit Zucker ausstreuen. Souffléemasse 2/3 hoch einfüllen und im Wasserbad bei ca. 200 °C im Backrohr etwa 20 Minuten pochieren. Soufflés stürzen, beliebig garnieren und rasch auftragen.

BACKZEIT: ca. 20 Minuten

BACKTEMPERATUR: 200 °C

GARNITUREMPFEHLUNG: eingelegte Kletzen, eingelegte Marillen (s. S. 188) oder Hollerkoch (s. S. 180)

Haselnusssoufflé

Zutaten für 8–10 Portionen
90 g Nougat
40 g Butter
6 Eidotter
6 Eiklar
40 g Kristallzucker
80 g Haselnüsse, gerieben
10 g Maisstärke (Maizena)
Butter und Kristallzucker für die Formen

Nougat in einen Schneekessel geben und über Wasserdampf schmelzen lassen. Butter einrühren, vom Herd nehmen und Eidotter einmengen. Eiklar mit Kristallzucker zu Schnee schlagen und gemeinsam mit den geriebenen Haselnüssen und Maisstärke unter die Nougatmasse heben. Auflaufformen mit flüssiger Butter ausstreichen, mit Zucker ausstreuen und die Soufflémasse 2/3 hoch einfüllen. Im Wasserbad bei ca. 200 °C im vorgeheizten Backrohr etwa 25 Minuten pochieren. Fertige Soufflés stürzen, beliebig garnieren und sofort auftragen.

BACKZEIT: 25 Minuten

BACKTEMPERATUR: 200 °C

GARNITUREMPFEHLUNG: Honigobers und Orangenragout (s. S. 183)

Griesssoufflé

Zutaten
200 ml Milch
30 g Butter
25 g Kristallzucker
Zitronensaft
Prise Salz
Prise Ingwer
35 g Grieß
15 g Maisstärke (Maizena)
2 Eidotter
3 Eiklar
Butter und Kristallzucker für die Formen
Sauerrahm und Staubzucker zum Garnieren

Milch mit Butter und der Hälfte des Zuckers, etwas Zitronensaft, Ingwer und einer Prise Salz aufkochen. Grieß dazugeben und ähnlich einer Brandteigmasse „abrösten". Das heißt, bei mäßiger Hitze so lange rühren, bis sich der Teig vom Topf löst. Eidotter gemeinsam mit Maisstärke unter die Masse rühren. Eiklar mit dem restlichen Zucker zu Schnee schlagen und ebenso unterheben. Souffléformen mit Butter ausstreichen und mit Zucker ausstreuen. Die Masse 3/4 hoch einfüllen und im Wasserbad bei 180 °C im Backrohr ca. 25 Minuten pochieren. Soufflés stürzen, mit aufgeschäumtem Sauerrahm garnieren und mit Staubzucker bestreuen.

BACKZEIT: ca. 25 Minuten

BACKTEMPERATUR: 180 °C

GARNITUREMPFEHLUNG: Beeren oder Orangenragout (s. S. 183) sowie Sesamhippen (s. S. 38)

Maronisoufflé

Zutaten für 6 Portionen

50 g Butter
3 Eidotter
Prise Salz
Prise Vanillezucker
20 g Kochschokolade
60 g Maroni, passiert (oder fertiges Maronipüree)
3 Eiklar
40 g Zucker
30 g Mandeln, gerieben
10 g Semmelbrösel
Butter und Kristallzucker für die Formen
Staubzucker zum Bestreuen

Butter mit einer Prise Salz und Vanillezucker schaumig schlagen. Die Eidotter nach und nach zugeben. Schokolade in einem Wasserbad zergehen lassen und unter die Masse rühren. Eiklar mit Zucker zu festem Schnee schlagen und abwechselnd mit den passierten Maroni, geriebenen Mandeln und Bröseln unter die Masse heben. Auflaufformen mit flüssiger Butter ausstreichen und mit Zucker ausstreuen. Soufflémasse 2/3 hoch einfüllen und im Wasserbad bei ca. 200 °C im Backrohr etwa 15–20 Minuten pochieren. Soufflés stürzen, beliebig garnieren, mit Staubzucker bestreuen und rasch auftragen.

BACKZEIT: 15–20 Minuten

BACKTEMPERATUR: 200 °C

GARNITUREMPFEHLUNG: Traminersabayon (s. S. 250), Trauben oder Weintraubenkompott (s. S. 182)

Maroni statt Getreide

Die sättigende „nuc castanea", aus der später die Edelkastanie oder Maroni (ital. marrone) wurde, war bereits den alten Römern bekannt und gelangte mit den römischen Legionären vom Mittelmeer nordwärts bis an den englischen „Hadrian´s Wall". Im Gegensatz zu den ebenfalls satt machenden Feldfrüchten war die Edelkastanie jedoch kein Kind des Ackerbaus, sondern eines der Wald- und Weidenutzung. Speziell in Süd- und Mitteleuropa verbreitete sich daher die Gewohnheit, anstelle alter, abgestorbener Eichenbäume, die aus wilden Kastanienarten gezüchtete Esskastanie zu pflanzen – allerdings nicht, um damit frühe Maronibrater auf den Märkten des Mittelalters zu beschicken, sondern weil man hoffte, mit dem daraus hergestellten Mehl in Notzeiten ein Surrogat für Getreide zu schaffen. In Italien wird die Edelkastanie daher auch bis heute noch häufig „Albero del pane" – Baum des Brotes – genannt.

Lebkuchensoufflé

Zutaten für 6 Portionen
80 g Butter
40 g Staubzucker
80 g Kuvertüre, dunkel
4 Eidotter
140 g Lebkuchen
4 cl Milch, lauwarm
Schale von 1 Zitrone
Schale von 1 Orange
Prise Vanillezucker
Prise Salz
Msp. Kardamom
60 g Walnüsse, gerieben
4 Eiklar
40 g Kristallzucker
Butter und Kristallzucker für die Formen

Die Kuvertüre im Wasserbad schmelzen. Butter und Zucker schaumig schlagen, Eidotter und Schokolade nach und nach zugeben. Den Lebkuchen fein reiben, mit Milch anfeuchten und zusammen mit der abgeriebenen Zitronen- und Orangenschale sowie Vanillezucker, Salz, Kardamom und den geriebenen Nüssen unter die Dottermasse rühren. Eiklar leicht schlagen, dann mit Kristallzucker zu Schnee ausschlagen. Langsam unter die Masse heben. Souffléformen mit flüssiger Butter ausstreichen, mit Kristallzucker ausstreuen und die Masse 3/4 hoch einfüllen. In einem Wasserbad im Backrohr bei 200 °C etwa 25–30 Minuten pochieren. Fertige Soufflés stürzen und sofort auftragen.

BACKZEIT: ca. 25–30 Minuten

BACKTEMPERATUR: 200 °C

GARNITUREMPFEHLUNG: Kardamombeeren (s. S. 190) sowie Sabayon (Weinschaum, s. S. 250)

Marmorsoufflé

Zutaten für 10 Portionen
250 g Topfen
3 Eidotter
20 g Maisstärke (Maizena)
125 g Sauerrahm
Prise Vanillezucker
Schale von 1 Zitrone, gerieben
Prise Salz
3 Eiklar
40 g Kristallzucker
1 EL Kakaopulver
Butter und Kristallzucker für die Formen
Erdbeermark (s. S. 200) und frische Früchte zum Garnieren

Den Topfen passieren. Dotter, Maisstärke, Salz, Vanillezucker, geriebene Zitronenschale sowie Sauerrahm beigeben und alles glatt rühren. Eiklar mit Zucker steif schlagen und unter die Topfenmasse heben. Die Masse teilen und unter eine Hälfte vorsichtig das gesiebte Kakaopulver mengen. Souffléformen mit flüssiger Butter ausstreichen und mit Kristallzucker ausstreuen. Die Massen abwechselnd 3/4 hoch in die Formen füllen und mit einem Löffel einmal kurz durchziehen, damit eine Marmorierung entsteht. In einem Wasserbad im heißen Backrohr bei 200 °C etwa 20 Minuten pochieren. Soufflés stürzen und mit Erdbeermark und frischen Früchten servieren.

BACKZEIT: ca. 20 Minuten

BACKTEMPERATUR: 200 °C

Zitronen-Topfen-Soufflé

Zutaten für 10 Portionen
250 g Topfen (20 %)
Schale von 2 Zitronen
Saft von 1 Zitrone
3 Eidotter
20 g Maisstärke (Maizena)
125 ml Sauerrahm
Prise Vanillezucker
Prise Salz
3 Eiklar
40 g Kristallzucker
Butter und Kristallzucker für die Form

Den Topfen passieren, Eidotter, Maisstärke, Salz, Vanillezucker, geriebene Zitronenschale, Zitronensaft und Sauerrahm beigeben und alles glatt rühren. Geeignete Souffléform(en) mit flüssiger Butter ausstreichen und mit Kristallzucker ausstreuen. Ein Wasserbad bei 180–220 °C ins Backrohr stellen. Eiklar mit Zucker aufschlagen, unter die Topfenmasse heben und die Masse 3/4 hoch in die Form füllen. Etwa 20 Minuten im Backrohr pochieren. Fertiges Soufflé stürzen, beliebig garnieren und sofort auftragen.

BACKZEIT: ca. 20 Minuten

BACKTEMPERATUR: 180–200 °C

GARNITUREMPFEHLUNG: frische Beeren und beliebige Sorbets

SCHMARREN

Wer, wie es im Wienerischen heißt, „einen Schmarren zusammenredet", der redet schlichtweg Unsinn. In der Wiener Mehlspeisküche ist der Schmarren allerdings ein höchst sinnvolles und vor allem wohlschmeckendes Gericht auf der Grundlage gehaltvoller Zutaten wie Grieß, Kipferln, Semmeln, Erdäpfeln oder Mehl, die durch die Zugabe von Eiern locker und flaumig gemacht werden.

Kaiserschmarren

Zutaten
4 Eier
40 g Mehl
1 EL Kristallzucker
Prise Vanillezucker
Rosinen nach Belieben
1/16 l Milch
Butter zum Backen
Kristall- und Staubzucker zum Bestreuen

Das Backrohr auf 200 °C vorheizen. Eier in Dotter und Klar trennen, Eiklar mit Kristallzucker zu steifem Schnee schlagen. Dotter, Vanillezucker, Rosinen sowie Mehl unterheben und Milch vorsichtig einrühren. In einer Pfanne etwas Butter erhitzen. Teig eingießen, zuerst am Herd bei kleiner Hitze etwa 30 Sekunden lang anbacken, dann im vorgeheizten Backrohr bei 200 °C etwa 15 Minuten braun backen. Pfanne herausnehmen, Kaiserschmarren mit einer Gabel in kleine Stücke zerteilen. Mit etwas Kristallzucker bestreuen und nochmals kurz im Backrohr karamellisieren. Vor dem Servieren mit Staubzucker bestreuen.

BACKZEIT: ca. 15 Minuten
BACKTEMPERATUR: 200 °C
GARNITUREMPFEHLUNG: Zwetschkenröster (s. S. 177) oder Kompott und/oder Eis

Schmarren alla casa

Der Kaiserschmarren gilt neben dem Tafelspitz als das ehemalige Leibgericht von Kaiser Franz Joseph und damit auch als eines der kulinarischen Insignien des oft auch „Casa d'Austria" genannten „Hauses Österreich". Dieser Zusammenhang gilt manchen Kulinarhistorikern als Indiz dafür, dass dieses wohl berühmteste aller Schmarrengerichte seinen Namen auf eine Zubereitung „alla Casa d'Austria" zurückführen könnte. Andere der – ziemlich zahlreichen – Schmarrenlegenden ranken sich um die Jagdleidenschaft des Monarchen, der sich in seinen Jagdpausen angeblich immer auf einen „Kaserschmarren" in der nächsten Almhütte gefreut haben soll. Die populärste aller Legenden erzählt jedoch von einem Hofkoch namens Leopold, der sich bei den hohen Herrschaften mit einer neuen Komposition aus Omelettenteig und Zwetschkenröster beliebt machen wollte. Die figurbewusste Kaiserin Elisabeth soll das Gericht jedoch unangetastet zur Seite geschoben haben. Worauf der Kaiser einspringen musste und seinen Lakai anwies: „Na geb' er mir halt den Schmarren her, den unser Poldl da wieder z'sammkocht hat." Womit der Kaiserschmarren geboren war.

Rahmschmarren

Zutaten
250 ml Sauerrahm
50 g Topfen
50 g Staubzucker
3 Eidotter
50 g Maisstärke (Maizena)
1 EL Rum
Prise Vanillezucker
3 Eiklar
60 g Kristallzucker
20 g Butter zum Anbacken
Staubzucker zum Bestreuen

Sauerrahm mit Topfen, Staubzucker, Eidottern, Maisstärke, Rum und Vanillezucker verrühren. Eiklar zu Schnee schlagen, mit Kristallzucker ausschlagen und unter die Dottermasse heben. In einer Pfanne Butter zerlassen. Die Schmarrenmasse dazugeben und kurz stocken lassen. Im vorgeheizten Backrohr bei 180 °C etwa 12 Minuten backen. Fertigen Schmarren in kleine Stücke zerreißen und mit Staubzucker bestreuen.

BACKZEIT: ca. 12 Minuten

BACKTEMPERATUR: 180 °C

GARNITUREMPFEHLUNG: lauwarme Burgunderweichseln (s. S. 183) und Vanilleschaum (s. S. 203)

Griessschmarren

Zutaten für 6 Portionen
500 ml Milch
60 g Butter
Mark von 1 Vanilleschote
90 g Grieß
4 Eidotter
Zitronenschale
2 TL Rum
4 Eiklar
Prise Salz
80 g Kristallzucker
20 g Butter zum Backen
Staubzucker
Erdbeeren und Erdbeermark (s. S. 200) zum Garnieren

Milch, Butter und Vanillemark aufkochen lassen, Grieß einrieseln lassen und Grießmasse gut durchkochen, bis sie nicht mehr klebt. Masse in eine Schüssel füllen, Eidotter nach und nach einrühren sowie abgeriebene Zitronenschale und Rum hinzufügen. Eiklar mit Prise Salz und einem Drittel des Zuckers cremig schlagen, restlichen Zucker dazugeben und zu wirklich festem Schnee ausschlagen. Unter die Grießmasse heben. Butter in einer Pfanne zerlassen, Grießmasse einfüllen und im Backrohr bei 190 °C etwa 15 Minuten backen.

Herausnehmen, mit Zucker bestreuen und den Schmarren nochmals kurz im Backrohr karamellisieren. Grießschmarren mit einer Gabel in Stücke zerreißen und diese mit Erdbeermark und frischen Erdbeeren garniert anrichten.

BACKZEIT: ca. 15 Minuten

BACKTEMPERATUR: 190 °C

GARNITUREMPFEHLUNG: Pfefferminz-Birnen-Sorbet (s. S. 362)

Nussschmarren mit Erdbeeren

Nougat über Wasserdampf schmelzen lassen. Eidotter mit Vanillezucker, Staubzucker und Orangenschale ebenfalls über Dampf dickschaumig aufschlagen und unter das Nougat rühren. Eiklar leicht zu schlagen beginnen, mit Kristallzucker zu Schnee ausschlagen und gemeinsam mit den geriebenen Haselnüssen unterheben. Butter in einer Pfanne erhitzen, Nussmasse einfüllen und bei mäßiger Hitze etwa 1 Minute anbacken. Dann den Schmarren bei 200 °C ins vorgeheizte Backrohr schieben und 15 Minuten backen. Herausnehmen, mit Staubzucker bestreuen und mit zwei Gabeln zerreißen. Erdbeeren waschen, putzen und vierteln. Mit Grand Marnier und etwas Staubzucker marinieren, in einer Pfanne leicht erwärmen und mit dem fertigen Schmarren servieren.

BACKZEIT: ca. 15 Minuten
BACKTEMPERATUR: 200 °C
GARNITUREMPFEHLUNG: Honigeis (s. S. 354)

Zutaten
6 Eidotter
10 g Vanillezucker
40 g Staubzucker
Schale von 1 Orange, gerieben
50 g Nougat
6 Eiklar
120 g Kristallzucker
120 g Haselnüsse, gerieben
40 g Butter
Staubzucker zum Bestreuen

Für die Erdbeeren
280 g Erdbeeren
Grand Marnier
Staubzucker

1
Die Zutaten vorbereiten.

2
Eidotter mit Vanillezucker, Staubzucker und Orangenschale über Dampf dickschaumig aufschlagen und das flüssige Nougat eingießen.

3
Eimasse mit dem Nougat gut verrühren.

4
Eischnee gemeinsam mit den geriebenen Haselnüssen unter die Nougat-Ei-Masse heben.

5
Den Schmarren nach dem Backen mit Staubzucker bestreuen und zerreißen.

6
Nussschmarren mit Erdbeeren anrichten.

Heidelbeerschmarren

Zutaten für 6 Portionen
4 Eidotter
6 Eiklar
500 ml Milch
250 g Mehl
125 g Kristallzucker
300 g Heidelbeeren
Butter zum Backen
Staubzucker zum Bestreuen

Die Eidotter mit Mehl und Milch zu einem Teig verrühren. Eiklar leicht zu schlagen beginnen, Kristallzucker einrieseln lassen, zu Schnee fertig schlagen und vorsichtig unter den Teig rühren. Butter in einer Pfanne zerlaufen lassen und Teig in die Pfanne gießen. Die verlesenen und gewaschenen Heidelbeeren auf die Masse streuen und im vorgeheizten Backrohr bei 180 °C je nach Höhe der Masse ca. 15 Minuten backen. Den fertigen Schmarren zerreißen, mit etwas Staubzucker bestreuen und nochmals im Backrohr ganz kurz karamellisieren lassen.

BACKZEIT: ca. 15 Minuten
BACKTEMPERATUR: 180 °C
GARNITUREMPFEHLUNG: Vanilleeis (s. S. 350) und Honigobers

KOCHE

Koch – das ist keineswegs nur eine Berufsbezeichnung, sondern auch der alt-österreichische Ausdruck für Brei, Mus oder süße Aufläufe, die in einer hohen Form gebacken werden. Wurden solche Koche im Wasserdampf gedünstet und danach gestürzt, so nannte man sie früher Dunstkoche und häufig auch Puddinge – selbst wenn sie gar keinen Grund zu zittern hatten.

ERDBEER-SCHAUMKOCH

Zutaten für 6 Portionen
500 g Erdbeeren
2 cl Zitronensaft
2 Eiklar
50 g Kristallzucker
Butter für die Formen
Staubzucker zum Bestreuen

Für den Schnee
3 Eiklar
120 g Kristallzucker

Erdbeeren pürieren und durch ein feines Sieb streichen. Mit Zitronensaft, Eiklar und Kristallzucker in der Küchenmaschine 15 Minuten langsam rühren. Für den Schnee Eiklar leicht zu schlagen beginnen und mit Kristallzucker ausschlagen. Vorsichtig unter die Erdbeermasse rühren. In gebutterte Portionsformen oder tiefe Teller füllen und im vorgeheizten Backrohr bei 180 °C 10 Minuten backen. Mit Staubzucker bestreut servieren.

BACKZEIT: ca. 10 Minuten
BACKTEMPERATUR: 180 °C
GARNITUREMPFEHLUNG: Sauerrahmeis (s. S. 355)

PFIRSICH-SCHAUMKOCH

Zutaten für 6 Portionen
50 g Pfirsichmarmelade
2 Eiklar
50 g Kristallzucker
1 cl Grenadinesirup
80 g eingelegte Pfirsiche (s. S. 189)
Butter für die Formen
Staubzucker zum Bestreuen

Für den Schnee
3 Eiklar
50 g Kristallzucker

Pfirsichmarmelade, Eiklar, Kristallzucker und Grenadinesirup in der Küchenmaschine 15 Minuten langsam rühren, bis die Masse leicht zäh wird. Für den Schnee Eiklar leicht zu schlagen beginnen und mit Kristallzucker ausschlagen. Schnee vorsichtig unter die Pfirsichmasse rühren. Eingelegte Pfirsiche in Würfel schneiden und in die Masse einmengen. In gebutterte Portionsformen oder tiefe Teller füllen und im vorgeheizten Backrohr bei 180 °C 10 Minuten backen. Mit Staubzucker bestreut servieren.

BACKZEIT: ca. 10 Minuten
BACKTEMPERATUR: 180 °C
GARNITUREMPFEHLUNG: Vanilleeis (s. S. 350) und Erdbeermark (s. S. 200)

Schokolade-Schaumkoch mit Orangen

Zutaten für 6 Portionen
100 g Kochschokolade, gerieben
2 Eiklar
30 g Kristallzucker
Schale von 2 Orangen, gerieben
Mandeln, gehobelt
Staubzucker zum Bestreuen
Butter für die Formen
Orangenfilets zum Garnieren
Grand Marnier zum Marinieren

Für den Schnee
3 Eiklar
70 g Kristallzucker

Geriebene Kochschokolade mit Orangenschale und 1(!) Eiklar langsam rühren, bis die Masse zäh wird. Zweites Eiklar und Kristallzucker zugeben und eine weitere halbe Stunde weiterrühren. Für den Schnee Eiklar leicht zu schlagen beginnen und mit Kristallzucker ausschlagen. Schnee vorsichtig unter die Schokolademasse heben. In gebutterte Portionsformen oder tiefe Teller füllen. Mit Staubzucker bestreuen und einige Mandeln darüber streuen. Im vorgeheizten Backrohr bei 180 °C 10 Minuten backen. Orangenfilets mit Grand Marnier aromatisieren und dazu servieren.

BACKZEIT: ca. 10 Minuten

BACKTEMPERATUR: 180 °C

Biskuitkoch

Zutaten für 6–8 Portionen
100 g Biskuit, gebacken
150 ml Schlagobers
50 g Butter
4 Eidotter
Schale von 1 Zitrone, gerieben
10 g Vanillezucker
4 Eiklar
50 g Kristallzucker
Butter und Kristallzucker für die Formen
Staubzucker zum Bestreuen

Biskuit in Würfel schneiden, mit Obers übergießen und anziehen lassen. Butter weiß und schaumig rühren. Eidotter zugeben, Biskuit, Vanillezucker und Zitronenschale unterrühren. Eiklar leicht zu schlagen beginnen und mit Kristallzucker zu Schnee schlagen. Schnee unter die Biskuitmasse heben. Portionsformen ausbuttern, mit Kristallzucker ausstreuen und die Masse einfüllen. Im Wasserbad im heißen Backrohr bei 200 °C 30 Minuten pochieren. Biskuitkoch stürzen und mit Staubzucker bestreut servieren.

BACKZEIT: ca. 30 Minuten

BACKTEMPERATUR: 200 °C

GARNITUREMPFEHLUNG: Erdbeeren, Erdbeermark (s. S. 200) und Vanilleschaum (s. S. 203)

Kipferlkoch

Zutaten für 6–8 Portionen
5 Kipferl, altbacken
100 ml Milch
70 g Butter
70 g Staubzucker
Schale von 1 Zitrone, gerieben
5 Eidotter
3 Eiklar
60 g Kristallzucker
Butter und Kristallzucker für die Formen

Kipferl in Würfel schneiden und mit der Milch befeuchten. Butter mit Staubzucker weiß und schaumig rühren. Eidotter und Zitronenschale zugeben, Kipferlmasse etwas ausdrücken und untermengen. Eiklar mit Kristallzucker zu Schnee schlagen und unter die Masse heben. Portionsformen ausbuttern, mit Kristallzucker ausstreuen und die Masse einfüllen. Im Wasserbad im heißen Backrohr bei 200 °C 30 Minuten pochieren. Kipferlkoch stürzen und mit Staubzucker bestreut auftragen.

BACKZEIT: ca. 30 Minuten

BACKTEMPERATUR: 200 °C

GARNITUREMPFEHLUNG: Vanillesauce (s. S. 202) und Zimteis (s. S. 356)

Diese Kipfel sind der Gipfel

Die Ähnlichkeit ist tatsächlich unübersehbar: Hier das Kipferl, dort der türkische Halbmond. Es wäre doch gelacht, wenn sich daraus nicht eine hübsche Legende zimmern ließe. Zu allem Überfluss half dann auch noch die Historie selbst ein wenig nach. Tatsächlich lebte nämlich zur Zeit der Türkenbelagerung ein Wiener Bäckermeister namens Peter Wendler, der auf den patriotischen Einfall kam, ein mit Eiern zubereitetes Festgebäck in Form des türkischen Halbmonds zu backen und dieses nach dem Halbmond, der damals gemeinsam mit einem Kreuz den Stephansturm zierte, „Gipfel" zu nennen. Es war dann nur eine Frage der Zeit, bis aus dem Gipfel ein Kipfel wurde. Sprachwissenschaftler sehen das freilich ein wenig anders und führen unser Kipferl auf ahd. „kipf, kipfa"(= die Wagenzunge) und ahd. „kife" (= nagen, kauen) zurück. Schon bei einer Weihnachtsfeier im Jahr 1227 wurden Leopold VI., „dem Glorreichen", so genannte „Chiphen" als Geschenk überreicht. Von einem so gloriosen Kipferlschmarren, wie er in unserem Rezept zubereitet wird, konnte der große Babenberger allerdings nicht einmal träumen.

Mandelkoch

Zutaten für 8 Portionen
100 g Butter
120 g Staubzucker
10 g Vanillezucker
Prise Salz
Schale von 1 Zitrone, gerieben
7 Eidotter
120 g Mandeln, gerieben
30 g Haselnüsse, gerieben
20 g Semmelbrösel
4 Eiklar
30 g Kristallzucker
Butter und Kristallzucker für die Formen
Staubzucker zum Bestreuen

Butter mit Staubzucker, Vanillezucker, Salz und geriebener Zitronenschale schaumig rühren. Eidotter nach und nach zugeben. Eiklar mit Kristallzucker zu Schnee schlagen. Schnee gemeinsam mit Mandeln, Haselnüssen und Bröseln unter die Dottermasse heben. Portionsformen ausbuttern, mit Kristallzucker ausstreuen und die Masse einfüllen. Im Wasserbad im heißen Backrohr bei 200 °C 20 Minuten pochieren. Mandelkoch stürzen und mit Staubzucker bestreut auftragen.

BACKZEIT: ca. 20 Minuten

BACKTEMPERATUR: 200 °C

GARNITUREMPFEHLUNG: Erdbeeren und Sabayon (s. S. 250)

Marillenkoch mit Mandeln

Zutaten für 6–10 Portionen (je nach Größe der Formen)
50 g Butter
6 Eidotter
80 g Staubzucker
100 g Mandeln, geschält und gestoßen
1 Semmel
Schlagobers zum Einweichen
140 g eingelegte Marillen (s. S. 188)
3 Eiklar
60 g Kristallzucker
Butter und Kristallzucker für die Formen
Staubzucker zum Bestreuen

Butter mit Staubzucker weiß und schaumig schlagen, Eidotter einrühren. Die Semmel entrinden, in kleine Würfel schneiden und in etwas Obers einweichen. Semmelwürfel ausdrücken und gemeinsam mit den Mandeln unter den Butterabtrieb mischen. Die eingelegten Marillen in kleine Würfel schneiden und ebenfalls unter den Butterabtrieb mischen. Eiklar in einem Schneekessel leicht zu schlagen beginnen, mit Kristallzucker ausschlagen und vorsichtig unter die Masse heben. Passende Auflaufformen mit flüssiger Butter ausstreichen, mit Kristallzucker ausstreuen und die Masse etwa 2/3 hoch einfüllen. Formen in ein Wasserbad stellen und im vorgeheizten Backrohr bei 200 °C etwa 30 Minuten pochieren. Marillenkoch stürzen und mit Staubzucker bestreut servieren.

BACKZEIT: ca. 30 Minuten

BACKTEMPERATUR: 200 °C

GARNITUREMPFEHLUNG: eingelegte Marillen (s. S. 188) und Vanillesauce (s. S. 202)

Reiskoch

Zutaten für 8–10 Portionen
125 g Rundkornreis
500 ml Milch
80 g Butter
5 Eidotter
5 Eiklar
80 g Kristallzucker
Prise Salz
Butter und Kristallzucker für die Formen
Staubzucker zum Bestreuen

Rundkornreis in kochendem Salzwasser kurz blanchieren (überbrühen), abseihen und mit kaltem Wasser abschrecken. Milch mit dem Reis langsam aufkochen lassen und so lange auf kleiner Flamme weiterkochen, bis der Reis weich ist und die Flüssigkeit beinahe verdampft ist. Butter schaumig rühren und gemeinsam mit den Dottern unter die überkühlte Reismasse rühren. Eiklar leicht zu schlagen beginnen und mit Kristallzucker zu Schnee schlagen. Vorsichtig unter die Reismasse heben. Passende Auflaufformen mit flüssiger Butter ausstreichen, mit Kristallzucker ausstreuen und die Masse einfüllen. Formen in ein Wasserbad stellen und im vorgeheizten Backrohr bei 200 °C etwa 20 Minuten pochieren. Reiskoch stürzen, mit Staubzucker bestreut servieren.

BACKZEIT: ca. 20 Minuten

BACKTEMPERATUR: 200 °C

GARNITUREMPFEHLUNG: Apfelkompott (s. S. 177) und Himbeermark (s. S. 201)

Mohr im Hemd

Zutaten für 6 Portionen
60 g Butter
60 g Staubzucker
3 Eidotter
60 g Schokolade, geschmolzen
1 1/2 Semmeln, altbacken, in Milch eingeweicht
60 g Nüsse, gerieben
60 g Brösel
3 Eiklar
20 g Kristallzucker
Butter und Kristallzucker für die Form
Schokoladesauce (s. S. 204) und geschlagenes Obers als Garnitur

Butter und Staubzucker schaumig aufschlagen, Eidotter einrühren. Die in Milch eingeweichten Semmeln gut ausdrücken und gemeinsam mit der geschmolzenen Schokolade unterrühren. Eiklar mit Kristallzucker zu Schnee schlagen und ebenso wie die Brösel und Nüsse unter die Masse heben. Passende Auflaufformen mit flüssiger Butter ausstreichen, mit Kristallzucker ausstreuen und die Masse etwa 2/3 hoch einfüllen. Formen in ein Wasserbad stellen, abdecken und im vorgeheizten Backrohr bei 200 °C etwa 30 Minuten pochieren. Mohr auf Teller stürzen und jeweils mit warmer Schokoladsesauce und geschlagenem Obers garniert servieren.

BACKZEIT: ca. 30 Minuten

BACKTEMPERATUR: 200 °C

Politisch unkorrekt, aber liebenswert

Das vielleicht populärste Koch der Alt-Wiener Küche ist bis heute der „Mohr im Hemd" geblieben, der freilich in den letzten Jahren erhebliche politische Probleme bekam. In New York etwa darf der berühmte Meinl-Mohr, um nicht in Rassismus-Verdacht zu geraten, nur noch bronzefarben auf den Logos erscheinen. Und auch hierzulande rümpft so mancher bewusste Gast die Nase, wenn er auf einer Speisekarte einem „Mohren im Hemd" begegnet. Stellt sich bloß die Frage der Alternative: Die Bezeichnung „Dunkles Dunstkoch mit Schokoladensauce und Schlagobers" ist zwar fachlich richtig und auch politisch korrekt. Aber ob man ein solches Gericht jemals so lieb gewinnen wird wie den guten alten „Mohren im Hemd"?

Schokoladekoch mit Zitronat und Aranzini

Zutaten für 6–8 Portionen
70 g Kochschokolade
70 g Butter
6 Eidotter
70 g Mandeln, gehackt
50 g Zitronat
50 g Aranzini
4 Eiklar
70 g Kristallzucker
Butter und Kristallzucker für die Formen

Kochschokolade schmelzen. Butter mit Eidottern schaumig rühren und Kochschokolade, gehackte Mandeln, Zitronat und Aranzini unterrühren.

Eiklar leicht zu schlagen beginnen, mit Kristallzucker zu Schnee ausschlagen und unter die Schokolademasse heben. Passende Auflaufformen mit flüssiger Butter ausstreichen, mit Kristallzucker ausstreuen und die Masse etwa 2/3 hoch einfüllen. Formen in ein Wasserbad stellen und im vorgeheizten Backrohr bei 200 °C etwa 20 Minuten pochieren.

BACKZEIT: ca. 20 Minuten

BACKTEMPERATUR: 200 °C

AUFLÄUFE

Auflaufgerichte erfreuen sich bei ökonomisch denkenden Hausfrauen meist allergrößter Beliebtheit, weil sie geschirrsparend in jener Form serviert werden können, in der sie auch gebacken wurden. Außerdem können gute Mehlspeisköchinnen und -köche dabei stets zu Höchstform auflaufen.

SALZBURGER NOCKERLN

Zutaten für 4–5 Portionen
125 ml Milch oder Schlagobers
40 g Butter
20 g Vanillezucker
10 Eiklar
60 g Kristallzucker
6 Eidotter
Schale von 1 Zitrone, gerieben
30 g Mehl
20 g Maisstärke (Maizena)
Staubzucker zum Bestreuen

In eine feuerfeste Porzellan- oder Auflaufform Milch oder Schlagobers, Butter und die Hälfte des Vanillezuckers geben und bei 220 °C für 5 Minuten ins Backrohr stellen. Eiklar leicht zu schlagen beginnen und dann mit Kristallzucker zu sehr steifem Schnee ausschlagen. Eidotter mit dem restlichen Vanillezucker verrühren und gemeinsam mit Zitronenschale sowie dem mit Maisstärke vermischten Mehl sehr vorsichtig unter den Eischnee heben. Drei große Nocken formen und diese in die Porzellanform gruppieren.
Bei 220 °C im vorgeheizten Backrohr 8–10 Minuten backen. Die Nockerln sollten in der Mitte noch cremig sein. Mit Staubzucker bestreuen und sofort servieren, da sie beim Abkühlen rasch zusammenfallen.
BACKZEIT: 8–10 Minuten
BACKTEMPERATUR: 220 °C
GARNITUREMPFEHLUNG: Preiselbeerkompott

Die Königin der Aufläufe

Als „wabbelige fleischfarbene Berge aus mit Zucker soufflierten Eiern" hat sie James Henderson, der langjährige Reisekorrespondent der „Financial Times", einmal bezeichnet. Und vielleicht muss man auch wirklich ein Einheimischer sein, um die Vorzüge dieses ebenso riesenhaften wie letztlich doch luftig-leichten Desserts wirklich verstehen und genießen zu können. Wobei Mister Henderson mit seiner Anspielung auf die Berge gar nicht so falsch lag. Tatsächlich sollte die „Königin der Aufläufe" im Idealfall aussehen wie die Gebirgszüge rund um Salzburg, kurz, nachdem der erste Schnee gefallen ist.

Topfengratin mit Marillen

Topfen mit Maisstärke, Staubzucker, Eidottern, Rum, Vanillezucker und Zitronenschale gut verrühren. Eiklar leicht zu schlagen beginnen, mit Kristallzucker zu Schnee ausschlagen und unter die Topfenmasse heben. Marillen entkernen und in Spalten schneiden. Tiefe Teller mit Butter ausstreichen, die Topfenmasse darauf verteilen und mit den Marillenspalten belegen. Bei maximaler Oberhitze im Backrohr einige Minuten goldgelb backen. Gratin mit Staubzucker bestreuen und rasch auftragen.

BACKZEIT: einige Minuten

BACKTEMPERATUR: maximale Oberhitze

GARNITUREMPFEHLUNG: Vanilleeis (s. S. 350) oder Marillensorbet (s. S. 359)

Zutaten für 6 Portionen

500 g Topfen
50 g Maisstärke (Maizena)
80 g Staubzucker
4 Eidotter
2 cl Rum
20 g Vanillezucker
Schale von 1 Zitrone, gerieben
4 Eiklar
100 g Kristallzucker
4 Marillen
Butter zum Bestreichen
Staubzucker zum Bestreuen

Klassischer Scheiterhaufen

Zutaten für 6 Portionen
300 g Brioche oder Semmeln, altbacken
100 ml Milch
1 Ei
30 g eingelegte Zibeben (s. S. 189)
4 cl Rum
30 g Mandeln, gehobelt
4 Äpfel oder Quitten
Saft von 1 Zitrone
50 g Butter
1 KL Zimtpulver
3 Eiklar
60 g Kristallzucker
2 Eidotter
10 g Vanillezucker
20 g Mehl
Butter für die Form
Staubzucker zum Bestreuen

Die Milch mit dem Ei verrühren. Brioche oder Semmeln in 1 cm dicke Scheiben schneiden und mit der Eiermilch befeuchten. Äpfel oder Quitten in Spalten schneiden, in Butter kurz anbraten und mit Zitronensaft und Zimt aromatisieren. Eine feuerfeste Porzellanform mit Butter ausstreichen. Äpfel und Brioche dachziegelartig einschichten und Zibeben, Rum sowie gehobelte Mandeln darüber verteilen. Eiklar mit Kristallzucker zu Schnee schlagen. Eidotter, Vanillezucker und Mehl behutsam unterziehen und über den Scheiterhaufen verteilen. Im vorgeheizten Backrohr bei 170 °C im Backrohr 25 Minuten backen. Herausnehmen und mit Staubzucker bestreut servieren.

BACKZEIT: ca. 25 Minuten
BACKTEMPERATUR: 170 °C

Apfelschlupfer mit Hollersauce

Zutaten für 6 Portionen
250 g Semmeln oder Brioche
2 Äpfel
50 g Mandeln, gehobelt und geröstet
Zimt
8 cl Calvados (Apfelbranntwein)
500 ml Schlagobers
120 g Kristallzucker
7 Eier
Butter für die Formen
Staubzucker zum Bestreuen

Für die Hollersauce
1 l Rotwein
1 kg Hollerbeeren, gerebelt
1 Zimtstange
250 g Kristallzucker
Maisstärke (Maizena) zum Binden

Semmeln oder Brioche in Würfel schneiden. Äpfel schälen, entkernen und in Spalten schneiden. Semmelwürfel, Äpfel und Mandeln vermischen. Flüssiges Schlagobers, Eier und Zucker verschlagen und unter die Semmelmasse mengen. Mit Zimt und Calvados abschmecken. Masse in gebutterte Formen füllen und im vorgeheizten Backrohr bei 200 °C etwa 30 Minuten backen. Für die Hollersauce Rotwein, Hollerbeeren, Zucker und Zimt aufkochen lassen und etwa 15 Minuten langsam köcheln lassen. Durch ein Sieb passieren. Etwas Maisstärke mit wenig Wasser anrühren und in die kochende Sauce rühren. Apfelschlupfer aus der Form stürzen, mit der Hollersauce anrichten und mit Staubzucker bestreuen.

BACKZEIT: 30 Minuten
BACKTEMPERATUR: 200 °C
GARNITUREMPFEHLUNG: Vanilleeis (s. S. 350)

Nudelauflauf mit Topfen

Zutaten für 12 Portionen
200 g Nudeln
500 ml Milch
Salz
2 EL Preiselbeeren
250 g Topfen
3 Eidotter
20 g Maisstärke (Maizena)
Prise Vanillezucker
3 Eiklar
60 g Kristallzucker
Butter für die Form
Staubzucker zum Bestreuen
Kompott nach Belieben als Beigabe

Nudeln in Milch aufkochen lassen, leicht salzen und weich dünsten. Vom Herd nehmen und passierten Topfen unter die noch warmen Nudeln mengen. Eidotter, Maisstärke und Vanillezucker einrühren, Preiselbeeren vorsichtig unterheben. Eiklar leicht zu schlagen beginnen, mit Kristallzucker zu Schnee schlagen und unterheben. Eine geeignete Auflaufform ausbuttern und die Masse einfüllen. Im vorgeheizten Backrohr bei 180 °C etwa 20 Minuten backen. Mit Staubzucker bestreuen und mit Kompott servieren.

BACKZEIT: 20 Minuten
BACKTEMPERATUR: 180 °C

Nussauflauf mit Äpfeln

Zutaten für 8 Portionen
200 g Apfelkompott (s. S. 177)
80 g Butter
4 Eidotter
Prise Zimtpulver
Schale von 1 Zitrone, gerieben
80 ml Milch
1 Semmel
90 g Walnüsse, gerieben
30 g Semmelbrösel
4 Eiklar
80 g Kristallzucker
Butter und Semmelbrösel für die Form
Staubzucker zum Bestreuen

Butter mit Eidottern, Zitronenschale und Zimt schaumig rühren. Semmel in Milch einweichen, ausdrücken und passieren. Semmelmasse, Nüsse und Brösel unter den Butterabtrieb mischen. Eiklar leicht zu schlagen beginnen, mit Kristallzucker zu Schnee ausschlagen und unter die Masse heben. Apfelkompott einmengen. Eine Auflaufform ausbuttern und mit Semmelbröseln ausstreuen. Die Masse einfüllen und im vorgeheizten Backrohr bei 180 °C im Backrohr 45 Minuten backen. Nussauflauf mit Staubzucker bestreuen und auftragen.

BACKZEIT: 45 Minuten
BACKTEMPERATUR: 180 °C
GARNITUREMPFEHLUNG: Vanillesauce (s. S. 202)

Radetzkyreis

Zutaten für 4–6 Portionen
125 g Rundkornreis
Prise Salz
500 ml Milch
20 g Butter
90 g Kristallzucker
Saft und Schale von 1 Orange
Saft und Schale von 1 Zitrone
4 cl Rum
50 g Marillenmarmelade
Butter für die Form
Staubzucker zum Bestreuen

Für den Schnee
2 Eiklar
20 g Kristallzucker
10 g Vanillezucker
50 g Mandeln, gehobelt

Rundkornreis in kochendem Salzwasser kurz blanchieren (überbrühen). Abseihen und mit kaltem Wasser abschrecken. Milch mit Reis langsam aufkochen und Butter, Kristallzucker, Saft und Schalen von Orange und Zitrone zugeben. Den Reis so lange auf kleiner Flamme weiterkochen, bis er weich ist. Rum unterrühren und Marillenmarmelade vorsichtig einmengen (einmelieren). Eine Auflaufform mit Butter ausstreichen und den Reis einfüllen. Für den Schnee Eiklar leicht zu schlagen beginnen und mit Kristall- und Vanillezucker ausschlagen. Den Schnee locker über die Reismasse verteilen und gehobelte Mandeln darüber streuen. Im heißen Backrohr 3–4 Minuten bei maximaler Oberhitze bräunen. Mit Staubzucker bestreuen und servieren.

BACKZEIT: 3–4 Minuten

BACKTEMPERATUR: maximale Oberhitze

TIPP: Wenn Sie den Radetzkyreis als Portionsdessert reichen wollen, so verwenden Sie kleine ausgebutterte Ringförmchen und garnieren das Dessert vor dem Servieren mit selbst gemachtem Fruchtmark.

Souflierte Griessnockerln

Zutaten
100 ml Milch
15 g Kristallzucker
15 g Vanillezucker
50 g Weizengrieß
Schale von 1 Zitrone, gerieben
5 Eidotter
8 Eiklar
90 g Kristallzucker für den Schnee
Prise Salz
20 g Mehl
20 g Maisstärke (Maizena)
Butter für die Formen
Staubzucker zum Bestreuen

Milch mit Kristall- und Vanillezucker aufkochen lassen. Grieß und Zitronenschale einrühren und köcheln lassen, bis der Grieß schön aufquillt und sich die Masse vom Topfboden löst. Etwas überkühlen lassen und dann mit den Dottern verrühren. Eiklar leicht zu schlagen beginnen und mit einer Prise Salz sowie Kristallzucker zu Schnee schlagen. Schnee gemeinsam mit Mehl und Maisstärke vorsichtig unter die Grießmasse heben. Feuerfeste Formen mit Butter ausstreichen, mit einer Teigkarte Nocken abstechen und in die Formen setzen. Im vorgeheizten Backrohr bei 200 °C 6–8 Minuten backen. Mit Staubzucker bestreuen und sofort servieren, da sie beim Abkühlen zusammenfallen.

BACKZEIT: 6–8 Minuten

BACKTEMPERATUR: 200 °C

GARNITUREMPFEHLUNG: Kanarimilch (s. S. 203) und Walderdbeercoulis (s. S. 185) oder Preiselbeerkompott (s. S. 182)

Souflierte Erdbeeren

Zunächst die gewaschenen, nach Belieben geteilten Erdbeeren mit etwas Zitronensaft und Staubzucker einige Zeit ziehen lassen. Dann Eiklar leicht zu schlagen beginnen und mit Kristallzucker zu Schnee ausschlagen. Eidotter mit Kristallzucker schaumig schlagen, bis die Masse weiß ist. Erdbeerlikör einrühren und noch einmal aufschlagen.

Eidottermasse mit einer Teigkarte vorsichtig unter die Schneemasse heben. Marinierte Erdbeeren in tiefe, feuerfeste Teller setzen, Soufflémasse darauf gleichmäßig verteilen, mit Staubzucker bestreuen und im vorgeheizten Backrohr bei starker Oberhitze 5–8 Minuten bräunen. Auf Unterteller stellen, mit Staubzucker bestreuen und mit Minzeblättern garnieren.

BACKZEIT: ca. 5–8 Minuten

BACKTEMPERATUR: starke Oberhitze

GARNITUREMPFEHLUNG: Piña-Colada-Sorbet (s. S. 363)

Zutaten
300 g Erdbeeren
Staubzucker und Zitronensaft zum Marinieren

Für die Soufflémasse
3 Eiklar
30 g Kristallzucker für den Schnee
3 Eidotter
90 g Kristallzucker für die Dottermasse
15 ml Erdbeerlikör
Staubzucker zum Bestreuen
Minze zum Garnieren

Soufflierte Topfenpalatschinken

Zutaten für 8 Stück
Palatschinkenteig (s. S. 18)
Butter für die Form
Staubzucker zum Bestreuen

Für die Fülle
125 g Topfen
75 ml Sauerrahm
2 Eier
25 g Staubzucker
15 g Vanillezucker
20 g Vanillepuddingpulver
1 cl Amaretto
1 cl Kirschwasser
Rosinen
70 ml Schlagobers, geschlagen

Für die Royale
200 ml Milch
3 Eier
30 g Kristallzucker

Acht Palatschinken nach Anleitung backen. Für die Fülle Topfen passieren und mit allen anderen Zutaten verrühren. Abschließend das geschlagene Obers unterheben. Palatschinken mit der Topfenmasse füllen, zusammenrollen, halbieren und dachziegelartig in eine gut gefettete Auflaufform einlegen. Im vorgeheizten Backrohr bei 160 °C etwa 5 Minuten anbacken. Währenddessen die Royale aus den angegebenen Zutaten verschlagen und über die Palatschinken gießen. Für weitere 20 Minuten backen. Palatschinken auf Tellern anrichten und vor dem Servieren mit Staubzucker bestreuen.

BACKZEIT: 5 Minuten anbacken, dann weitere 20 Minuten

BACKTEMPERATUR: 160 °C

GARNITUREMPFEHLUNG: Holunderbeerensorbet (s. S. 359)

TIPP: Auch ohne Royale schmecken diese Palatschinken ganz vorzüglich. In diesem Fall werden die Palatschinken zusammengerollt, die Enden nach unten eingeschlagen und in einer gut befetteten Auflaufform etwa 10 Minuten gebacken.

Soufflierter Scheiterhaufen mit Sauerrahmeis und Erdbeeren

Briochegebäck entrinden, in kleine Stücke schneiden und in Milch einweichen. Eier in Dotter und Klar trennen. Zimmerwarme Butter mit Vanillezucker schaumig rühren, Eidotter nach und nach einrühren. Eingeweichtes Gebäck gut ausdrücken und gemeinsam mit den Rosinen unter den Butterabtrieb mischen. Eiklar leicht aufschlagen, mit Kristallzucker zu steifem Schnee schlagen und unter die Briochemasse heben. Passende Auflaufformen mit flüssiger Butter ausstreichen, mit Kristallzucker ausstreuen und die Masse etwa 2/3 hoch einfüllen. Formen in ein Wasserbad stellen und im vorgeheizten Backrohr bei 200 °C (Ober- und Unterhitze) etwa 25 Minuten pochieren. Sollten die Scheiterhaufen zu rasch Farbe nehmen, mit Alufolie abdecken. Währenddessen die Erdbeeren putzen, waschen, vierteln und mit Grand Marnier sowie Staubzucker marinieren. Für den geschäumten Sauerrahm alle Zutaten mit dem Stabmixer aufschäumen. Die marinierten Erdbeeren auf Teller verteilen, gestürzte Scheiterhaufen darauf setzen und mit Sauerrahmeis, Erdbeermark und geschäumtem Rahm garnieren.

BACKZEIT: ca. 25 Minuten
BACKTEMPERATUR: 200 °C

Zutaten für 6–8 Portionen
120 g Briochegebäck (Striezel, Kipferln, Toastbrot etc.)
ca. 250 ml Milch
3 Eier
2 EL Rosinen
60 g Butter
1 TL Vanillezucker
60 g Kristallzucker
Butter und Kristallzucker für die Formen
Sauerrahmeis (s. S. 355)
und Erdbeermark (s. S. 200) für die Garnitur

Für die marinierten Erdbeeren
250 g Erdbeeren
2 cl Grand Marnier
3 EL Staubzucker

Für den geschäumten Sauerrahm
4 EL Sauerrahm
1 EL Zitronensaft
10 g Staubzucker

Soufflierter Milchreis mit Marillenschaum

Zutaten für 8–10 Portionen
125 g Rundkornreis
Prise Salz
500 ml Milch
1 Stange Zimt
1 Vanilleschote
10 g Rosinen
1 cl Marillenbrand
4 Eidotter
5 Eiklar
50 g Kristallzucker
150 ml Schlagobers
2–3 EL Pfirsichmark
(s. S. 200)
eingelegte Marillen
(s. S. 188)
Butter und Kristallzucker
für die Formen

Rundkornreis in kochendem Salzwasser kurz blanchieren (überbrühen). Abseihen und mit kaltem Wasser abschrecken. Milch mit Reis langsam aufkochen lassen. Zimtstange, halbierte Vanilleschote sowie Rosinen zugeben und den Reis so lange auf kleiner Flamme weiterkochen, bis er weich ist. Zimtstange und Vanilleschote entfernen, Marillenbrand einrühren. Etwas überkühlen lassen und mit Dottern verrühren. Eiklar leicht zu schlagen beginnen, mit Kristallzucker zu Schnee schlagen und unterziehen. Portionsformen mit flüssiger Butter ausstreichen, mit Kristallzucker ausstreuen und die Milchreismasse etwa 2/3 hoch einfüllen. Formen in ein Wasserbad stellen und im vorgeheizten Backrohr bei 200 °C etwa 20 Minuten pochieren.
Schlagobers in einem Schneekessel auf Eis fest schlagen. Marillenmark vorsichtig unterheben und den soufflierten Milchreis mit dem fertigen Marillenschaum sowie eingelegten Marillen anrichten.

BACKZEIT: ca. 20 Minuten

BACKTEMPERATUR: 200 °C

Grüße aus dem Mehlspeishimmel

Knödel, Nudeln, Tascherln, Nockerln, Palatschinken, Omeletten, Buchteln, Dalken und Ausgebackenes

KNÖDEL

Süße Knödel – da läuft dem österreichischen Mehlspeisgourmet seit jeher das Wasser im Munde zusammen. Gleichzeitig regt sich aber ob der damit verbundenen Kalorien auch das schlechte Gewissen. Das fällt jedoch bei den folgenden Rezepten allerdings gar nicht so ins Gewicht, denn die Portionierung dieser Knödel ist so bemessen, dass es sich in Wahrheit nur um „Knöderln" handelt. Und damit um Genuss – fast – ohne Reue.

Obstknödel

Zutaten für 12 Knödel
300 g Topfen (20 % Fett)
30 g Butter
60 g Grieß
2 Eier
Salz
12 Früchte nach Belieben
Mehl für die Arbeitsfläche
Staubzucker zum Bestreuen

Für die Zimtbrösel
100 g Butter
170 g Semmelbrösel
Prise Zimt, gemahlen

Topfen passieren und mit weicher Butter, Eiern und einer Prise Salz glatt rühren. Grieß einmengen und Teig für ca. 2 Stunden kalt stellen.
Den Teig auf einer bemehlten Arbeitsfläche ausrollen und mit einem runden Ausstecher Kreise ausstechen. Die gewaschenen Früchte darauf legen, Teig zusammenklappen und zu Knödeln formen. Ausreichend viel Salzwasser zum Kochen bringen und die Knödel darin 10–12 Minuten leicht wallend kochen. Währenddessen für die Zimtbrösel Butter in einer Pfanne erhitzen und die Semmelbrösel mit Zimt darin goldbraun rösten. Knödel herausheben, gut abtropfen lassen und in den Bröseln wälzen. Vor dem Servieren mit Staubzucker bestreuen.

GARUNGSZEIT: ca. 10–12 Minuten

TIPP: Besonders gut eignet sich dieses Rezept für Erdbeer- oder Zwetschkenknödel. Ob Sie bei den Zwetschken die Kerne entfernen oder nicht und gegebenenfalls durch ein Stück Würfelzucker oder Marzipan ersetzen, hängt ganz von der persönlichen Geschmacksvorliebe ab.

Marillenknödel

Zutaten für 12 Knödel
25 g Butter
2 EL Staubzucker
350 g Topfen
100 g Weißbrotbrösel
2 Eier
Zitronenschale, gerieben
Rum
Prise Salz
12 Marillen
12 Stück Würfelzucker
Staubzucker zum Bestreuen

Für die Zuckerbrösel
100 g Butter
100 g Brösel
50 g Kristallzucker
Prise Zimt
Prise Vanillezucker

Für die Topfenmasse Butter mit Staubzucker schaumig schlagen, Eier dazugeben, Topfen, Zitronenschale, etwas Rum, Salz und Brösel unterrühren. Etwa 2 Stunden ziehen lassen. Sollte der Teig zu stark kleben, noch 2 EL Semmelbrösel untermengen. Marillen einschneiden, Kerne entfernen, jeweils ein Stück Würfelzucker hineingeben, gut mit Teig umhüllen und schöne, runde Knödel formen. In siedendem Salzwasser etwa 15 Minuten leicht wallend kochen. Für die Zuckerbrösel Butter zerlassen, Brösel und Zucker goldbraun rösten und mit Zimt sowie Vanillezucker aromatisieren. Knödel darin wälzen und mit Staubzucker bestreut servieren.

GARUNGSZEIT: ca. 15 Minuten

GARNITUREMPFEHLUNG: Marillensorbet (s. S. 359)

TIPP: Sie können die Marillen auch entkernen, indem Sie den Kern mit einem Kochlöffel herausdrücken und dann den Würfelzucker hineingeben.

Mohn-Topfen-Knödel

Zutaten für 18 Knödel
Topfenteig (s. S. 18)

Für die Mohnfülle
125 g Mohn, gemahlen
70 g Brösel
100 ml Milch
Zitronenschale, gerieben
Schuss Rum
Prise Zimt
Honig
30 g Zucker
50 g Schokolade, weiß
1 Eidotter

Für die Zuckerbrösel
100 g Butter
100 g Brösel
50 g Kristallzucker
Prise Zimt
Prise Vanillezucker

Mohn mit Bröseln vermischen. Milch mit Zucker, etwas Honig, Rum, Zitronenschale und Zimt aufkochen lassen, vom Herd nehmen und die Bröselmischung einrühren. Schokolade schmelzen und gemeinsam mit dem Eidotter einrühren. Einige Zeit kühl stellen. Aus der Mohnmasse kleine Knödel formen und abermals kalt stellen. Topfenteig nach Anleitung zubereiten und die gut gekühlten Mohnknöderln damit umhüllen. Knödel in heißem Wasser (nicht kochend) ca. 12 Minuten ziehen lassen. Für die Zuckerbrösel die Butter zerlassen, Brösel und Zucker darin goldbraun rösten und mit Zimt und Vanillezucker aromatisieren. Gut abgetropfte Knödel in den Zuckerbröseln wälzen und anrichten.

GARUNGSZEIT: ca. 12 Minuten

GARNITUREMPFEHLUNG: Joghurt-Zitronen-Sauce (s. S. 202) und eingelegte Marillen (s. S. 188)

GRIESSKNÖDEL MIT HONIGOBERS

Zutaten für 12–18 Knödel
500 ml Milch
75 g Zucker
Zitronenschale, gerieben
Mark von 1/2 Vanillestange
210 g Weizengrieß
150 g Butter, zimmertemperiert
2 Eier
Zucker für das Wasser

Für die Zuckerbrösel
100 g Butter
50 g Brösel
Schale von 1 Orange, gerieben
Schale von 1 Zitrone, gerieben
Staubzucker

Für das Honigobers
1 EL Honig
3 EL Schlagobers, geschlagen

Milch, Zucker, Zitronenschale und Vanillemark aufkochen. Grieß einrieseln lassen und unter ständigem Rühren wie einen Brandteig abrösten. Butter unter die noch heiße Masse rühren, anschließend Eier nach und nach einmengen und die Masse für 2 Stunden in den Kühlschrank stellen. Aus der kalten Masse Knödel formen und in etwas gezuckertem, siedendem Wasser 10 Minuten ziehen lassen. Für die Zuckerbrösel Butter schmelzen lassen, Brösel einrühren und abgeriebene Orangen- und Zitronenschale dazugeben. Mit Staubzucker abschmecken. Für das Honigobers flüssigen Honig mit geschlagenem Obers vermengen. Die gut abgetropften Knödel in den Zuckerbröseln wälzen und mit Honigobers garniert anrichten.

GARUNGSZEIT: 10 Minuten

GARNITUREMPFEHLUNG: Orangenragout (s. S. 183)

BIRNENKNÖDEL

Zutaten für 18 Knödel
300 g Birnen
2 Eier
100 g Kristallzucker
50 g Semmelbrösel
20 g Butter
50 g Haselnüsse, gerieben
50 g Magertopfen
10 g Vanillezucker
Prise Zimt, gemahlen
2 cl Williamsbirnenbrand
Staubzucker zum Bestreuen
Kristallzucker für das Zuckerwasser
Sonnenblumenöl zum Ausbacken

Die Birnen schälen, Gehäuse entfernen und Birnen kleinwürfelig schneiden. In gezuckertem Wasser weich kochen, herausheben und gut abtropfen lassen. Kristallzucker und Semmelbrösel in der Butter braun rösten. Mit Birnenwürfeln, Eiern, Topfen, Nüssen, Vanillezucker, Zimt sowie Birnenbrand zu einem Teig vermengen und 1 Stunde rasten lassen. In einer tiefen Pfanne ausreichend viel Öl erhitzen. Aus der Masse kleine Knödel formen und im heißen Öl goldbraun backen. Auf Küchenkrepp gut abtropfen lassen. Mit Staubzucker bestreut servieren.

GARNITUREMPFEHLUNG: Himbeermark (s. S. 201)

Birnenknödel vom Mondsee

Wer hat die Knödel erfunden? – Selbstverständlich die Böhmen – wird man zwischen Prag und Brünn auf diese Frage antworten und dabei das tschechische Wort „knedlsk" als Beweis ins Treffen führen. In Südtirol freilich wird man möglicherweise ganz anderer Meinung sein und nicht nur auf das alte Minnesängerwort „knode" verweisen, sondern auch auf die gotische Burgkapelle von Hocheppan, in der sich auf einem Fresko die erste bildliche Darstellung eines Knödels befindet.

„Gemach, gemach", werden sich zuletzt allerdings die Oberösterreicher und Salzburger in die Debatte einmischen. Die Bewohner dieser beiden Bundesländer teilen sich nämlich den Mondsee, an dem die ersten jungsteinzeitlichen „Knödel-Funde" nachgewiesen wurden. Die Kulinar-Archäologie datiert jene Teigreste, die zwischen Getreidegefäßen, Hirseresten, Reibsteinen und Flachbeilen gefunden wurden, nämlich aus der Zeit zwischen 2500 und 1800 v. Chr. Ob sie dereinst Obst oder Fleisch umhüllten, lässt sich so genau nicht mehr feststellen. Da es in dieser Gegend dazumal jedoch bereits Birnen gab, ist die Vermutung, unsere Vorfahren am Mondsee hätten sich bereits an Birnenknödeln erfreut, eine durchaus nicht unberechtigte Spekulation. *(s. Rezept S. 314)*

Schokoladeknödel

Zutaten für 24 Knödel
25 g Butter
350 g Topfen
2 Eier
1/2 EL Vanillezucker
20 g Staubzucker
Schale von 1/2 Zitrone
Schale von 1/2 Orange
1 cl Rum
100 g Semmelbrösel
Zucker für das Wasser
Staubzucker zum Bestreuen

Für die Fülle
100 ml Schlagobers
100 g Zartbitterkuvertüre

Für die Zimtbrösel
100 g Butter
120 g Semmelbrösel
Prise Zimt, gemahlen

Für die Fülle zunächst Schlagobers mit Zartbitterkuvertüre über Wasserdampf schmelzen und kalt stellen. Inzwischen für den Teig Butter mit Staubzucker schaumig rühren. Topfen einmengen. Danach Eier, Vanillezucker, Rum, geriebene Orangen- sowie Zitronenschale einrühren und abschließend die Semmelbrösel unterheben. Teig 1 Stunde rasten lassen. Gekühlte Kuvertüremasse in einen Dressiersack mit glatter Tülle (runde Öffnung) füllen und kleine Kugeln daraus spritzen. Jede Schokoladekugel mit etwas Teig gut umschließen und zu Knödeln formen. In einem Topf gezuckertes Wasser aufkochen lassen und die Knödel darin 6–8 Minuten köcheln lassen. Währenddessen Butter in einer Pfanne schmelzen und die Brösel mit Zimt darin goldbraun rösten. Knödel herausheben, abtropfen lassen und in den Bröseln wenden. Schokoladeknödel mit Staubzucker bestreut auftragen.

GARUNGSZEIT: 6–8 Minuten

GARNITUREMPFEHLUNG: Erdbeermark (s. S. 200)

TIPP: Wer sich das Zubereiten des Schokoladekerns ersparen möchte, kann stattdessen einfach ein Stückchen Kochschokolade verwenden.

Nuss-Topfen-Knödel

Den Topfenteig nach Anleitung zubereiten und 2 Stunden rasten lassen.
Für die Fülle Nüsse mit Bröseln vermischen. Milch mit Zucker, Honig, Rum, abgeriebener Zitronenschale und Zimt aufkochen lassen, vom Herd nehmen und unter die Nüsse rühren. Nougat schmelzen und mit dem Dotter in die Nussmasse einrühren. Danach einige Zeit kühl stellen.
Aus der Nussmasse kleine Knöderln formen und diese wieder kalt stellen. Die gut gekühlten Nussknöderln mit dem vorbereiteten Topfenteig umhüllen und zu Knödeln formen. Ausreichend viel Wasser zum Kochen bringen und die Knödel darin (nicht kochend) ca. 12 Minuten ziehen lassen. Für die Zuckerbrösel Butter zerlassen. Brösel und Zucker darin goldbraun rösten und mit Zimt sowie Vanillezucker aromatisieren. Knödel aus dem Wasser heben, gut abtropfen lassen und in den Bröseln wälzen.

GARUNGSZEIT: ca. 12 Minuten

GARNITUREMPFEHLUNG: Weintraubenkompott (s. S. 182) und Vanillesauce (s. S. 202)

Zutaten für 18 Knödel
Topfenteig laut Grundrezept (s. S.18)

Für die Nussfülle
125 g Nüsse, gerieben
70 g Semmelbrösel
100 ml Milch
Zitronenschale, abgerieben
Schuss Rum
Prise Zimt
etwas Honig
30 g Zucker
50 g Nougat
1 Eidotter

Für die Zuckerbrösel
100 g Butter
100 g Semmelbrösel
50 g Kristallzucker
Prise Zimt
Vanillezucker

Germknödel

Zutaten für ca. 20 Knödel
500 g Mehl
30 g Germ
200 ml Milch, lauwarm
80 g Butter, flüssig
60 g Kristallzucker
2 Eier
300 g Powidl
Salz
Schale von 1/2 Zitrone, abgerieben
Mehl für die Arbeitsfläche

Zum Beträufeln und Bestreuen
150 g Butter, flüssig
120 g Graumohn, gemahlen
50 g Staubzucker

Germ in der Hälfte der lauwarmen Milch auflösen. Etwas Mehl dazugeben und verrühren. Etwas Mehl darüber streuen und das Dampfl zugedeckt 20 Minuten aufgehen lassen. Restliches Mehl in eine Schüssel geben. Gemeinsam mit dem Dampfl, Butter, Eiern, restlicher Milch, Kristallzucker, einer Prise Salz und Zitronenschale zu einem glatten Teig kneten. An einem warmen Ort zugedeckt 30 Minuten aufgehen lassen.
Den Teig auf einer bemehlten Arbeitsfläche etwa 1,5 cm dick ausrollen und daraus Quadrate von ca. 7 x 7 cm schneiden. Jeweils einen Löffel Powidl darauf setzen, die Knödel zusammenschlagen und in der hohlen Hand rund schleifen, d. h. zu glatten Knödeln formen. Auf ein bemehltes Brett setzen, mit einem Tuch bedecken und nochmals gehen lassen, bis sich ihr Volumen fast verdoppelt hat.
In einer großen Kasserolle Salzwasser zum Kochen bringen, Knödel (in mehreren Partien) einlegen und leicht wallend mehr ziehen als kochen lassen. Dabei Deckel zuerst mit einem kleinen offenen Spalt aufsetzen. Nach 10 Minuten Deckel entfernen und die Knödel umdrehen. Nach weiteren 5 Minuten Kochzeit herausheben und sofort mit einer langen Nadel 2–3-mal stupfen (anstechen), damit sie nicht zusammenfallen.
In eine mit flüssiger Butter ausgestrichene Auflaufform setzen und so lange in das leicht vorgewärmte Backrohr stellen, bis alle Knödel gegart sind. Knödel großzügig mit flüssiger Butter beträufeln und mit Mohn sowie Staubzucker bestreuen.
GARUNGSZEIT: ca. 15 Minuten

NUDELN UND TASCHERLN

Das „Tascherl", im alten Wien auch „Tatschkerl" genannt, ist die Klammer zwischen der südlichen Ravioli-, der nördlichen Knödel- und der östlichen Piroggenküche. Oft ist in diesem Zusammenhang auch von Nudel die Rede, was nicht zwangsläufig bedeutet, dass die „Nudeln des Nordens" unbedingt immer aus einem klassischen Nudelteig des Südens zubereitet werden müssen. Dafür hat gerade die südliche Pasta-Küche die altösterreichische Tascherlküche, wie viele der folgenden Rezepte zeigen, längst eingeholt.

Mohnnudeln

Zutaten für 6 Portionen
500 g Erdäpfel, mehlig
100 g Kartoffelstärkemehl
1 Ei
Salz
80 g Butter
100 g Staubzucker
300 g Graumohn, gemahlen

Ungeschälte Erdäpfel in Salzwasser weich kochen. Schälen und kurz im Backrohr bei 100 °C ausdampfen lassen. Die heißen Erdäpfel durch eine Erdäpfelpresse drücken und mit Kartoffelstärkemehl, Ei und einer Prise Salz rasch zu einem Teig verkneten. Zu Rollen formen, kleine Stücke abschneiden und daraus fingerdicke, etwa 7 cm lange Nudeln formen.
Salzwasser aufkochen und die Nudeln darin 5 Minuten ziehen lassen. Butter schmelzen lassen, Nudeln herausnehmen, abtropfen lassen und in der Butter schwenken. Auf Tellern anrichten und mit Mohn und Staubzucker dicht bestreuen.
GARUNGSZEIT: ca. 5 Minuten

„Mohnzuzel" für Erwachsene

Bei den alten Ägyptern galt Mohn noch als Heilmittel, doch die Chinesen haben seinen Ruf ein für allemal ruiniert, indem sie das darin enthaltene Opium als Rauschgift entdeckten.
Diese rauschhaften Wirkungen des Mohns wurden hierzulande allerdings ausschließlich für eine pädagogisch zugegebenermaßen etwas umstrittene Form der Beruhigung von Kleinkindern genutzt. Mithilfe von Mohn und Honig stellte man nämlich – vor allem in bäuerlichen Gegenden – einen „Mohnzuzel" her, der auf die lieben Kleinen eine wundersam beruhigende Wirkung auszuüben schien, während die Eltern auf dem Feld in Ruhe arbeiten konnten. Im Übrigen wurde Mohnöl im kirchlichen Jahreskreis auch für die Erhaltung des „Ewigen Lichts" an den Altären verwendet. Die Produktion von Opium überließ man lieber dem Orient.
Durch diese insgesamt eher harmlose Nutzung der Freuden des Mohns ist Österreich heute eines der wenigen Länder, in denen Mohn (vor allem im Waldviertel) straflos angebaut werden darf. Das muss er auch, da sonst wohl eine ganze Fülle süßer Mohnrezepte vom Aussterben bedroht wäre.
Der Zwettler Mohn hat in den 30er-Jahren sogar an der Londoner Börse notiert. Es besteht also durchaus Hoffnung, dass unsere zur Zeit wieder einmal notorisch konjunkturgeschwächte Wirtschaft eines Tages vielleicht doch noch am heimischen Mohn genesen könnte.

Powidltascherln

Zutaten für 6–8 Portionen
600 g Erdäpfel, mehlig
100 g Kartoffelstärkemehl
20 g Weizengrieß
30 g Butter, flüssig
2 Eidotter
Salz
Mehl für die Arbeitsfläche
1 Eidotter zum Bestreichen

Für die Fülle
200 g Powidl
Prise Zimtpulver
1 cl Rum

Für die Brösel
120 g Butter
170 g Semmelbrösel

Die ungeschälten Erdäpfel in Salzwasser weich kochen. Schälen und kurz im Backrohr bei 100 °C ausdampfen lassen. Die heißen Erdäpfel durch eine Erdäpfelpresse drücken und mit Kartoffelstärkemehl, Eidottern, Grieß, Butter und einer Prise Salz rasch zu einem Teig verkneten. Den Erdäpfelteig auf einer bemehlten Arbeitsfläche etwa 4 mm dick ausrollen. Mit einem gezackten, runden Ausstecher (Ø 8 cm) Kreise ausstechen. Powidl mit Zimt und Rum verrühren und (am besten mit einem Dressiersack) etwas Fülle in die Mitte jedes Teigstücks auftragen. Die Ränder mit verquirltem Eidotter bestreichen, Teig zusammenklappen und die Ränder mit Daumen und Zeigefinger gut zusammendrücken. Salzwasser aufkochen und Powidltascherln darin etwa 5 Minuten kochen. Für die Brösel Butter erhitzen und die Semmelbrösel darin goldbraun rösten. Powidltascherln herausheben, abtropfen lassen und in den Bröseln wenden.

GARUNGSZEIT: ca. 5 Minuten
GARNITUREMPFEHLUNG: Vanilleeis (s. S. 350)

Ein Schild für süße Turniere

Dass Powidltascherln – früher meist Powidltatschkerln genannt – eine urböhmische Eingemeindung der multikulturellen Wiener Küchengemeinschaft sind, weiß jeder, der jemals das gleichnamige Wienerlied von Hermann Leopoldi in der unvergesslich „böhmakelnden" (hochdeutsch: powidalen) Interpretation von Peter Alexander gehört hat. Das Pflaumenmus, das im Gegensatz zu Zwetschkenmarmelade ohne jede Zuckerbeigabe und Geliermittel eingedickt wird, ist auch in der Tat eine auf das tschechische Wort „povidlí" zurückgehende kulinarische Errungenschaft. Die dazugehörigen Tatschkerln freilich wurden erst in Wien „powidalisiert" und gehen ursprünglich auf das altfranzösische „targe" zurück, was soviel wie Turnierschild oder im gegenständlichen Fall „Schildchen" bedeutet.

Mohn-Marillen-Ravioli mit Vanilleobers

Zutaten für 6–8 Portionen
430 g Mehl
3 Eier
3 Eidotter
Prise Salz
1 EL Pflanzenöl
Eiklar zum Bestreichen
Prise Zucker für das Wasser
Minze zum Garnieren

Für die Fülle
25 g Butter
2 EL Staubzucker
Saft und Schale von 1 Zitrone
3 Eidotter
1 cl Rum
250 g Topfen
40 g Weißbrotbrösel
50 g Marillenmarmelade
2 Marillen

Für die Mohnbrösel
80 g Butter
50 g Mohn, gemahlen
50 g Biskuitbrösel
20 g Staubzucker

Für das Vanilleobers
150 ml Schlagobers
20 g Staubzucker
Prise Vanillezucker
Mark von 1/2 Vanilleschote

Mehl mit Eiern, Dottern, Salz und Öl langsam zu einem glatten, geschmeidigen Nudelteig kneten. Zu einer Kugel formen, in Frischhaltefolie wickeln und 1 Stunde kühl rasten lassen. Währenddessen für die Fülle Butter, Zucker, Zitronensaft und -schale schaumig rühren. Eidotter, Rum, Topfen, Weißbrotbrösel und Marillenmarmelade unterrühren. Am Schluss die kleinwürfelig geschnittenen Marillen unterheben. Für die Mohnbrösel Butter in einer Pfanne aufschäumen lassen. Biskuitbrösel, Mohn und Staubzucker zugeben, leicht rösten und zur Seite stellen.
Den Nudelteig zu dünnen Platten ausrollen. Auf der Hälfte der Platten Quadrate von 6 cm Kantenlänge markieren, etwas Fülle jeweils in die Mitte der Quadrate setzen und die Zwischenräume mit Eiklar bestreichen. Andere Teigplatte darüber legen und den Teig in den Zwischenräumen gut festdrücken. Eventuell entstandene Luftblasen mit einer Nadel aufstechen und die Quadrate mit einem Teigschneider ausschneiden. Für das Vanilleobers Schlagobers mit Staubzucker, Vanillezucker und Vanillemark halbsteif schlagen. In einem ausreichend großen Topf Wasser mit etwas Zucker aufkochen lassen. Ravioli einlegen und 3–4 Minuten ziehen lassen. Herausheben und gut abtropfen lassen. Ravioli in den Mohnbröseln wenden, auf Tellern anrichten und mit Vanilleobers und Minze garniert auftragen.

GARUNGSZEIT: 3–4 Minuten

GARNITUREMPFEHLUNG: eingelegte Marillen (s. S. 188) und Marillensorbet (s. S. 359)

Schokoladeravioli mit Moscato-Zabaione

Zuerst die Fülle zubereiten. Dafür Obers aufkochen, zerkleinerte Kuvertüre einrühren und vom Herd nehmen. Grand Marnier mit dem Mixstab einmixen und homogenisieren, d. h. 5 Minuten mixen (Luftbläschen vermeiden, indem Mixstab ganz in die Flüssigkeit gehalten wird). Danach für 1 Stunde kühl stellen.

Für den Teig Mehl und Kakaopulver versieben. Mit Eiern und Zucker zu einem glatten Teig kneten. In Folie wickeln und 30 Minuten rasten lassen. Teig (am besten mit einer Nudelmaschine) ausrollen. Auf einer bemehlten Arbeitsfläche Quadrate oder Kreise ausstechen und jeweils etwas Fülle auftragen. Die Teigränder mit verschlagenem Eiklar bestreichen, zusammenklappen und die Ränder fest zusammendrücken. Salzwasser mit etwas Vanillezucker zum Kochen bringen. Die Ravioli einlegen und 5 Minuten leicht köcheln lassen.

Für das Moscato-Zabaione alle Zutaten miteinander verschlagen und in einem heißen Wasserbad so lange schlagen, bis das Zabaione schön luftig aufgeschlagen ist. Ravioli aus dem Wasser heben und abtropfen lassen. Gemeinsam mit Orangenfilets auf Teller geben. Mit Zabaione garnieren und mit Staubzucker bestreuen.

GARUNGSZEIT: ca. 5 Minuten

Zutaten für ca. 60 Ravioli

350 g Zartbitterkuvertüre
250 ml Schlagobers
10 cl Grand Marnier
250 g Mehl
100 g Kakaopulver
4 Eier
30 g Staubzucker
Mehl für die Arbeitsfläche
Eiklar zum Bestreichen
Salz und Vanillezucker für das Wasser
Orangenfilets zum Garnieren
Staubzucker zum Bestreuen

Für das Moscato-Zabaione

4 Eidotter
3 EL Zucker
9 cl Muskateller
6 cl Sekt (wenn möglich Chardonnay-Sekt)

Griessravioli mit Erdbeeren

Zutaten für etwa 40 Ravioli

50 g Hartweizengrieß (oder Weizengrieß)
100 g Mehl
2 Eidotter
2 Eier
Prise Zimt
Prise Salz
Prise Vanillezucker für das Kochwasser
Mehl für die Arbeitsfläche
Eiklar zum Bestreichen
500 g Erdbeeren
Erdbeermark (s. S. 200)

Für die Fülle

250 ml Milch
60 g Butter
10 g Kristallzucker
10 g Vanillezucker
Mark von 1/2 Vanilleschote
Prise Salz
60 g Weizengrieß
1 Ei
Schale von 1 Zitrone, abgerieben

Für die Butterbrösel

120 g Butter
170 g Semmelbrösel
Prise Zimt

Für den Teig Mehl und Grieß vermischen. Mit Eiern, Eidottern, Zimt und Salz zu einem glatten Teig kneten. In Folie wickeln und 50 Minuten rasten lassen. Für die Fülle Milch, Butter, Kristallzucker, Vanillezucker, Vanillemark und Salz zum Kochen bringen. Grieß einrühren und 3–5 Minuten köcheln lassen, bis er schön aufgequollen ist. Vom Herd nehmen. Überkühlen lassen, dann Ei sowie Zitronenschale einrühren.

Den Teig (am besten mit der Nudelmaschine) ausrollen. Auf einer bemehlten Arbeitsfläche Quadrate oder Kreise ausstechen und auf jedes Teigstück etwas Füllung auftragen. Teigränder mit verschlagenem Eiklar bestreichen, zusammenklappen und mit Daumen und Zeigefinger gut zusammendrücken. Salzwasser mit etwas Vanillezucker aufkochen und Ravioli darin etwa 4–5 Minuten leicht köcheln lassen. Für die Butterbrösel Butter erhitzen und Semmelbrösel mit Zimt darin goldbraun rösten. Ravioli herausheben, abtropfen lassen und in den Bröseln wenden. Erdbeermark auf Teller gießen, die Ravioli darauf drapieren und mit den gewaschenen, nach Belieben geviertelten Erdbeeren garnieren.

GARUNGSZEIT: 4–5 Minuten

GARNITUREMPFEHLUNG: Vanilleeis (s. S. 350)

Nussfleckerln

Mehl mit Eiern und Salz verkneten, nach und nach lauwarmes Wasser zugeben und zu einem schönen glatten Teig verarbeiten. Bei Bedarf noch etwas Mehl zugeben. In Folie wickeln und 30 Minuten rasten lassen. Nudelteig auf einer bemehlten Arbeitsfläche etwa 2 mm dick ausrollen. In 5 cm breite Streifen schneiden, übereinander legen und abermals in 1–2 cm breite Streifen schneiden. Nun von diesen Streifen kleine Quadrate (Fleckerln) abschneiden. Salzwasser aufkochen und Fleckerln darin 1–2 Minuten kochen lassen. Abgießen, mit kaltem Wasser abschrecken und abtropfen lassen. Kurz in etwas heißem Schmalz wenden, damit sie nicht zusammenkleben.
Für die Ccrememasse Eidotter mit Staub- und Vanillezucker verrühren. Eiklar mit Kristallzucker zu Schnee schlagen und unter die Eidottermasse heben. Rosinen und Zitronenschale zugeben. Die Fleckerln mit der Cremesmasse vermengen. Für die Nussmasse Milch mit Zucker und Zimt aufkochen lassen, Nüsse einstreuen. Die Hälfte der Fleckerln in eine gefettete Auflaufform füllen. Nussmasse darauf auftragen und mit restlichen Fleckerln bedecken. Im vorgeheizten Backrohr bei 180 °C etwa 20 Minuten backen. In gleichmäßige Stücke schneiden und servieren.

GARUNGSZEIT: 1–2 Minuten für die Fleckerln
BACKZEIT: ca. 20 Minuten
BACKTEMPERATUR: 180 °C

Zutaten für 6–8 Portionen
500 g Mehl
4 Eier
Prise Salz
2 EL Wasser, lauwarm
Mehl für die Arbeitsfläche
etwas Schmalz

Für die Cremmasse
3 Eidotter
50 g Staubzucker
10 g Vanillezucker
50 g Rosinen
Schale von 1 Zitrone, abgerieben
3 Eiklar
50 g Kristallzucker

Für die Nussmasse
250 ml Milch
100 g Kristallzucker
150 g Walnüsse, gerieben
Prise Zimt

NOCKERLN

Das Wort „Nocken" reimt sich nicht zufällig auf Verlocken. Tatsächlich stellen Nocken- und Nockerlgerichte eine der süßesten Verlockungen der altösterreichischen Mehlspeisküche dar. Wobei der Bogen von flaumig-weichen Topfennockerln bis hin zu luftig-schwerelosen Schneenockerln durchaus weit gespannt ist.

TOPFENNOCKERLN

Zutaten
600 g Topfen
50 g Butter
3 Eier
Schale und Saft von
1 Zitrone
1 cl Rum
40 g Staubzucker
130 g Weißbrotbrösel
Prise Salz

Für die Butterbrösel
100 g Butter
100 g Semmelbrösel
70 g Kristallzucker
1 TL Zimt

Topfen mit einem sauberen Tuch gut ausdrücken und anschließend passieren. Butter mit Staubzucker schaumig rühren, Topfen und Eier einrühren. Mit Zitronensaft und -schale sowie Rum aromatisieren. Abschließend die Weißbrotbrösel unterheben und den Teig 2 Stunden rasten lassen. Leicht gesalzenes Wasser zum Kochen bringen, aus der Topfenmasse mit einem Esslöffel Nocken formen und diese im Wasser etwa 8 Minuten ziehen lassen.
Für die Butterbrösel Butter zerlassen. Brösel und Zucker darin goldbraun rösten und mit Zimt aromatisieren. Topfennockerln aus dem Wasser heben, gut abtropfen lassen und in den Bröseln wälzen.

GARUNGSZEIT: ca. 8 Minuten

GARNITUREMPFEHLUNG: Zwetschkenröster (s. S. 177) oder Hollerkoch (s. S. 180)

Mohn-Topfen-Nockerln in geeister Apfelsuppe

In einer Schüssel Topfen mit Butter und Eiern gut verrühren. Kristallzucker, Semmelbrösel und Zitronenschale zugeben und Masse 30 Minuten rasten lassen. Für die Apfelsuppe zunächst die geschälten, entkernten Äpfel in Würfel schneiden, mit Wasser und Wein aufkochen, mixen und durch ein Tuch seihen (es wird knapp 1 Liter Apfelsaft benötigt). Gelierzucker unter ständigem Rühren erhitzen, bis er leicht karamellisiert. Mit dem vorbereiteten Apfelsaft ablöschen und Karamell vollständig auflösen. Zitronensaft zugeben, Apfelsuppe aufkochen und danach in einer Schüssel über Eis kalt rühren. Mit Calvados aromatisieren. Aus der Topfenmasse mit einem Löffel Nockerln stechen und diese in kochendem Salzwasser ca. 8 Minuten ziehen lassen. Für die Mohnbrösel Butter schmelzen, Semmelbrösel, Mohn, Zucker und eine Messerspitze Zimt zugeben und kurz durchrösten. Topfennockerln herausheben, gut abtropfen lassen und in Mohnbröseln wälzen. Apfelsuppe in tiefe Teller gießen und Nockerln einlegen.

GARUNGSZEIT: ca. 8 Minuten

GARNITUREMPFEHLUNG: Apfelspalten oder -kugeln sowie Apfel-Ingwer-Sorbet (s. S. 361)

Zutaten für 4–6 Portionen
300 g Topfen
25 g Butter
2 Eier
Schale von 1 Zitrone, gerieben
10 g Kristallzucker
60 g Semmelbrösel
Salz für das Wasser

Für die Apfelsuppe
1,5 kg Äpfel (Boskop, Golden Delicious oder Elstar)
250 ml Weißwein (am besten Riesling)
250 ml Wasser
250 g Gelierzucker
Saft von 2 Zitronen
75 ml Calvados

Für die Mohnbrösel
80 g Butter
30 g Semmelbrösel
30 g Mohn, gemahlen
20 g Kristallzucker
Zimt

Griessnockerln mit Rhabarber-Erdbeer-Ragout

Zutaten
2 Semmeln, altbacken
125 ml Milch
40 g Butter
1 Ei
1 Eidotter
Schale von 1/2 Zitrone, abgerieben
Prise Salz
Prise Zimt
80 g Hartweizengrieß (oder Weizengrieß)
Staubzucker zum Bestreuen

Für das Rhabarber-Erdbeer-Ragout
300 g Rhabarber
500 ml Riesling (oder anderer Weißwein)
120 g Kristallzucker
Mark von 1/2 Vanilleschote
2 EL Maisstärke (Maizena)
200 g Erdbeeren
Minze, in feine Streifen geschnitten

Für die Zimtbrösel
ca. 70 g Butter
100 g Semmelbrösel
Prise Zimt

Semmeln entrinden, in kleine Würfel schneiden und in Milch einweichen. Butter schaumig rühren, Semmeln gut ausdrücken und passieren. Semmelmasse gemeinsam mit Ei und Eidotter zur Butter geben und alles gut verrühren. Zitronenschale, Salz, Zimt und Grieß einmengen, gut vermischen und 30 Minuten rasten lassen.

Rhabarber waschen, schälen (Schale aufbewahren) und in mundgerechte Stücke schneiden. Die Schalen mit Wein und Kristallzucker aufkochen und durch ein feines Sieb seihen. Den Sud mit Vanillemark nochmals aufkochen lassen. Maisstärke mit etwas Wasser anrühren und den Sud damit binden. Rhabarber zugeben und etwa 1 Minute leicht köcheln lassen. Vom Herd nehmen und abkühlen lassen. Gewaschene Erdbeeren vierteln und gemeinsam mit den Minzestreifen unter den abgekühlten Rhabarber mischen.

Leicht gesalzenes Wasser aufkochen. Aus der Grießmasse mit einem Löffel Nockerln formen und 12–15 Minuten leicht wallend eher ziehen als kochen lassen. Für die Zimtbrösel Butter erhitzen und Semmelbrösel sowie Zimt darin goldbraun rösten. Nockerln herausheben, abtropfen lassen und in den Bröseln wälzen. Rhabarber-Erdbeer-Ragout auf Teller verteilen, Nockerln darauf anrichten und mit Staubzucker bestreuen.

GARUNGSZEIT: 12–15 Minuten

Schneenockerln

Zutaten für 8 Portionen
8 Eiklar
160 g Kristallzucker
750 ml Milch
Mark von 1/2 Vanilleschote
10 g Vanillezucker

Eiklar aufschlagen und mit Kristallzucker zu festem Schnee ausschlagen. Milch mit Vanillemark und Vanillezucker zum Kochen bringen. Aus der Schneemasse mit einem Esslöffel Nockerln abstechen, in die kochende Milch einlegen und 2 Minuten ziehen lassen. Umdrehen und weitere 2 Minuten bei reduzierter Hitze ziehen lassen. Die Nockerln aus der Milch heben und abtropfen lassen.

GARUNGSZEIT: ca. 4 Minuten

GARNITUREMPFEHLUNG: Vanillesauce (s. S. 202)

TIPP: Besonders dekorativ sehen die Schneenockerln aus, wenn sie mit flüssigem Zuckerkaramell verziert werden.

Schwimmende Inseln in Vogelmilch

Die Schneenockerln sind ein Gericht, das in vielen Ländern unter verschiedenen Namen auftaucht. Die Zubereitungsweisen differieren zwar von Land zu Land geringfügig. Doch immer geht es um luftige Ballen aus Eischnee, die auf süßer Vanillesauce, mehr oder weniger schwimmend, angerichtet werden. In Frankreich spricht man daher von „îles flottantes" – schwimmenden Inseln –, während sich in Siebenbürgen ein sehr ähnliches Gericht größter Beliebtheit erfreut, das „Vogelmilch" heißt. Und da in Wien die Schneenockerln nicht selten mit „Kanarimilch" (s. S. 203), einer dünnen Vanillesauce, angerichtet werden, schließt sich der süße Kreis ganz im Sinne einer kulinarischen Osterweiterung.

PALATSCHINKEN UND OMELETTEN

Palatschinken sind ein typisches Produkt dessen, was man mit einem heutigen Modewort als „Fusionküche" umschreiben könnte. Das Wort „Palatschinke" kam über das rumänische „placinta" und das ungarische „pálácsintá" nach Wien. Beides bezog sich auf die vor allem im alten Siebenbürgen verbreitete Sitte, Eierkuchen auf heißen Steinen oder Platten zu backen, die sich auch heute noch auf manchen Kirtagen findet. Die wienerische „Palatschinken"-Schreibweise etabliert sich erst im 19. Jahrhundert, da zuvor meist von Pfann- oder Eierkuchen die Rede war. Diese wiederum unterschieden sich deutlich von den Omeletten französischen Ursprungs, die wesentlich dickflüssiger waren. Außerdem werden Palatschinken meist in kleineren Pfannen gebacken, während Omeletten, wie auch in den folgenden Rezepten, ihre knusprig-goldbraune Oberfläche für gewöhnlich in großen Pfannen oder erst im Backrohr erhalten.

VANILLEPALATSCHINKEN

Zutaten für 8 Stück
Palatschinkenteig (s. S. 18)
Staubzucker zum Bestreuen
Butter für die Form

Für die Fülle
50 ml Schlagobers
4 Eidotter
60 g Kristallzucker
1 Vanilleschote
10 g Vanillezucker

Für den Eischnee
4 Eiklar
30 g Kristallzucker

Acht Palatschinken nach Anleitung backen. Schlagobers, Kristall- und Vanillezucker sowie die halbierte Vanilleschote aufkochen lassen. Eidotter verrühren, heißes Obers vom Herd nehmen und in die Dotter einrühren. Nochmals unter ständigem Rühren kurz aufkochen lassen. Durch ein Sieb seihen, durchrühren und erkalten lassen. Für den Eischnee Eiklar mit Zucker steif schlagen und unter die Vanillemasse heben. Palatschinken mit der Vanillemasse füllen, zusammenrollen, Enden einschlagen, mit Staubzucker bestreuen und in eine gefettete Auflaufform setzen. Im vorgeheizten Backrohr bei 180 °C einige Minuten leicht überbacken.

BACKZEIT: einige Minuten

BACKTEMPERATUR: 180 °C

GARNITUREMPFEHLUNG: Hollerkoch (s. S. 180) oder Vanillesauce (s. S. 202)

Marillenpalatschinken

Zutaten für 8 Stück
Palatschinkenteig
(s. S. 18)
Marillenmarmelade
Rum
Staubzucker zum
Bestreuen

Acht Palatschinken nach Anleitung backen. Die Marillenmarmelade mit etwas Rum erwärmen und die Palatschinken damit bestreichen. Zusammenrollen und vor dem Servieren mit Staubzucker bestreuen.

Orangenpalatschinken

Zutaten für 8 Stück
Palatschinkenteig
(s. S. 18)
Öl für das
Pergamentpapier
Staubzucker zum
Bestreuen

Für die Fülle
20 g Zucker
1 cl Wasser
60 g Kürbiskerne
1/2 TL Vanillezucker
10 g Butter
100 ml Schlagobers,
geschlagen
2 cl Rum
20 g Staubzucker
3 Orangen, geschält und
filetiert

Acht Palatschinken nach Anleitung backen. Für die Fülle Zucker mit Wasser in einer Kasserolle zu hellem Karamell kochen. Vom Herd nehmen, Kürbiskerne untermischen und mit Vanillezucker sowie Butter gut vermengen. Masse auf ein geöltes Pergamentpapier streichen, auskühlen lassen und dann mit einem Nudelholz zerkleinern. Geschlagenes Obers mit Rum und Staubzucker vermengen und auf die vorbereiteten Palatschinken streichen. Kürbiskernkrokant und Orangenfilets darauf verteilen und Palatschinken einrollen. Vor dem Servieren mit Staubzucker bestreuen.
GARNITUREMPFEHLUNG: Orangenragout (s. S. 183)

Biskuitomelette

Zutaten
3 Eidotter
Schale von 1/2 Zitrone, abgerieben
10 g Vanillezucker
6 Eiklar
100 g Kristallzucker
40 g Mehl
40 g Butter, geschmolzen
Butter zum Backen
2 EL Marillenmarmelade
zum Garnieren Früchte nach Belieben (etwa Erdbeeren, Orangenfilets oder Kiwischeiben)

Eidotter mit Zitronenschale und Vanillezucker gut verrühren. Eiklar aufschlagen und mit Kristallzucker zu Schnee ausschlagen. Schnee vorsichtig unter die Eidottermasse heben. Mehl darüber sieben und langsam einmelieren (vorsichtig vermischen). Abschließend die heiße, braune Butter unterrühren.
In einer Pfanne etwas Butter zerlassen und je nach Belieben Masse für eine große oder zwei bzw. vier kleinere Omeletten eingießen. Mit einer Palette (oder Spachtel) oben glatt streichen. Etwa 1 Minute am Herd stocken lassen und dann im vorgeheizten Backrohr bei 200 °C ca. 10 Minuten fertig backen. Biskuitomelette noch in der Pfanne mit Marillenmarmelade bestreichen und zusammenklappen. Dann auf einen Teller oder Platte gleiten lassen und nach Belieben mit den Früchten garnieren.
BACKZEIT: ca. 10 Minuten
BACKTEMPERATUR: 200 °C

VARIANTE I: Schönbrunner Omeletten werden nach dem gleichen Rezept zubereitet, allerdings mit Kompottfrüchten gefüllt.
VARIANTE II: Die klassische Füllung für Omelette Stéphanie besteht aus Walderdbeeren, Ananas und Birne.
VARIANTE III: Marillenomeletten werden nicht nur mit Marillenmarmelade bestrichen, sondern zusätzlich noch mit eingelegten Marillen (s. S. 188) und Rosinen gefüllt, wozu Vanillesauce (s. S. 202) übrigens ganz hervorragend passt.

Omelette soufflée

Zutaten für 2 Portionen
3 Eidotter
Schale von 1/2 Zitrone, abgerieben
Mark von 1/2 Vanilleschote
110 g Kristallzucker
5 Eiklar
1 TL Kartoffelstärkemehl
Butter zum Bestreichen
Staubzucker zum Bestreuen

Eidotter, Zitronenschale, Vanillemark und ca. 1 1/2 Esslöffel Kristallzucker schaumig schlagen. Eiklar aufschlagen und mit dem restlichen Kristallzucker zu Schnee schlagen. Kartoffelstärkemehl vorsichtig mit dem Schneebesen unter den Schnee heben. Schnee mit einer Spachtel behutsam in die Eidottermasse melieren (vorsichtig vermischen). Eine feuerfeste Metall- oder Silberplatte (ersatzweise auch eine geeignete Auflaufform) mit Butter bestreichen und mit etwas Zucker bestreuen. Mit einer Teigkarte 3/4 der Masse in Form eines ovalen Schiffchens auf die Platte setzen. Auf der Oberfläche einen 8 cm langen Spalt in die Masse arbeiten. Restliche Masse in einen Dressiersack mit Sterntülle (sternförmige Öffnung) füllen und den oberen und unteren Rand mit Rosetten verzieren. Bei 200 °C im vorgeheizten Backrohr 10–12 Minuten backen. Vor dem Servieren mit Staubzucker bestreuen.

BACKZEIT: 10–12 Minuten

BACKTEMPERATUR: 200 °C

GARNITUREMPFEHLUNG: Burgunderweichseln (s. S. 183)

BUCHTELN UND DALKEN

Die Buchtel, auch Wuchtel genannt, ist einer der klassischen Beiträge der legendären „böhmischen Küche" zur Wiener Küche, die oft Dutzende von Rezepten für „buchticky" kannte. Die meisten dieser Germteigspezialitäten waren ursprünglich mit Powidl gefüllt und wurden mit Vanillesauce serviert. Besonders beliebt waren in der Biedermeierzeit die so genannten Ternobuchteln, in die ein geschäftstüchtiger Wirt am Hermannskogel im Wienerwald Zetteln mit „Glücksnummern" für die dazumal „Terno" genannte Lotterie einbuk.

Dalken brachten indessen zunächst gar kein Glück ein. Im Gegenteil: Man nannte sie auch Aschenkuchen und verstand darunter jedes missglückte Gebäck, das ein „dalkerter" (ungeschickter) Koch verpfuscht hatte. Womit man den feinen Dalken, die auf Böhmisch auch Liwanzen (livance) genannt werden, freilich bitter Unrecht tut. Sie schmecken nämlich in Wahrheit vorzüglich, bedürfen aber einer speziellen „Dalkenpfanne" mit mehreren runden Einbuchtungen, statt derer allerdings auch eine ganz normale Spiegeleierpfanne verwendet werden kann.

Buchteln mit Vanillesauce

Zutaten für 6 Portionen
125 g Mehl, glatt
125 g Mehl, griffig
1 Ei
4 cl Öl
125 ml Milch, lauwarm
15 g Germ
25 g Staubzucker
Prise Salz
150 g Marillenmarmelade
1 cl Rum
ca. 100 g Butter, flüssig, zum Bestreichen
500 ml Vanillesauce laut Grundrezept (s. S. 202)
Staubzucker zum Bestreuen

Für den Germteig griffiges und glattes Mehl vermischen. In einer Schüssel lauwarme Milch mit zerbröckelter Germ verrühren. Die Hälfte des Mehls einrühren, etwas Mehl darüber stauben und das Dampfl mit einem Tuch zugedeckt an einem warmen Ort ca. 30 Minuten gehen lassen. Dann restliches Mehl, Salz, Ei, Zucker und Öl mit einem Kochlöffel unter das Dampfl schlagen, bis sich der Teig vom Schüsselrand löst. Zugedeckt nochmals 20 Minuten an einem warmen Ort gehen lassen.

Germteig ca. 1 cm dick ausrollen und mit einem runden Ausstecher (Ø 6 cm) Kreise ausstechen. Marillenmarmelade mit Rum verrühren und jeweils einen Kaffeelöffel davon auf die Kreise geben. Teig zusammenschlagen, das zusammengeschlagene Ende in flüssige Butter tauchen und Buchteln mit der Teignaht nach unten in eine befettete Ofenpfanne setzen. Buchteln nochmals für etwa 20 Minuten aufgehen lassen. Mit flüssiger Butter bestreichen und im vorgeheizten Backrohr bei 180 °C etwa 30 Minuten backen. Währenddessen die Vanillesauce nach Anleitung zubereiten. Buchteln vor dem Servieren mit Staubzucker bestreuen und mit der warmen Vanillesauce anrichten.

BACKZEIT: ca. 30 Minuten
BACKTEMPERATUR: 180 °C

Preiselbeer-Dukatenbuchteln in Birnensuppe mit Rahmeis von weissem Pfeffer

Zunächst für das Rahmeis Sauerrahm mit Staubzucker, Zitronensaft, Schlagobers und Pfeffer verrühren und in der Eismaschine gefrieren lassen. Für die Birnensuppe die Birnen schälen, halbieren und entkernen. Zusammen mit Wein, Wasser und Zucker in einem kleinen Topf zugedeckt weich dünsten. Im Mixer pürieren und durch ein Sieb streichen.

Für die Buchteln griffiges und glattes Mehl vermischen. In einer Schüssel lauwarme Milch mit zerbröckelter Germ verrühren, die Hälfte des Mehls einrühren, etwas Mehl darüber stauben und das Dampfl zugedeckt an einem warmen Ort 30 Minuten gehen lassen. Restliches Mehl, Salz, Ei, Zucker und Öl mit einem Kochlöffel so lange unter das Dampfl schlagen, bis sich der Teig vom Schüsselrand löst. Nochmals zugedeckt 20 Minuten an einem warmen Ort gehen lassen. Germteig auf einer bemehlten Arbeitsfläche ca. 1,5 cm dick ausrollen und mit einem runden Ausstecher (Ø 6 cm) kleine Kreise ausstechen. Etwas Preiselbeerkompott auftragen und Buchteln zusammenschlagen. Das zusammengeschlagene Ende in flüssige Butter tauchen und Buchteln mit der Teignaht nach unten in eine befettete Form setzen. Noch einmal 20 Minuten gehen lassen. Buchteln obenauf mit flüssiger Butter bestreichen und im vorgeheizten Backrohr bei 160 °C etwa 25 Minuten backen. Zwischendurch noch einmal mit Butter bestreichen. Die Birnensuppe in Teller gießen, Buchteln mit Staubzucker bestreuen und hineingeben. Eis darauf setzen und mit Minze garnieren.

BACKZEIT: 25 Minuten

BACKTEMPERATUR: 160 °C

TIPP: Sollte das Preiselbeerkompott zu flüssig sein, lassen Sie es vor dem Füllen kurz im Tiefkühlfach leicht gefrieren.

Zutaten für 10–12 Portionen

Für das Rahmeis

500 ml Sauerrahm
150 g Staubzucker
Saft von 1 Zitrone
5 cl Schlagobers
5 g Pfeffer, weiß, aus der Mühle

Für die Birnensuppe

500 g Birnen, vollreif
250 ml Weißwein
250 ml Wasser
100 g Zucker
4 cl Birnenbrand

Für die Dukatenbuchteln

125 g Mehl
125 g Mehl, griffig
1 Ei
4 cl Öl
Prise Salz
125 ml Milch, lauwarm
15 g Germ
25 g Staubzucker
50 g Butter, flüssig
Preiselbeerkompott zum Füllen (s. S. 182)
Mehl für die Arbeitsfläche
Butter für die Form
Staubzucker zum Bestreuen
Minze zum Garnieren

Böhmische Dalken

Zutaten für 4–6 Portionen
125 g Mehl
10 g Germ
40 g Kristallzucker
Prise Salz
15 g Butter
250 ml Milch, lauwarm
1 Ei
1 Eidotter
2 Eiklar
Butter für die Pfanne
250 g Preiselbeerkompott laut Grundrezept (s. S. 182)
Staubzucker zum Bestreuen

Für die Topfencreme
300 g Topfen
1 Ei
80 g Kristallzucker
Schale von 1 Orange, abgerieben
1 EL Rosinen
1 Eiklar
1 EL Kristallzucker für den Schnee

Mehl in eine Schüssel geben. Germ in etwas lauwarmer Milch auflösen, in das Mehl einrühren und 10 Minuten rasten lassen. Salz, zerlassene Butter, restliche Milch, Ei, Eidotter und 1 EL (!) Zucker mit dem Dampfl verrühren und abermals 1 Stunde rasten lassen. Eiklar mit restlichem Zucker zu Schnee schlagen und unter die Dalkenmasse heben.
Für die Topfencreme Topfen, Ei, Kristallzucker, Orangenschale und Rosinen verrühren. Eiklar mit Zucker zu Schnee schlagen und unterheben. Eine Dalken- oder Spiegeleierpfanne ausfetten. Dalkenteig bei mäßiger Hitze in die Vertiefungen füllen und etwa 3 Minuten von jeder Seite hellbraun backen. Je zwei Dalken auf einem Teller anrichten, darauf jeweils einen Löffel Preiselbeerkompott bzw. Topfencreme geben und mit Dalken bedecken. Mit Staubzucker bestreut servieren.

GARUNGSZEIT: ca. 6 Minuten

TIPP: Steht Ihnen keine Dalkenpfanne zur Verfügung, so lassen sich Dalken auch in einer normalen Pfanne backen, indem man den Teig in Spiegeleierringe (etwa Ø 6 cm) eingießt.

Sauerrahmdalken mit Beeren

Zutaten für 6–8 Portionen
500 g Beeren
2 cl Grand Marnier und etwas Staubzucker zum Marinieren
250 ml Sauerrahm
200 g Mehl
7 Eidotter
Prise Salz
Prise Vanillezucker
Zitronenschale, gerieben
7 Eiklar
100 g Kristallzucker
Butter zum Herausbacken
Staubzucker zum Bestreuen

Für die Topfensauce
150 g Topfen
2 Eidotter
50 g Staubzucker
1 1/2 EL Sauerrahm
1 cl Rum
Schale von 1/2 Zitrone, gerieben
125 ml Obers

Beeren waschen und mit Grand Marnier sowie etwas Staubzucker marinieren. Sauerrahm, Salz, Eidotter, Vanillezucker und Zitronenschale verrühren. Eiklar leicht zu schlagen beginnen und mit Kristallzucker zu Schnee ausschlagen. Schnee und Mehl vorsichtig unter die Dottermasse heben. Eine Dalkenpfanne mit Butter ausstreichen, auf den Herd setzen, Teig bei mäßiger Hitze eingießen und die Dalken unter einmaligem Wenden herausbacken.
Für die Topfensauce den Topfen passieren, mit Dottern, Staubzucker, Sauerrahm, Rum und Zitronenschale verrühren. Abschließend das leicht geschlagene Obers unterziehen. Jeweils einen fertig gebackenen Dalken auf einem Teller anrichten, marinierte Beeren darauf verteilen und mit Topfensauce überziehen. Einen weiteren Dalken darauf setzen und mit Staubzucker bestreuen.

AUSGEBACKENES

Wenn es nach der klassischen Küche ginge, müsste dieses Kapitel eigentlich „Schmalzgebackenes" heißen, da eine echte wienerische, ungarische oder böhmische Köchin zum Ausbacken der folgenden Gerichte nur die Wahlmöglichkeit zwischen Butterschmalz und Schweineschmalz hätte gelten lassen. Mittlerweile haben sich mit den Zeiten auch unsere Ansichten zum Thema „tierische Fette" grundlegend geändert, und eine moderne süße Küche zieht leichtere, ernährungsphysiologisch wertvollere und cholesterinärmere pflanzliche Fette zum Ausbacken vor. An der Köstlichkeit der folgenden Rezepte ändert das freilich nichts.

Gebackene Apfelspalten

Zutaten für 8 Portionen
8 Äpfel, möglichst mürbe
Saft von 2 Zitronen
2 EL Rum
100 g Staubzucker
Sonnenblumenöl zum Backen
Staubzucker und Zimt zum Bestreuen

Für den Backteig
350 g Mehl
375 ml Weißwein
50 ml Öl
3 Eidotter
Prise Salz
3 Eiklar
30 g Kristallzucker

Äpfel schälen, mit einem Apfelausstecher die Kerngehäuse entfernen und Äpfel in 1 cm dicke Scheiben schneiden. Mit Zitronensaft und Rum beträufeln und mit Staubzucker bestreuen. Für den Backteig Mehl, Wein, Öl, Eidotter und Salz zu einem glatten Teig verrühren. Eiklar mit Kristallzucker zu Schnee schlagen und unter den Teig heben. Ausreichend viel Öl erhitzen. Apfelscheiben durch den Backteig ziehen und in heißem Öl auf beiden Seiten goldbraun backen. Herausheben, auf Küchenkrepp gut abtropfen lassen und mit einer Zimt-Staubzucker-Mischung bestreuen.

GARNITUREMPFEHLUNG: Vanillesauce (s. S. 202) oder Vanilleeis (s. S. 350)

Gebackene Holunderblüten

Holunderblüten unter fließendem kaltem Wasser waschen und auf Küchenpapier abtropfen lassen. Für den Backteig Mehl, Weißwein, Öl, Eidotter und Salz zu einem glatten Teig verrühren. Eiklar mit Kristallzucker zu Schnee schlagen und unter den Teig heben. Ausreichend viel Öl erhitzen. Hollerblüten durch den Backteig ziehen, Teig ablaufen lassen und sofort im heißen Öl rundum goldgelb backen. Herausheben, auf Küchenkrepp abtropfen lassen und mit einer Mischung aus Zimt und Staubzucker bestreuen.

GARNITUREMPFEHLUNG: Vanillesauce (s. S. 202)

Zutaten für 10 Portionen

20 Holunderblüten
350 g Mehl
375 ml Weißwein
50 ml Öl
3 Eidotter
Prise Salz
3 Eiklar
30 g Kristallzucker
Sonnenblumenöl zum Backen
Staubzucker und Zimt zum Bestreuen

1
Die Zutaten vorbereiten.

2
Mehl, Weißwein, Öl, Eidotter und Salz zu einem glatten Teig verrühren. Eischnee zuletzt unter die Masse heben.

3
Gewaschene Holunderblüten auf einem Küchenpapier abtropfen lassen.

4
Holunderblüten durch den Backteig ziehen. Teig ablaufen lassen.

5
In heißem Öl goldgelb backen.

6
Herausheben, auf Küchenpapier abtropfen lassen. Vor dem Servieren mit einer Mischung aus Zimt und Staubzucker bestreuen.

Schlosserbuben

Zutaten für 12–15 Portionen
60 Dörrzwetschken, möglichst groß
60 Mandeln, geschält
350 g Mehl
375 ml Wein
50 ml Öl
3 Eidotter
Prise Salz
3 Eiklar
30 g Kristallzucker
Sonnenblumenöl zum Backen
Staubzucker und Kakaopulver zum Bestreuen

Dörrzwetschken 1/2 Stunde in kaltem Wasser einweichen. Herausnehmen, abtropfen lassen und an Stelle des Kerns eine geschälte Mandel hineindrücken. Für den Backteig Mehl, Wein, Öl, Eidotter und Salz zu einem glatten Teig verrühren. Eiklar mit Kristallzucker zu Schnee schlagen und unter den Teig heben. In einer Pfanne ausreichend viel Öl erhitzen. Dörrzwetschken durch den Backteig ziehen und im heißen Öl rundum goldbraun backen. Herausheben und auf Küchenkrepp gut abtropfen lassen. Mit Staubzucker und Kakaopulver bestreuen.

GARNITUREMPFEHLUNG: Vanillesauce (s. S. 202) und Zwetschkensorbet (s. S. 358)

Wäschermädeln

Zutaten für 10 Portionen
20 Marillen
200 g Marzipanrohmasse
100 ml Marillenlikör
350 g Mehl
375 ml Wein
50 ml Öl
3 Eidotter
Prise Salz
3 Eiklar
30 g Kristallzucker
Sonnenblumenöl zum Backen
Staubzucker

Marillen halbieren und entkernen. Mit Marillenlikör beträufeln, mit Staubzucker bestreuen und kurz ziehen lassen. Aus der Marzipanrohmasse kleine Knödel formen und diese an Stelle des Kerns setzen. Marillen wieder zusammensetzen. Für den Backteig Mehl, Wein, Öl, Eidotter und Salz zu einem glatten Teig verrühren. Eiklar mit Kristallzucker zu Schnee schlagen und unter den Teig heben. In einer tiefen Pfanne ausreichend viel Öl erhitzen. Marillen durch den Backteig ziehen und im heißen Öl rundum goldbraun backen. Herausheben, auf Küchenkrepp abtropfen lassen und mit Staubzucker bestreuen.

GARNITUREMPFEHLUNG: Vanillesauce (s. S. 202) und Marillensorbet (s. S. 359)

TIPP: Um sicher zu gehen, dass die Marillenhälften auch wirklich aneinander haften bleiben, können sie mit Zahnstochern fixiert werden. Die Marillen können allerdings auch nur an einer Seite vorsichtig eingeschnitten werden, damit man den Kern herauslösen kann.

RECHTS: TIROLER MOHNPINGL

Tiroler Mohnpingl mit weisser Schokoladesauce

Alle Zutaten für die Mohnkugeln miteinander vermengen und 5 Minuten ziehen lassen. Aus der Masse 12 gleich große Kugeln formen und für kurze Zeit kühl stellen. Für den Backteig Weißwein, Mehl, Eidotter und Salz zu einem glatten Teig verrühren. Eiklar mit Kristallzucker zu Schnee schlagen und vorsichtig unter die Eidottermasse heben. In einer Pfanne ausreichend viel Öl erhitzen. Die Mohnpingl in Backteig wenden und im heißen Öl rundum goldbraun backen. Herausheben und auf Küchenkrepp gut abtropfen lassen. Nach Anleitung zubereitete weiße Schokoladesauce in Teller gießen und jeweils 3 Mohnpingl in die Mitte setzen. Mit frischen Himbeeren garnieren und mit Staubzucker bestreuen.

Zutaten
125 ml Weißwein
120 g Mehl
3 Eidotter
Prise Salz
3 Eiklar
20 g Kristallzucker
Weiße Schokoladesauce laut Grundrezept (s. S. 204)
Himbeeren zum Garnieren
Staubzucker zum Bestreuen
Sonnenblumenöl zum Backen

Für die Mohnkugeln
60 g Graumohn, gemahlen
100 g Powidl
Prise Vanillezucker
10 g Staubzucker
1 EL Rum

Arme Ritter

Briochegebäck mit einer Reibe entrinden, Brösel zum Panieren beiseite stellen. Milch mit Eidottern, Vanille- und Kristallzucker sowie Rum verrühren, über die Brioches gießen und diese weich werden lassen. Nach etwa 15 Minuten Brioches ausdrücken, bis zur Mitte einschneiden und mit gehackten Dörrzwetschken und Preiselbeerkompott füllen. Die Brioches zu Knödeln formen. Eiklar leicht verschlagen, Briocheknödel durchziehen und in den bereitgestellten Bröseln wälzen. Öl in einer Pfanne erhitzen und die Armen Ritter darin beidseitig goldgelb backen. Aus dem Fett heben und auf Küchenpapier gut abtropfen lassen. Zimt und Staubzucker vermengen. Die Armen Ritter auf Teller setzen und mit Zimtzucker bestreuen.

GARNITUREMPFEHLUNG: eingelegte Kletzen und Zwetschken (s. S. 187) oder Kardamombeeren (s. S. 190)

Zutaten für 6 Portionen
6 Stk. Briochegebäck, altbacken
3 Eidotter
125 ml Milch
20 g Vanillezucker
50 g Kristallzucker
2 cl Rum
3 Eiklar
100 g Dörrzwetschken, gehackt
100 g Preiselbeerkompott
1/2 TL Zimt und Staubzucker zum Bestreuen
Öl zum Backen

Marillenpofesen mit Honigobers

Für das Honigobers geschlagenes Obers mit flüssigem Honig verrühren und kalt stellen. Briochegebäck mit einer Reibe entrinden, Brösel zum Panieren beiseite stellen. Brioche halbieren, mit etwas Marillenmarmelade bestreichen und mit Marillenwürfeln füllen. Gebäck wieder zusammensetzen. Für die Vanillemilch alle Zutaten miteinander verschlagen. Brioche von beiden Seiten eintunken, in Briochebröseln wälzen und in heißem Öl beidseitig goldbraun backen. Aus dem Fett heben und auf Küchenpapier gut abtropfen lassen. Pofesen auf Tellern anrichten und mit Honigobers garnieren. Vor dem Servieren mit Staubzucker bestreuen.

GARNITUREMPFEHLUNG: lauwarme oder kalte Kardamombeeren (s. S. 190)

TIPP: Pofesen lassen sich auch aus frischem Briochegebäck zubereiten. In diesem Fall ist allerdings weniger Milch nötig, da frisches Briochegebäck nicht so viel Flüssigkeit aufnehmen kann.

Zutaten
4 Stk. Briochegebäck, altbacken
2 Marillen, entkernt und feinwürfelig geschnitten
Marillenmarmelade
Öl zum Ausbacken
Staubzucker zum Bestreuen

Für die Vanillemilch
125 ml Milch
1 Ei
Prise Vanillezucker

Für das Honigobers
3 EL Schlagobers, geschlagen
1/2 EL Honig

Gebackene Erdäpfelnudeln mit Vanilleschaum

Zutaten
15 g Germ
25 ml Schlagobers, lauwarm
125 g Mehl
75 g Erdäpfel, mehlig, gekocht und passiert
15 g Butter, flüssig
1 Ei
2 Eidotter
Salz
Mehl für die Arbeitsfläche
Sonnenblumenöl zum Backen
Staubzucker zum Bestreuen
150 g Heidelbeeren zum Garnieren

Für den Vanilleschaum
125 ml Schlagobers
80 ml Milch
Mark von 1 Vanilleschote
30 g Kristallzucker
3 Eidotter

Germ in lauwarmem Schlagobers auflösen. Gemeinsam mit Mehl, Erdäpfeln, Butter, Ei, Eidottern sowie einer Prise Salz zu einem Teig verkneten. Zugedeckt an einem warmen Ort gehen lassen. Den Teig auf einer bemehlten Arbeitsfläche ausrollen und fingerdicke Nudeln (etwa 7 cm lang) formen. Ausreichend viel Öl erhitzen. Erdäpfelnudeln im heißen Öl von allen Seiten goldbraun backen. Herausnehmen und auf Küchenkrepp abtropfen lassen.
Für den Vanilleschaum Obers, Milch, Vanillemark und Kristallzucker aufkochen lassen. Unter ständigem Rühren zu den Eidottern gießen und über Wasserdampf so lange schaumig schlagen, bis die Masse schön cremig ist. Abgetropfte Erdäpfelnudeln auf Tellern anrichten, mit Vanilleschaum umgießen und mit frischen Heidelbeeren garnieren. Mit Staubzucker bestreuen.

Die Wiener Mehlspeis und das „kleine Glück"

Psychologen und Sozialforscher haben längst nachgewiesen, dass in bangen und krisengeschüttelten Epochen das Bedürfnis der Menschen nach Süßem – und damit auch jenes nach vermehrter Energiezufuhr in Form von Zucker – steigt. Zucker war nach der Entdeckung des billigen Rübenzuckers vom Luxus der Aristokraten und Reichen zum billigen Volksnahrungsmittel geworden, mit dem sich auch in kargen Zeiten so manche süße Freude auf den Tisch zaubern ließ. Die meisten der berühmten Mehlspeisen der österreichisch-böhmischen Küche hatten nämlich – man denke nur an Powidltascherln, Millirahmstrudel, Buchteln oder Germknödel – den Vorzug, nicht nur lecker, sondern mittlerweile auch preisgünstig in der Herstellung zu sein. Gerade die „warme Wiener Mehlspeiskuchl" des 19. Jahrhunderts war daher keineswegs, wie es uns heute scheinen mag, ein „kleines Glück in fröhlicher Armut", sondern vielmehr der oft verzweifelte Versuch, in Zeiten bitterer Not mit billigen Zutaten dennoch sättigende und wohlschmeckende Mahlzeiten für die ganze Familie auf den Tisch zu stellen.

Der hauseigene Eissalon

Eiscremen, Sorbets, Granités und Parfaits

EISCREMEN

Zum Eis gehört die Eismaschine (im Fachjargon auch Sorbetière genannt). Sie ist nicht nur praktisch, sondern arbeitet je nach Gerät auch schnell bis sehr schnell. Sollten Sie mehrere Eismassen herstellen wollen, ist es sinnvoll, sich von den Profis in den Eissalons den folgenden Trick abzuschauen: Beginnen Sie immer mit einer hellen Masse (Milch- oder Oberseis) und arbeiten Sie sich allmählich bis zur dunkelsten Masse (Schokolade) vor. Sollten Sie keine Eismaschine zur Verfügung haben – die Anschaffung ist allerdings gar nicht so teuer – so füllen Sie die vorgesehene Masse am besten in eine nicht zu hohe Metallform und lassen diese im Tiefkühler unter gelegentlichem Durchrühren, je nach Konsistenz, etwa 2–3 Stunden gefrieren.

VANILLEEIS

Zutaten für 12–14 Portionen
500 ml Milch
500 ml Schlagobers
160 g Kristallzucker
3 Vanilleschoten
6 Eidotter
4 Eier

Milch, Schlagobers, halbierte Vanilleschoten und die Hälfte des Kristallzuckers aufkochen lassen. Eidotter, Eier und restlichen Kristallzucker in einem Schneekessel schaumig rühren. Vanilleschoten aus der Milch nehmen, das restliche Vanillemark herauskratzen und zugeben. Vanillemilch nochmals aufkochen lassen und unter ständigem Rühren zu der Eiermasse geben. Über Wasserdampf rühren, bis die Eier die Masse leicht binden. Durch ein feines Sieb passieren und kalt schlagen. Die abgekühlte Creme in einer Eismaschine oder in einer flachen Wanne unter gelegentlichem Umrühren im Tiefkühlschrank gefrieren lassen.

Nougateis

Milch und Schlagobers aufkochen lassen. Eidotter, Eier und Kristallzucker schaumig rühren. Milch-Obers-Masse zugießen und alles über Wasserdampf noch einige Minuten rühren, bis die Eier leicht binden. Kuvertüre und Nougat schmelzen. Eiermasse zugeben und Kakaopulver einrühren. Abschließend Cointreau unterrühren. In der Eismaschine oder in einer flachen Wanne unter gelegentlichem Umrühren im Tiefkühlschrank gefrieren lassen.

Zutaten für 8–10 Portionen
300 ml Milch
300 ml Schlagobers
3 Eidotter
2 Eier
50 g Kristallzucker
40 g Zartbitterkuvertüre
60 g Nougat
10 g Kakaopulver
4 cl Cointreau

Weisses Schokoladeeis

Milch und Schlagobers aufkochen lassen. Eidotter, Eier und Kristallzucker schaumig rühren. Milch-Obers-Masse zugießen und alles über Wasserdampf noch einige Minuten rühren, bis die Eier leicht binden. Kuvertüre schmelzen. Eiermasse zugeben und abschließend Bacardi unterrühren. In der Eismaschine oder in einer flachen Wanne unter gelegentlichem Umrühren im Tiefkühlschrank gefrieren lassen.

Zutaten für 7–9 Portionen
400 ml Schlagobers
100 ml Milch
80 g Kristallzucker
4 Eidotter
2 Eier
125 g Kuvertüre, weiß
4 cl Bacardi

Vanille-Safran-Eis

Milch, Schlagobers, halbierte Vanilleschoten, Safran und die Hälfte des Kristallzuckers aufkochen lassen. Eidotter, Eier und restlichen Kristallzucker in einem Schneekessel schaumig rühren. Vanilleschoten aus der Milch nehmen, das restliche Vanillemark herausstreichen und zugeben. Die Vanillemilch nochmals aufkochen lassen und unter ständigem Rühren zu der Eiermasse geben. Über Wasserdampf rühren, bis die Eier die Masse leicht binden. Durch ein feines Sieb passieren und kalt schlagen. Die abgekühlte Creme in einer Eismaschine oder in einer flachen Wanne unter gelegentlichem Umrühren im Tiefkühlschrank gefrieren lassen. Vor dem Servieren je 1 Safranfaden auf jedes „Eisnockerl“ legen.

Zutaten für 12–14 Portionen
500 ml Milch
500 ml Schlagobers
160 g Kristallzucker
3 Vanilleschoten
Prise Safranfäden
6 Eidotter
4 Eier
Safranfäden zum Anrichten

Oberseis

Zutaten für 7–9 Portionen
170 g Kristallzucker
40 g Trockenmilchpulver
500 ml Milch
200 ml Schlagobers

Kristallzucker mit Trockenmilchpulver vermischen. Milch und Obers zugießen und einmal aufkochen lassen. 5 Minuten lang mixen und anschließend durch ein feines Sieb passieren. In der Eismaschine oder in einer flachen Wanne unter gelegentlichem Umrühren im Tiefkühlschrank gefrieren lassen.

Wer hat das Eis erfunden?

Was haben die Nudeln mit dem Eis gemeinsam? Beides wurde angeblich von Marco Polo in China entdeckt und von dort nach Europa gebracht. Beides ist übrigens nicht wahr. Der chinesische Dichter Yang Wan Li besang wohl schon 1200 n. Chr. die „gefrorene Milch" in den Eiskellern, die Technik, aus Wasser und Salpeter Eis zu erzeugen, gelangte (ähnlich wie jene der Pastaerzeugung) allerdings erst über die Araber, die ihr Eis „Sharbat" oder „Sherbet" nannten, nach Sizilien. „Natureis" gab es jedoch schon bei den alten Römern, die für seine Herstellung einfach Schnee vom Vesuv und vom Ätna verwendeten. Der gestrenge Philosoph Seneca versuchte damals sogar, den römischen Senat gegen die Unsitte aufzubringen, den um teures Geld über den Winter gebrachten Schnee zur Sommerzeit anstatt zu nützlichen Bevorratungszwecken bloß für den geschwinden Eisgenuss zu verkaufen.

Auch von Alexander dem Großen wird berichtet, dass er sich während seiner Reisen nach Indien Schnee von seinen Boten bringen ließ, den er dann mit Honig, Obst und Gewürzen vermischt zu sich nahm. Der große Alexander gewann dem Eis dabei übrigens auch noch eine angenehme „Nebenwirkung" ab: Er ließ die mit Eis gefüllten Fässer mit Eichenplanken abdecken, auf denen er den Wein für seine Truppen lagerte, die den kühlen Trunk gewiss zu schätzen wussten. Vielleicht ist das auch eine Erklärung dafür, warum Alexander trotz seiner Jugend so häufig als Sieger das Schlachtfeld verließ.

Das erste Eiskochbuch der Geschichte, das „De Sorbetti" von Filippo Baldini, erschien hingegen erst im Jahr 1784 in Italien, wo auch der vernaschte Geheimrat J. W. v. Goethe seine erklärte Liebe zu Himbeereis entdeckte.

Dass das Eisschlecken schließlich vom Luxus der Aristokraten und Großbürger zur Volksbelustigung werden konnte, verdankt es allerdings erst der Erfindung der Linde'schen Kältemaschine im Jahre 1876.

Biereis

Zutaten für 7–9 Portionen
6 Eidotter
1 EL Honig
100 g Kristallzucker
500 ml dunkles Bier
125 ml Schlagobers

Eidotter in einem Schneekessel über Wasserdampf mit Honig und Zucker gut schaumig rühren. Bier aufkochen, etwa einen Schöpflöffel Bier mit der Dottermasse zügig verrühren. Diese Masse zum restlichen Bier geben und ebenfalls über Wasserdampf auf ca. 80 °C erhitzen und dabei ständig mit dem Schneebesen schlagen. Schneekessel in Eiswasser stellen und kalt schlagen. Schlagobers einrühren, durch ein feines Sieb passieren und in der Eismaschine oder in einer flachen Wanne unter gelegentlichem Umrühren im Tiefkühlschrank gefrieren lassen.

Honigeis

Zutaten für 4–6 Portionen
250 ml Schlagobers
125 ml Milch
125 g Honig
4 Eidotter

Schlagobers und Milch aufkochen lassen. Eidotter mit Honig verrühren und mit der Obers-Milch-Masse über Wasserdampf schaumig rühren, bis die Masse leicht bindet. Durch ein feines Sieb seihen. Masse abkühlen lassen und in der Eismaschine oder in einer flachen Wanne unter gelegentlichem Umrühren im Tiefkühlschrank gefrieren lassen.

Kokoseis

Zutaten für 6-8 Portionen
250 ml Schlagobers
250 ml Kokospüree (im Süßwaren-Fachhandel erhältliches Kokosmark)
120 g Kristallzucker
4 Eiklar
1 Blatt Gelatine
2 cl Kokoslikör

Schlagobers, Kristallzucker und Kokospüree aufkochen lassen. Eiklar halbsteif schlagen. Kokosmasse vom Herd nehmen und Eiklar in die Masse einrühren. Gelatine einweichen, ausdrücken und im erwärmten Kokoslikör auflösen. Ebenfalls unter die Masse rühren und mit einem Mixstab gut durchmixen. Masse abkühlen lassen und in der Eismaschine oder in einer flachen Wanne unter gelegentlichem Umrühren im Tiefkühlschrank gefrieren lassen.

Lavendeleis

Zutaten für 7–8 Portionen
250 ml Milch
250 ml Schlagobers
90 g Kristallzucker
20 g Honig
100 ml Lavendelsaft (s. S. 205)
1 Ei
4 Eidotter

Schlagobers mit Milch aufkochen lassen und Lavendelsaft zugeben. Ei, Eidotter, Honig sowie Zucker schaumig rühren und unter ständigem Rühren in die heiße Lavendelmilch geben. Über Wasserdampf schaumig rühren, bis die Masse leicht bindet. Vom Herd nehmen und kalt rühren. Durch ein feines Sieb seihen und in der Eismaschine oder in einer flachen Wanne unter gelegentlichem Umrühren im Tiefkühlschrank gefrieren lassen.

Rumeis mit Zibeben

Zutaten für 6–7 Portionen
120 g brauner Zucker
6 cl Rum
300 ml Schlagobers
250 ml Milch
1/2 Vanilleschote
30 g Zucker
2 Eier
2 Eidotter
80 g eingelegte Zibeben (s. S. 189)

Zucker zu hellem Karamell kochen und mit Rum ablöschen. Obers, Milch und Vanilleschote einrühren und aufkochen lassen, bis sich das Karamell auflöst. Eier, Eidotter und Zucker schaumig schlagen. Die heiße Karamellmilch zugießen und über Dampf 5 Minuten rühren. Durch ein feines Sieb seihen und abkühlen lassen. In der Eismaschine oder in einer flachen Wanne unter gelegentlichem Umrühren im Tiefkühlschrank gefrieren lassen. Die eingelegten Zibeben unter das fertige Eis mengen.

Sauerrahmeis mit Limetten

Zutaten für 6–7 Portionen
500 ml Sauerrahm
150 g Kristallzucker
50 ml Wasser
Saft und Schale von 2 Limetten

Zunächst die Limetten heiß waschen, mit einem Tuch abreiben und nochmals waschen. Die Schale dünn abschneiden und in hauchdünne Streifen (Zesten) schneiden oder einen Zestenreißer verwenden. Saft auspressen. Wasser mit Zucker kurz erhitzen, bis sich der Zucker aufgelöst hat. Unter den Rahm rühren. Abschließend Limettenzesten und -saft einrühren. Masse in eine Eismaschine füllen und gefrieren lassen oder in einer flachen Wanne unter gelegentlichem Umrühren im Tiefkühlschrank frieren.

G'frornes aus dem Paradeisgartl

1797 – die napoleonischen Truppen drangen damals gerade über Villach und Klagenfurt bis in die Steiermark vor - hatte das „vernaschte" Wien außer dem französischen Besatzer vor allem zwei Themen im Sinn: das „G'frorne" und die „Limonadenhütten". Ersteres war nichts anderes als unser heutiges Speiseeis und wurde nebst anderen eisgekühlten und süßen Köstlichkeiten in zeltähnlichen Etablissements – den so genannten Limonadenhütten – am Graben oder am Hohen Markt angeboten.

Der Erfolg dieser damals völlig neuen Art von süßer Erlebnisgastronomie war so durchschlagend, dass die Wiener Theaterzeitung damals von 6 000 Bechern Eis zu berichten wusste, die allabendlich alleine in der „Ochsenmühle" des Kaffeesieders Milano im Paradeisgartl verschleckt wurden. Gleich mehrere Erfrischungszelte stellte damals auch die stadtbekannte Witwe Kleopha Lechner am Hohen Markt auf, um den flanierenden Wienerinnen und Wienern „alle Gattungen Gefrorenes, auch in verschiedenen Formen" anbieten zu können. Die heutige Konditorei Demel hat ihre Karriere übrigens auch damals begonnen – als Eissalon gegenüber dem alten Burgtheater am Michaelerplatz.

Zimteis

Zutaten für ca. 8–10 Portionen
500 ml Milch
200 ml Schlagobers
2 Zimtstangen
6 EL Honig
40 g Zucker
5 Eidotter

Milch mit Schlagobers, Zimtstangen, Honig und Zucker aufkochen lassen. Zimtstangen entfernen, die Eidotter verschlagen, einmixen und vom Herd nehmen. Durch ein feines Sieb passieren und in der Eismaschine oder in einer flachen Wanne unter gelegentlichem Umrühren im Tiefkühlschrank gefrieren lassen.

SORBETS

Das heute meist Sorbet genannte Wasser-Frucht-Eis war ursprünglich nichts anderes als gestoßenes Natureis oder Schnee, den man mit Fruchtsaft vermischte. Auch wenn die Verwendung einer Sorbetière (Eismaschine) dafür recht praktisch ist, lassen sich Sorbets auch „von Hand" herstellen. Wichtig sind nur qualitativ hochwertige Früchte, Zuckersirup – und allenfalls ein Schuss Alkohol. Dann braucht man sich nur noch der berühmten „Methode Berthillon" zu bedienen:

- Sorbetmasse einfach in eine Nirostaschüssel mit flachem Boden gießen.
- Schüssel in einen Tiefkühlschrank oder ins Dreisternefach stellen.
- Einmal pro Stunde gut durchrühren oder mixen, damit die Masse gleichmäßig gefriert und sich keine großen Eiskristalle bilden.
- Masse abermals gefrieren lassen.
- Diesen Vorgang so lange wiederholen, bis das Sorbet schön cremig ist.

Achtung: Die in diesem Kapitel angegebenen Mengen entsprechen pro Portion der Größe eines Zwischengangs bei einem mehrgängigen Menü!

Schokoladesorbet

Zutaten für 10 Portionen
85 g Kristallzucker
85 ml Wasser
4 cl Grand Marnier
Schale von 2 Orangen, abgerieben
200 g Kuvertüre, zartbitter
100 ml Schlagobers
1 EL Staubzucker
Orangenzesten
Schokoladespäne

Für die Herstellung von Läuterzucker Wasser mit Kristallzucker aufkochen, vom Herd nehmen und Grand Marnier sowie Orangenschale dazugeben. Kuvertüre über einem Wasserbad schmelzen und den Läuterzucker einrühren. In eine Eismaschine oder in eine Nirostaschüssel füllen und unter gelegentlichem Umrühren im Tiefkühlfach gefrieren lassen. Ungefähr 15 Minuten vor dem Servieren aus dem Tiefkühlfach herausnehmen, damit das Sorbet nicht zu fest ist. Schlagobers mit Staubzucker verrühren und halbfest aufschlagen, als „Schaumkrone" auf das Sorbet drapieren und mit Schokoladespänen und Orangenzesten garnieren.

TIPP: Besonders dekorativ wirkt dieses Sorbet, wenn man die Masse vor dem Gefrieren in kleine Espressotassen füllt.

Erdbeersorbet

Alle Zutaten mit dem Mixer pürieren und durch ein feines Sieb streichen. In der Eismaschine (oder im Tiefkühlfach unter wiederholtem Umrühren) gefrieren lassen.

Zutaten für 12–14 Portionen
500 g Erdbeeren
30 ml Zitronensaft
20 ml Erdbeerlikör
150 g Kristallzucker

Himbeersorbet

Wasser mit Zucker aufkochen lassen und die gewaschenen Himbeeren zugeben. Mit dem Mixer pürieren und durch ein feines Sieb seihen. Mit Himbeerbrand aromatisieren und in der Eismaschine (oder im Tiefkühlfach unter wiederholtem Umrühren) gefrieren lassen.

Zutaten für 18–20 Portionen
800 g Himbeeren
180 g Kristallzucker
50 ml Wasser
4 cl Himbeerbrand

Zwetschkensorbet

Gewaschene und entkernte Zwetschken in Spalten schneiden. Rotwein mit Kristallzucker aufkochen lassen, Zwetschken zugeben und etwas ziehen lassen. Mit dem Mixer pürieren und durch ein Sieb seihen. Mit Zimt und Zwetschkenbrand aromatisieren. In der Eismaschine (oder im Tiefkühlfach unter wiederholtem Umrühren) gefrieren lassen.

Zutaten für 12–14 Portionen
500 g Zwetschken, entkernt
50 ml Rotwein
150 g Kristallzucker
Prise Zimt
4 cl Zwetschkenbrand

Mandarinensorbet

Zucker in einer Pfanne zerlaufen lassen. Mandarinensaft, Orangensaft und abgeriebene Mandarinenschale zugeben. Vom Herd nehmen und überkühlen lassen. In der Eismaschine (oder im Tiefkühlfach unter wiederholtem Umrühren) gefrieren lassen.

Zutaten für 10–12 Portionen
500 ml Mandarinensaft
150 g Kristallzucker
Schale von 3 unbehandelten Mandarinen, abgerieben
Saft von 1 Orange

Marillensorbet

Zutaten für 8–10 Portionen
250 g Marillenmark (passierte Marillen)
100 ml Sekt (vorzugsweise Chardonnay-Sekt)
50 g Marillenmarmelade
Saft von 1/2 Zitrone
2 cl Marillenbrand
60 g Läuterzucker (s. S. 40)

Marillenmark, Marillenmarmelade, Zitronensaft und Läuterzucker miteinander mixen. Marillenbrand sowie Sekt zugießen und in der Eismaschine (oder im Tiefkühlfach unter wiederholtem Umrühren) gefrieren lassen.

Muskatellertraubensorbet

Zutaten für 18-20 Portionen
100 ml Wasser
300 g Zucker
1,5 kg Muskatellertrauben, halbiert
400 ml Weißwein (am besten Muskateller)
10 g Vanillezucker
1 cl Zitronensaft
1 cl Traubenbrand

Zucker mit Wasser so lange aufkochen lassen, bis die Flüssigkeit klar ist. Die halbierten Trauben mit Zuckersirup und Weißwein einmal kurz aufkochen lassen und über Nacht ziehen lassen. Trauben durch ein feines Sieb oder Tuch seihen, die Früchte dabei aber nicht drücken. Traubensaft mit Vanillezucker, Zitronensaft und Traubenbrand verrühren und in der Eismaschine (oder im Tiefkühlfach unter wiederholtem Umrühren) gefrieren lassen.

Holunderbeerensorbet

Zutaten für 14-16 Portionen
500 g Holunderbeeren, abgerebelt
150 ml Wasser
180 g Kristallzucker
5 cl Holunderbrand

Holunderbeeren mit Wasser und Zucker einmal aufkochen lassen. Mit dem Mixer pürieren und durch ein feines Sieb seihen. Mit Holunderbrand abschmecken. In der Eismaschine (oder im Tiefkühlfach unter wiederholtem Umrühren) gefrieren lassen.

Holunderblütensorbet

Zutaten für 12-14 Portionen
600 ml Holunderblütensaft (s. S. 205)
100 ml Sekt oder Champagner
2 cl Zitronensaft

Holunderblütensaft mit Sekt bzw. Champagner und Zitronensaft verrühren. In der Eismaschine (oder im Tiefkühlfach unter wiederholtem Umrühren) gefrieren lassen.

MUSKATKÜRBISSORBET

Alle Zutaten in einem Topf aufkochen und leicht köcheln lassen, bis der Kürbis extrem weich ist. Fein mixen und durch ein Sieb passieren. Masse abkühlen lassen und in der Eismaschine oder (im Tiefkühlfach unter gelegentlichem Umrühren) gefrieren lassen.

Zutaten für 12-15 Portionen
200 g Muskatkürbisfleisch
150 ml Apfelsaft
150 ml Wasser
100 g Zucker
Schale von 1 Orange (unbehandelt), in Streifen geschnitten
4 cl Lavendelsaft (s. S. 205, ersatzweise Hollerblütensirup)

ZITRONEN-BASILIKUM-SORBET

Basilikum in kochendem Salzwasser blanchieren (kurz überbrühen). In Eiswasser abschrecken. Zitronensaft mit Kristallzucker und Wasser aufkochen lassen. Vom Herd nehmen und Zitronenschale zugeben. Basilikum gut ausdrücken und mit einem Stabmixer einmixen. Durch ein feines Sieb passieren und in der Eismaschine (oder im Tiefkühlfach unter wiederholtem Umrühren) gefrieren lassen.

TIPP: Aufgrund seiner pikant-säuerlichen Geschmacksnote eignet sich dieses Sorbet nicht nur als erfrischendes Dessert, sondern vor allem als belebender kleiner Zwischengang im Rahmen eines mehrgängigen Menüs.

Zutaten für 10–12 Portionen
300 ml Zitronensaft
180 g Kristallzucker
150 ml Wasser
Schale von 1 Zitrone, abgerieben
1/2 Bund Basilikum
Salz

Apfel-Ingwer-Sorbet

Zutaten für 8–10 Portionen
250 g Äpfel (Granny Smith)
30 ml Zitronensaft
15 ml Calvados (franz. Apfelbranntwein)
200 g Läuterzucker (s. S. 40)
Ingwer, gemahlen (oder frische Ingwerscheiben)

Äpfel schälen, Kerngehäuse entfernen und Apfelspalten in Würfel schneiden. Mit Zitronensaft, Calvados und Läuterzucker fein pürieren. Mit gemahlenem Ingwer aromatisieren oder die frischen Ingwerscheiben gleich mitpürieren. Die Masse durch ein Sieb seihen und sofort in der Eismaschine (oder im Tiefkühlfach unter wiederholtem Umrühren) gefrieren lassen.

Pfefferminz-Birnen-Sorbet

Die Birnen schälen, vierteln und entkernen. Birnen mit Weißwein, Zucker und Vanillemark so lange kochen, bis sie weich sind. Birnen mixen. Gewaschene Minze in kochendem Wasser blanchieren (kurz überbrühen) und sofort in Eiswasser abschrecken. Blätter klein schneiden, zur Birnenmasse geben und nochmals gut durchmixen. Pfefferminzlikör zugießen, durch ein feines Sieb passieren und in der Eismaschine frieren (oder im Tiefkühlfach unter wiederholtem Umrühren) gefrieren lassen.

Zutaten für 16–18 Portionen
10 Birnen, reif
200 ml Weißwein
250 g Zucker
Mark von 1 Vanilleschote
1 Bund Pfefferminze
30 ml Pfefferminzlikör

Birnen-Chili-Sorbet

Birnen schälen, entkernen und in Spalten schneiden. Birnenspalten, Wasser, Zitronensaft und Zucker auf dem Herd einmal kurz aufkochen lassen. Mit dem Mixer pürieren und durch ein Sieb streichen. Etwas überkühlen lassen. Mit Birnenbrand und Chili aromatisieren. In der Eismaschine (oder im Tiefkühlfach unter wiederholtem Umrühren) gefrieren lassen.

TIPP: Wer dieses Sorbet weniger „feurig" bevorzugt, verzichtet einfach auf die Zugabe von Chili.

Zutaten für 10–12 Portionen
400 g Birnen, vollreif
50 ml Wasser
130 g Kristallzucker
50 ml Zitronensaft
2 cl Birnenbrand
Chilifäden bzw. 1/4 Chilischote (ohne Kerne), fein gehackt

Bellini-Sorbet

Zutaten für 6–8 Portionen
250 g Pfirsichmark (passierte Pfirsiche)
100 g Läuterzucker (s. S. 40)
Saft von 1/2 Zitrone
2 cl Grappa
8 cl Champagner
Champagner zum Übergießen

Alle Zutaten gut miteinander verrühren, durch ein feines Sieb passieren und in der Eismaschine (oder im Tiefkühlfach unter wiederholtem Umrühren) gefrieren lassen. Fertiges Sorbet in gekühlten Gläsern anrichten und mit etwas kaltem Champagner übergießen.

Piña-Colada-Sorbet

Zutaten für 13–15 Portionen
500 ml Ananassaft
150 g Kokosmark (im Süßwaren-Fachhandel erhältliches Kokospüree)
100 g Läuterzucker (s. S. 40)
4 EL Rum

Ananassaft mit Kokosmark und Läuterzucker mixen, durch ein Sieb passieren und mit Rum aromatisieren. In der Eismaschine (oder im Tiefkühlfach unter wiederholtem Umrühren) gefrieren lassen.

Mai-Tai-Sorbet

Zutaten für 10–12 Portionen
250 ml Orangensaft, frisch gepresst
80 ml Zitronensaft, frisch gepresst
150 g Kristallzucker
50 ml Wasser
4 cl Cointreau
4 cl brauner Rum
Limettenschale, in feine Streifen geschnitten

Kristallzucker mit Wasser zu dickflüssigem Läuterzucker verkochen (s. S. 40). Gemeinsam mit den anderen Zutaten verrühren und in der Eismaschine (oder im Tiefkühlfach unter wiederholtem Umrühren) gefrieren lassen.

Melonensorbet mit Grappa

Zutaten für 8–10 Portionen
300 g Melonenfleisch mit Saft (Honig- oder Charentais-Melone)
60 ml Beerenauslese
1 EL Honig
40 g Kristallzucker
100 ml Grappa

Melone entkernen, die Kerne durch ein Sieb pressen und den Saft auffangen. Melone schälen und das Fruchtfleisch würfelig schneiden. Beerenauslese mit Honig und Kristallzucker erhitzen. Gemeinsam mit dem Melonenfleisch und -saft mixen. Durch ein feines Sieb seihen und mit Grappa aromatisieren. In der Eismaschine (oder im Tiefkühlfach unter wiederholtem Umrühren) gefrieren lassen.

Mocca-Kardamom-Sorbet

Wasser und Zucker 3 Minuten leicht köcheln lassen. Vom Herd nehmen, Löskaffeepulver einrühren und mit Kardamom aromatisieren. Abkühlen lassen. In der Eismaschine (oder im Tiefkühlfach unter wiederholtem Umrühren) gefrieren lassen.

Zutaten für 18–20 Portionen
700 ml Wasser
200 g Kristallzucker
50 g Löskaffeepulver
1 Msp. Kardamom

GRANITÉS

Wenn Sie eine Mischung aus Fruchtsaft oder püriertem Obst und Zuckersirup einfach in einer Schale ins Tiefkühlfach stellen und immer wieder grob durchrühren, bis es zu gefrieren beginnt, so kristallisiert die Masse und es wird ein Granité daraus, das sich ideal als erfrischendes kleines Zwischengericht in einer längeren Menüfolge oder als „ultracooles" Dessert für heiße Tage eignet.

BEERENAUSLESE-GRANITÉ

Zutaten für 6–8 Portionen
100 g Kristallzucker
250 ml Wasser
375 ml Beerenauslese (Riesling)
Minze zum Garnieren

Wasser und Kristallzucker aufkochen lassen. Abkühlen lassen und die Beerenauslese zugießen. Auf ein tiefes Nirostablech gießen und tiefkühlen. Sobald sich eine Eisschicht gebildet hat, mit einem Löffel durchrühren. Wiederum in den Tiefkühler stellen und nach 1/2 Stunde abermals rühren. Diesen Vorgang so lange wiederholen, bis die gesamte Masse zu Eiskristallen gefroren ist. In gekühlte Gläser füllen, mit Minze garnieren und servieren.

HIMBEERGRANITÉ

Zutaten für 2–4 Portionen
200 g Himbeeren
75 g Zucker
Saft von 2 Zitronen
Sekt (vorzugsweise Chardonnay-Sekt) zum Aufgießen nach Belieben

Alle Zutaten so lange miteinander verrühren, bis sich der Zucker aufgelöst hat. Masse durch ein Sieb streichen und auf einem flachen Blech gefrieren lassen, wobei das Granité während des Gefriervorgangs mehrmals durchgerührt werden muss. Fertiges Granité mit einem Löffel aufschaben und sofort in gekühlte Gläser füllen. Nach Belieben mit etwas Sekt auffüllen.

TIPP: Granités lassen sich auch aus beliebig anderen Säften von säuerlichen Früchten, trockenem Wein oder Champagner zubereiten, wobei die Flüssigkeit entsprechend gesüßt werden muss.

Don Carlos und das Schneewasser

Als Don Carlos, der vor allem durch Friedrich von Schiller und Giuseppe Verdi zu Unsterblichkeit gelangte Infant von Spanien, 1568 in einem Madrider Gefängnis verstarb, vermutlich jedoch ermordet wurde, wurde als offizielle Todesursache verkündet, er habe zuviel Schneewasser getrunken. Den Zeitgenossen des unglücklichen Infanten scheint das völlig eingeleuchtet zu haben, weil sich damals noch alle Mediziner einig waren, dass es höchst ungesund sei, kalte Flüssigkeiten zu sich zu nehmen, zumal ja auch schon der alte Hippokrates proklamiert hatte: „Es ist gefährlich, den Körper zu erhitzen oder abzukühlen. Alles was übertrieben wird, ist ein Feind der Natur." Mittlerweile ist man da allerdings etwas klüger: In der modernen Ernährungsmedizin werden vor allem Sorbets und zuckerarmes Fruchteis sogar in vielen Diäten eingesetzt, weil Eis ohne Zweifel zu den kalorienärmsten unter allen Desserts zählt. Zumindest so lange möglichst viel Eis und möglichst wenig Schokolade drin ist. *(s. Rezept S. 365)*

PARFAITS

Das so genannte Halbgefrorene, auch Semifreddo genannt, zählt zur Hohen Schule des Handwerks aller Meisterpatissiers. Man kann Parfaits jedoch zu Hause auch leicht selbst herstellen, vorausgesetzt, man verwendet erstklassige Zutaten und serviert es richtig temperiert. Denn ein Parfait, das so kalt ist, dass es sich nicht cremig löffeln lässt, hat seinen Zweck verfehlt.

Haselnussparfait

Zutaten für 6–7 Portionen
300 g Krokant (s. S. 36)
3 Eidotter
40 g Kristallzucker
2 Eiklar
50 g Nougat
200 ml Schlagobers
4 cl Nusslikör

Krokant laut Grundrezept vorbereiten und grob reiben. Eidotter mit der Hälfte des Kristallzuckers (20 g) schaumig rühren. Eiklar mit restlichem Zucker zu Schnee schlagen. Nougat über Wasserdampf schmelzen und mit der Eidottermasse verrühren. Schnee vorsichtig unterheben. Krokant und das nicht ganz fest geschlagene Obers einmengen und mit Nusslikör aromatisieren. In eine Terrinenform füllen und im Tiefkühler mindestens 3 Stunden, am besten aber über Nacht gefrieren lassen. Parfait vor dem Servieren etwas antauen lassen, damit es nicht zu hart ist.

Bailey's-Parfait

Zutaten für 10–12 Portionen
4 Eier
2 Eidotter
100 g Zucker
80 g Vollmilchkuvertüre
60 g Kuvertüre, weiß
500 ml Schlagobers, geschlagen
200 ml Bailey's (Original-Irish-Cream-Likör)
Kakaopulver zum Bestreuen

Eier, Eidotter und Zucker in einer Schüssel über Dampf weiß und schaumig aufschlagen. Danach die Schüssel in Eiswasser setzen und die Masse kalt schlagen. Milch- und weiße Kuvertüre in einem Wasserbad schmelzen und mit der Ei-Zucker-Masse vermengen. Geschlagenes Obers unterheben und abschließend den Bailey's einrühren. Das Parfait in geeignete Formen füllen und im Tiefkühler über Nacht gefrieren lassen. Vor dem Servieren jede Form ganz kurz in heißes Wasser stellen, das Parfait stürzen und mit Kakaopulver zart bestreuen.

GARNITUREMPFEHLUNG: eingelegte Marillen (s. S. 188) oder Erdbeeren sowie etwas Vanilleschaum (s. S. 203)

Cappuccinoparfait

Zutaten für 4–6 Portionen
2 Eier
1 Eidotter
75 g Kristallzucker
100 ml Kaffee, stark
4 cl Kaffeelikör
300 ml Schlagobers

Eier mit Eidotter und Zucker über Wasserdampf aufschlagen. In der Küchenmaschine mit einem Schneebesen kalt schlagen. Währenddessen den Kaffee um die Hälfte einkochen lassen. Kaffee unter die Eiermasse heben und das nur halb ausgeschlagene Obers unterheben. Kaffeelikör einmengen, Masse in vorbereitete Kaffeetassen füllen und im Tiefkühler mindestens 3 Stunden, am besten aber über Nacht gefrieren lassen. Parfait vor dem Servieren etwas antauen lassen, damit es nicht zu hart ist.

TIPP: Besonders fein schmeckt das Cappuccinoparfait, wenn es vor dem Servieren noch mit frischen Beeren der Saison garniert wird.

Kokos-Nougat-Parfait

Zutaten für 18 Portionen

Für das Kokosparfait

4 Eier
2 Eidotter
100 g Zucker
Prise Salz
350 g weiße Schokolade
350 g Kokosmark
12 cl Kokoslikör
500 ml Schlagobers

Für das Nougatparfait

1 Ei
1 Eidotter
2 cl Grand Marnier
100 g Nougat
250 ml Schlagobers
Kokosraspel und Kakaopulver zum Garnieren

Für das Kokosparfait Eier, Eidotter, Kristallzucker und Salz über Wasserdampf schaumig aufschlagen, danach in Eiswasser kalt schlagen. Schokolade über Wasserdampf schmelzen (Vorsicht, nicht zu heiß werden lassen!). Mit der Eiermasse vermengen, Kokosmark sowie Kokoslikör einrühren und das geschlagene Obers unterheben. Masse in Terrinenformen oder kleine Portionsformen 3/4 hoch einfüllen und für mindestens 3 Stunden einfrieren. Für das Nougatparfait Ei und Eidotter ebenfalls schaumig aufschlagen. Nougat über Dampf weich werden lassen und unter die aufgeschlagenen Eier rühren. Geschlagenes Obers unterheben und mit Grand Marnier abschmecken. Nougatmasse auf die bereits angefrorene Kokosmasse auftragen und über Nacht gefrieren. Formen ganz kurz in heißes Wasser stellen, Parfait stürzen, in Kokosraspeln wälzen und mit Kakaopulver bestreuen.

GARNITUREMPFEHLUNG: Mangomark oder frische Erdbeeren

PRALINENPARFAIT

Zutaten für 10–12 Portionen
4 Eier
2 Eidotter
80 g Kristallzucker
Prise Salz
125 g Zartbitterkuvertüre
500 ml Schlagobers
2 cl Bacardi
2 cl Cognac

Eier, Eidotter, Kristallzucker und eine Prise Salz über Dampf schaumig aufschlagen, danach in Eiswasser kalt schlagen. Kuvertüre über Wasserdampf schmelzen (Vorsicht, nicht zu heiß werden lassen!), mit der Eiermasse verrühren. Bacardi und Cognac einrühren und das geschlagene Obers unterheben. Das Pralinenparfait in Terrinenformen oder Portionsformen füllen und über Nacht gefrieren lassen. Parfait vor dem Servieren etwas antauen lassen, damit es nicht zu hart ist.

GARNITUREMPFEHLUNG. Kardamombeeren (s. S. 190) oder Burgunderweichseln (s. S. 183) und Vanilleschaum (s. S. 203)

TIPP: Noch delikater schmeckt das Pralinenparfait, wenn Sie die Terrinenform vorher mit Baumkuchenscheiben auslegen.

Das Eis der Dichter, Ritter und Könige

Große Künstler ließen sich schon immer gerne aufs Eis führen. „Wo ist der Schnee vom vergangenen Jahr?", fragte etwa François Villon und dachte dabei keineswegs an Wintersport, sondern ans Speiseeis. Schon die Kreuzritter hatten die Technik zu seiner Herstellung aus den arabischen Ländern bis nach Frankreich gebracht, und schon bald zeigten sich Reichtum und Wohlstand der französischen Landaristokratie nicht zuletzt darin, dass man neben einem gut sortierten Weinkeller auch über einen Eiskeller verfügte, in dem man geeiste Früchte in allen Farben des Regenbogens hortete. Über Frankreich gelangte das Eis schließlich auch nach England, wo König Charles I. das Rezept für sein Lieblingseis so eifersüchtig hütete, dass er es sogar offiziell zum Staatsgeheimnis erklären ließ. Was es auch bis zur Hinrichtung des Königs unter dem Puritaner Oliver Cromwell blieb.

Mohn-Zimt-Parfait

Zutaten für 10 Portionen
40 g Graumohn, gemahlen
200 ml Milch
1 EL Zimt
4 Eier
2 Eidotter
150 g Kristallzucker
400 ml Schlagobers
Prise Salz

Gemahlenen Mohn in ca. 150 ml (!) Milch etwa 2 Minuten köcheln lassen, beiseite stellen. Restliche Milch aufkochen, Zimt zugeben und 5 Minuten darin ziehen lassen. Ebenfalls beiseite stellen. Eier, Eidotter, Kristallzucker und Salz über Wasserdampf schaumig aufschlagen, danach in Eiswasser kalt schlagen. Geschlagenes Obers unterheben. Dann die Masse halbieren. Einen Teil mit der Mohnmasse mischen, den anderen Teil mit der Zimtmasse vermengen. Nun die Massen abwechselnd schichtenweise in beliebige Formen füllen und mindestens 3 Stunden, am besten über Nacht im Tiefkühlschrank gefrieren lassen. Parfait vor dem Servieren etwas antauen lassen, damit es nicht zu hart ist.

GARNITUREMPFEHLUNG: Burgunderweichseln (s. S. 183) oder Beerenragout (s. S. 185)

RECHTS: TOPFEN-RUM-PARFAIT

NOUGAT-ORANGEN-PARFAIT

Zutaten für 10–12 Portionen
5 Eier
3 Eidotter
80 g Kristallzucker
400 g Nougat
80 ml Cointreau
900 ml Schlagobers
Prise Salz

Eier, Eidotter, Kristallzucker und Salz über Dampf schaumig aufschlagen, danach in Eiswasser kalt schlagen. Nougat im Wasserbad erwärmen und glatt rühren. Eiermasse mit Nougat vermengen, Cointreau einrühren und geschlagenes Obers unterheben. Masse in eine passende Terrinenformen oder Portionsformen füllen und am besten über Nacht tiefkühlen. Parfait vor dem Servieren etwas antauen lassen, damit es nicht zu hart ist.

GARNITUREMPFEHLUNG: Orangenragout oder Burgunderweichseln (s. S. 183)

TIPP: Sehr geschickten Hobbyköchen sei folgende raffinierte Präsentation dieses feinen Parfaits empfohlen: Formen Sie aus Backpapier 10–12 cm hohe Stanitzel und befestigen Sie diese mit Klebeband. Die Öffnung so abschneiden, dass der Zylinder einen guten Stand hat. Füllen Sie die Stanitzel halbvoll mit im Wasserbad erwärmter Zartbitterkuvertüre und schwenken Sie die Kuvertüre mit kreisenden Bewegung, damit die gesamte Innenfläche des Zylinders dünn damit bedeckt ist. Auf ein leicht geöltes Glasiergitter (mit Blech darunter) stellen und 30 Minuten im Tiefkühler erstarren lassen. Das gekühlte Parfait einfüllen und die Stanitzel mit der Spitze nach unten tiefkühlen (am besten in ein Glas gestellt). Vor dem Servieren einfach das Backpapier abziehen und den Schokoladespitz auf einen Teller stellen.

TOPFEN-RUM-PARFAIT

Zutaten für 10–12 Portionen
220 g Kristallzucker
180 ml Wasser
500 g Topfen
Saft von 1 Zitrone
20 g Vanillezucker
300 ml Schlagobers
60 g eingelegte Zibeben (s. S. 189)
6 cl Rum

Wasser und Kristallzucker aufkochen lassen und noch etwa 1 Minute leicht köcheln lassen. Zuckersirup vom Herd nehmen. Topfen mit Rum, Zitronensaft sowie Vanillezucker glatt rühren und den Zuckersirup einmengen. Abschließend das nur halbfest geschlagene Obers und die eingelegten Zibeben unterheben. In Terrinenformen füllen und über Nacht im Tiefkühler tiefkühlen. Parfait vor dem Servieren etwas antauen lassen, damit es nicht zu hart ist.

GARNITUREMPFEHLUNG: frische Erdbeeren sowie Sesamhippen (s. S. 38)

Holunderblütenparfait

Zutaten für 12 Portionen
4 Eier
2 Eidotter
90 g Krsitallzucker
350 ml Holunderblütensaft (s. S. 205)
2 Blatt Gelatine
2 cl Hollerbrand
500 ml Schlagobers

Eier, Dotter und Kristallzucker über Wasserdampf schaumig aufschlagen. Holunderblütensaft aufkochen lassen. Währenddessen Gelatine in kaltem Wasser einweichen. Gelatine ausdrücken, Holunderblütensaft vom Herd nehmen und ausgedrückte Gelatine darin auflösen. Die Eiermasse gemeinsam mit dem Holunderblütensaft auf Eis kalt schlagen. Hollerbrand und das nur halbfest geschlagene Obers unterheben, in Terrinenformen füllen und über Nacht im Tiefkühler gefrieren lassen. Parfait vor dem Servieren etwas antauen lassen, damit es nicht zu hart ist.

GARNITUREMPFEHLUNG: Beerenragout (s. S. 185) oder eingelegte Pfirsiche (s. S. 189)

Grappaparfait

Zutaten für 8–10 Portionen
2 Eier
2 Eidotter
80 g Kristallzucker
Prise Salz
100 g Marillenmarmelade
100 g Honig
400 ml Schlagobers
120 ml Grappa

Eier, Eidotter, Kristallzucker und Salz über Dampf schaumig aufschlagen, danach in Eiswasser kalt schlagen. Marillenmarmelade und Honig ebenfalls über Dampf erwärmen, glatt rühren und mit der Eiermasse vermischen. Grappa einrühren und das nicht ganz fest geschlagene Obers unterheben. In Terrinenformen füllen und über Nacht im Tiefkühler tiefkühlen. Parfait vor dem Servieren etwas antauen lassen, damit es nicht zu hart ist.

GARNITUREMPFEHLUNG: marinierte lauwarme Brombeeren

TIPP: Besonders attraktiv sieht dieses zu den Eis-Klassikern zählende und auch Soufflé glacé genannte Parfait aus, wenn die Terrinenformen zuerst mit Baumkuchenscheiben ausgelegt und erst dann mit der Parfaitmasse gefüllt werden.

Eissoufflé Grand Marnier

Zutaten für 6 Portionen
2 Eier
4 Eidotter
100 g Kristallzucker
60 ml Grand Marnier
400 ml Schlagobers
1 EL Kakaopulver

Zuerst die Souffléformen mit Backpapierstreifen so umwickeln, dass das Papier den Rand der Souffléformen um 1,5 cm überragt. Eier, Dotter und Kristallzucker über Wasserdampf schaumig aufschlagen. Grand Marnier zugeben und auf Eis kalt schlagen. Das nur halbfest geschlagene Obers unterheben und die Masse in die vorbereiteten Souffléformen füllen. Im Tiefkühler über Nacht gefrieren lassen. Vor dem Servieren die Oberfläche mit Kakaopulver dünn besieben und erst dann das Papier abziehen.

GARNITUREMPFEHLUNG: marinierte Orangen oder Orangenragout (s. S. 183) sowie Kumquats mit Sternanis (s. S. 190)

Beethoven und die Eiszeit

Der zunehmenden Liebe der Wiener zum Eis entsprach in der Biedermeierzeit die Angst, dass es bald ausgehen könnte, da man bezüglich der Kühlung der Natureisvorräte aus den Bergen beschränkt war. Eisfreak Ludwig van Beethoven ließ daher im milden Winter 1793/94 extra anfragen, ob es aufgrund der hohen Temperaturen im folgenden Sommer überhaupt ein Eis in Wien geben würde. Ansonsten hätte er ihn vermutlich lieber am Schneeberg verbracht.

Im Mikrokosmos der Naschereien

KEKSE UND KONFEKT

KEKSE

„Zeige mir deine Keksdose, und ich sage dir, wer du bist." – So etwa ließe sich das alte Sprichwort auf österreichische Bedürfnisse abwandeln. Denn eine ähnliche Vielfalt an süßem Kleingebäck wie im nach Weihnachtsbäckerei und Kaffeekränzchen duftenden Alpenraum wird man anderswo nur selten finden.

VANILLEKIPFERLN

Zutaten
200 g Butter
280 g Mehl
80 g Staubzucker
100 g Nüsse, gerieben
Staub- und Vanillezucker zum Wälzen

Auf einem Brett Mehl und Butter verbröseln. Mit Staubzucker und geriebenen Nüssen zu einem glatten Teig verarbeiten und etwa 1/2 Stunde kühl rasten lassen. Den Teig zu einer Rolle formen. Davon kleine Stückchen abschneiden und diese dann zu kleinen Kipferln formen. Auf ein mit Backpapier ausgelegtes Backblech setzen und im vorgeheizten Backrohr bei 180 °C etwa 10 Minuten backen. Noch heiße Kipferln vorsichtig (sie brechen sehr leicht!) in einem Gemisch aus Staub- und Vanillezucker wälzen.

BACKZEIT: 10 Minuten
BACKTEMPERATUR: 180 °C

Vanille oder Vanillin

Die Vanille galt, gemeinsam mit Safran, jahrhundertelang als eines der teuersten und edelsten Gewürze der Welt. Immer wieder hat man versucht, Surrogate dafür zu finden, ist dabei jedoch über den Knoblauch, der auch „Vanille des armen Mannes heißt" und dem Vanillerostbraten seinen Namen gab, kaum je hinausgekommen. Erst 1874 gelang es dem deutschen Forscher Wilhelm Haarmann, einen synthetischen Ersatz für die teure Vanille herzustellen. Er nannte den Stoff „Vanillin" und produzierte ihn fabriksmäßig. Seither wurde der Duft von Vanille, der bislang nur den Reichen zugänglich war, auch in den Stuben der Bauern, Kleinbürger und Arbeiter populär. Das Vanillekipferl entwickelte sich daraufhin sehr schnell zum erfolgreichsten aller Weihnachts- und Teegebäcke. Und das, obwohl es eigentlich Vanillinkipferl heißen müsste. Denn wer vermischt seinen Zucker heute schon noch mit echter Vanille?

Nussbusserln

Zutaten
Makronenmasse aus Haselnüssen laut Grundrezept (s. S. 34)
Staubzucker zum Bestreuen
300 g Himbeermarmelade

Die Makronenmasse laut Grundrezept zubereiten. Ein Backblech mit Backpapier auslegen und die Masse mit einem Dressiersack mit glatter Tülle (rundes Aufsatzstück) zu Halbkugeln aufspritzen. Busserln mit etwas Staubzucker bestreuen und antrocknen lassen (am besten über Nacht). Dann im vorgeheizten Backrohr bei 160 °C etwa 12–15 Minuten backen. Währenddessen das Backrohr einen Spalt offen lassen, damit der Dampf entweichen kann. Busserln herausnehmen, abkühlen lassen und vom Backpapier lösen. Jeweils eine Busserlhälfte mit Himbeermarmelade bestreichen und die andere Hälfte darauf setzen.

BACKZEIT: 12–15 Minuten

BACKTEMPERATUR: 160 °C

Kokoskuppeln

Eiklar mit Staubzucker zu Schnee schlagen, Kokosraspel und Honig unterheben. Auf ein mit Backpapier belegtes Blech kleine Häufchen (Busserln) setzen und diese im vorgeheizten Backrohr bei ca. 160 °C etwa 10 Minuten backen. Auskühlen lassen.
Für die Creme Butter mit Zucker schaumig rühren, die geriebene Schokolade nach und nach einrühren. Aus den Oblaten Scheiben mit ca. 3 cm Durchmesser ausstechen. Oblatenscheiben mit Creme bestreichen und je ein Kokosbusserl darauf setzen. Kühl stellen, damit die Creme fest wird. Schokoladeglasur schmelzen und die Unterseite der Kokoskuppeln darin tunken.
BACKZEIT: ca. 10 Minuten
BACKTEMPERATUR: 160 °C

Zutaten
200 g Staubzucker
3 Eiklar
200 g Kokosraspel
1 KL Honig
Oblaten, rechteckig (oder bereits geschnittene, kleine Blätter)
ca. 150 g Schokoladeglasur zum Tunken (s. S. 42)

Für die Creme
250 g Butter
150 g Staubzucker
80 g Kochschokolade, gerieben

Linzer Augen

Mehl, zimmerwarme Butter, Staubzucker, geriebene Haselnüsse, Zimt sowie Milch zu einem Teig verkneten und 1/2 Stunde rasten lassen. Den Teig ausrollen und in zwei Hälften teilen. Aus der einen Hälfte kleine, kreisrunde Scheiben, aus der anderen Hälfte gleichgroße Ringe (mit 1 oder 3 Löchern) ausstechen. Auf ein mit Backpapier ausgelegtes Backblech setzen und alles im vorgeheizten Backrohr bei 180 °C etwa 10 Minuten backen. Die überkühlten Scheiben mit Marillenmarmelade bestreichen und die Ringe darauf setzen. Mit Staubzucker bestreuen.
BACKZEIT: ca. 10 Minuten
BACKTEMPERATUR: 180 °C

Zutaten
240 g Mehl
240 g Butter
140 g Staubzucker
170 g Haselnüsse, gerieben
1 KL Zimt, gemahlen
2 EL Milch
ca. 150 g Marillenmarmelade zum Bestreichen
Staubzucker zum Bestreuen

Linzer Stangerln

Butter mit Zucker, Salz, Vanillezucker und Zitronenschale schaumig rühren. Ei einrühren und Mehl unterheben. Mit einem Spritzsack mit Sterntülle (sternförmige Öffnung) auf ein mit Backpapier ausgelegtes Backblech Stangerln aufspritzen und im vorgeheizten Backrohr bei 160 °C ca. 10 Minuten backen. Die Hälfte der abgekühlten Stangerln mit Marmelade bestreichen, andere Stangerln darauf setzen. Bis zur Mitte in geschmolzene Schokoladeglasur tunken und mit Streuselzucker bestreuen.

BACKZEIT: ca. 10 Minuten

BACKTEMPERATUR: 160 °C

Zutaten

250 g Butter
90 g Staubzucker
330 g Mehl
1 Ei
Prise Salz
Prise Vanillezucker
Zitronenschale, gerieben
ca. 150 g Marillenmarmelade zum Bestreichen
ca. 150 g Schokoladeglasur zum Tunken (s. S. 42)
bunter Streuselzucker zum Bestreuen

Leutnantsbusserln

Auf einem Küchenbrett aus Butter, Zucker, Mandeln und Schokolade einen Teig kneten. Kleine Kugerln daraus formen und jeweils ein Mandelstiftchen auf ein Kugerl setzen. Auf ein mit Backpapier belegtes Backblech setzen und im vorgeheizten Backrohr bei 170 °C etwa 10 Minuten backen.

BACKZEIT: ca. 10 Minuten

BACKTEMPERATUR: 170 °C

Zutaten

120 g Butter
250 g Staubzucker
120 g Mandeln, gerieben
120 g Kochschokolade, gerieben
Mandelstifte

Florentiner

Aranzini und Rosinen zerkleinern. Mit gehobelten Mandeln, Mehl, Staubzucker und Obers gut vermengen. Auf ein mit Backpapier belegtes Blech kleine Häufchen setzen und diese mit einer Gabel flach drücken. Im vorgeheizten Backrohr bei 160 °C 12–15 Minuten backen und überkühlen lassen. Kuvertüre schmelzen und dünn auf ein Backpapier streichen. Florentiner darauf setzen und bevor die Kuvertüre zu stocken beginnt, rundum ausschneiden. Vom Papier abheben und auf der Unterseite mit einer Gabel das typische wellenartige Muster ziehen. Trocknen lassen.

BACKZEIT: ca. 12–15 Minuten

BACKTEMPERATUR: 160 °C

Zutaten

100 g Aranzini
150 g Mandeln, gehobelt
100 g Rosinen
50 g Mehl
100 g Staubzucker
125 ml Kaffee- oder Schlagobers
ca. 150 g Zartbitterkuvertüre zum Eintunken

Süße Grüße von den Medici

Das Geschlecht der Medici hat seiner Heimatstadt Florenz nicht nur eindrucksvolle Grabmäler und die „Erfindung" der von Katharina von Medici nach Paris exportierten „Grande Cuisine" beschert, sondern auch jenes Gebäck aus – nach dem Originalrezept – Mandelsplittern, Orangeat, Zitronat, Honig und Gewürzen. Was das mit den Medici zu tun hat? Ganz einfach: Die edlen Florentiner Frauen pflegten sich angeblich damit die Zeit zu vertreiben, dass sie mit ihren schönen Haarkämmen Wellenmuster in die mit weicher Schokolade überzogene Unterseite dieses Gebäcks zeichneten.

Ischler Taler

Zutaten
240 g Mehl
240 g Butter
140 g Staubzucker
170 g Haselnüsse, gerieben
1 Msp. Zimt
100 g Marillenmarmelade
ca. 150 g Schokoladeglasur

Mehl, Butter, Zucker, Haselnüsse und Zimt zu einem Mürbteig verkneten und 30 Minuten rasten lassen. Auf eine Stärke von ca. 3 mm ausrollen und mit einem runden Ausstecher Scheiben ausstechen. Auf ein mit Backpapier ausgelegtes Backblech setzen und im vorgeheizten Backrohr bei ca. 150 °C etwa 10 Minuten backen. Eine Hälfte der Scheiben mit Marillenmarmelade bestreichen und jeweils eine nicht bestrichene Scheibe darauf setzen. Auf ein Kuchengitter legen und mit flüssiger Schokoladeglasur glasieren.

BACKZEIT: 10 Minuten
BACKTEMPERATUR: 150 °C

Krapferln oder Taler?

Das obenstehende Rezept ist eine besonders wohlschmeckende Variante eines noch wesentlich bekannteren Vorbilds, das zu den Lieblingssüßigkeiten von Kaiser Franz Joseph und Kaiserin Sisi zählte. Gemeint sind die berühmten und heute noch in Bad Ischl sehr populären Ischler Krapferln, die ebenfalls aus Mürbteig bestehen, aber statt mit Marillenmarmelade mit Buttercreme gefüllt und anschließend mit Schokolade überzogen werden. Bevor die Schokolade hart wird, werden die „Original Ischler Krapferln" mit einer blanchierten, getunkten Mandel dekoriert.

Ingwerkekse

Zutaten
250 g Staubzucker
250 g Mehl
15 g Ingwer, gemahlen
1 KL Hirschhornsalz
2 Eier
Mehl für die Arbeitsfläche

Staubzucker, Mehl, Ingwer, Hirschhornsalz und Eier verkneten. Kurz rasten lassen. Auf eine Stärke von 3–4 mm auswalken und mit einem gezackten Ausstecher ausstechen. Auf einem bemehlten Holzbrett 12 Stunden trocknen lassen. Danach auf ein mit Backpapier belegtes Backblech setzen und im vorgeheizten Backrohr bei 150 °C ca. 8 Minuten trocknen lassen.

BACKZEIT: 8 Minuten

BACKTEMPERATUR: 150 °C

TIPP: Dieser Keks-Klassiker wird nach traditioneller Methode mit einem speziellen, unregelmäßig gezackten Ingwer-Ausstecher ausgestochen. Diese Kekse waren früher nämlich einfach unter dem Begriff „Ingwer" bekannt. Steht dieser nicht zur Verfügung, so tut ein handelsüblich gezackter Ausstecher dem feinen, aromatischen Geschmack sicher auch keinen Abbruch.

Lebkuchensterne

Zutaten
Für den Lebkuchenteig
660 g Honig
220 g Staubzucker
75 ml Wasser
500 g Roggenmehl
200 g Weizenmehl

Zum Vollenden
2 Eidotter
30 g Lebkuchengewürz
6 cl Milch
300 g Weizenmehl
Milch zum Bestreichen
Mandeln, Haselnüsse oder Walnüsse zum Belegen
Eiweißglasur zum Überziehen (s. S. 43), nach Belieben

Für den Teig Honig erwärmen. Zucker mit Wasser aufkochen, mit Honig vermischen und auf ca. 30 °C abkühlen lassen. Mit Roggen- und Weizenmehl zu einem Teig kneten. Rasten lassen.

Eidotter mit Lebkuchengewürz schaumig rühren, gemeinsam mit Milch und Mehl in den Honigteig einarbeiten. Teig ca. 4 mm dick ausrollen. Mit einem Sternausstecher Sterne ausstechen und diese auf ein mit Backpapier belegtes Backblech setzen. Mit etwas Milch bestreichen, mit Mandeln oder Nüssen belegen und im vorgeheizten Backrohr bei 180 °C 15–20 Minuten backen. Noch heiß eventuell mit Eiweißglasur überziehen.

BACKZEIT: 15–20 Minuten

BACKTEMPERATUR: 180 °C

TIPP: In Klarsichtfolie eingeschlagen lässt sich der Lebkuchenteig (vor der Eierzugabe!) problemlos einige Tage oder Wochen kühl lagern.

Wo kommt die Weihnachtsbäckerei her?

Der Ursprung der Weihnachtsbäckerei hat mit jenem alten, abergläubischen Brauch zu tun, dass man in den gefährlichen Rauhnächten zwischen Weihnachten und Neujahr die bösen Geister der „Wilden Jagd" vertreiben könne, indem man sie mit allerlei süßen Leckerbissen mild stimme. Tatsächlich wurden die ins Fenster gestellten Bäckereien jedoch wohl niemals von den Perchten, sondern letztlich dann doch immer von den Kindern oder von Bettlern und Hausierern vernascht.

Meist handelte es sich bei diesen Mundbissen für Perchten und Dämonen jedoch nicht um komplizierte Weihnachtsbäckereien, sondern vielmehr um recht simple Formen des Lebkuchens. Die Köstlichkeiten, die heute die Kristallschüsseln zieren, sind durchwegs in der Biedermeierzeit oder während der Wiener Ringstraßenepoche entstanden.

Wachauer Herzen

Zutaten

250 g Mehl
150 g Staubzucker
150 g Butter
20 g Vanillezucker
1 Ei
ca. 150 g Marillenmarmelade zum Bestreichen
ca. 150 g Vollmilchkuvertüre zum Eintunken

Butter mit Mehl verbröseln. Mit Staubzucker, Vanillezucker und Ei zu einem glatten Teig verarbeiten und kurze Zeit kühl rasten lassen. Den Teig auf eine Stärke von ca. 3 mm ausrollen und mit einem Keksausstecher kleine Herzen ausstechen. Auf ein mit Backpapier belegtes Backblech legen und im vorgeheizten Backrohr bei 170 °C ca. 10 Minuten backen. Nach dem Auskühlen eine Hälfte der Herzen mit Marmelade bestreichen und jeweils ein nicht bestrichenes Herz darauf setzen. Kuvertüre schmelzen und die Herzen bis zur Mitte darin eintunken.

BACKZEIT: 10 Minuten

BACKTEMPERATUR: 170 °C

Polos

Butter, Zucker, Salz und Vanillezucker schaumig rühren. Eier sowie Eidotter nach und nach unterrühren und Mehl vorsichtig unterziehen. Auf ein mit Backpapier ausgelegtes Backblech aus der Masse mit einem Spritzsack mit glatter Tülle (runde Öffnung) runde Plätzchen spritzen. Im vorgeheizten Backrohr bei geöffneter Backrohrtür bei 170 °C etwa 12 Minuten backen. Herausnehmen und überkühlen lassen. Die Hälfte der Plätzchen umdrehen und mit Marmelade bestreichen. Restliche Plätzchen aufsetzen. Etwas Kuvertüre schmelzen, in ein Stanitzel füllen und feine Schokolinien damit aufspritzen.

BACKZEIT: ca. 12 Minuten

BACKTEMPERATUR: 170 °C

Zutaten

250 g Butter
140 g Staubzucker
Prise Salz
10 g Vanillezucker
2 Eier
1 Eidotter
230 g Mehl
ca. 300 g Marillenmarmelade
etwas Zartbitterkuvertüre zum Dekorieren

Neros

Butter, Zucker, Salz und Vanillezucker schaumig rühren. Eier sowie Eidotter nach und nach unterrühren und Mehl sowie Kakaopulver vorsichtig unterziehen. Auf ein mit Backpapier ausgelegtes Backblech aus der Masse mit einem Spritzsack mit glatter Tülle (runde Öffnung) runde Plätzchen spritzen. Im vorgeheizten Backrohr bei geöffneter Backrohrtür bei 170 °C etwa 12 Minuten backen.

Tunkmasse mit Nougat schmelzen, Kaffeeobers einrühren und alles leicht überkühlen lassen. Die Masse soll allerdings nicht ganz abstocken, sondern noch geschmeidig und dressierbar sein. Die Hälfte der überkühlten Plätzchen umdrehen und die Nougatcreme mit einem Spritzsack aufspritzen. Mit den restlichen Plätzchen abdecken.

BACKZEIT: ca. 12 Minuten

BACKTEMPERATUR: 170 °C

Zutaten

250 g Butter
140 g Staubzucker
Prise Salz
10 g Vanillezucker
2 Eier
1 Eidotter
180 g Mehl
50 g Kakaopulver

Für die Fülle

200 g Tunkmasse
200 g Nougat
300 ml Kaffeeobers

Hamburger Schnitten

Zutaten
200 g Mehl
140 g Butter
70 g Staubzucker
70 g Mandeln, gerieben
Prise Zimt, gemahlen
Prise Nelken, gemahlen
3 Eidotter
3 Eiklar
210 g Kristallzucker
Prise Vanillezucker
70 g Mandeln, gerieben
1 KL Kaffee, gerieben
ca. 150 g Marillenmarmelade zum Bestreichen

Aus Mehl, Butter, Staubzucker, Mandeln, Zimt, Nelken und Eidottern rasch einen Mürbteig kneten und 20 Minuten rasten lassen. Teig auf die Größe des mit Backpapier belegten Backblechs ausrollen, auflegen und im vorgeheizten Backrohr bei 180 °C etwa 12 Minuten anbacken. Mit Marmelade bestreichen. Eiklar mit Kristallzucker zu Schnee schlagen. Vanillezucker, geriebene Mandeln und Kaffee unterheben. Die Masse auf den Teig auftragen und bei 160 °C 25 Minuten fertig backen. Nach Belieben in Schnitten oder Würfel schneiden.

BACKZEIT: 12 Minuten zum Anbacken, 25 Minuten zum Fertigbacken

BACKTEMPERATUR: 180 °C zum Anbacken, dann 160 °C

Mandelschnitten

Zutaten
150 g Butter
7 Eidotter
150 g Staubzucker für die Dottermasse
Salz
150 g Mehl
1 Msp. Backpulver
7 Eiklar
150 g Staubzucker für den Schnee
100 g Mandeln, gerieben
100 g Schokolade, gerieben
1 EL Rum
Butter für das Backblech
ca. 150 g Marillenmarmelade zum Bestreichen
etwas Kuvertüre zum Verzieren

Eidotter mit Butter, einer Prise Salz und Zucker schaumig schlagen. Mehl und Backpulver unterheben. Auf ein befettetes Backblech streichen und die Masse mit Marmelade bestreichen. Eiklar mit Staubzucker zu steifem Schnee schlagen und geriebene Mandeln sowie Schokolade unterheben. Mit Rum aromatisieren. Mandelmasse auf den mit Marmelade bestrichenen Teig gleichmäßig auftragen. Bei ca. 170 °C ca. 35 Minuten backen. In kleine Schnitten schneiden. Etwas Kuvertüre schmelzen, in ein Stanitzel füllen und kleine Schokofäden damit aufspritzen.

BACKZEIT: ca. 35 Minuten

BACKTEMPERATUR: 170 °C

Gefüllter Lebkuchen

Alle Zutaten für den Teig verkneten und anschließend 1/2 Stunde rasten lassen. Teig in zwei Hälften teilen. Eine Hälfte ausrollen und auf ein gefettetes Backblech legen. Für die Fülle alle Zutaten vermengen und auf den Teig aufstreichen. Zweite Hälfte ebenfalls ausrollen und auf die untere Hälfte auflegen. Im vorgeheizten Backrohr bei 150 °C etwa 25 Minuten backen. Den fertigen Lebkuchen nach Belieben in Schnitten oder Würfel schneiden.

BACKZEIT: ca. 25 Minuten

BACKTEMPERATUR: 150 °C

Zutaten

300 g Roggenmehl
180 g Zucker
20 g Lebkuchengewürz
10 g Backpulver
Schale von 1/2 Zitrone
2 EL Honig
2 Eier
Butter für das Backblech

Für die Fülle

250 g Ribiselmarmelade
50 g Aranzini
50 g Zitronat
50 g Nüsse
50 g Rosinen

Tausche Huhn gegen Lebkuchen

Ob der Lebkuchen ein Laib Kuchen, ein Fladenkuchen, ein Kuchen aus Lindenblütenhonig oder ein Lebenskuchen ist, darüber können sich Sprachwissenschaftler erbittert in die Haare geraten. Fest steht, dass die ältesten Lebkuchen als „Honigkuchen" gebacken und schon den ägyptischen Pharaonen mit ins Grab gegeben wurden. 1296 ist in der Gegend von Ulm dann erstmals der Patriziername Lebzelter belegt, und 1395 findet sich in einem Zinsbuch des Nürnberger Deutschherrenordens die Eintragung, dass als Pacht für ein Lebzelterhaus in der Schmidgasse ein ganzes Fastnachtshuhn „eingehoben" wurde. Zumindest notorische Leckermäuler werden sicherlich nicht lange nachdenken müssen, ob das nun ein guter Tausch war oder nicht.

Wachauer Krapferln

Zutaten
270 g Mehl
200 g Butter
110 g Staubzucker
2 Eidotter
50 g Kochschokolade, gerieben
ca. 150 g Schokoladeglasur zum Tunken (s. S. 42)

Für die Creme
250 ml Milch
20 g Vanillepuddingpulver
40 g Vanillezucker
250 g Butter
200 g Staubzucker

Butter mit Mehl zerbröseln. Mit Zucker, Dottern und Kochschokolade zu einem glatten Teig verarbeiten. Den Teig auf eine Stärke von etwa 3 mm ausrollen und mit einem runden Ausstecher Scheiben ausstechen. Auf ein mit Backpapier belegtes Backblech setzen und im vorgeheizten Backrohr bei 170 °C ca. 10 Minuten backen.

Für die Creme die Hälfte der Milch mit Vanillezucker aufkochen lassen. Restliche Milch mit Vanillepuddingpulver verrühren und in die kochende Milch einrühren. Vom Herd nehmen und überkühlen lassen.

Butter mit Staubzucker schaumig rühren. Pudding mit dem Stabmixer glatt mixen und dann löffelweise unter die Buttermasse rühren. Creme in einen Spritzsack mit kleiner runder Tülle (runde Öffnung) füllen. Die Hälfte der überkühlten Kekse mit der Creme bespritzen und jeweils eine zweite Scheibe darauf setzen. Schokoladeglasur schmelzen und die Kekse nur mit der Oberfläche eintauchen – die Creme soll sichtbar bleiben. Trocknen lassen.

BACKZEIT: ca. 10 Minuten
BACKTEMPERATUR: 170 °C

Moccaschifferln

Zutaten
250 g Mehl
130 g Butter
100 g Staubzucker
100 g Walnüsse, gerieben
1 EL Sauerrahm
1 EL Kaffee, gerieben
2 Eidotter
Kaffeebohnen zum Garnieren

Für die Creme
250 g Butter
150 g Staubzucker
1 TL Löskaffeepulver
2 cl Rum

Für die Glasur
250 g Staubzucker
3–4 EL Kaffee

Mehl mit Butter verbröseln. Mit Zucker, Nüssen, Rahm, Kaffee und Eidottern zu einem glatten Teig verarbeiten. Kühl rasten lassen. Dann den Teig ca. 2–3 mm dick ausrollen. Mit einem Keksausstecher Schifferln formen. Auf ein mit Backpapier ausgelegtes Backblech legen und im vorgeheizten Backrohr bei 160 °C 10–12 Minuten backen.

Für die Creme Butter mit Zucker schaumig rühren, den Löskaffee in etwas Rum auflösen und in die Buttermasse einrühren. Die Hälfte der überkühlten Kekse mit der Creme bestreichen, die restlichen Schifferln darauf setzen. Für die Glasur den Zucker mit Kaffee glatt rühren. Moccaschifferln damit überziehen und in die Mitte jeweils eine Kaffeebohne setzen.

BACKZEIT: 10–12 Minuten
BACKTEMPERATUR: 160 °C

Keks, Cakes oder Knusperchen?

Kleine Honigkuchen kannte man schon im alten Ägypten. Auch die Inder formten handliche Bissen aus Nougat und Marzipan bereits um 3000 v. Chr. Was wir heute hingegen als Kekse bezeichnen, hat seinen, damals allerdings noch ungesüßten, Ursprung im alten Rom, wo im dritten vorchristlichen Jahrhundert das so genannte Waffelbiskuit entstand. Ihren zuckersüßen Charakter verdanken die Kekse dem Vernehmen nach erst den Niederländern, die die kleinen getrockneten Kuchen als haltbare Seemannsnahrung zu schätzen wussten – nicht zuletzt für jene Matrosen, die auf ihren Schonern auch das Zuckerrohr von fernen Sklaveninseln heimbrachten. Außerdem spielten Kekse auch bei niederländischen Bauernhochzeiten eine fast schon rituelle Rolle. Jeder der Gäste musste dort nämlich sein mitgebrachtes „koekje" auf einen großen Haufen legen, aus dem sich – in vielen übereinandergelegten Schichten – schlussendlich die Hochzeitstorte zusammensetzte. Mit diesem Brauchtum gelangten die „koekje", so will es die Überlieferung weiter wissen, schließlich auch über den Ärmelkanal und wurden von den Briten kurzerhand in „cookies" oder „cakes" umbenannt.

Das deutsche Wort „Keks" war damals allerdings noch nicht einmal geboren. Es entstand zu Beginn unseres Jahrhunderts als Modewort und war nichts anderes als ein eingedeutschtes „cakes", um das sich allerdings in weiterer Folge eine erbitterte Fehde zwischen Hermann Bahlsen, dem Besitzer einer der ersten „Cakes & Biscuits-Fabriken" Europas, und fanatischen Deutschtümlern entfachte.

Als Bahlsen nämlich darauf drängte, dass das zunehmend in den deutschen Sprachgebrauch Eingang findende Wort „Keks" auch in den Duden aufgenommen würde, legte sich die deutschnationale „Sprachpolizei" quer und veranstaltete sogar einen Wettbewerb, wer den besten deutschsprachigen Ersatz für das ungeliebte Lehnwort aus dem Englischen fände. Aus zahllosen Einsendungen wurde damals der etwas verkrampfte Ausdruck „Knusperchen" ausgewählt – und es kostete Herrn Bahlsen einen mehrjährigen Kampf gegen die deutschtümelnde Lobby, bis 1915 endgültig das Wörtchen „Keks" von der Duden-Kommission aufgenommen wurde.

Bewährt hat es sich seither im wahrsten Sinn des Wortes auf das Süßeste. Oder können Sie sich vorstellen, dass Sie Ihren Kindern und Verwandten am Heiligen Abend anstatt Weihnachtskeksen „Weinachtsknusperchen" anbieten?

KONFEKT

Mit Konfektion hat Konfekt nur insofern zu tun, als sich Konfektionsgrößen sehr schnell ändern können, wenn man zu oft in die Konfektschachtel greift. Dass Pralinen, Bonbons, Trüffel und andere süße kleine Näschereien sowohl sündhaft als auch sündhaft gut sind, wird kaum jemand bestreiten. Aber wie heißt es doch so schön? – Immer noch besser viele kleine Sünden begehen als eine große.

Kokoskugeln

Zutaten
380 g Staubzucker
250 g Butter
130 g Kokosraspel
1 KL Kakaopulver
3 cl Rum
20 g Vanillezucker
Kokosraspel zum Wälzen

Butter und Zucker schaumig rühren. Kokosraspel, Kakaopulver, Rum sowie Vanillezucker untermengen. Die Masse kalt stellen, bis sie formbar ist. Dann kleine Kugerln formen, diese in Kokosflocken wälzen und in Papiermanschetten setzen.

Marzipanerdäpfel

Zutaten
400 g Marzipanrohmasse
100 g Staubzucker
Kakaopulver zum Wälzen

Marzipan mit Staubzucker anwirken (verkneten). Masse zu einer Rolle formen, etwa 1 cm große Stücke abschneiden und diese zu Kugeln formen. Sofort in Kakaopulver wälzen und anschließend mit einem kleinen Messer oben drei Kerben einschneiden. (So sehen sie wie aufgesprungene Erdäpfel aus.)

Cornflakes-Konfekt

Zutaten
120 g Kuvertüre, dunkel
300 g Nougat
40 g Butter
120 g Cornflakes, zerstoßen

Kuvertüre und Nougat im Wasserbad schmelzen. Butter einrühren und etwas überkühlen lassen. Dann die zerstoßenen Cornflakes rasch unterheben. Aus der Masse auf ein Backpapier kleine Häufchen setzen oder gleich in Papiermanschetten füllen.

RECHTS: MARZIPAN-KONFEKT UND NOUGAT-GRAPPA-SCHÜSSERL

GRENADINE-MARZIPAN-KONFEKT

Marzipan mit Staubzucker und Grenadinesirup gemeinsam anwirken (verkneten). Auf einem mit Backpapier ausgelegten Backblech (am besten zwischen zwei Begrenzungsleisten) aus der Masse einen rechteckigen Block mit ca. 1 cm Höhe formen. In kleine Quadrate schneiden und diese mit Hilfe einer Gabel durch die geschmolzene, leicht überkühlte Kuvertüre ziehen. Auf ein mit Backpapier belegtes Blech setzen und mit der Gabel noch eine Verzierung ziehen.

Zutaten
500 g Marzipanrohmasse
100 g Staubzucker
4 cl Grenadinesirup
ca. 150 g
Zartbitterkuvertüre zum Eintunken

MARILLENKUGELN

Die getrockneten Marillen kleinwürfelig schneiden, in eine Schüssel geben und mit Marillenschnaps, Nüssen, Zucker sowie Schokolade gut vermischen. Wenn die Masse zu fest gerät, noch 1 EL Schnaps zugeben. Aus der Masse ca. 20 g schwere Stückchen ausstechen und zu glatten Kugeln formen.
Bitterschokolade lippenwarm schmelzen. Ein wenig Schokolade in eine Handfläche geben, die Kugeln zwischen den Handflächen rollen, so dass sie rundum mit Schokolade benetzt sind. Dann die Kugeln sofort in den gehackten Haselnüssen wälzen und trocknen lassen. In Papiermanschetten setzen.

Zutaten
100 g getrocknete Marillen, ohne Kerne
6 EL Marillenschnaps
200 g Walnüsse, gerieben
200 g Staubzucker
200 g Bitterschokolade, gerieben

Zum Wälzen
200 g Haselnüsse, grob gehackt
100 g Bitterschokolade

MARZIPANSTRIEZERLN

Marzipan mit Staubzucker anwirken (verkneten). Schlagobers mit Honig aufkochen lassen und die gehackte Kuvertüre darin auflösen. Unter das Marzipan kneten und 2 Stunden kühl stellen. Masse zu einer Rolle formen, in etwa 20 Stücke teilen und diese zu kleinen Striezerln formen. Über Nacht trocknen lassen. Für die Glasur Kuvertüre schmelzen, mit Öl verrühren und die Striezerln damit überziehen.

Zutaten
400 g Marzipanrohmasse
100 g Staubzucker
3 cl Schlagobers
40 g Honig
100 g Zartbitterkuvertüre, gehackt

Für die Glasur
300 g Zartbitterkuvertüre
50 ml Öl

Kokos-Ananas-Konfekt

Die Kuvertüre zerkleinern, zusammen mit Butter, Kokosfett und Schlagobers im Wasserbad schmelzen lassen. Masse glatt rühren und etwa 2 Stunden kühl stellen. Die halbfeste Trüffelmasse mit dem Stabmixer ca. 5 Minuten mixen und dabei den Likör langsam zugießen. Gehackte Ananas unterheben und die Masse auf ein mit Backpapier belegtes Blech auf eine Fläche von etwa 9 x 27 cm auftragen. Über Nacht kalt stellen. Weiße Kuvertüre im Wasserbad schmelzen und überkühlen lassen. Die Konfektmasse in Quadrate mit 3 cm Seitenlänge schneiden. Konfekt mit Hilfe einer Gabel durch die Kuvertüre ziehen und auf ein mit Backpapier belegtes Blech setzen. Mit Kokosraspeln bestreuen.

Zutaten
300 g Vollmilchkuvertüre
80 g kandierte Ananas, fein gehackt
30 g Butter
30 g Kokosfett
125 ml Schlagobers
4 cl Kokoslikör
Kokosraspel zum Bestreuen
ca. 150 g weiße Kuvertüre zum Eintunken

Mascarinokugerln

Mascarino, Butter, Biskotten und Vanillezucker in eine Rührschüssel geben. Den Löskaffee in Amaretto auflösen und zugeben. Das Ganze vorsichtig zu einer kompakten Masse verrühren und einige Stunden kalt stellen. Aus der Masse kleine Kugerln formen und in geriebener weißer Schokolade wälzen. In Papiermanschetten setzen.

Zutaten
250 g Mascarino
100 g Butter, zimmertemperiert
250 g Biskotten, zerkleinert
20 g Vanillezucker
2 KL Löskaffeepulver
6 cl Amaretto (Mandellikör)
100 g weiße Kuvertüre, gerieben

Mandel-Zibeben-Splitter

Die Mandelstifte mit dem Läuterzucker mischen. Auf ein mit Backpapier ausgelegtes Backblech verteilen und mit Staubzucker besieben. Im vorgeheizten Backrohr bei 180 °C unter mehrmaligem Durchrühren braun rösten. Etwas überkühlen lassen und mit den abgetropften Zibeben mischen. Kuvertüren schmelzen und die Mandel-Zibeben-Masse zugeben. Auf ein Backpapier kleine Häufchen setzen oder in Papiermanschetten füllen.

Zutaten
150 g Mandelstifte
30 g Läuterzucker (s. S. 40)
20 g Staubzucker
50 g eingelegte Zibeben laut Grundrezept (s. S. 189)
80 g Vollmilchkuvertüre
40 g Zartbitterkuvertüre

Marzipan-Amaretto-Kugeln

Zutaten
300 g Marzipanrohmasse
6 cl Amaretto (Mandellikör)
200 g Haselnusscreme, weich (am besten Nutella)
Kakaopulver zum Wälzen

Marzipan mit Amaretto und weicher Haselnusscreme am besten mit der Küchenmaschine gut verkneten. Aus der Masse mit befeuchteten Händen Kugeln (oder Stangerln) formen und in Kakaopulver wälzen. Fertiges Konfekt in Papiermanschetten setzen.

Nougat-Grappa-Schüsserln

Zutaten für 50 Stück
100 g weiße Kuvertüre
100 g Nougat
50 Schokoladehülsen (kleine, runde Schokoförmchen)
50 g Mandeln, gehackt und geröstet
Staubzucker zum Bestreuen

Für die Grappa-Creme
40 ml Schlagobers
60 g Vollmilchkuvertüre
20 g Zartbitterkuvertüre
20 g Butter
3 cl Grappa

Weiße Kuvertüre und Nougat im Wasserbad schmelzen und überkühlen lassen (die Masse darf nicht wärmer als 28–30 °C sein, da sonst die Hohlkörper beim Einfüllen schmelzen!). In einen Spritzbeutel mit kleiner Lochtülle (runde Öffnung) füllen und in die Schokohülsen spritzen. 2 Stunden kühl stellen.
Für die Grappa-Creme Obers und Butter kurz aufkochen lassen. Gehackte Kuvertüren einrühren und mit Grappa aromatisieren. Creme überkühlen lassen (s. o.) und dann in die Schokoladehülsen füllen. Für 1 Stunde kühl stellen. Mit gehackten Mandeln bestreuen und Staubzucker darüber sieben. Abermals gut durchkühlen lassen.

Schwarzwälder Kirschkonfekt

Zutaten für 45 Stück
100 g Zartbitterkuvertüre
400 g Vollmilchkuvertüre
150 ml Schlagobers
30 g Glucosesirup (zähflüssiger Stärkezucker, ersatzweise Läuterzucker)
10 cl Kirschwasser
45 Schokoladehülsen (kleine, runde Schokoförmchen)
45 eingelegte Weichseln
weiße Kuvertüre zum Bestreuen
Staubzucker zum Bestreuen

Die Kuvertüren zerkleinern und im Wasserbad schmelzen. Obers mit Glucosesirup aufkochen lassen. Danach unter die Kuvertüre rühren und abkühlen lassen. Mit Kirschwasser aromatisieren und mit dem Handrührgerät schaumig rühren. Creme in einen Dressiersack mit Sterntülle (sternförmige Öffnung) füllen und etwas Creme in kleine vorgefertigte Schokoförmchen füllen. Je eine Weichsel hineingeben und wieder mit Creme bedecken. Weiße Kuvertüre darüber hobeln und mit Staubzucker bestreuen.
TIPP: Stehen keine kleinen Schokoförmchen zur Verfügung, so kann die Creme auch direkt in Papiermanschetten gespritzt werden.

Grand-Marnier-Marzipan

Die Aranzini fein hacken und mit Marzipan, Haselnüssen und Grand Marnier zu einer Masse anwirken (verkneten). Auf einem Backpapier (am besten zwischen 2 Begrenzungsleisten) 1 cm hoch ausrollen. In Quadrate von ca. 2,5 cm Seitenlänge schneiden. Zartbitterkuvertüre schmelzen, leicht überkühlen lassen, Konfekt eintauchen und auf ein Backpapier setzen. Mit Kakaopulver besieben.

Zutaten
120 g Aranzini
400 g Marzipanrohmasse
30 g Haselnüsse, fein gehackt
4 cl Grand Marnier
ca. 150 g Zartbitterkuvertüre zum Eintunken
Kakaopulver zum Bestreuen

Nougat-Orangen-Konfekt

Zartbitterkuvertüre und Nougat in Milch schmelzen. Grand Marnier und Orangenschale einrühren und überkühlen lassen. Ein Backblech mit Backpapier auslegen und die Masse auf eine etwa 15 x 24 cm große Fläche gießen. Über Nacht kalt stellen.
Die Zartbitterkuvertüre im Wasserbad schmelzen und überkühlen lassen. Konfektmasse in Quadrate mit 3 cm Seitenlänge schneiden und mit Kuvertüre überziehen. Auf ein mit Backpapier belegtes Blech setzen und mit Aranzini sowie Krokant bestreuen.

Zutaten
400 g Nougat
200 g Zartbitterkuvertüre
50 ml Grand Marnier
50 ml Milch
Schale von 2 Orangen, abgerieben
ca. 150 g Zartbitterkuvertüre zum Eintunken
Aranzini und etwas Krokant (s. S. 36) zum Bestreuen

Amarettodreiecke

Beide Kuvertüren im Wasserbad schmelzen. Schlagobers aufkochen lassen und gemeinsam mit der Butter in die geschmolzene Kuvertüre einrühren. Mit Amaretto aromatisieren. Mit dem Mixstab homogenisieren, d. h. mit dem Mixer 5 Minuten mixen, ohne Luftbläschen hineinzumixen (Mixstab ganz in die Flüssigkeit halten!). Masse überkühlen lassen.
Auf ein mit Backpapier belegtes Backblech aus der Masse eine abgegrenzte Fläche von ca. 9 x 20 cm gießen und über Nacht gut durchkühlen lassen. In ca. 50 gleichmäßige Dreiecke schneiden, diese mit Hilfe einer Gabel durch die geschmolzene Vollmilchkuvertüre ziehen und abstreifen. Auf ein Backpapier setzen. Zartbitterkuvertüre ebenfalls schmelzen, kurz überkühlen lassen, in ein Stanitzel füllen und ganz feine Linien über die Dreiecke spritzen.

Zutaten
150 g Vollmilchkuvertüre
150 g Zartbitterkuvertüre
80 ml Schlagobers
10 g Butter
8 cl Amaretto (Mandellikör)
ca. 150 g Vollmilchkuvertüre zum Eintunken
etwas Zartbitterkuvertüre zum Verzieren

Pralinen für den Sonnenkönig

Dass der Sonnenkönig Ludwig XIV. ein großer Schlemmer war, lässt sich auch auf besonders geschmeichelten Porträts des Herrschers kaum verleugnen. Zu seiner Leibesfülle haben jedoch mit Sicherheit nicht nur Wachteln, Rebhühner, Hasen und andere Köstlichkeiten aus Wald und Flur beigetragen, sondern vor allem Süßigkeiten. Eines seiner Lieblingsdesserts verdankte Ludwig XIV. einem hohen Militär, einem gewissen Maréchal du Plessis-Praslin, der durch einen Zufall auf eine rare Köstlichkeit stieß: Ein ungeschickter Küchenjunge hatte nämlich versehentlich Zuckerguss über eine Schüssel mit gebrannten Mandeln gekippt. Obwohl der Maréchal ihn dafür zunächst bestrafen wollte, besann er sich eines Besseren, nachdem er von der Masse gekostet hatte. Der Name des Küchenjungen blieb zwar unbekannt, doch Marschall Praslin brüstete sich am Hof des Sonnenkönigs damit, eine neue Süßigkeit erfunden zu haben, der er auch seinen Namen „Praslin", gab, aus dem nach zunehmender Verfeinerung des „Originalrezepts" später die „Praline" wurde.

Weisse Trüffeln mit Grand Marnier

Zutaten für ca. 120 Stück
200 ml Schlagobers
70 g Butter
50 g Glucosesirup (zähflüssiger Stärkezucker, ersatzweise Läuterzucker, s. S. 40)
500 g weiße Kuvertüre
160 ml Grand Marnier
120 Hülsen aus weißer Schokolade (kleine, runde Schokoförmchen)
ca. 500 g weiße Kuvertüre zum Eintunken

Schlagobers, Butter und Glucosesirup kurz aufkochen lassen und wieder vom Herd nehmen. Weiße Kuvertüre zerkleinern und darin auflösen. Mit Grand Marnier aromatisieren. Masse überkühlen lassen (sie darf nicht wärmer als 28–30 °C sein, da sonst die Hohlkörper beim Einfüllen schmelzen!). In einen Spritzbeutel mit runder Öffnung füllen und in die Schokoförmchen spritzen. Pralinen am besten über Nacht gut durchkühlen lassen.
Weiße Kuvertüre schmelzen und gut (s. o.) überkühlen lassen. In ein Stanitzel füllen und die Pralinen damit oben verschließen (einen Deckel aufspritzen). Wiederum für 1 Stunde kühl stellen. Danach die Trüffeln mit Hilfe einer Gabel durch die restliche temperierte Kuvertüre ziehen. Auf ein Glasiergitter setzen und über dem Gitter hin und her rollen, um die typische „geigelte" Oberfläche zu erhalten. Trüffeln auf ein mit Backpapier belegtes Blech setzen und erstarren lassen.

Buttertrüffeln

Schlagobers mit Zucker, Salz und Vanillezucker aufkochen lassen und die gehackten Kuvertüren unterrühren. Vom Herd nehmen und überkühlen lassen. Butter schaumig rühren und langsam mit der Schokolademasse verrühren. Ein Backblech mit Backpapier auslegen. Masse in einen Dressiersack mit Lochtülle (runde Öffnung) füllen und Kugeln aufspritzen. Kühl stellen und erstarren lassen. Vor dem Überziehen kurze Zeit bei Zimmertemperatur stehen lassen. Zartbitterkuvertüre schmelzen, leicht überkühlen lassen, Trüffeln mit Hilfe einer Gabel durchziehen und gut ablaufen lassen. In Kakaopulver wälzen und dann den überschüssigen Kakao abschütteln.

Zutaten
150 ml Schlagobers
60 g Kristallzucker
Prise Salz
10 g Vanillezucker
200 g Zartbitterkuvertüre, gehackt
250 g Vollmilchkuvertüre, gehackt
250 g Butter
ca. 150 g Zartbitterkuvertüre zum Eintunken
Kakaopulver zum Wälzen

Teetrüffeln

Zutaten
70 g Zartbitterkuvertüre
100 g Vollmilchkuvertüre
70 ml Milch
30 ml Schlagobers
10 g Glucosesirup (zähflüssiger Stärkezucker, ersatzweise Läuterzucker, s. S. 40)
20 g schwarzer Tee (Earl Grey)
10 g Butter
ca. 150 g Vollmilchkuvertüre zum Eintunken
Kakaopulver zum Bestreuen

Die Kuvertüren zerkleinern und im Wasserbad schmelzen. Milch mit Obers und Glucosesirup aufkochen. Tee zugeben und 4 Minuten ziehen lassen. Durch ein Passiertuch seihen und das Tuch kräftig auspressen.
Flüssigkeit gemeinsam mit Butter unter die geschmolzene Kuvertüre mischen. Mit dem Mixstab homogenisieren, d. h. mit dem Mixer 5 Minuten mixen, ohne Luftbläschen hineinzumixen (Mixstab ganz in die Flüssigkeit halten!). Masse überkühlen lassen, dann mit dem Handmixer schaumig rühren. Creme in einen Spritzbeutel mit Lochtülle (runde Öffnung) füllen und auf ein mit Backpapier ausgelegtes Brett oder Blech mehrere Bahnen dressieren (aufspritzen). Im Kühlschrank fest werden lassen. Dann in etwa 3,5 cm lange Stücke teilen. Milchkuvertüre schmelzen, leicht überkühlen lassen und die Trüffeln damit überziehen. Kakaopulver darüber sieben.

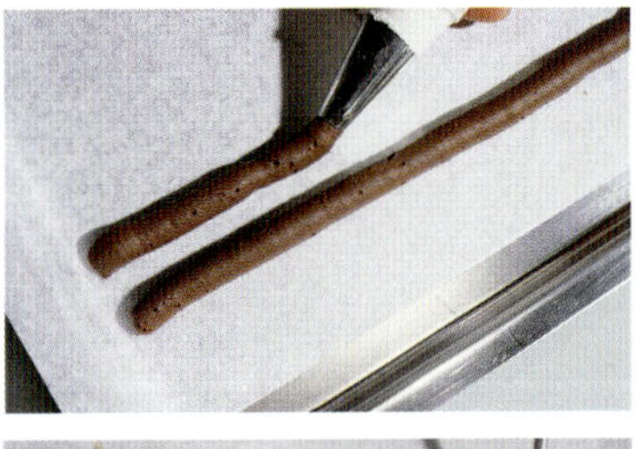

1
Die Zutaten vorbereiten.

2
Milch, Obers und Glucosesirup aufkochen. Tee zugeben und 4 Minuten ziehen lassen.

3
Abseihen und gemeinsam mit der Butter unter die geschmolzene Kuvertüre mischen.

4
Die Creme mit einem Spritzbeutel mit Lochtülle auf ein mit Backpapier ausgelegtes Blech in mehreren Bahnen aufspritzen. Im Kühlschrank fest werden lassen.

5
Milchkuvertüre schmelzen, überkühlen lassen. Gut durchgekühlte Stücke durch die temperierte Kuvertüre ziehen.

6
Auf Glasiergitter ablaufen lassen. Dann mit Kakaopulver besieben.

MOCCATRÜFFELN

Schlagobers, Butter, Honig und Löskaffeepulver kurz aufkochen lassen und wieder vom Herd nehmen. Beide Kuvertüren zerkleinern und darin auflösen. Mit Kaffeelikör aromatisieren. Masse überkühlen lassen (sie darf nicht wärmer als 28–30 °C sein, da sonst die Hohlkörper beim Einfüllen schmelzen!). In einen Spritzbeutel mit runder Öffnung füllen und in die Schokohülsen spritzen. Trüffeln am besten über Nacht gut durchkühlen lassen.
Zartbitterkuvertüre schmelzen und gut (s. o.) überkühlen lassen. In ein Stanitzel füllen und die Trüffeln damit oben verschließen (einen Deckel aufspritzen). Wiederum für 1 Stunde kühl stellen. Danach die Trüffeln mit Hilfe einer Gabel durch die restliche temperierte Kuvertüre ziehen. Auf ein Glasiergitter setzen und über dem Gitter hin und her rollen, um die typische „geigelte" Oberfläche zu erhalten. Trüffeln auf ein mit Backpapier belegtes Blech setzen und erstarren lassen.

Zutaten für ca. 120 Stück
200 ml Schlagobers
50 g Butter
30 g Honig
3 EL Löskaffeepulver
400 g Vollmilchkuvertüre
100 g Kuvertüre, dunkel
8 cl Kaffeelikör
120 weiße Schokoladehülsen (kleine, runde Schokoförmchen)
ca. 500 g Zartbitterkuvertüre zum Überziehen

Marillenpralinen

Zutaten für ca. 120 Stück
200 ml Schlagobers
70 g Butter
20 g Glucosesirup (zähflüssiger Stärkezucker, ersatzweise Läuterzucker, s. S. 40)
500 g weiße Kuvertüre
120 ml Marillenbrand
40 ml Marillenlikör
120 Milchschokoladehülsen (kleine, runde Schokoförmchen)
ca. 300 g Vollmilchkuvertüre zum Eintunken
80 g weiße Kuvertüre zum Verzieren
Krokant, fein zerrieben (s. S. 36)

Schlagobers, Butter und Glucosesirup kurz aufkochen lassen und wieder vom Herd nehmen. Weiße Kuvertüre zerkleinern und darin auflösen. Mit Marillenbrand und -likör aromatisieren. Masse überkühlen lassen (sie darf nicht wärmer als 28–30 °C sein, da sonst die Hohlkörper beim Einfüllen schmelzen!). In einen Spritzbeutel mit runder Öffnung füllen und in die Schokoförmchen spritzen. Pralinen am besten über Nacht gut durchkühlen lassen.
Milchkuvertüre schmelzen und gut (s. o.) überkühlen lassen. In ein Stanitzel füllen und die Pralinen damit oben verschließen (einen Deckel aufspritzen). Wiederum für 1 Stunde kühl stellen. Die Pralinen mit der restlichen temperierten Milchkuvertüre überziehen (mit Hilfe einer Gabel eintauchen und gut ablaufen lassen). Auf ein mit Backpapier belegtes Blech setzen. Weiße Kuvertüre temperieren, in ein Stanitzel füllen und in dünnen Linien darüber spritzen. Fein geriebenen Krokant darüber streuen und trocknen lassen.

Williamsbirnenpralinen

Zutaten für ca. 120 Stück
200 ml Schlagobers
60 g Butter
50 g Glucosesirup (zähflüssiger Stärkezucker, ersatzweise Läuterzucker, s. S. 40)
450 g Vollmilchkuvertüre
120 ml Williamsbirnenbrand
120 Milchschokoladehülsen (kleine, runde Schokoförmchen)
ca. 300 g Vollmilchkuvertüre zum Tunken
Staubzucker

Schlagobers, Butter und Glucosesirup kurz aufkochen lassen und wieder vom Herd nehmen. Milchkuvertüre zerkleinern und darin auflösen. Mit Williamsbirnenbrand aromatisieren. Masse überkühlen lassen (sie darf nicht wärmer als 28–30 °C sein, da sonst die Hohlkörper beim Einfüllen schmelzen!). In einen Spritzbeutel mit runder Öffnung füllen und in die Schokoförmchen spritzen. Pralinen am besten über Nacht gut durchkühlen lassen.
Milchkuvertüre schmelzen und gut (s. o.) überkühlen lassen. In ein Stanitzel füllen und die Pralinen damit oben verschließen (einen Deckel aufspritzen). Wiederum für 1 Stunde kühl stellen. Die Pralinen mit der restlichen temperierten Milchkuvertüre überziehen (eintauchen und gut ablaufen lassen). In Staubzucker wälzen und den überschüssigen Zucker abschütteln.

Rieslingtrebern-Pralinen

Schlagobers, Butter und Glucosesirup kurz aufkochen lassen und wieder vom Herd nehmen. Milchkuvertüre und dunkle Kuvertüre zerkleinern und darin auflösen. Mit Rieslingtrebernbrand aromatisieren. Masse überkühlen lassen (sie darf nicht wärmer als 28–30 °C sein, da sonst die Hohlkörper beim Einfüllen schmelzen!). In einen Spritzbeutel mit runder Öffnung füllen und in die Schokoförmchen spritzen. Pralinen am besten über Nacht gut durchkühlen lassen.
Zartbitterkuvertüre schmelzen und gut (s. o.) überkühlen lassen. In ein Stanitzel füllen und die Pralinen damit oben verschließen (einen Deckel aufspritzen). Wiederum für 1 Stunde kühl stellen. Die Pralinen mit der restlichen temperierten Zartbitterkuvertüre überziehen (eintauchen und gut ablaufen lassen). In Kakaopulver wälzen und den überschüssigen Kakao wieder abschütteln.

Zutaten für ca. 120 Stück
200 ml Schlagobers
60 g Butter
50 g Glucosesirup (zähflüssiger Stärkezucker, ersatzweise Läuterzucker, s. S. 40)
400 g Vollmilchkuvertüre
100 g dunkle Kuvertüre
120 ml Rieslingtrebernbrand
120 Zartbitterschokoladehülsen (kleine, runde Schokoförmchen)
ca. 300 g Zartbitterkuvertüre zum Tunken
Kakaopulver zum Wälzen

Eine kleine Geschichte der Schokolade

Schokolade – das Wort geht auf das aztekische „chocolatl" zurück – bedeutete ursprünglich „bitteres Wasser". Als die ersten spanischen Konquistadoren amerikanischen Boden betraten, trafen sie die Indios dort nämlich beim begeisterten Schlürfen eines Tranks an, der für sie selbst alles andere als süß war. Im Gegenteil: Für abendländische Gaumen muss des Indios Freude geradezu wie die Hölle selbst geschmeckt haben. Aus den vom Caucauatl-Baum gepflückten Kakaobohnen bereiteten die Eingeborenen ein zwar kühlendes, aber dafür mit Chilischoten versetztes Erfrischungsgetränk zu, das in Europa zunächst auf ebenso wenig Gegenliebe stieß wie die damals als äußerst giftig verrufenen Tomaten und Erdäpfel.

Erst als man die Pfefferoni durch Zucker und das kalte durch kochendes Wasser ersetzte, konnte die Schokolade zu jenem Lieblingsgetränk der feudalen Gesellschaft werden, das in den Salons von Versailles ebenso Furore machte wie in den Gemächern des spanisch-österreichischen Habsburgerhauses. Als „kostbares Pech" und als „indianischen Niederschlag, von dem der Gaumen im Sommer und im Winter glücklich ist", feierte man das damals nur zu Höchstpreisen gehandelte Luxusprodukt, aus dem die begehrte „indianische Brühe" hergestellt wurde.

Schokolade wurde somit zum Statussymbol schlechthin. Man goss Schnäpse damit auf, man kreierte seltsame Gerichte wie „Polentakugeln mit Schokolade" und man parfümierte damit sogar den damals ebenfalls in Mode kommenden Schnupftabak, was – wie sich der Satiriker Francesco Arisi mit Recht mokierte – zu hässlich verschmierten Nasenlöchern führte. Auch die weit gereiste Marquise de Sevigné wusste der Schokolade in ihren berühmten Briefen nicht nur Positives abzugewinnen: „Sie schmeichelt dem Gaumen eine Zeitlang und wärmt für den Moment, dann allerdings lodert ein geradezu tödliches Fieber in einem auf."

Ob tödlich oder unsterblich: Das elitäre Vergnügen büßte seine Exklusivität erst ein, als die Schokoladeherstellung allmählich industrialisiert wurde. Allein im bekannt „süßen Wien" gab es zu Beginn des 18. Jahrhunderts bereits elf Schokoladefabriken mit 402 Arbeitern. Doch was war das schon im Verhältnis zu der in der Donaumetropole grassierenden „süßen Lust"? – So verwundert es auch nicht, dass schon damals 25 000 kg Schokolade pro Jahr importiert wurden. Seither haben die Schokoladenimporte ständig zugenommen. Die „süße Lust" hingegen ist die gleiche geblieben.

Mörwalds süße Grüße

DAS BESTE AUS DER PATISSERIE VON TONI M.

Toni Mörwald ist nicht nur ein begeisterter Gastronom, sondern auch ein leidenschaftlicher Gastgeber. In diesem Kapitel verrät er daher auch erstmals, mit welchen süßen Köstlichkeiten er, gemeinsam mit seiner Frau Evi, private Gäste verwöhnt.

Walderdbeeren mit Minzgelee

Minze waschen, abtropfen lassen und die Blätter abzupfen. Mit Champagner, Zitronensaft und Zucker aufkochen, abkühlen und einen Tag im Kühlschrank zugedeckt ziehen lassen.
Danach leicht erwärmen, durch ein Sieb gießen und die eingeweichte, ausgedrückte Gelatine einrühren. Über Eis kalt rühren. Die Walderdbeeren verlesen und auf gekühlten Tellern anrichten. Mit Minzgelee überziehen, mit Staubzucker bestreuen und mit Minzeblättern garnieren.

Zutaten
400 ml Champagner (ersatzweise trockener Sekt)
1 kleiner Bund Minze
Saft von 3 Zitronen
5 EL Kristallzucker
3 Blatt Gelatine
300 g Walderdbeeren
Staubzucker zum Bestreuen
einige Minzeblätter zum Garnieren

Beeren mit Honigeissauce

Für die Honigeissauce Milch, Obers und die Hälfte des Honigs aufkochen. Eidotter, Eier und restlichen Honig schaumig schlagen. Die heiße Milchmischung unter ständigem Rühren langsam zugießen und die Masse in einem heißen Wasserbad schaumig rühren, bis sie eine dickliche Konsistenz hat. Abkühlen lassen und in der Eismaschine gefrieren. Während des Gefrierens das geschlagene Obers zugeben. Das Eis kurz bei Zimmertemperatur stehen lassen und unmittelbar vor dem Servieren mit Champagner verrühren.
Von den Beeren etwa 5 EL durch ein Sieb passieren und dieses Mark mit den restlichen Beeren sowie dem Staubzucker gut vermischen. Kuvertüre erwärmen, in ein kleines Stanitzel oder Spritztüte füllen und auf jeden Teller dekorativ, etwa in Blattform, aufspritzen. Honigeissauce und die marinierten Beeren darauf anrichten und mit Minzeblättern garnieren.

Zutaten für 4–6 Portionen
250 ml Milch
250 ml Schlagobers, flüssig
250 g Honig
4 Eidotter
2 Eier
250 ml Schlagobers, geschlagen
100 ml Champagner (ersatzweise trockener Sekt)
ca. 600 g Beeren nach Belieben (etwa Walderdbeeren, Him- oder Brombeeren etc.)
1 TL Staubzucker
100 g Kuvertüre
einige Minzeblätter zum Garnieren

Kaktusfeigen mit Himbeeren und Mandelschaum

Zutaten
100 ml Mandelmilch (stark einreduzierte, mit gerösteten Mandeln 1/2 Tag aromatisierte Milch; ersatzweise: mit Mandelöl aromatisiertes Obers)
100 g Crème double
200 ml Schlagobers, geschlagen
550 g Staubzucker
4 Kaktusfeigen
1 Schale Himbeeren (ca. 200 g)

In einer Schüssel Mandelmilch, Crème double und Staubzucker gut miteinander verrühren. Geschlagenes Obers unterheben. Die Kaktusfeigen halbieren und das Fruchtfleisch mit einem Löffel herausnehmen. Etwas Mandelschaum auf Tellern anrichten und etwas Mandelschaum in die Kaktusfeigenhälften füllen. Himbeeren darauf verteilen und das Fruchtfleisch der Kaktusfeigen daneben anrichten.

Limettencreme mit Kiwi

Zutaten für 6–8 Portionen
60 g Kristallzucker zum Karamellisieren
6 cl Limettensaft
2 Blatt Gelatine
100 ml Joghurt für die Creme
2–3 Eiklar
ca. 1 EL Kristallzucker für den Schnee
2–3 EL Schlagobers, geschlagen
8–10 mittelgroße Kiwis
2 EL Läuterzucker (s. S. 40)
1 EL Bacardi-Rum
125 ml Joghurt zum Garnieren
1–2 Zweige Minze zum Garnieren
Butter für die Förmchen
Staubzucker zum Bestreuen

Zucker mit 1/3 des Limettensaftes zu hellbraunem Karamell kochen. Mit restlichem Limettensaft ablöschen. Die in kaltem Wasser eingeweichte Gelatine ausdrücken und im Karamell auflösen. Joghurt einrühren und alles durch ein feines Haarsieb gießen. Auf Eis kalt rühren. Eiklar mit Zucker zu cremigem Schnee schlagen und unter die abgekühlte Masse heben. Zuletzt das leicht geschlagene Obers unterziehen. Limettencreme in leicht gebutterte Förmchen füllen und 1–2 Stunden kalt stellen.

Die geschälten Kiwis – davon 1 für die Garnitur beiseite legen – in dünne Scheiben schneiden und in Läuterzucker und Bacardi etwa 1 Stunde marinieren. Joghurt mit der bei Seite gelegten und samt den Kernen passierten Kiwi verrühren. Die Förmchen vor dem Stürzen kurz in heißes Wasser stellen. Creme in die Tellermitte stürzen und die abgetropften Kiwischeiben rund um die Creme anrichten. Kiwijoghurt als Garnierung leicht über die Limettencreme laufen lassen. Vor dem Servieren noch mit Minze garnieren sowie zart mit Staubzucker bestäuben.

TIPP: Verwenden Sie nicht allzu vollreife Kiwis, da sonst der fruchtige, für Kiwis typisch saure Geschmack verloren geht.

Waldmeistercreme mit Limettensauce

Waldmeister von den Stielen befreien und mit Milch 1–3 Minuten aufkochen. Durch ein Sieb gießen und die eingeweichte, ausgedrückte Gelatine in der warmen Milch auflösen. Eidotter, Eier und Zucker schaumig schlagen und Milch ganz langsam unter ständigem Rühren zugießen. Unter Rühren abkühlen lassen. Waldmeister fein hacken und mit geschlagenem Obers unterheben. In Förmchen füllen und ca. 3 Stunden kalt stellen.
Für die Limettensauce Butter und Zucker unter ständigem Rühren zu mittelbraunem Karamell kochen. Die Hälfte des Limettensaftes löffelweise unterrühren. Die heiße Flüssigkeit gemeinsam mit dem Eidotter im Mixer aufschlagen und den restlichen Limettensaft einrühren. Die Förmchen kurz in warmes Wasser tauchen. Limettensauce auf Teller verteilen, Waldmeistercreme darauf setzen und mit Waldmeister und Minze garnieren.

Zutaten für 8 Portionen
70 g frischer Waldmeister
100 ml Milch
3 Blatt Gelatine
2 Eidotter
2 Eier
80 g Kristallzucker
300 ml Schlagobers, geschlagen
Minze- und Waldmeisterblätter zum Garnieren

Für die Limettensauce
80 g Kristallzucker
60 g Butter
4 EL Limettensaft
1 Eidotter

Williamsbirnencharlotte

Birnen schälen, halbieren und entkernen. Läuterzucker mit 2/3 des Weißweins, 2/3 des Champagners und etwas von dem Zitronensaft aufkochen. Darin 5 Birnenhälften pochieren (bissfest garen). Restliche Birnen mit restlichem Weißwein, Champagner sowie Zitronensaft zu einem Mus verkochen. Durch ein Sieb streichen.
Die pochierten Birnenhälften der Länge nach in feine Scheiben schneiden und 5 Charlottenförmchen (oder Portionsförmchen) fächerförmig damit auslegen. Williamsgeist etwas erwärmen, eingeweichte, ausgedrückte Gelatine darin auflösen und unter das Birnenmus rühren. Eiklar mit Zucker steif schlagen und unter das Birnenmus heben. In die Förmchen füllen und für etwa 2 Stunden kalt stellen.
Für die Cassissauce alle Zutaten miteinander vermischen, durch ein Haarsieb streichen und, falls die Sauce zu dick ist, mit etwas Johannisbeersaft verdünnen. Cassissauce auf tiefe Teller gießen, die Birnencharlotte darauf stürzen und mit Minzeblättern garnieren.

Zutaten für 5 Portionen
1 kg Williamsbirnen, vollreif
1 l leichter Läuterzucker (s. S. 40)
125 ml Weißwein
200 ml Champagner (ersatzweise trockener Sekt)
Saft von 1 Zitrone
1 Blatt Gelatine
2 EL Williamsgeist
2 Eiklar
1 EL Kristallzucker
Minzeblätter zum Garnieren

Für die Cassissauce
200 g schwarze Johannisbeeren, gerebelt
4 EL Zucker
3 EL Cassislikör (Johannisbeerlikör)
Johannisbeersaft nach Bedarf

Zutaten
2 Williamsbirnen, reif
100 ml Weißwein
100 g Kristallzucker
1 Vanilleschote
Saft von 1 Zitrone
20 Veilchenblüten zum Garnieren
50 g Mandelblättchen, geröstet

Für den Mandelschaum
100 ml Mandelmilch (stark einreduzierte, mit gerösteten Mandeln 1/2 Tag aromatisierte Milch; ersatzweise: mit Mandelöl aromatisiertes Obers)
100 g Crème double
200 ml Schlagobers, geschlagen
50 g Staubzucker

Pochierte Birnen mit Mandelschaum und Veilchen

Die Birnen schälen, halbieren, vom Kerngehäuse befreien und in einem Topf mit Weißwein, Zucker, Vanilleschote und Zitronensaft kurz pochieren (bissfest dünsten). Im Sud abkühlen lassen. Birnenhälften herausnehmen und in feine Fächer schneiden.
Für den Mandelschaum die Mandelmilch mit Créme double und Staubzucker gut verrühren und das geschlagene Obers unterheben. Birnenfächer auf tiefen Tellern anrichten, mit Mandelschaum überziehen und mit den gerösteten Mandelblättchen und Veilchenblüten garnieren.

Zutaten für 4–6 Portionen
100 ml Wasser
5 g Schwarzer Tee
50 g Ananasscheiben
Schale von 1 Orange
4 cl Orangensaft
5 cl Rum
2 cl Sherry
2 cl Kirschwasser
1 Zimtstange
1 Vanilleschote
4 cl Rotwein
4 EL Rotweinreduktion
1 Gewürznelke
50 g Zucker
20 g Maisstärke (Maizena)

Für die Lebkuchenmousse
2 Eier
1 Eidotter
30 g Zucker
1 Blatt Gelatine
2 cl Kirschwasser
75 g dunkle Kuvertüre
75 g Lebkuchen
5 g Lebkuchengewürz
250 ml Schlagobers, geschlagen

Lebkuchenmousse mit Punschsauce

Für die Punschsauce Wasser aufkochen, Tee damit übergießen, 5 Minuten ziehen lassen, abseihen. Tee mit allen anderen Zutaten außer Maisstärke aufkochen. Mit Maisstärke binden und zugedeckt 2–3 Tage im Kühlschrank ziehen lassen.
Für die Lebkuchenmousse in einem Schneekessel über Dampf Eier, Eidotter und Zucker zur Rose aufschlagen. D. h. so lange schlagen, bis die Masse eine dickliche Konsistenz hat und sich – wenn man leicht auf den Kochlöffel bläst – ähnlich wie eine Rose kringelt. Gelatine einweichen, ausdrücken, in leicht erwärmtem Kirschwasser auflösen und zugeben. Kuvertüre zerkleinern, Lebkuchen reiben. Beides in die Eiermasse einrühren und Lebkuchengewürz zugeben. Zuletzt geschlagenes Obers unterheben und Masse für 2 Stunden kalt stellen.
Aus der abgeseihten Punschsauce einen Saucenspiegel auf die Teller gießen. Mit einem Esslöffel Nocken aus der Lebkuchenmousse stechen und je 3 Nocken auf einen Teller setzen.

Kaffeeparfait mit Mascarponesauce

Zutaten für 10 Portionen
10 Eidotter
220 g Kristallzucker
5 EL Wasser
4 EL starker Mocca, kalt
10 EL Rum
500 ml Schlagobers, geschlagen
Walderdbeeren und geschlagenes Obers zum Garnieren

Für die Mascarponesauce
4 Eidotter
50 g Staubzucker
150 g Mascarpone
1 EL Rum
1 EL Zitronensaft
150 ml Schlagobers, geschlagen

Eidotter und 60 g (!) Zucker leicht aufschlagen. Restlichen Zucker (160 g) mit Wasser bis zum schwachen Faden kochen (s. Läuterzucker S. 40). Zur Eidottermasse gießen und unter ständigem Rühren kalt schlagen. Kalten Mocca gemeinsam mit Rum und geschlagenem Obers vorsichtig unterheben. In kleine Förmchen füllen und für mindestens 1 Stunde in den Tiefkühler stellen.

Für die Mascarponesauce Eidotter mit Zucker schaumig rühren. Mascarpone einrühren, mit Rum und Zitronensaft abschmecken und geschlagenes Obers unterheben. Sauce auf gekühlte Teller verteilen, die Förmchen kurz in warmes Wasser tauchen, stürzen und das Parfait darauf setzen. Mit geschlagenem Obers und Walderdbeeren garnieren.

Panna Cotta auf meine Art

Zutaten für 4–6 Portionen
500 ml Schlagobers
500 ml Milch
140 g Kristallzucker
4 Vanillestangen
2 Eier
3 Eidotter
brauner Zucker zum Bestreuen

Milch und Obers lauwarm erwärmen. Vanillestangen der Länge nach aufschneiden, dazugeben und kurze Zeit ziehen lassen. Zucker, Eier und Eidotter mit einem Schneebesen gut vermischen. Milch-Obers-Masse einrühren und eine gute halbe Stunde ziehen lassen. Nun alles durch ein Sieb gießen. Vanillemark herausschaben und zugeben. Masse in flache Förmchen ca. 3 cm hoch füllen und in einem Wasserbad im vorgeheizten Backrohr bei 130 °C ca. 30 Minuten pochieren. Herausnehmen und ca. 2 Stunden in den Kühlschrank stellen. Vor dem Servieren mit braunem Zucker bestreuen und kurz bei maximaler Oberhitze (oder unter dem Salamander) karamellisieren.

BACKZEIT: ca. 30 Minuten

BACKTEMPERATUR: 130 °C, dann kurz maximale Oberhitze

Mandelblütensorbet

Zutaten
200 ml Champagner (ersatzweise trockener Sekt)
200 ml Weißwein
11/2 Zitronen
100 g Mandelblüten (wenn nicht erhältlich, durch Mandelöl ersetzen)
200 ml Mandelmilch (stark einreduzierte, mit gerösteten Mandeln 1/2 Tag aromatisierte Milch; ersatzweise: mit Mandelöl aromatisiertes Obers)

Weißwein, Champagner, gut gewaschene und in Stücke geschnittene Zitronen sowie Mandelblüten aufkochen und abkühlen lassen (einige Mandelblüten zum Garnieren beiseite legen). Zugedeckt etwa 2–3 Tage im Kühlschrank ziehen lassen. Die Mandelmilch dazugeben, durch ein Sieb gießen und in der Eismaschine gefrieren lassen. Sorbet anrichten und vor dem Servieren mit einer Mandelblüte garnieren.

Kaffeesabayon mit Vanilleeis

Zutaten für 8 Portionen
Für das Vanilleeis
400 ml Schlagobers
300 ml Milch
2 Vanilleschoten
120 g Kristallzucker
2 Eier
4 Eidotter

Für das Kaffeesabayon
5 Eidotter
120 g Kristallzucker
150 ml starker Kaffee
2 EL Löskaffepulver
3 EL Rum
2 Blatt Gelatine
250 ml Schlagobers, geschlagen
Moccabohnen zum Garnieren

Obers, Milch und das ausgekratzte Mark der Vanilleschoten mit 70 g (!) Zucker aufkochen. Eier, Eidotter und restlichen Zucker schaumig rühren. Die heiße Milchmischung langsam und unter ständigem Rühren zugießen, in ein heißes Wasserbad stellen und schaumig rühren. Die Masse sollte eine dickliche Konsistenz haben. Durch ein Sieb passieren und abkühlen lassen. In der Eismaschine gefrieren.
Für das Sabayon die Eidotter in einer Metallschüssel aufschlagen. Kaffee, die Hälfte des Rums, Zucker und Löskaffeepulver aufkochen und unter ständigem Rühren zu den Eidottern gießen. Die im restlichen Rum eingeweichte Gelatine dazugeben, kalt schlagen und das geschlagene Obers unterheben. Mit einem Esslöffel je 2 Nocken vom Vanilleeis ausstechen, auf gekühlte Glasschalen setzen und mit dem Kaffeesabayon überziehen. Vor dem Servieren mit Moccabohnen garnieren.
TIPP: Ganz nach Lust und Liebe können Sie dieses Sabayon zusätzlich mit aufgespritzten Schokoladeornamenten dekorieren.

Dreierlei Schokoladeparfait

Für die Masse I 60 g (!) Zucker mit Wasser aufkochen. Eidotter und 20 g (!) Zucker schaumig schlagen. Langsam das heiße Zuckerwasser zugießen und so lange schaumig schlagen, bis die Masse abgekühlt ist. Kuvertüre zerkleinern, im Wasserbad schmelzen lassen und zusammen mit Alkohol (in diesem Fall Rum) unter die Grundmasse geben. Zum Schluss geschlagenes Obers unter die Masse heben. Masse in eine Terrinenform füllen und für 2 Stunden in das Tiefkühlfach stellen. (Die Terrinenform sollte zu einem Drittel gefüllt sein.)
Für Masse II die angegebenen Zutaten wie Masse I verarbeiten. In die Terrinenform füllen, die nun zu zwei Dritteln gefüllt ist, und ebenfalls 2 Stunden gefrieren lassen. Dann Masse III aus den angeführten Zutaten ebenso zubereiten, in die Terrinenform füllen und abermals 2 Stunden tiefkühlen.
Für die Mandelsauce Schlagobers halbfest schlagen, mit Mandelmilchsirup und etwas Essenz aromatisieren. Das Schokoladeparfait kurz in heißes Wasser tauchen und stürzen. Aus der Mandelsauce auf die Teller einen Saucenspiegel gießen. Das Parfait in Scheiben schneiden und auf der Sauce anrichten.

Zutaten für 16 Portionen
Für die Masse I
60 g Kristallzucker zum Aufkochen
2 cl Wasser
3 Eidotter
20 g Kristallzucker für die Eiermasse
3 EL Rum
120 g dunkle Kuvertüre
250 ml Schlagobers

Für die Masse II
60 g Kristallzucker zum Aufkochen
2 cl Wasser
3 Eidotter
20 g Kristallzucker für die Eiermasse
3 EL Kirschwasser
120 g weiße Kuvertüre
250 ml Schlagobers

Für die Masse III
60 g Kristallzucker zum Aufkochen
2 cl Wasser
3 Eidotter
20 g Kristallzucker für die Eiermasse
3 EL Nougatlikör
120 g Vollmilchkuvertüre
250 ml Schlagobers

Für die Mandelsauce
300 ml Schlagobers
Mandelmilchsirup (auf Sirup-Konsistenz eingekochte, mit gerösteten Mandeln 1/2 Tag aromatisierte Milch; ersatzweise: mit Mandelöl aromatisiertes Obers)
Bittermandelessenz

Feigenterrine

Zutaten für 1 Terrinenform (ca. 20 x 8 x 6 cm)
50 g Butter
10 g Staubzucker
2 Eidotter
100 g weiße Kuvertüre
3 EL Kirschwasser
3 Blatt Gelatine
50 g Pistazien, sehr fein gerieben
200 ml Schlagobers, geschlagen
6 Feigen, klein, aber reif
150 g Himbeeren
2 EL Cassisgelee zum Verzieren (oder Johannisbeer- bzw. Ribiselmarmelade)

Für den Marzipanmantel
150 g Marzipanrohmasse
100 g Staubzucker

Für den Mandelschaum
300 ml Schlagobers
Mandelmilchsirup (auf Sirup-Konsistenz eingekochte, mit gerösteten Mandeln 1/2 Tag aromatisierte Milch; ersatzweise: mit Mandelöl aromatisiertes Obers)
Bittermandelessenz

Butter und Staubzucker schaumig schlagen, Eidotter einrühren und noch einige Minuten weiterschlagen. Kuvertüre zerkleinern und im heißen Wasserbad schmelzen. Kirschwasser leicht erwärmen und eingeweichte, ausgedrückte Gelatine darin auflösen. Kuvertüre und Kirschwasser unter die Eidottermasse ziehen, Pistazien zugeben und geschlagenes Obers unterheben.
Marzipan und Staubzucker gut miteinander verkneten. Masse zu einem Rechteck von ca. 35 x 20 cm ausrollen und die nach Belieben mit Klarsichtfolie ausgelegte Terrinenform damit auslegen. Feigen schälen und Himbeeren verlesen. Die ausgelegte Terrinenform etwa 2 cm hoch mit der vorbereiteten Mousse füllen. Feigen in die Mitte der Länge nach hineinlegen, mit Mousse auffüllen und nochmals Himbeeren der Länge nach einlegen. Mit dem überlappenden Marzipanmantel abschließen und Terrine für etwa 3 Stunden kalt stellen.
Für den Mandelschaum Schlagobers halbsteif schlagen, mit Mandelmilchsirup und etwas Essenz aromatisieren. Terrine stürzen. Mandelschaum auf kalte Teller verteilen und die in Scheiben geschnittene Terrine darauf anrichten. Mit Cassisgelee dekorative Ornamente in die Sauce ziehen.

Armagnac-Pflaumen-Mousse mit Teesauce

Zum Marinieren der Trockenpflaumen Armagnac auf ca. 60 °C erwärmen (aber nicht kochen!) und über die Pflaumen gießen. Gut abdecken und 3 Tage ziehen lassen. Durch ein Sieb gießen, Flüssigkeit erwärmen, wieder über die Pflaumen gießen und nochmals ziehen lassen. Diesen Vorgang in 2 Wochen noch zweimal wiederholen. Dabei das Gefäß immer wieder gut verschließen, damit der Alkohol nicht verdunstet. Pflaumensaft abseihen und 70 ml davon bereithalten.
Für die Mousse Eier, Eidotter, Zucker, Armagnac und Pflaumensaft im heißen Wasserbad aufschlagen. Eingeweichte und ausgedrückte Gelatine dazugeben und über Eis kalt schlagen. Geschlagenes Obers unterheben. Die Pflaumen fein hacken und unterrühren. Masse in Förmchen füllen und kalt stellen.
Aus Ceylon-Tee und Wasser einen starken Tee zubereiten. Etwas einkochen lassen, zuckern und mit Stärke binden. Überkühlen lassen und dann geschlagenes Obers sowie Rum unterziehen. Die Förmchen kurz in heißes Wasser tauchen. Etwas Teesauce auf die Teller geben, Förmchen stürzen und Pflaumenmousse darauf setzen.

Zutaten
12 Trockenpflaumen, entsteint
250 ml Armagnac (ersatzweise Cognac oder anderer Weinbrand) zum Marinieren
2 Eier
2 Eidotter
70 g Staubzucker
70 ml Armagnac für die Mousse
70 ml Armagnac-Pflaumen-Saft (von den Armagnac-Pflaumen)
3 Blatt Gelatine
300 ml Schlagobers, geschlagen

Für die Teesauce
20 g Ceylon-Tee
300 ml Wasser
30 g Kristallzucker
1/2 TL Maisstärke (Maizena)
150 ml Schlagobers, geschlagen
3 EL Rum

Bananenterrine gefüllt mit Ananasbowle

Für die Bowle alle Zutaten gut verrühren und zugedeckt im Kühlschrank einen Tag ziehen lassen.
Für die Terrinenmasse Eidotter, Eiklar und Zucker im warmen Wasserbad schaumig schlagen. Eingeweichte und gut ausgedrückte Gelatine dazugeben und Masse kalt schlagen. Likör, pürierte Banane und Zitronensaft unterrühren und geschlagenes Obers vorsichtig unterheben. Masse in eine Terrinenform füllen und ca. 3 Stunden in den Kühlschrank stellen.
Für den Biskuitboden Ei und Zucker im warmen Wasserbad aufschlagen, zur Seite stellen und so lange weiterschlagen, bis die Masse eine dickliche Konsistenz hat und kalt ist. Die übrigen Zutaten vorsichtig unterheben. Backblech mit Öl bepinseln und mit Backpapier auslegen (das Papier bleibt so besser haften). Masse darauf streichen und im heißen Backrohr bei 180 °C etwa 8–10 Minuten goldgelb backen. Biskuitboden auf ein Küchentuch stürzen, Papier abziehen und überkühlen lassen. Mit einem runden Ausstecher Böden von ca. 5 cm Durchmesser ausstechen.
Für die Schokodeckel Kuvertüre zerkleinern und im warmen Wasserbad schmelzen. Etwas abkühlen lassen und (am besten mit einer Palette) rasch ca. 1 mm dick auf ein ca. 50 x 50 cm großes Pergamentpapier streichen. Anziehen lassen und vor dem Festwerden Kreise von 5 cm Durchmesser ausstechen. Kurz in den Kühlschrank stellen und dann die Schokolade vom Papier lösen.
Terrine kurz in heißes Wasser tauchen, stürzen und in 3 cm dicke Scheiben schneiden. Mit dem Ausstecher daraus Scheiben von 5 cm Durchmesser ausstechen. Diese Scheiben mit einem Ausstecher von 4 cm Durchmesser nochmals ausstechen, damit sich ein Ring ergibt. Kalt stellen.
Dann je eine Scheibe Biskuit auf tiefen Tellern platzieren. Darauf einen Ring der Bananenterrine setzen, mit der vorbereiteten Bowle auffüllen und mit je einem Schokodeckel abschließen. Mit etwas Bowlesaft umgießen und mit den Erdbeeren garnieren.

BACKZEIT: ca. 8–10 Minuten

BACKTEMPERATUR: 180 °C

Zutaten

Für die Terrinenmasse
2 Eidotter
1 Eiklar
50 g Kristallzucker
2 Blatt Gelatine
1 Banane, püriert
5 EL Bananenlikör
Saft von 2 Zitronen
120 ml Schlagobers, geschlagen
100 g dunkle Kuvertüre für die Schokodeckel
8 Erdbeeren zum Garnieren

Für den Biskuitboden
1 Ei
25 g Kristallzucker
25 g Mehl
10 g Maisstärke (Maizena)
1 cl Schlagobers
Öl für das Backblech

Für die Ananasbowle
150 ml Champagner (ersatzweise trockener Sekt)
150 ml trockener Weißwein
100 g frische Ananas, in kleine Würfel geschnitten
Saft von 2 Zitronen
50 g Kristallzucker
einige Blätter Waldmeister

Schokoladeblätter mit Mandarinenblüten

Zutaten
300 g dunkle Kuvertüre
Mandarinenblüten und Mandarinenblätter zum Garnieren, nach Möglichkeit (ersatzweise auch frische Minzeblätter)

Für die Füllcreme
150 g dunkle Kuvertüre
30 g Vollmilchkuvertüre
3 Eiklar
30 g Kristallzucker
250 g Crème double

Für die Mandarinensauce
500 ml Mandarinensaft
10 g Maisstärke (Maizena)
etwas Armagnac (oder Cognac bzw. Weinbrand)

Die Kuvertüre zerkleinern und im warmen Wasserbad schmelzen. Unter ständigem Rühren abkühlen lassen, nochmals leicht erwärmen und (am besten mit einer Palette) ca. 1 mm dick auf ein Pergamentpapier streichen. Nach dem Festwerden in 5 x 6 cm große Rauten (oder Quadrate) schneiden und kurz in den Kühlschrank stellen.

Für die Füllcreme helle und dunkle Kuvertüre im warmen Wasserbad schmelzen. Eiklar und Zucker cremig schlagen. Crème double leicht aufschlagen und mit Eischnee und warmer Kuvertüre vermischen.

Für die Sauce den Mandarinensaft in einen Topf geben, auf die Hälfte einkochen und mit Stärke binden. Mit Armagnac aromatisieren und überkühlen lassen.

Die Creme in einen Spritzbeutel füllen. Die Schokoladeblätter vom Pergament lösen und pro Person etwa 4 Blätter mit der Creme füllen. D. h. auf das erste Blatt etwas Creme auftragen, zweites Blatt darauf setzen usw. Aus der Mandarinensauce auf gekühlte Teller einen Saucenspiegel gießen, die gefüllten Schokoladeblätter darauf setzen und nach Möglichkeit mit Mandarinenblüten und -blättern garnieren.

Mohnmousse mit Germzopf

Für den Teig Germ mit etwas Zucker und wenig lauwarmer Milch verrühren, zudecken und ca. 20 Minuten aufgehen lassen. Mehl in eine Schüssel geben und mit flüssiger Butter, restlichem Zucker, Eiern, restlicher lauwarmer Milch, Rosinen und Dampfl gut verarbeiten. Den Teig so lange schlagen, bis er weich und geschmeidig ist. Zudecken und an einem warmen Ort aufgehen lassen. Nochmals kräftig zusammenschlagen und nochmals gehen lassen.
Nun den Teig in drei Stränge teilen und daraus einen Zopf flechten. Auf ein befettetes Backblech legen und nochmals aufgehen lassen. Mit dem verquirlten Ei bestreichen und im vorgeheizten Backrohr bei 180 °C ca. 60 Minuten backen. Herausnehmen und abkühlen lassen.
Für die Mousse Mohn mit Milch einkochen und dann wieder abkühlen lassen. Butter und Staubzucker schaumig schlagen, Eidotter zugeben und weiterschlagen. Kuvertüre zerkleinern, im Wasserbad schmelzen und mit Kirschwasser unter die Buttermasse ziehen. Abschließend abgekühlte Mohnmasse sowie geschlagenes Obers unterheben. Die Mousse in eine Schüssel füllen und ca. 2 Stunden in den Kühlschrank stellen. Den Germzopf in Scheiben schneiden und mit der Mohnmousse servieren.

BACKZEIT: ca. 60 Minuten
BACKTEMPERATUR: 180 °C

Zutaten für 8 Portionen
1 kg Weizenmehl
40 g Germ
40 g Kristallzucker
120 g Butter
4 Eier
ca. 250 ml Milch
100 g Rosinen
1 Ei zum Bestreichen
Butter für das Backblech

Für die Mohnmousse
50 g Mohn, gemahlen
125 ml Milch
40 g Butter
10 g Staubzucker
2 Eidotter
90 g weiße Kuvertüre
2 EL Kirschwasser
200 ml Schlagobers, geschlagen

Tartelettes mit karamellisierten Haselnüssen

Zutaten für 50 Stück
100 g Staubzucker für den Teig
200 g Butter
300 g Mehl
1 Ei
etwas Vanillemark
300 g Haselnüsse, nicht gerieben
150 g Kristallzucker zum Karamellisieren
50 ml Wasser
150 g Haselnussnougat
50 g Pistazien, gerieben
150 g halbbittere Kuvertüre
Mehl für die Arbeitsfläche
Butter für die Förmchen nach Belieben

Staubzucker, Butter, Mehl, Ei und Vanillemark rasch zu einem glatten Teig verarbeiten und 1/2 Stunde zugedeckt im Kühlschrank rasten lassen. Haselnüsse kurz im vorgeheizten Backrohr rösten, damit sich die Haut durch Abreiben leichter entfernen lässt. Haselnüsse von der Haut befreien. In einer Pfanne Haselnüsse, Kristallzucker und Wasser vermengen und bei mittlerer Hitze unter ständigem Rühren hellbraun karamellisieren. Vom Feuer nehmen und mehrmals durchrühren, damit die Nüsse abkühlen.
Mürbteig auf einer bemehlten Arbeitsfläche dünn ausrollen und kleine – nach Belieben befettete – Tartelettenförmchen mit dem Teig auslegen. Den Rand gut andrücken und im vorgeheizten Backrohr bei 200 °C ca. 25 Minuten hellbraun backen. Aus den Förmchen stürzen. Kuvertüre erwärmen und die Tartelettes damit ausstreichen. Etwas Nougat in die Törtchen drücken und je drei karamellisierte Haselnüsse hineinsetzen. Geriebene Pistazien darüber streuen und nochmals etwas Kuvertüre darüber träufeln.

BACKZEIT: ca. 25 Minuten

BACKTEMPERATUR: 200 °C

Mürbteigschiffchen mit Himbeeren und weisser Mousse

Staubzucker, Butter, Mehl, Ei und Vanillemark rasch zu einem glatten Teig verarbeiten und 1/2 Stunde zugedeckt im Kühlschrank rasten lassen. Für die Mousse Butter und Staubzucker schaumig rühren. Eidotter zugeben und etwa 5 Minuten weiterschlagen. Kuvertüre zerkleinern und im Wasserbad schmelzen. Kirschwasser und geschmolzene Kuvertüre unter die Eidottermasse ziehen und das geschlagene Obers unterheben. Mousse einige Zeit kalt stellen.

Den Mürbteig auf einer bemehlten Arbeitsfläche dünn ausrollen, kleine – nach Belieben befettete – Förmchen (Schiffchen) mit dem Teig auslegen, den Rand gut andrücken und im vorgeheizten Backrohr bei 200 °C ca. 25 Minuten hellbraun backen. Aus den Förmchen stürzen und mit erwärmter Kuvertüre ausstreichen. Die Himbeeren verlesen, je 3–4 Stück in die Schiffchen legen, mit Mousse auffüllen und glatt streichen. Mit etwas Kuvertüre überziehen.

BACKZEIT: ca. 25 Minuten

BACKTEMPERATUR: 200 °C

Zutaten für 50 Stück

100 g Staubzucker
200 g Butter
300 g Mehl
1 Ei
etwas Vanillemark
150 g halbbittere Kuvertüre zum Bestreichen
ca. 200 g Himbeeren
Mehl für die Arbeitsfläche
Butter für die Förmchen nach Belieben

Für die Mousse

45 g Butter
10 g Staubzucker
2 Eidotter
100 g weiße Kuvertüre
2 EL Kirschwasser
200 ml Schlagobers, geschlagen

Savarin mit Trauben und Weinschaum

Zutaten für 15 Stück
180 g Mehl
10 g Germ
5 EL Milch, lauwarm
80 g Butter
20 g Kristallzucker
Salz
1/2 TL Zitronenschale, gerieben
2 Eier
Butter und Mehl für die Formen

Für den Sirup
250 ml Wasser
80 g Zucker
50 g Honig
Schale von 1 Orange
1 TL Zitronensaft
2 EL Cognac

Für die Trauben
200 g Weintrauben, möglichst klein
125 ml Wasser
60 g Kristallzucker
1/2 Vanilleschote
2 EL Cognac

Für den Weinschaum
100 ml Weißwein
100 ml Marsalawein (oder anderer kräftiger, aromatischer Dessertwein)
100 g Kristallzucker
2 Eier
2 Eidotter

Mehl in eine Schüssel sieben, in die Mitte eine Vertiefung drücken, Germ hineinbröckeln und mit lauwarmer Milch verrühren. Zudecken und an einem warmen Ort gehen lassen. Butter zerlassen und zusammen mit Eiern, Zucker, Salz und geriebener Zitronenschale in den Teig einarbeiten und kräftig durchschlagen. (Der Teig darf aber nicht zu fest sein.) Nochmals an einem warmen Ort gehen lassen. Kleine Savarin- oder Ringformen mit Butter ausstreichen, mit Mehl ausstreuen und zur Hälfte mit Teig füllen. Zudecken und nochmals gehen lassen. Im vorgeheizten Backrohr bei 180 °C 12–15 Minuten backen. Herausnehmen und überkühlen lassen.

Für den Sirup Wasser mit Zucker, Honig und abgeriebener Orangenschale aufkochen, abkühlen lassen und durch ein Sieb passieren. Mit Zitronensaft und Cognac abschmecken und die Savarins damit tränken.

Weintrauben schälen. Wasser mit Zucker und Vanilleschote etwas einkochen lassen, zur Seite stellen. Vanilleschote entfernen und Trauben sowie Cognac dazugeben. Alles etwas abkühlen lassen.

Für den Weinschaum alle Zutaten gut miteinander verrühren und im warmen Wasserbad cremig aufschlagen. Die Savarins auf Tellern anrichten, die Trauben in die Mitte geben und mit Weinschaum servieren.

BACKZEIT: 12–15 Minuten

BACKTEMPERATUR: 180 °C

Tonis Kirschtorte

Zutaten
6 Eier
150 g Kristallzucker
150 g Mehl
50 g Maisstärke (Maizena)
80 g Butter, geschmolzen
Butter und Mehl für die Form
15 cl Kirschwasser zum Tränken
Mandeln, gehobelt und geröstet, zum Bestreuen
Staubzucker zum Bestreuen

Für die Japonais-Böden
180 g Eiklar
80 g Kristallzucker
180 g Haselnüsse, fein gemahlen
40 g Mehl
Butter und Mehl für das Backblech

Für die Vanillecreme
80 g Kristallzucker
3 Eidotter
200 ml Milch
Mark von 1 Vanilleschote
3 Blatt Gelatine
200 ml Schlagobers
10 g Staubzucker für das Obers

Eier und Zucker im warmen Wasserbad schaumig schlagen, vom Herd nehmen und so lange weiterschlagen, bis die Masse eine dickliche Konsistenz hat und kalt ist. Mehl, Maisstärke und geschmolzene Butter vorsichtig unterheben. Eine Tortenform von 26 cm Durchmesser mit Butter ausstreichen, mit Mehl ausstreuen und Masse einfüllen. Im vorgeheizten Backrohr bei 180 °C ca. 60 Minuten backen.

Für die Japonais-Böden Eiklar fast steif schlagen, Zucker langsam einrieseln lassen und so lange weiterschlagen, bis die Masse sehr steif ist. Restliche Zutaten unterheben und Masse in Form von 2 runden Böden mit Ø 26 cm (am besten mit einer Palette) auf ein gebuttertes und bemehltes Backblech streichen. Im vorgeheizten Rohr bei 180 °C ca. 15 Minuten goldgelb backen. Die Böden noch heiß vorsichtig vom Blech lösen.

Für die Vanillecreme Kristallzucker, Eidotter, Milch und Vanillemark gut miteinander verrühren und langsam unter ständigem Rühren erhitzen, aber nicht zum Kochen bringen. Eingeweichte Gelatine darin auflösen. Auf Eis kalt rühren. Kurz vor dem Erstarren das mit Staubzucker geschlagene Obers unterheben.

Den ersten Japonais-Boden ca. 5 mm dick mit Vanillecreme betreichen, den Tortenboden darauf legen, mit Kirschwasser tränken, wieder 5 mm Vanillecreme darüber streichen und mit dem zweiten Japonais-Boden abdecken. Torte mit restlicher Vanillecreme rundherum bestreichen und Seitenfläche mit Mandeln bestreuen. Oberfläche mit Staubzucker bestreuen und mit einer Palette oder einem Messerrücken gitterartig verzieren.

BACKZEIT: Tortenboden ca. 60 Minuten, Japonais-Böden ca. 15 Minuten

BACKTEMPERATUR: 180 °C

RECHTS: RUMGUGELHUPF

ZITRONENCREMEROULADE

Zutaten
6 Eier
140 g Kristallzucker
150 g Mehl
50 g Maisstärke (Maizena)
70 g Butter, geschmolzen
Butter für das Backblech
Kristallzucker zum Stürzen
Staubzucker zum Bestreuen

Für die Zitronencreme
80 g Kristallzucker
60 ml Weißwein
3 Eidotter
Saft und Schale von 2 Zitronen
4 Blatt Gelatine
400 ml Schlagobers

Eier und Zucker im warmen Wasserbad aufschlagen, zur Seite stellen und weiterschlagen, bis die Masse eine dickliche Konsistenz hat. Mehl, Stärke und zerlassene Butter unterheben. Ein Backblech mit Butter ausstreichen und mit Backpapier auslegen (das Papier bleibt so besser haften). Masse aufstreichen und im vorgeheizten Backrohr bei 200 °C ca. 15 Minuten backen.
Für die Zitronencreme Zucker, Weißwein, Eidotter, Zitronensaft und abgeriebene Zitronenschale unter ständigem Rühren zum Kochen bringen. Vom Herd nehmen und so lange rühren, bis eine dickliche Masse entsteht. Eingeweichte und gut ausgedrückte Gelatine dazugeben. Masse durch ein Sieb streichen, unter ständigem Rühren abkühlen lassen und geschlagenes Obers unterheben. Fertig gebackenen Biskuitteig auf ein mit Kristallzucker bestreutes Backpapier stürzen. Zitronencreme auftragen, einrollen und kühl stellen. Mit Staubzucker bestreuen.
BACKZEIT: ca. 15 Minuten
BACKTEMPERATUR: 200 °C

RUMGUGELHUPF MIT ROTWEINBIRNEN

Zutaten für 4 Portionsförmchen
Für die Rotweinbirnen
500 g Birnen, vollreif
1 kleine Vanillestange
1 kleine Zimtstange
1 Gewürznelke
200 ml Rotwein
70 g Kristallzucker
Saft von 1/2 Zitrone
Saft von 1/2 Orange

Für den Rumgugelhupf
120 g Kristallzucker
80 g Butter
2 Eidotter
50 g Haselnüsse, geröstet und gerieben
40 g Schokolade, gerieben
1 Msp. Zimtpulver
70 g Mehl
1 EL Rum
3 Eiklar
Butter und Brösel für die Förmchen

Für die Rotweinbirnen sämtliche Zutaten in einem Topf zum Kochen bringen und die geschälten, entkernten Birnenhälften darin kurz aufkochen lassen. Alles zusammen bei Zimmertemperatur etwa 6 Stunden ziehen lassen.
Butter mit der Hälfte des Zuckers schaumig rühren. Nach und nach Eidotter, Haselnüsse, Schokolade, Zimt, Rum und Mehl dazugeben und alles gut vermischen. Eiklar mit restlichem Zucker steif schlagen und unter die Masse heben. Gugelhupfmasse in gebutterte und mit Semmelbröseln bestreute Portionsförmchen füllen und im vorgeheizten Backrohr bei 180 °C ca. 18 Minuten backen. Birnen fächerförmig aufschneiden. In tiefen Tellern anrichten, den Gugelhupf darauf stürzen und warm servieren.
BACKZEIT: ca. 18 Minuten
BACKTEMPERATUR: 180 °C

Tonis Tortenschlacht

Nicht jeder Meister ist vom Himmel gefallen, und auch Toni M. hat während seiner Lehr- und Wanderjahre in vielen großen Häusern „gedient". Bei einem der „ganz Großen" durfte er auch bei Kochkursen assistieren und lernte dabei, dass auch Große nicht unfehlbar sind. Nachdem der Meister den anwesenden Damen ein kompliziertes Tortenrezept erklärt hatte, machte er sich im Anschluss an den Kurs daran, die Torte fürs folgende „Kaffeekränzchen" selbst zu backen. Als die Torte fertig war, entpuppte sich das Rezept als so fehlerhaft, dass statt einer köstlichen Torte nur eine unattraktive Teigmasse daraus wurde, die unmöglich serviert werden konnte. Da hatte der Meister eine Idee: Er wies Toni M. an, sie so zu den wartenden Damen zu bringen, dass er beim Betreten des Raums stolperte und die Torte dadurch zu Boden fallen ließ. Toni M. gehorchte zähneknirschend, hatte den erwarteten Lacherfolg und ersparte dem großen Meister eine gewaltige Blamage.

„In meinen eigenen Kochkursen ist mir so etwas allerdings noch nicht passiert", beteuert Toni M. glaubhaft.

Marmorsoufflé mit Nougatsauce

Zutaten

Für die Nougatsauce
100 g Nougat
100 ml Schlagobers, flüssig
3 g Maisstärke (Maizena)
3 EL Läuterzucker (s. S. 40)
2 EL Rum
100 ml Schlagobers, geschlagen

Für das Marmorsoufflé
200 g Topfen (20 % Fett)
3 Eidotter
3 Eiklar
60 g Zucker
1 TL Kakaopulver
Butter und Zucker für die Förmchen

Für die Nougatsauce Schlagobers leicht erwärmen und Nougat darin auflösen. Stärke und Läuterzucker in etwas Wasser anrühren und zugeben. Alles gut miteinander vermischen und abkühlen lassen. Zuletzt Rum und geschlagenes Obers unterheben.

Für das Soufflé den Topfen durch ein Sieb streichen und mit Eidottern sorgfältig verrühren. Eiklar mit Zucker zu cremigem Schnee schlagen und unter die Topfenmasse heben. Unter etwa ein Viertel der Masse das Kakaopulver ziehen. Kleine Auflaufförmchen (Ø ca. 8 cm) ausbuttern, mit Zucker ausstreuen und die beiden Soufflémassen abwechselnd schichtweise hineingießen und glatt streichen. Förmchen in ein Wasserbad mit siedendem Wasser setzen und im vorgeheizten Backrohr bei 250 °C Unterhitze und 160 °C Oberhitze (oder 190 °C) ca. 20–25 Minuten backen. Die Soufflés sofort auf tiefe Teller stürzen und mit der vorbereiteten Nougatsauce überziehen.

BACKZEIT: ca. 20–25 Minuten

BACKTEMPERATUR: 250 °C Unterhitze, 160 °C Oberhitze (oder 190 °C)

Gratin von Himbeeren und Mango mit Mandelcreme

Die Mango schälen, entkernen und Fruchtfleisch in Würfel schneiden. Himbeeren verlesen und 50 Gramm davon für Himbeermark durch ein Sieb drücken. Restliche Himbeeren mit Mangowürfeln, Staubzucker, dem vorbereiteten Himbeermark und Zitronensaft vorsichtig mischen und ziehen lassen.
Für die Creme Eidotter mit Zucker schaumig schlagen und mit passiertem Topfen gut verrühren. Mandelmilch und Bittermandelöl zufügen. Eiklar und Kristallzucker schaumig aufschlagen und vorsichtig mit der Topfenmasse vermischen. Zuletzt geschlagenes Obers unterziehen. Die marinierten Früchte im Backrohr etwas erwärmen, auf tiefe Teller verteilen und mit der Mandelcreme bedecken. Im Backrohr bei 300 °C (oder maximaler) Oberhitze gratinieren.

BACKZEIT: einige Minuten

BACKTEMPERATUR: 300 °C oder maximale Oberhitze

Zutaten

1 Mango, vollreif
ca. 400 g Himbeeren
1 TL Staubzucker
etwas Zitronensaft

Für die Mandelcreme

4 Eidotter
80 g Zucker
80 g Topfen
3 EL Mandelmilch (stark einreduzierte, mit gerösteten Mandeln 1/2 Tag aromatisierte Milch; ersatzweise: mit Mandelöl aromatisiertes Obers)
einige Tropfen Bittermandelöl
4 Eiklar
80 g Kristallzucker für den Schnee
300 ml Schlagobers, geschlagen

Birnentörtchen mit Butterbröseln

Blätterteig auf einer bemehlten Arbeitsfläche ca. 1,5 mm dick ausrollen, 4 runde Scheiben von 15 cm Durchmesser ausstechen und diese im Kühlschrank eine Stunde rasten lassen.
Für den Belag Marzipan mit Haselnüssen und 1 Esslöffel Wasser gut vermengen. Marzipanmasse dünn auf die Teigböden streichen. Birnen schälen, halbieren und Kerngehäuse entfernen. Birnen dünn aufschneiden und fächerförmig auf die Böden legen. Im vorgeheizten Backrohr bei 220 °C etwa 20 Minuten backen. Marillenmarmelade mit 1 Esslöffel Wasser leicht erwärmen, glatt rühren und die Küchlein damit überziehen. Schlagobers halbsteif schlagen und mit Zucker sowie Rum aromatisieren. Für die Brösel Butter schmelzen und die Brösel darin goldgelb rösten. Zucker und Zimt einrühren. Birnenküchlein auf große Teller geben, mit Butterbröseln bestreuen und mit Rumobers umgießen.

BACKZEIT: ca. 20 Minuten
BACKTEMPERATUR: 220 °C

Zutaten
350 g Blätterteig (s. S. 11 oder Fertigprodukt)
30 g Marzipanrohmasse
1 EL Haselnüsse, gerieben
4 Birnen, gut reif
2 EL Marillenmarmelade
250 ml Schlagobers
1 EL Staubzucker
3 EL Rum
Mehl für Arbeitsfläche

Für die Butterbrösel
60 g Butter
50 g Semmelbrösel
40 g Zucker
1/2 TL Zimt

Mocca-Spritzgebäck

Butter, Zucker und Ei schaumig rühren. Das in Rum aufgelöste Kaffeepulver sowie Mandeln, Kakaopulver und Mehl hinzugeben und gut miteinander vermischen. Masse in einen Spritzbeutel mit mittlerer Lochtülle (runde Öffnung) füllen. Auf ein gefettetes und bemehltes Backblech kleine Halbmonde spritzen, im vorgeheizten Backrohr bei 200 °C ca. 5 Minuten backen und vom Blech lösen.
Dann Nougat erwärmen, glatt rühren und die Hälfte der Halbmonde auf der glatten Seite damit bestreichen. Die andere Hälfte darauf setzen. Kuvertüre im Wasserbad schmelzen und die gefüllten Halbmonde mit jeder Spitze in die Glasur tauchen. Zum Trocknen auf ein Kuchengitter legen.

BACKZEIT: ca. 5 Minuten
BACKTEMPERATUR: 200 °C

Zutaten für 35 Stück
160 g Butter
80 g Staubzucker
1 Ei
2 EL Rum
2 EL Löskaffeepulver
60 g Mandeln, fein gerieben
1 EL Kakaopulver
150 g Mehl
120 g Nougat
120 g dunkle Kuvertüre
Butter und Mehl für das Backblech

Zitronenherzen

Zutaten für 50 Stück
3 Eidotter
120 g Kristallzucker
1 Pkt. Vanillezucker
Saft und Schale von 1 Zitrone
250 g Haselnüsse, gerieben
Staubzucker zum Ausrollen
Butter für das Backblech

Zum Glasieren
100 g Staubzucker
1–2 EL Zitronensaft

Eidotter mit Zucker und Vanillezucker cremig rühren. Zitronensaft, abgeriebene Zitronenschale und Haselnüsse dazugeben und alles gut durchkneten. Den Teig auf einer mit Staubzucker bestreuten Arbeitsfläche dünn ausrollen, kleine Herzen ausstechen und diese auf das bebutterte Backblech legen. Im vorgeheizten Backrohr bei 200 °C 8–10 Minuten rasch goldgelb backen.
Für die Glasur den Staubzucker sieben und mit Zitronensaft gut verrühren. Die gebackenen Zitronenherzen mit der Zitronenglasur bepinseln und trocknen lassen.
BACKZEIT: ca. 8–10 Minuten
BACKTEMPERATUR: 200 °C

Walnuss-Marzipan-Pralinen

Zutaten für 20 Stück
200 g Marzipanrohmasse
100 g Walnüsse, gerieben
3 EL Bénédictine (ersatzweise anderer Kräuterlikör)
Staubzucker zum Ausrollen
200 g Vollmilchkuvertüre
ca. 20 schöne Walnüsse zum Dekorieren

Marzipan mit Walnüssen und Bénédictine zu einem festen Teig kneten. Masse auf einer mit Staubzucker bestreuten Arbeitsfläche ca. 1 cm dick ausrollen und kleine runde Taler ausstechen. Kuvertüre im Wasserbad erwärmen, die Marzipantaler damit überziehen und je eine Walnuss darauf setzen. Auf einem Gitter abtropfen lassen und anschließend in Pralinenkapseln legen.
TIPP: Diese Pralinen lassen sich in einer luftdicht verschlossenen Dose aufbewahrt etwas länger lagern.

Süße Grüße aus Österreich

Ein kleiner Streifzug durch die Geschichte der heimischen Mehlspeisküche

Als 996 mit der viel zitierten Ostarrichi-Urkunde die Geburtsstunde Österreichs schlug, hatte das Kochen mit Zucker zwar schon weit über 15 000 Jährchen auf dem Buckel, in Österreich war es indessen völlig unbekannt. Dabei hatten schon die alten Melanesier entdeckt, dass sich Zuckerrohrstengeln eine verführerische Süße entlocken ließ. Auch Alexander der Große kannte bereits die Freuden des Zuckerrohrs, und als der Kalif von Bagdad 807 Hochzeit feierte, soll er mit seinem Hofstaat die beachtliche Menge von 40 Tonnen Zuckerwerk und Süßigkeiten verzehrt haben.

Auf dem Gebiet des heutigen Österreich war das einzige bekannte Süßungsmittel damals jedoch der Honig, und das sollte zumindest für breitere Bevölkerungsschichten auch noch eine Weile so bleiben. Im Jahre 1096 – Ostarrichi hätte damals gerade seinen Hunderter feiern können – begann der Erste Kreuzzug, dessen Teilnehmer drei Jahre später schwerbepackt zurück in die Heimat kehrten: mit Juwelen, Gewürzen, Parfums und – orientalischen Zuckerhüten.

Erst ab diesem Zeitpunkt begann sich das, was man später den österreichischen Mehlspeishimmel nennen sollte, allmählich zu öffnen. Da Zucker aufgrund der geringen verfügbaren Menge ähnlich kostspielig war wie Gold oder Edelsteine, sollte es allerdings noch ein wenig dauern, bis das Backen und Kochen damit zum Allgemeingut wurde.

Immerhin: Im 12. Jahrhundert ist in Venedig schon von Zuckerbäckern die Rede, und es darf angenommen werden, dass sie ihren Konfekt auch an den Hof nach Wien exportierten. In großem Stil machten sich die Zuckerbäcker in der Reichshauptstadt allerdings erst breit, als der in Spanien und den Niederlanden aufgewachsene Kaiser Ferdinand I.

seine Residenz 1522 an der Donau aufschlug und ein Heer von „Zuggermachern" aus den Niederlanden und Spanien an den Wiener Hof berief. 1555 schlug dann die Geburtsstunde der Wiener Zuckerbäckerinnung, die in Kaiser Ferdinand einen wohlwollenden Förderer fand.

Mindestens ebenso wichtig wie die plötzliche Karriere der Krapfenbacherinnen und Mandoletti-Krämer ist in der Geschichte der Wiener Mehlspeis' jedoch ein anderes Datum, das die Süßigkeiten quasi über Nacht vom teuren Luxus- zum allgemeinen Volksgut machte.

Noch in der Rokokozeit kostete ein Kilo Zucker nämlich umgerechnet ca. 27 Euro. Das änderte sich erst, als der Berliner Chemiker Andreas Sigismund Marggraf 1747 die Abhandlung „Chemische Versuche, aus verschiedenen einheimischen Pflanzen einen wahren Zucker zu verfertigen" publizierte. Statt Rohrzucker teuer aus Übersee zu importieren, war es nunmehr möglich, genau denselben Zucker aus Runkelrüben herzustellen. Das folgende Jahrhundert schuf dafür – dank eines 1798 von Franz Carl Achard entwickelten Verfahrens – auch die entsprechende Infrastruktur: 1801 wurde die erste Rübenzuckerfabrik der Welt in Cunern/Schlesien in Betrieb genommen. Und nur zwei Jahre später war es auch in Österreich so weit, dass bei St. Pölten die erste Zuckerfabrik eröffnet werden konnte.

Der Grundstoff, aus dem die Träume vom Wiener Mehlspeishimmel gewirkt sind, war also plötzlich für alle Schichten frei zugänglich – und das süße Füllhorn konnte über der Wienerstadt hemmungslos ausgeschüttet werden.

Das süße ABC
Grundbegriffe der süßen Küche von A bis Z

ABBRENNEN Brandteig so lange auf dem Feuer rühren, bis er sich als Klumpen vom Topf löst

ABBRÖSELN Fett und Mehl zwischen den Fingern verreiben, bis eine bröselige Masse entsteht

ABFLÄMMEN Eine Masse oder Schaummasse mit einer Lötlampe oder einem Bunsenbrenner bräunen. Zum Abflämmen von Crème brûlée werden im Fachhandel spezielle Crème-brûlee-Brenner angeboten.

ABSCHLAGEN Teig kräftig auf eine Unterlage werfen. Das gilt insbesondere für schon aufgegangenen Germteig, der dadurch seine Blasen verliert und feinporiger wird.

ABSCHMALZEN In heißem Fett schwenken

ABSCHMECKEN Nach Geschmack würzen

ABSCHRECKEN Gekochte, noch heiße Teigwaren mit kaltem Wasser abschwemmen

ABSTOCKEN Eine Masse „felieren", fest werden lassen

ABTRIEB Fett unter Zusatz von Ei oder Zucker schaumig rühren

ABTROCKNEN Glasuren u. Ä. vor der Weiterverwendung trocknen lassen

ABZIEHEN Flüssigkeiten, Cremen oder Saucen mit Zucker, Eidotter, Gelatine usw. erhitzen und so lange rühren, bis sie eine dickliche Konsistenz erlangen. „Zur Rose abziehen" ist ein Begriff aus der Eisherstellung und bedeutet, eine Masse mit Eiern erhitzen, bis sie leicht bindet. Wenn man leicht auf den Kochlöffel bläst, sollte sich die Masse dabei ähnlich wie eine Rose kringeln.

AGAR-AGAR Das Wort stammt aus dem Malaiischen und bedeutet „gelierendes Lebensmittel aus Algen". Es wird vor allem in der süßen Vollwertküche als Ersatz für Gelatine eingesetzt.

AHORNSIRUP Aus dem Saft des Zuckerahorns gewonnener Süßstoff, wird vor allem in Kanada und den USA hergestellt

ANGELIKA Engelwurz

ANWIRKEN Marzipan oder ähnliche Massen verkneten

ANZIEHEN LASSEN Eine Masse etwas überkühlen, bis sie so weit geliert ist, dass man beispielsweise eine zweite Masse darauf auftragen kann

APRIKOTIEREN Mit Marillenmarmelade einstreichen

ARANZINI Orangeat

AUFLAUF Patisserieausdruck für Soufflé. Im volkstümlichen Gebrauch versteht man darunter auch jedes Gericht, das in eine Form gefüllt und überbacken wird.

AUSBACKEN In heißem Fett schwimmend frittieren

AUSROLLEN Einen Teig mit Hilfe eines Rollholzes gleichmäßig auseinander treiben

BÄCKEREI Süßgebäck

BACKFORMEN Edelstahlformen mit verschiedenen Umrissen, die zum Backen von Massen verwendet werden

BACKOBST Dörrobst

BACKPFLAUMEN Dörrzwetschken

BACKTRENNPAPIER Pergamentartiges, silikonisiertes Papier zum Belegen von Backblechen; verhindert, dass das Backgut an der Unterlage haften bleibt

BACKWERK Bäckerei

BACKZUCKER Für die Mehlspeisküche besonders geeigneter Zucker mit backverstärkender Wirkung

BAISER Windbäckerei, auch: spanische Winde, verwandt mit der Meringue (s. dort)

BAYRISCHE CREME Auch Creme Bavaroise genannte Patisserie-Grundcreme auf Basis von Eidotter, Vanille, Zucker, Gelatine und Schlagobers (s. auch S. 251)

BEIGNET Früchte oder Fruchtstücke durch Backteig gezogen und in Fett gebacken

BISKOTTEN Löffelbiskuit.

BLANCHIEREN Überbrühen von Früchten etc. als vorbereitendes Kochverfahren

BLÄTTERTEIG S. Butterteig

BLAUBEEREN Heidelbeeren, Schwarzbeeren

BLIND BACKEN Einen Teig ohne Fülle backen, indem man ihn mit Backpapier belegt, das wiederum mit getrockneten Erbsen oder Linsen bestreut wird. Nach dem Backen wird das Backpapier dann wieder entfernt.

Bonbons Durch Eindampfen und Erkalten von Zuckerlösung in bestimmte Formen gepresste und auf unterschiedliche Weise weiterverarbeitete kleine Süßwaren, die in Österreich auch Zuckerl genannt werden (s. auch S. 40)

Brandig werden Die Bindung verlieren. Der Ausdruck wird vor allem im Zusammenhang mit Mürbteig verwendet, der zu warm gerät, weil er zu lange bearbeitet wurde.

Brauner Zucker Die oft gehörte Einschätzung, es handle sich dabei um ungebleichten Naturzucker, ist falsch. Tatsächlich ist der weiße Zucker so natürlich wie der braune, der durch Beimengung eines braunen Zuckersirups gefärbt und mit Rohrzuckersirup veredelt wird.

Brioche Germ- bzw. Hefekuchen

Brösel, Semmelbrösel Paniermehl

Buchteln Dampfnudeln

Buchweizenmehl In Österreich auch Heiden- oder Hadnmehl genannt. Der Name Buchweizen ist irreführend, weil das aus Asien stammende Knöterichgewächs mit Weizen botanisch nichts gemeinsam hat. Das leicht verdauliche Buchweizenmehl ist sehr eiweißreich und enthält viele Inhaltsstoffe wie etwa Kupfer, Lecithin und ungesättigte Fettsäuren.

Busserl Meist runde bzw. kugelförmige Kekse (z. B. Kokosbusserl)

Butterteig Auch Blätterteig genannter Grundteig, der nur mit echter Butter und niemals mit Margarine hergestellt werden darf

Charlotte Aus England stammende Süßspeise von zylindrischer oder Halbkugelform, die mit Biskuit ausgekleidet und mit Creme und Früchten gefüllt wird

Chaudeau Über heißem Dampf aufgeschlagener Weinschaum, auch Sabayon genannt

Chemisieren Eine Form dünn mit Aspik auskleiden. Wird vor allem bei Eisbomben angewandt

Confiserie Allgemeiner Ausdruck für die Herstellung von Pralinen und Konfekten, auch: Zuckerlgeschäft

Crème double Obers mit hohem Fettanteil. Wenn nicht erhältlich, durch etwas Crème fraîche, die mit reichlich Schlagobers vermengt wurde, zu ersetzen

Crème fraîche Sauerrahm mit hohem Fettanteil

Crêpes Dünne, kleine Eierkuchen, die in der süßen Küche mit Obst, Marmelade oder etwa Schokoladesauce gefüllt werden. Berühmt sind die Crêpes Suzette, die bei Tisch mit Grand Marnier flambiert werden.

Dalken Aus Böhmen stammende Mehlspeise, auch: Liwanzen (s. auch S. 336)

Dampfl Vorteig für den Germteig

Dampfnudeln, auch: Buchteln, Wuchteln, die ursprünglich im Dampf bei geschlossenem Deckel gegart wurden. Bei Garung mit geöffnetem Deckel spricht man auch von Rohrnudeln.

Dariolform Kleine, glatte, konische Form für Flan, Pudding u. Ä.

Dinkel Vor allem in der süßen Vollwertküche verwendete Urform des Weizens (zweizeiliger Speltweizen), dessen Körner etwas größer und hochfärbiger als Weizenkörner sind. Aufgrund seines hohen Gehalts an Klebereiweiß eignet sich der bereits von der hl. Hildegard von Bingen besonders propagierte Dinkel sehr gut für die Herstellung von Feinbackwaren.

Dotter Eigelb (s. auch S. 26)

Dressieren Formschönes Aufspritzen von Cremen und Massen mittels eines Spritzsacks (auch: Dressiersacks)

Eclair Längliche Biskottenform aus Brandteig

Eiklar, auch: Klar, Eiweiß (s. auch S. 26)

Einbrenn Dunkle Mehlschwitze (Braune Roux)

Einmach Helle Mehlschwitze (Weiße Roux)

Einmelieren Behutsam vermischen, vorsichtig einmengen

Emincieren In dünne Blätter schneiden

Emulgieren Einzelne Zutaten mittels Stabmixer zu einer homogenen Verbindung mixen

Erdnuss Aschantinuss

Fadenzucker In der Patisserie für die Herstellung von Glasuren verwendeter Zucker, der dann die richtige Konsistenz aufweist, wenn sich bei der „Fadenprobe" zwischen zwei Fingern Fäden ziehen lassen. (s. auch S. 40)

Flambieren Ein Gericht (in der süßen Küche meist Eis, Früchte oder Crêpes) mit Alkohol übergießen, anzünden und brennend servieren

Flammeri Milchsüßspeise mit Stärkemehl, Pudding (s. auch S. 258)

Flaumig rühren Masse gut abrühren

FONDANT, auch: Zuckerglasur Weiße, dick gerührte Glasur von stark eingekochtem Zucker

GANACHE, Canache, auch Soufflé ganache genannte Glasur oder Füllcreme, für die in kochende Sahne langsam Schokolade eingerührt wird

GARPROBE Um die richtige Backzeit eines Kuchens zu überprüfen, steckt man ein Holzspießchen in die höchste Stelle und zieht es wieder heraus. Bleibt daran noch klebriger Teig haften, so muss der Kuchen noch 5–10 Minuten weiter gebacken werden. In diesem Fall empfiehlt es sich oft, die Oberseite mit Pergament oder Alufolie abzudecken, damit der Kuchen nicht zu sehr bräunt.

GELATINE Geruchs- und geschmackloser Knochenleim, der zum Gelieren von Cremen und Gelees verwendet wird

GELBZUCKER Essbarer Rohzucker

GELEE Gallertartige, durchsichtige Masse, die mithilfe von Gelierzucker eingekocht wurde und bereits erkaltet ist

GELIERZUCKER Kristallzucker mit Zusatz von Apfelpektin und Zitronensäure; dient als Kochhilfe für die Herstellung von Marmeladen, Konfitüren, Dicksäften und Kompotten.

GERM Hefe

GESPONNENER ZUCKER Auch als Zuckerwatte bekannte Jahrmarktsspezialität aus einer Masse, die ursprünglich als Dekor von Backwaren diente (s. auch S. 40)

GLASIEREN Überglänzen mit Butter, Zucker, Glasur oder Fondant (s. auch: Guss)

GLASUR In Österreich früher Eis genannter Kuchen- und Tortenüberzug aus mit Staubzucker verrührtem Eiweiß, Wasser oder Fruchtsaft. (s. auch 43)

GLUCOSESIRUP Zähflüssiger Zuckersirup aus Traubenzucker, Dextrinen (Stärke) und Wasser, der verhindert, dass Zucker zu schnell kristallisiert

GRAND MARNIER In der Patisserie besonders gerne verwendeter französischer Likör, der auf der Basis von Cognac und Bitterorangen hergestellt wird

GRAPEFRUIT Pampelmuse

GRATINIEREN Überkrusten, überbacken

GRENADINE Sirup aus Granatäpfeln und Zucker

GRIESSKOCH Grießbrei aus feinem Weizengrieß

GRILLAGE Krokant

GUGELHUPF Österreichischer Ausdruck für Napfkuchen (s. S. 52)

GUSS Mischung aus Milch, Ei und Zucker, die über manche Kuchen oder Aufläufe gegossen wird

HAGELZUCKER Weißer, grobkörniger Zucker aus einer Vielzahl von kleinen, zusammengepressten Kristallen, die an Hagelkörner erinnern. Wird in erster Linie für Dekorzwecke verwendet

HOMOGENISIEREN Masse mit einem Mixer etwa 5 Minuten mixen, ohne dass dabei Luftbläschen entstehen. Der Mixstab muss zu diesem Zweck zur Gänze in die Flüssigkeit gehalten werden.

INDIANER, INDIANERKRAPFEN Mohrenkopf, in Österreich auch: Schlagobersindianer

KAKAOPULVER Beliebte Ingredienz vieler Mehlspeisen mit mindestens 20 % Fettgehalt. Wird Kakao stärker entölt, so verliert er an Aroma.

KALT SCHLAGEN Eine Masse auf Eiswasser (im eiskalten Wasserbad) so lange schlagen, bis sie kalt ist

KANDIEREN Obst, insbesondere Zedrat- und Orangenschalen (Zitronat, Orangeat), aber auch Blüten wie etwa Veilchen und Rosenblätter in Zucker kochen, bis dieser auch das Fruchtfleisch oder Blüteninnere erreicht

KANDISZUCKER Der weiße Kandiszucker besteht aus einzelnen Riesenkristallen, die durch besonders langsame Kristallisation entstehen. Der braune Kandiszucker ist ein mit Karamell gefärbter Kandiszucker, der durch diese Bearbeitung einen leichten, angenehmen Malzton erhält.

KARAMELL Geschmolzener Zucker, der – je nach Erhitzungsgrad – von goldgelber bis dunkelbrauner Farbe ist

KASTENFORM Rechteckiger oder quadratischer Blechrahmen zum Backen und zum Einstreichen von Massen

KETTENFLUG S. S. 40

KIPFE(R)L, auch Beugel Wiener Gebäck (s. auch S. 296)

KLETZE Dörrbirne

KNETEN Teig bearbeiten

KNÖDEL Kloß

KOCH Österreichische Bezeichnung für Auflauf oder gekochte Mehlspeise

KÖCHELN Flüssigkeit auf so niedriger Temperatur halten, dass diese (z. B. beim Knödelkochen) niemals aufwallt

KOCHSCHOKOLADE Im Fachjargon auch Konservschokolade genanntes Produkt zur Herstellung von Schokoglasuren, Schokosaucen u.Ä.

KOKOSFLOCKEN Fein geraspelte Kokosnuss, im Fachjargon auch Kokosette genannt.

KOLATSCHE Golatsche (tschech. kolac). Ursprünglich allgemeine Bezeichnung für einen kleinen Kuchen, später ein typisches Wiener Kaffeehausgebäck, meist mit Mohn- und/oder Topfenfüllung (s. auch S. 54)

KOLONIALZUCKER Aus Zuckerrohr hergestellter Rohzucker, der entweder in den Kolonien selbst oder in europäischen Kolonialzuckerraffinerien weiterverarbeitet und raffiniert wurde.

KOMPOTT Mus, Röster (s. auch S. 181)

KONDITORCREME Auch Crème pâtissière genannte Grundcreme, die mit Geschmackszutaten wie Mohn, Zimt etc. beliebig abgewandelt werden kann

KONFEKT Sammelbegriff für alle Zuckerwaren (z. B. Pralinen, Bonbons, Zuckerln etc.)

KONFITÜRE Marmelade

KRISTALLZUCKER Die populärste Zuckersorte wird – je nach Größe der Kristalle – als Normalkristall- und als Feinkristallzucker angeboten.

KROKANT Mit Nüssen vermischter brauner Karamell

KUVERTÜRE Besonders edle Patisserie-Schokolade (s. auch S. 45)

LAKTOSE Milchzucker

LÄUTERZUCKER Klar gekochter, abgeschäumter Zuckersirup (s. auch S. 40)

LEBKUCHENGEWÜRZ Gewürzmischung aus Anis, Gewürznelken, Koriander, Muskatnuss, Piment und Zimt

MARGARINE Rein pflanzlicher Ersatz für Butter und tierische Fette

MARILLENMARMELADE Aprikosenkonfitüre

MARINIEREN Beizen von Obst, Beeren u. Ä. Zutaten, um ein besonderes Aroma zu erzielen oder vor dem Verderben zu schützen

MARMELADE In Österreich geläufiger Ausdruck für Konfitüre. Eingekochte Früchte, bei denen kein Fruchtbestandteil mehr sichtbar ist. In Großbritannien versteht man darunter ausschließlich Orangenmarmelade

MARONI Maronen, Edelkastanien

MASCARPONE, auch: Mascarino Doppelrahm-Frischkäse aus Kuhmilch. Besteht fast zur Hälfte aus Fett und eignet sich daher sehr gut für feine Füllungen und Cremen

MEHL In der „süßen Küche" wird – so nicht von Vollwertmehlen die Rede oder es im Rezept ausdrücklich anders angegeben ist – grundsätzlich glatt ausgemahlenes Weizenmehl (am besten der Type 480) verwendet (s. auch S. 94)

MEHLSPEISE Österreichischer Ausdruck für alle Süßspeisen, auch für solche, die kein Mehl enthalten

MELASSE Sirup, der nach der letzten Zuckerkristallisation zurückbleibt

MERINGUE Gesüßter Eischnee, der mehr getrocknet als gebacken wird (s. auch S. 132)

MILCH Grundzutat der „süßen Küche". Macht Teige geschmeidiger als Wasser

MISE EN PLACE Bereitstellung aller Zutaten

MOHN Die stark ölhaltigen Samen der Mohnpflanze müssen, da sie schnell ranzig werden, rasch verwendet und zuvor mit einer Mohnmühle gemahlen werden. Statt dieser kann man allerdings auch einen Blitzcutter verwenden.

MOST Obstwein

NACHSPEISE Österreichischer Ausdruck für Nachtisch, Dessert

NATRON Backtrieb- und Lockerungsmittel für schwere Teige

NOCKEN, auch: Nockerln Kleine, längliche Klößchen

NOUGAT Vielfältig einsetzbare Masse aus Mandeln oder Nüssen, Zucker und Kuvertüre

ORANGENBLÜTENWASSER Beliebte Essenz aus destillierten Orangenblüten, die sich sehr gut zum Aromatisieren von Teigen und Cremen eignet

PALATSCHINKEN, auch: Eierkuchen, Pfannkuchen

PALETTE, auch: Stufenpalette Wichtiges Patisserie-Instrument zum Glattstreichen von Massen und Teigen

PANIEREN Backgut in Mehl, verquirltem Ei und Bröseln wenden, fest andrücken und in heißem Fett ausbacken

PARFAIT Halbgefrorenes aus Eischaum und Obers mit unterschiedlichen Geschmackszutaten

PASSIEREN Durch ein Sieb pressen

Pasteurisieren Auf 60–70 °C erhitzen, wodurch bestimmte Bakterien abgetötet werden
Patisserie Süßspeisenküche
Petits fours Klassisch: kleine Gebäckstücke aus Biskuit, die mit Zucker- oder Schokoladenguss überzogen und mit kandierten Früchten garniert werden. In der Gastronomie: Ausdruck für kleine Näschereien als Abschluss eines mehrgängigen Menüs
Pochieren Knapp am Siedepunkt ziehen lassen
Powidl Zwetschkenmus (s. auch S. 196).
Preiselbeeren Moosbeeren
Reduzieren Einkochen bis zum gewünschten Dickegrad
Ribiseln Johannisbeeren
Ringlotte Reneclaude, Reneklode (s. auch S. 196)
Rohmarzipan Im Fachhandel erhältliche Mandelmasse
Rohrzucker Die alte Bezeichnung für Saccharose stammt noch aus einer Zeit, in der Zucker ausschließlich aus Zuckerrohr hergestellt wurde.
Rohzucker Kristallzucker mit Resten von Verunreinigungen ist ein schwer verdauliches bis ungenießbares Zwischenprodukt in der Zuckererzeugung. Die weit verbreitete Meinung, dass Rohzucker ernährungsphysiologisch wertvolle Bestandteile enthält, die dem weißen Zucker fehlen, geht auf eine Verwechslung mit gebleichten und Vollwertmehlen zurück und ist daher falsch.
Rosenwasser Vor allem für die Herstellung von Marzipan verwendete Essenz aus Rosenöl und Wasser (1 Tropfen auf 250 ml). Eignet sich auch gut zum Aromatisieren von Weihnachtsbäckerei
Rosine Weinbeere
Rosinenbrot Zopf, Striezel
Röster Gedünstetes Obst, etwa Zwetschken oder Holler
Royale Eiermilch zum Überbacken
Sabayon Aus Eidotter, Zucker und Weißwein warm aufgeschlagener Schaum bzw. Chaudeau (wienerisch: Schado)
Salamander In der Profi-Küche üblicher Gratinierapparat mit starker Oberhitze, der zum Überbacken und Überkrusten dient. Kann für den Hausgebrauch auch durch eine Grillschlange ersetzt werden
Sauerrahm Saure Sahne
Savarin Ein in einer so genannten Savarinform (Ringform mit Loch) gebackener Germkuchen
Schlagobers Süße Sahne
Schleifen Vor allem beim Formen von Knödeln gebräuchlicher Ausdruck. „Knödel rundschleifen" bedeutet „zu glatten Knödeln formen"
Schmarr'n, auch: Schmarren Österreichische Bezeichnung für einen Eier- bzw. Pfannkuchen, der in kleine Stücke zerrissen wird (s. auch S. 289)
Schokoladeglasur Die beliebte Tortenglasur muss nicht unbedingt selbst hergestellt werden (Rezept auf S. 42), sondern ist auch im Handel als Fertigprodukt erhältlich, das nur im Wasserbad erwärmt werden muss (zum Thema Schokolade s. auch S. 405).
Schokostreusel Auch Raspelschokolade genannte Schokoladespäne
Sirup Frucht- oder Kräuterauszug, der durch einen sehr hohen Zuckergehalt dickflüssiger gerät als andere Säfte
Soufflé In einer Auflaufform gebackenes Gericht auf der Basis von geschlagenen Eidottern, Eischnee und Zucker sowie diversen Aromastoffen. Muss unbedingt sofort nach dem Backen serviert werden, da es sonst leicht zusammen fällt
Sprudler Österreichischer Ausdruck für Quirl
Stärkemehl Bindemittel zur Herstellung von Teigen und Cremen. Für die süße Küche eignen sich besonders Weizenpuder(stärke) und Maisstärke. Erdäpfelstärke ist etwas gröber
Stärkesirup Im Fachhandel erhältliches Hilfsmittel, das u. a. das zu schnelle Bräunen des Zuckers beim Karamellisieren verhindert.
Staubzucker Fein gemahlener und gesiebter Kristallzucker; wird in Deutschland auch Puderzucker genannt
Streuzucker Der Staubzucker, der nicht zusammenklumpt und daher besonders „rieselfreudig" ist, wird in Streudosen abgepackt.
Stupfen Einen Teig mit einer Gabel mehrmals zart anstechen, damit keine Blasen entstehen
Tablieren Abkühlen von temperierter Kuvertüre durch mehrmaliges Aufstreichen und wiederholtes Abschaben mit einer Palette auf einer Marmorplatte
Tarte Süßer Kuchen, das französische Gegenstück zur sauren Quiche

Temperieren Langsames Erwärmen bei niedriger Temperatur (z. B. bei Kuvertüre, um einen exakten Fettschmelzpunkt zu erreichen und dadurch Glanz sowie Aroma zu erhalten)
Topfen Österreichischer Ausdruck für Quark (s. auch S. 19)
Tour Das Umschlagen und Ausrollen von mehreren Blätterteiglagen (s. auch S. 10). Im Fachjargon heißt das dann: „eine Tour gehen".
Tränken Biskuitböden werden häufig in Alkohol liegen gelassen oder damit beträufelt, bis sie sich vollgesogen haben und weich sowie saftig werden
Traubenzucker Monosaccharid (Einfachzucker), das in Weintrauben, Früchten und Honig vorkommt und auch als Glucose bzw. Dextrose bezeichnet wird
Tülle Runder oder sternförmiger Aufsatz für den Spritzsack in verschiedenen Größen.
Tunkmasse Couvertüre, Kuvertüre (s. dort)
Unterheben, auch: Unterziehen Vorsichtiges Vermischen von Flüssigkeiten bzw. Cremen mit Eischnee, der dabei nicht zusammen fallen darf. Dazu hebt man die dichtere Masse mit einer Teigspachtel oder einem Teigschaber hoch und mengt die darauf liegende, leichtere Masse vorsichtig mit einer leichten Drehbewegung ein.
Versprudeln Verquirlen
Warm schlagen Cremen etc. über heißem Dampf aufschlagen
Wasserbad Französisch auch bain-marie genannt, dient zum Schmelzen und Erwärmen empfindlicher Substanzen wie Milch, Schokolade oder Gelatine, um ein Anbrennen oder Überhitzen zu verhindern. Zu diesem Zweck wird in einem großen Topf Wasser erhitzt. In dieses stellt man sodann einen kleineren Topf bzw. eine Schüssel mit den zu erwärmenden Zutaten.
Weichsel Sauerkirsche
Weizenmehl S. Mehl
Windbäckerei Schaumgebäck (s. auch Baiser)
Würfelzucker 1840 von Jacob Christoph Rad erfundene Zuckersorte, bei der es sich letztlich um nichts anderes als Kristallzucker handelt, dessen feine Zuckerkristalle zunächst angefeuchtet und dann in eine viereckige Form gepresst werden
Zeste Hauchdünn und in feine Streifen geschnittene Orangen- oder Zitronenschale.
Zibeben Rosinenart (s. auch S. 189)
Zuckerhut Die jahrhundertelang klassische Facon der Zuckerherstellung geriet seit dem Siegeszug des Kristallzuckers zunehmend in Vergessenheit. 1938 wurde in der Hohenauer Zuckerfabrik der letzte österreichische Zuckerhut hergestellt, bevor er erst in jüngster Zeit vor allem aus nostalgischen Gründen (Feuerzangenbowle etc.) wieder entdeckt wurde und seither auch in kleinen Mengen hergestellt wird.
Zuckerrohr (Saccharum officinarum) Die zur Familie der Süßgräser zählende Pflanze, die nur in heißen Klimazonen gedeiht, galt bis zur Entdeckung des Rübenzuckers als einzige Quelle der Saccharose. Zuckerrohr wird bis zu vier Meter hoch. Die süßen Bestandteile sitzen im Mark der 3–7 cm dicken Stengel und ergeben – im Verhältnis zum Gesamtgewicht – zwischen 12 und 18 % Zucker.
Zur Rose abziehen S. Abziehen
Zwetschke Österreichischer Ausdruck für Pflaume, die mit der Zwetschke (auch: Zwetsche) zwar eng verwandt, aber nicht identisch ist (s. auch S. 196)

Die Autoren

***Toni Mörwald**, Jahrgang 1967, preisgekrönter Koch und Wirt (u. a. Ambassador/Wien, Traube/Feuersbrunn, Schloss Grafenegg, Kloster Und/Krems, Fontana/Oberwaltersdorf), kochte nach der Hotelfachschule zunächst bei Reinhard Gerer und praktizierte danach bei zahlreichen Grand Chefs in aller Welt. Leitete 1999-2001 die weltberühmte Wiener Kurkonditorei Oberlaa, hält Kochseminare, gibt Kochtipps in Funk und Fernsehen und ist Autor erfolgreicher Kochbücher. Er ist verheiratet und hat drei Töchter.*

***Christoph Wagner**, Jahrgang 1954, Restaurantkritiker, Kochbuch- und Krimiautor, studierte Germanistik, Anglistik und Kulturelles Management, verfasste zahlreiche Kochbuch-Bestseller, u. a. gemeinsam mit Ewald Plachutta „Die gute Küche", schrieb wöchentliche Kolumnen in NEWS, profil und GUSTO, wurde 2001 mit dem Goldenen Ehrenzeichen der Republik Österreich ausgezeichnet. Christoph Wagner starb am 17. Juni 2010.*
